山口大学大学院東アジア研究科
東アジア研究叢書 ③

東アジア
伝統の継承と
交流

国立大学法人山口大学
大学院東アジア研究科 編著
馬彪・阿部泰記 編集責任

白帝社

目　　次

序言　　東アジア伝統における「統」「伝」「格」について　馬彪……………ⅲ

上編　東アジア歴史と文化伝統の継承と交流

第1章　中国上古三代城郭制伝統の形成とその性格　　　　馬彪……………2
第2章　長安社火序論　　　　　　　　　　　　　　　　何暁毅……………28
第3章　日本の文化的記憶の場と文化伝承　　　　　　　姚継中……………52
第4章　諸葛亮像の塑造の中に見える文化自覚についての試論
　　　　　　　　　　　　　　　　　桂勝・劉方洲　瀬藤良太訳…………70
第5章　日本と中国における泰山文化の交流について
　　　　―関連研究史と若干のコメント―　　葉濤　高木智見訳…………88
第6章　韓国海女文化の現代的価値と持続性　　安美貞　李文相訳…………97
第7章　韓国伝承文化の継承問題
　　　　―「西便制寶城パンソリ保存協会」を中心に―　李文相……………109

下編　東アジア言語と文学伝統の継承と交流

第8章　『勧善懲悪集』における『法苑珠林』の継承　　阿部泰記……………128
第9章　物語の冒頭表現が拓く異郷の時間
　　　　―小さ子譚としての『竹取物語』―　　　　　森野正弘……………149
第10章　伝記的情景の表現
　　　　―夏敬観による詩歌の評注と彼の人生の境遇との相互的演繹―
　　　　　　　　　　　　　　　　　　　　　林淑貞　富平美波訳…………167
第11章　歌曲と風俗　―台湾「日本語世代」の端午と子供の日の記憶探究―
　　　　　　　　　　　　　　　　　　　　　林仁昱　阿部泰記訳…………189
第12章　分かち合う文化の日本事情
　　　　―＜お裾分け文化＞と＜プレゼント文化＞を考える―　林伸一……218
第13章　『元朝秘史』の音訳漢字の声調について　　　　更科慎一……………245
第14章　「切字釋疑」に見える音韻観について　　　　　富平美波……………267

執筆者紹介

序　言　東アジア伝統における「統」「伝」「格」について
馬彪

1. はじめに　「東アジア伝統の継承と交流」とは

　20世紀90年代の冒頭に、私は『朱熹の儒家伝統観にたいしての継承と発展について』の小文を書いたことがある。以来、はやくも25年が経ち、今日『東アジア伝統の継承と交流』という研究論集を編集することに関わることができたのは、なにかご縁があるのかな、と思いめぐらせるものである。

　「伝統」とは一体何だろうか。『後漢書』東夷列伝、倭伝に「（倭）国皆称王、世々伝統」（倭は国ごとに皆王と称し、世世統を伝ふ）とある。ゆえに、漢文の「伝統」は王業をつぐという意である。

　近代にいたって、英語のtraditionの訳文として、「伝統」は『ブリタニカ国際大百科事典4、小項目事典』(pp.661)に「あるものを他に伝える、または与えることで、一般に思想、芸術、社会的慣習、技術などの人類の文化の様式や態度のうちで、歴史を通じて後代に伝えられ、受継がれていくものをいう。またある個人または集団、時代などの特性が受継がれていく場合をいうこともある」と解説している。「伝統」は単なる王業をつぐのではなく、歴史的な流れとなる人類の所産をつぐ概念と拡大してきた。

　したがって、本論集は日・中・韓・台湾の気鋭の研究者（名前と研究歴は本書の執筆者紹介を参照）15名によって、各々の得意分野から「東アジア伝統の継承と交流」という主題をめぐって、東アジア人の文化様式や態度、また個人や集団や時代などの特性における歴史的な流れの継続と交流を追求しようというものである。

2. 東アジア伝統の系統と統括

　「伝統」の「統」とは、『説文解字』に「紀なり」として、衆糸の合するところをいう。つまり「統」には系統・統括の意がある。

　ゆえに、本論集は大まかに「歴史と文化的伝統」と「言語と文学的伝統」との二つの系統に分け、更に細かく都市文明・郷土祭祀・文化記憶・英雄塑造・泰山民俗・海女文化・伝統芸能・貴族物語・伝記表現・民間宣講・団塊世代・裾分集団・華夷音訳・古音韻観などについての東アジア人の研究者の成果を収める。その成果をまとめると、東アジア伝統のたぐいを以下の6ジャンルに統括することができる。

2.1 東アジア歴史伝統の形成と変遷　月から本当に中国の万里の長城が見えるかどうかの議論は今でも続いているが、それよりもっと大事なのは、東アジア「城」の歴史的伝統は、該当地域に人類文明の誕生と伴に形成したものであろうか。馬彪の「中国上古三代城郭制伝統の形成とその性格」では、東アジア文明の入り口といえる中国都市文明について、考古学の資料によって江戸時代の東照寺にも祀っていた舜帝の都城遺跡から、秦帝国成立する前までの都城制の起源・変遷と特徴を考証した。死んだ歴史があれば、生きている歴史もある。何暁毅の「長安社火序論」は、『左伝』『国語』に登場した中国の土地神まつりの「社祀」を原点として、その国家祭祀にたいしての郷土祭祀は、漢・唐時代を経て、庶民位置の上昇した宋代にいたって、ようやく郷土まつりの「社火」と変身したとして、作者自身の経験もふくめて、「社火」という「文化革命」の時期にも中断せず、中国農村地域に根深く繁栄してきた民間祭祀の歴史伝統の現存状態を考察した。

2.2 東アジア文化伝統の継承の記憶と自覚　文化的な伝統は単なる歴史書や史実資料に基づき継承されるというよりも、いわゆる文化的記憶場に依存するものである。姚継中の「日本の文化的記憶の場と文化伝承」では、日本文化の伝承は日本民族の記憶を喚起させる文化的記憶の場によって成立され、その文化的記憶の場は、日本文化全体の形態を構成し、日本人の民族的アイデンティティを形成することを論じた。又、人間は文化の記憶に自覚するものである。桂勝・劉方洲の「諸葛亮像の塑造の中に見える文化自覚についての試論」では、『三国志演義』の作者の羅貫中がどのように諸葛亮像を「塑造」しながら、自分の「文化自覚」意識を体現したかということに実証を加えた。文化伝統の継続のなかに文化自覚の意識とその価値を論じた。

2.3 東アジア民俗伝統の比較と持続　葉濤の「日本と中国における泰山文化の交流について」では、従来帝王の祭祀文化としての研究視点と違い、民俗学者としての立場から「泰山府君」「泰山石敢当」の伝統とその日本への影響及び日中両国間における泰山文化の交流を考証した。安美貞の「韓国海女文化の現代的価値と持続性」では、海女（あま）と呼ばれる女性漁業者の漁労方式は酸素ボンベなしの素潜りにより海産物を採取するもので、そのため「労働」のきつさと共に「女性」の潜水婦という特殊さと、現代的な機械を使わず「在来」方式を固守してきていることを日・韓海女の事情を調査して、比較的な研究を行った。李文相の「韓国伝承文化の継承問題―「西便制寶城パンソリ保存協会」を中心に―」は、韓国の伝承文化の継承問題を取り上げ、その意義と役割、維持管理に伴う財政的課題を探るため、「西便制寶城パンソリ保存協会」の事業に注目し、住民や行政から支持を得られるような優位な取組み方を考察するものである。

2.4 東アジア文学伝統の伝承と交流　阿部泰記の「『勧善懲悪集』における『法苑珠林』の継承」では、享保十三年（1728）完成した『勧善懲悪集』という「霊異記・今昔物語の先蹤たる異朝説話の翻訳集」について、その「引証」を詳しく考察したうえに、『勧善懲悪集』にはかなりの部分を『法苑珠林』から引用しており、その形式や内容を継承したと結論づけた。森野正弘の「物語の冒頭表現が拓く異郷の時間　―小さ子譚としての『竹取物語』―」では平安時代の物語における「むかし」は、異郷という時空を切り開き、永遠の世界をかいま見せることで現実世界の時間を相対化するものとなっていた。そして、そのように相対化されることで、私たちははじめて、この現実が無常としてあることに気づかされるのであると解明した。林淑貞の「伝記的情景の表現―夏敬観による詩歌の評注と彼の人生の境遇との相互的演繹―」は夏敬観詩学研究の新しい一頁を開いた。論は夏敬観を通して、民国時代の文人が乱世の局面に処して、その時代に対する答えとして持った創作意図、及びその抱いた強烈な感慨、個人の波乱的境遇から来る意識の時代的超越性を論じた。

2.5 東アジア集団伝統の存在と変容　林仁昱の「歌曲と風俗―台湾「日本語世代」の端午と子供の日の記憶探究―」は、日本に統治された台湾の「日本語世代」（日本語は母語より流暢に会話する団塊）を対象として、伝統的な「端午の節句」を選択し、老人たちの節句の活動と関連する「歴史記憶」を呼び起こし、さらには彼らの記憶するところに基づいて、この節句の活動を通じて「男の子の気概」を育てる事柄や影響を探究したものである。林伸一の「分かち合う文化の日本事情―＜お裾分け文化＞と＜プレゼント文化＞を考える―」では、「お裾分け」を中心に「お福分け」「福渡し」「食べ助け」などの認知度と区分、共通点を調べてみた。日本と中国の「お裾分け」に対する評価の相違について考察し、農村部に残る伝統的な助け合いの習慣が都市部では希薄になってきていることに着目した研究である。

2.6 東アジア言語伝統の交流と沿革　更科慎一の「『元朝秘史』の音訳漢字の声調について」では、『元朝秘史』における音訳漢字の声調に着目して、明初においてモンゴル語の音韻体系が漢語のそれに変換されていく方式がどのようなものであったかを解明し、さらに明初の漢字音訳において、様々な異域の言語に広く適用されていた方式に基づいたものである可能性を指摘した。富平美波の「「切字釋疑」に見える音韻観について」では、明末清初における方中履が著した「切字釋疑」という音韻学の考証著作に節ごとに再考証をくわえ、その現存の「切韻聲原」等との微妙に異なる音韻観を明かにした。

　以上は我々の東アジア伝統の「統」についての分類である。次に、東アジア伝

統の「伝」について伝統観という視点から述べたい。

3. 東アジア伝統の「因革」伝統観

『説文解字』に「伝、遽なり」とある。伝遽であり、すなわち駅伝形式で運ぶことと解釈した。しかし人文的な所産はどのように駅伝して運ぶかという課題であろう。世界各国と各地域には伝統とその伝達とが違うことは、ごく普通のことであろうが、次の世代へどの伝統を伝えるか、すなわち伝えるべきものがある一方で、そうではないものもあるという点は、どんな地域でも共通しているのではないかと考えられる。つまり、人間は歴代の伝統の史的な流れにたいして、どのように良い伝統を伝え、よくない伝統を改良しようかという選択意識、いわば伝統観があり、その伝統観がさらに一地域の伝統の流れを左右するであろう。

3.1 「因革」伝統観の存在 東アジアにおいて古来より、独特な儒教の「因循損益」という伝統観が根深く存在している。例えば、『論語』八佾にこのような記載がある。子張が将来十世の後の制度もあらかじめ推知することができるかどうかを尋ねたことにたいして、孔子は過去の例を推して行けば無論推知することができると答えた。その際、孔子は「殷は夏の礼に因り、損益する所知る可きなり。周は殷の礼に因り、損益する所知る可きなり。其れ或は周に継ぐ者あらば、百世と雖も知る可きなり」と言った。ここにいう「因」は因襲、因循の意味であり、「損益」は増減、得失の意味である。のちに、二意を合わせて、「因革」(『文心雕竜』物色)ともいう。つまり、因襲と改革の両面によって歴代の伝統を次の世代へ伝えるという伝統についての「因革」伝統観があった。このような伝統観は中国のみならず、やはり東アジア全体についても当てはまるだろうと、本論集の研究によってあらためて検証できた。

3.2 時間軸の「因革」観 第1章に論じた4300年前から誕生した城郭制の歴史伝統は、まさに孔子の言った夏・殷・周の「礼」制のように、歴代を経て「内城－外郭」「祀城－戎郭」という基本構造と機能が代々因循していたが、時代の変化によって城郭制は「文・武城郭制」「礼儀城郭制」「実用性城郭制」などの形式として変っていたことを解明した。これが上古三代における城郭制伝統の沿革像である。筆者は幼い時北京市のど真中に位置する中南海と紫禁城が挟んでいる「南北長街」における伝統的な四合院に育てられた。自分の四合院の西側に中南海の城壁があり、東側に紫禁城の城壁があり、いずれも伝統的な城郭制の「城」であるが、紫禁城はすでに世界遺産とよばれる「遺産」となっているが、中南海の城は今現在にも伝統を維持する城といえよう。また、北京の外郭と内城は60年代から交通不便の理由で壊してしまったが、筆者はその残った煉瓦や黄土を採

取する作業に加わったことがある。その材料を再利用してソ連との戦いにそなえる防空壕を作った記憶はいまでも鮮明に残っている。つまり、中国城郭制伝統の「因革」は筆者として非常に身に近いことであるのは違いない。

3.3 空間軸の「因革」観 東アジア伝統の「因革」的な継承は、歴史的な時間軸だけでなく地域的な空間軸でも果たすものである。第5章に明らかにしたように、泰山府君とはもとに中国道教の民間信仰であり、漢代から人の生死や寿命をつかさどる能力を有すると広く信じられた。9世紀の半ばに高僧・円仁が泰山府君の像を日本へ持ち帰り、「泰山府君」の信仰の日本への伝播が始まった。のちに人間の生死、長寿若死などをつかさどる特殊な神力により大いにあがめられ、陰陽道にも影響を与えた。平安時代の有名な陰陽師である安倍晴明が霊魂を自在に操る物語と結びつき、その影響力を次第に増していった。ついに古代において天皇や貴族がみな尊崇の念をいだいていた「泰山府君祭」となった。ある学者は、泰山神－東岳府君は日本で最も影響の大きな中国の神であると評価している。

3.4 人間軸の「因革」観 東アジア伝統の「因革」的な継承を、最も明かに証明できるのはおそらく人間軸次元のものだろう。伝統とは歴史的な事実のみならず、人間の自覚と記憶によって伝えられる面も無視できないからである。第3章に伝統の伝承理論から日本文化における年中行事や大嘗祭・新嘗祭や『万葉集』やお寺・神社や茶道、剣道などの具体例を挙げて「文化の記憶」を論じた。第4章には『三国志演義』に作者羅貫中の諸葛亮イメージ描写を具体例として、「文化自覚」意識はどのように儒教文化を反省しながら儒教伝統を伝えたかを論じた。さらに第10章には「清末民初」という特定な時代において、1人の詩学者を実例として、当時に伝統の激動に変化した局面を望んでいた文人たちは、どのように古代の詩人に投射し、歴史の熱を借りて己を暖めようとしたあり方を掲示した。

つまり、伝統はそもそも伝えるべきものとそうでないものともあるので、その線引きを決めるのは人間しかないことがいえよう。したがって、「因革」という東アジア伝統観はやはり時間軸・空間軸ともにこえた人間軸次元の価値があるといっても過言ではないだろう。

では、なぜ東アジア伝統の伝え方のなかに「因」と「革」との相反する要素が同時に存在するのだろうか。その答えは東アジア伝統と西洋伝統との異質的な性格にあるのではないか。

4.「平衡主義」の東アジア伝統格
　人には人格があり、国には国格があり、時代には時代格があるならば、もちろん伝統にも伝統格があるだろう。けれど、東アジア伝統の性格とはなにかと聞かれたら、いろいろな答えができるかもしれない。私は、東アジア伝統の最も独特なところはなにかと考えれば、それは西洋伝統とはちがう平衡主義伝統格ではないだろうかと思う。

　4.1 お箸文化の平衡主義　3300年ほど前の殷墟遺跡で発掘した甲骨文字とともに、銅製のお箸も発見された。木製や竹製のお箸は残りにくいことを考えれば、当時の貴族しか使わない文字とは違い、お箸は庶民も使っていたことは間違いない。

　近代以来、東アジア人が西欧文化を学んできた中で、確実にチャイナドレスよりも洋服、朝食はご飯よりもパンというように、日常的生活習慣において大分変っている面もあれば、なかなか変わらない面もある。お箸はその典型的な一例であるだろう。つまり、東アジア固有のお箸を使う伝統を失っていないことは事実である。遥か昔から貴族も庶民も毎日使うお箸に由来するので、私はそれを「お箸の平衡主義伝統格」と名づけたい。

　二本の箸で互にバランスをとることは簡単ではなく、換言すれば、人間のバランス感覚を養成することは難しい。平衡の重要性なら誰でも知っているが、平衡主義とそれとは別のものであり、意識的に全てのことのバランスを取るように考えるということである。例えば、呼吸することは誰でも知っていて、それは無意識の本能的レベルにしかとどまらないが、「気功」なら別概念になるだろう。気功とは意識的に呼吸することであり、長い間練習しなければできない、いわゆる「功夫」という身・心一体の技である。平衡主義とは、「功夫」より複雑な数千年以上熟成しないとできないもの、まさに1つの伝統、あるいは精神ともいえよう。それを古の孔子の言葉に替えて言うと、「中正」という抽象的な概念になるのである。

　『荀子』宥坐篇によると、ある日孔子は生徒達をつれて、自国の魯桓公の祖廟に見学をしに行った。そこで一つの傾いている妙な盛水器をみつけた。孔子は、これが「宥坐の器」（宥は右と同じ、人君、座右に置きて以て戒とすべきもの）とよばれ、水を入れなければ常に傾いていて、「虚しければ則ち欹き」という。水をちょうどこの器の半分の中ほどまで注げば、器はまっすぐ立てるようになり、「中なれば則ち正しく」という。しかし、それ以上水を入れれば、器が転覆し、「満つれば則ち覆る」と説明した。その際、孔子の弟子が水を注ぎ実験したら、まさにいうとおりだった。

孔子の教えについて生徒達が学んだことは様々あるかもしれない。魯の国王の桓公は生前に「宥坐の器」を常に自分の右の前に置き、「中正」という訓戒をうけた。このやり方は、そのあとに「座右の銘」へと変わったが、「中正」「中和」という道が中国歴代の君主のみならず孔子やその学生のような「布衣」階層にも継承されたことは違いない。このような平衡主義の伝統格は本当に東アジア人ならみな共有するものだろうか。それは、本論集で肯定式的な答えを得た。

4.2 東アジア平衡主義伝統格の具体像

4.2.1 中国の場合　第 13 章には、元明時代のユーラシア世界の情勢によって当時、音訳している言語はアラビア語、ペルシャ語、モンゴル語とは音韻体系が異なるにもかかわらず、用いられた音訳漢字の声調の割合が酷似することを明らかにした。ゆえに、東アジアの言語はそもそも北アジアや中央アジアの言語を受容する「中和」性伝統をもつことがわかった。

4.2.2 日本の場合　第 12 章に作者は調査データに基づいて、日本の平等・均等分けする「お裾分け文化」伝統は、欧米の個から個への「プレゼント文化」を受容しても、サービス精神と相互扶助の集団伝統が色濃く残される日本式の「プレゼント文化」が生まれたと解明した。つまり、異文化を受容した一方で固有の伝統も維持していると結論づけた。

4.2.3 韓国の場合　「海女」という韓国・日本・中国とも存在する海女民俗伝統であるが、第 6 章では韓国の海女を取り上げ、その伝統職業の現状について詳しく分析を加え、現代産業社会に海洋資源の持続と伝統生活方式の持続を図るうえで彼女たちの古くからの漁労法は資源と人との均衡の錘（おもり）の役割をしていると結論付けた。

4.2.4 台湾の場合　第 11 章では日本占領時代の台湾「日本語世代」の集団特性ついての研究である。「端午」の歌曲と風俗を例として、外来の強勢文化が地元の文化伝統と葛藤・融合を生じさせた時空環境において、日・台双方の「端午」という共通部分は、継承という基本態勢の下で、その他の意義を牽連しながらも、新たな文化伝統を創出したと結論づけた。

　東アジアといっても国別、地域別に伝統の性格は必ずしも完全に一致するわけではないが、その欧米伝統のナンバーワン主義とは別格のバランス主義特徴があるのは間違いないだろう。

5. おわりに　「東アジア人としてよかった」日が来るのを迎え

19 世紀末から「脱亜入欧」、20 世紀から「脱亜入米」という風潮が溢れて来た。しかし、21 世紀の東アジア人の意識はどのようになるだろうか。2014 年世界

GDPは東アジアの主要国家と地域の順位は中国2位、日本3位、韓国13位、台湾26位、香港38位、ベトナム56位となった。その合計はすでに世界最強国のアメリカを超えた。無論、GDPによって国の全てを物語ることはできない。ただ、もしこのような物質文明＋千年以上醸成してきた東アジア伝統という精神文化なら、間違いなく「東アジア人としてよかった」という意識が生まれるのだろうと予測しておきたい。

上　編

東アジア歴史と文化伝統の継承と交流

第1章　中国上古三代城郭制伝統の形成とその性格

馬彪

1. はじめに

ラテン語の「市民」は civis とし、「都市・国家」とは civitas とする。のちに英語の「文明」civilization となったそうだ。ゆえに、「語源学によれば「文明」'civilization' という言葉は「都市」'city' と関連し、おそらく都市生活 'life in cities' は文明時代の開始となっただろう」という説もあり[1]、いわば**都市とは文明社会への入り口**といえるだろう。

約 8200〜3000 年前の完新世気候温暖期において、人類文明の発展も絶好な気候条件をえて、新石器時代文明は著しく発達した。世界的にいえば、シュメールとインダス川流域に施された築城が最古の都市的集落だろうと認められるが[2]、東アジアにいえば、中国における約 5300 年前の鄭州西山仰韶晩期古城や約 4300 年前の堯舜時代〜夏王朝初期の陶寺古城、藤花落古城であると言える[3]。従って、古代中国の都城の誕生は東アジア文明形成の代表だといってもよい。

中国古代文明はおおまかにいうと、上古三代[4]の邦国時代と秦漢の帝国時代の前後二期にわけられ、前期には後期の統一帝国における立派な首都空間がなかったが、各地方における邦国や方国[5]の都城は盛んに存在していたのが特徴であった。

本論は中国上古三代都城における重要な一環となる城郭制伝統の形成とその性格を解明するものである。

2. 城と郭の課題とその研究

2.1 都の城と郭　「都」は「者」と発音する「邑」、すなわち「みやこ」を意とする字である。今日では都城という[6]。一般に、関中のような天然的な要塞[7]が囲まれる西周と秦の都をのぞいて、上古三代における中国の「都」とは城と郭という二重、あるいは二重以上の構造である。その機能はいわゆる「鯀は城を築きて以て君を衛り、郭を造りて以て民を守る」（築城以衛君、造郭以守民）[8]とある。筆者の研究によれば、君を防衛する城はいにしえから「禁中」とよぶ、許可なき官と民とも進入禁止の聖なるエリアであり[9]、**本論はこの「禁中」というエリアにすむ君をまもる「城」と、その外側エリアにすむ民をまもる城を「郭」**と位置づけ、所論を展開していくものである[10]。

2.2 城と郭との位置関係　城と郭とも城壁であるが、内の城壁を城、外の城壁

を郭というので、内城と外城ともいう。つまり、外城はイコール郭。また、「三里の城、七里の郭」(『孟子』公孫丑)というように外郭は大になり、内城は小になるので、大小城ともいう。小城は君主の宮殿所在地であるので、「宮城」ともいう。しかし、城は郭のなかに位置するといっても、城が郭の中央かそれとも別のところに位置するかという課題についてはいくつかの先行研究があり、例えば曲英傑説と劉叙傑説である。また、大城と小城は別々に分離する配置であったとの考えもあり、代表的なのは楊寛説である。最近、許宏氏の「大都無城」という上古時代に郭が殆どなかった説もある。諸説は以下のようにまとめておきたい。

曲英傑氏は古の都には「宮城、居中の制」があり、「宮城、当に外郭城のなかの中央に位する」と考えている。ゆえに、彼の周時代における各国の都城は、ほとんど魯国の都と同じく「宮城、当に外郭城の中央に位すべし」という形制となっているとする[11]。

劉叙傑氏は宮城は大城の中部、またはその一隅に位置するか、あるいは大城と並列するか分離するかといくつかのパターンが存在すると述べたが、宮城と大城(郭)の位置関係は「文献と発掘によって宮城はみな宮城垣があり(一部の遺跡は破壊されて垣が存在していなく、例えば魯の曲阜や秦の雍城)、垣の外側に堀を設ける」としている[12]。

楊寛氏は宮城と郭城は分離していると考える。すなわち、西の小「城」(宮城)＋東の大「郭」(国人や軍隊が住む)という配置であると主張する。例えば、西周王朝の東都洛邑もそのようなタイプである。春秋時代に鄭国の都の新鄭も宮城と東南の大郭を並べ、晋国の都の新田は宮城(いくつかの小城群)と東南の郭区(遺跡が発見されていない)を並べる構造となった。戦国時代に斉国の都の臨淄は、もとの大城の西南に宮城を造った。趙国の都の邯鄲はもとの大城と西南の宮城(3つの小城)を並べる。張儀が作った成都旧城(「与咸陽同制」と呼ばれる)では、西の「少城」と東の大郭(秦都の咸陽も同じ配置であろうと推定する)を並べる構造であるだろうと考えられる[13]。

許宏氏は以上のようなこれらの煩雑な城と郭との位置関係について、「城にたいして、郭とは城の外に築いた囲われる城壁である。聚落形態の視点からいうと、郭は聚落を囲う防御施設である。郭が形成したあと、大城・郭城・外城・外郭城等の異なる呼称があるが、但しその意はきわめて明瞭である。(中略)城郭の視点からいうと、本論に提出した「大都無城」の「城」は、このような聚落を囲う外側の城壁を指す」と指摘している。さらに「二里頭から曹魏の鄴城までの約2000年の間に、「宮城＋郭城」の構造ではなく、むしろ「宮城＋郭区」という構造であった」と結論を導いた。すなわち、三国時代までの大きな都なら必ずしも

郭城がないと考えている[14]。

2.3 城郭制についての諸説

上述した城と郭との位置関係は、いつどのように制度化したか議論もあるので、まとめておきたい。

楊寬氏は「殷時代には城があり、郭が無き時代であった。西周時代から前漢時代にかけては西城と東郭が繋がる時代であった」として、「西周初期、周公が洛陽で東都の成周を建築し、西の小城と東の大郭とつながる配置を創立してから、長い間それを広く応用していた。『呉越春秋』佚文曰く『築城以衛君、造郭以居民』（中略）の方式は、歴代都城建設の標準となった。**西周のこのような西小城と東大郭とつながる制度**は、春秋・戦国時代における中原地域の各諸侯国では相次いで採用されたのみならず、秦都の咸陽と前漢都城の長安にもその制度を踏襲した」[15]と指摘した。

劉慶柱氏は先史時代の方国或は邦国の「単城制」から、夏殷周王国時代の「双城制」へ、さらに秦漢〜明清帝国時代の「三城制」にいたる進化したモデルの存在を考えている。具体的にいうと、**先史時代の「単城制」とは**すなわち一重式の城であり、その制は新石器時代晩期の方国・邦国と伴に誕生した。その「城」は実際に最古の「宮城」であったといえる。方国や邦国らの連合や併呑によって「王国」が形成し、権力機関の拡大でさらに多くの生産とサービス人員の増加となった。都城はこれまで「君を衛る」城だけでは足りない、城の外側にまた「郭」を造った。「郭以居民」という「民」とは、手工業者や農民ではなく、王室のサービス人員である。つまり、「王国」の形成によって**内側の「城」と外側の「郭」を組み合わせる「双城制」が誕生した**。「三城制」とは宮城・内城（皇城ともいう）・外郭城である。秦帝国が成立して、これまで王室の政治中心の「宮城」（小城ともいう）が皇室の政治中心の「宮城」＋中央政府政治中心の「内城」（皇城ともいう）の構造に変身するはずで、帝国政治になっていたが、物質文化である都城の「滞後性」によって、**北魏時代の都の洛陽城に至って、ようやく「三城制」**となった。のちに、隋唐の「両京」という長安と洛陽から明清時代まで、帝国の都はみな「三城制」であった[16]。

許宏氏は「夏殷西周の三代における王朝の都城と方国の都城とも、城壁の築きは普遍的な現象ではなく、**後世のような厳密的意味で城郭制度はその時代にはまだ最終的に形成していなかった**」とし、また「早期の城壁まだ権力（神権や王権）の象徴ではなく、ほぼ防衛のために造った防御施設であった」とした。竜山時代から三代までの城は「君を衛る」ものであったが、「民を守る」ものではなかった[17]。

日本では都城制よりむしろ古代中国都市全体を分析した研究が活発であった。従来の宇都宮清吉氏の春秋までは邑制国家と戦国時代は経済都市という**二段階説**[18]や宮崎市定氏の漢代まで農業都市が続いていた**連続説**もある[19]。一方、**江村治樹氏**は黄河中流域の経済都市と周辺地域の農業都市が併存することを認めながら[20]、中国古代都市社会の展開を殷周時代の第一段階と戦国の経済都市という二段階説を踏襲し、発展させた[21]。**岡村秀典氏**は「都市形成の**四段階**」と主張し（かつての**三段階説**から細分化）、新石器時代の環濠集落・前三千年紀の城郭集落・殷前期まで黄河中流域において宮城の成立した王都・殷後期から周代までのコスモポリタニズムの王都という中国都市形成の過程を四段階に分けた。特に王権の伸長が第三段階の王都を生みだし、第四段階に国家体制が整うことによって古代的な都市の社会と経済が誕生したことを強調した[22]。

2.4 問題の所在

古代中国都城における城郭制は本当に西周東都以前になかったか。城郭制は本当にみな西の小城＋東の大郭というモデルとなっていたか。城郭制とは必ず内宮城が先、外郭城は後に形成したのだろうか。三重城壁以上の構造であるとしたなら、城と郭とはどう定義すればよいか。内城・外城や単城・双城・三城という項目を機械論的に並べて城郭制の歴史的伝統をまとめられるか。古代中国城郭制の性格について、経済と農業以外の判断標準はないか。

以上の疑問を抱え、本論では発掘資料をめぐって上古三代（前221の統一秦帝国の成立まで）中国都城における城郭制の形式・変遷及び特徴を明らかにしたい。具体的に、城郭制の形式的な分類（空間構造）、城郭制の変遷（時間沿革）、城郭制の機能と特徴などを論じる。

3. 上古三代における城郭遺跡の形式と分期

新石器時代晩期の前2300年〜前221年秦が全国を統一するまで、考古学的な資料によって都と推定された都城は少なくとも16ヶ所ある。それらの発掘資料を名称・時代・宮城・外郭・内外城関係・出典などの欄目によって下表にまとめた。以下のような結果が出来た。

3.1 城郭の形式と面積と向き

表の図に示すように上古三代における**都城の形式**は殆ど方形であるが、宮城はわりあい正方形が多い一方で、外郭城はむしろ長方形が多いだろう[23]。城と郭の位置関係は必ずしも東城西郭かそれとも同心構造かとは認められない。**面積**は宮城が100万m²以上のものを3つ（鄭州・洹北・臨淄）しか確認できず、宮城の面積は特に拡大傾向があったと認められず、外郭は西周以後1000万m²以上の

ものが4つ（曲阜・臨淄・邯鄲・紀南城）となって、それ以前と比べて都市の規模と機能とも拡大していたと考えられる。

3.2 城郭制形成の三時期

第1期、新石器時代～夏王朝における城郭とみられるものは4つであり、**城郭制の形成期**であると考えられる。すなわち、約前2300年頃の新石器晩期の陶寺王都城（山西・襄汾）、約前2300年頃の堯舜時代の淮夷方国の都藤花落古城、約前2100年頃の新石器晩期～夏初の夏都陽城王城崗城（河南・登封）、約前1800年頃の夏都斟鄩か夏の属国かの二里頭夏殷城遺跡（河南・偃師）という4ヶ所である。**その性格は下に論ずるような祀（宮城）と戎（外郭）型である。**

第2期、殷王朝の都～西周初期の洛邑と魯城の間における**城郭制の転型期**。それは約前1700年頃の偃師商城（河南・偃師）、約前1500年頃の鄭州商城（河南・鄭州）、約前1400年頃の殷墟・洹北商城（河南・安陽）であり、周初期における約前1040年頃の洛邑王城（河南・洛陽）、約前1040年頃の魯城（山東・曲阜）の計5ヶ所である。**その性格は城郭制の祀戎型から礼儀型へ転じたと考えられる。**

第3期、春秋・戦国時代にみる7つの都は、各諸侯国の「僭越」による**城郭制の多様性時期**である。つまり、斉都の臨淄城（山東）、晋都の牛村城（山西・侯馬）、晋都の鳳城（山西・曲沃）、楚都の紀南城（湖北・荊州）、鄭・韓都の鄭・韓故城（河南・新鄭）、趙都の邯鄲（河北・邯鄲）、禹王村城（山西・禹県）などである。**その性格は**とりたてて『周礼』に描かれた王城と似たようなものもあるが、ほとんどは『周礼』の王城式を避けたと考えられる。

表：先秦時代城郭形式と面積一覧

（実線＝城壁、点線＝境、（　）内の数字は郭か郭区かの面積 km²）

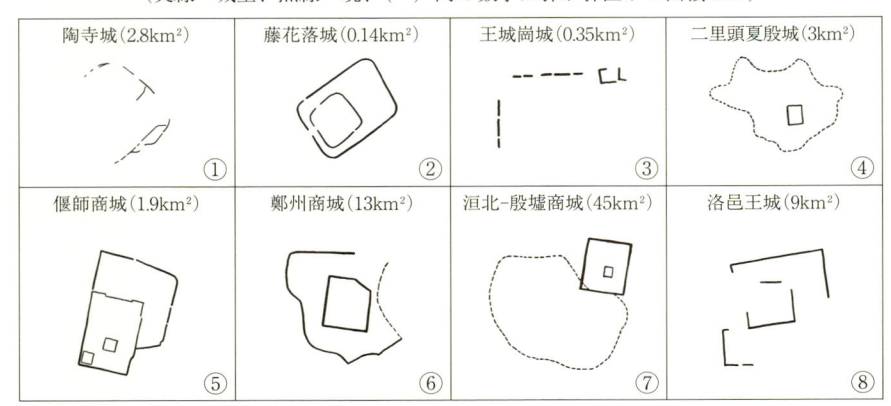

陶寺城(2.8km²) ①	藤花落城(0.14km²) ②	王城崗城(0.35km²) ③	二里頭夏殷城(3km²) ④
偃師商城(1.9km²) ⑤	鄭州商城(13km²) ⑥	洹北-殷墟商城(45km²) ⑦	洛邑王城(9km²) ⑧

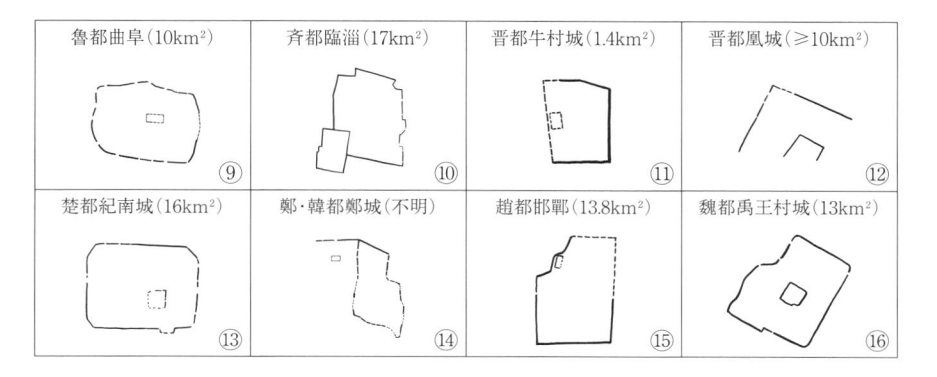

魯都曲阜(10km²)	斉都臨淄(17km²)	晋都牛村城(1.4km²)	晋都鳳城(≧10km²)
⑨	⑩	⑪	⑫
楚都紀南城(16km²)	鄭・韓都鄭城(不明)	趙都邯鄲(13.8km²)	魏都禹王村城(13km²)
⑬	⑭	⑮	⑯

それらの三期にわける城郭制の具体像と各時期における**宮城の「禁中」性格と外郭の防衛機能**という性格について、以下のように述べる。

金文の「國」字

4. 夏王朝以前の祀（宮城）と戎（外郭）型たる城郭制の形成

『左伝』成公十三年に「国の大事、祀と戎にあり」とあるが、いにしえの「国」とは都の意もある。白川静氏による分かったのは、「国」の本字は「國」であり、その文字構造は□+或か□と戈とに従い、□は都邑の城郭。戈を以てこれを守るので、或は國の初文。國は或にさらに外郭を加えた形である。もと国都をいう。『説文』に「邦なり」、邑部に「邦は國なり」とあって互訓。邦は社稷に封樹のある邑で、邦建による国都をいう[24]。

つまり、国、すなわち国都の最も大事なことは「祀」と「戎」であるとするなら、国の構造要素である城と郭とも、「祀」と「戎」という機能も持っているかという問題意識が生じ、以下のように城郭制の形成を検討しよう。

4.1 中国早期都城の城郭構造

戦国時代（前403-前221）の文献では古の「シロ」の数や規模について「古有万国」（『荀子』富国篇）とし、「古者四海之内、分爲万国。城雖大、無過三百丈（正方形の辺の長さ＝300丈）。人雖衆、無過三千人。」（『戦国策』趙策趙奢の語）と記した。周時代1丈＝10尺、1尺＝0.197mだとすれば、正方形の辺の長さ300丈≒600m（面積＝36万m²）。

考古学の発掘資料によると、**新石器時代**における古城38ヶ所をまとめる統計

があり（劉叙傑『中国古代建築史』第一巻中国建築工業出版社 2003 年版 p37〜40 の「中国原始社会城市状況一覧表」を参照）、その時点での統計資料に基づいて分析すると以下の特徴が分かった。

面積は 36 万 m² 以上のシロが 3 ヶ所しかない、38 ヶ所のうちわずか 8% を占め、確かに少なかった。むしろ 20 万 m² 以下のシロは 27 ヶ所があり、38 ヶ所のうち 71% を占める。

形式は 38 ヶ所の古城の外形のなかには、方形 26（正方形 12 ＋ 長方形 14）、楕円形 3、不規則多角形 2、円形 1、梯形 1、ひしがた 1、不明 4 などある。方形は 38 ヶ所のうち 70% を占める。

また、38 ヶ所の古城は殆ど単城形であり、**城郭形は 2 つしかない。**

場所は山麓や川辺に位置している。構造は城壁の版築式と石積式ともあり、陸門や水門や濠がある。注目するべきなのは、やはり宮殿と祖廟は城内の重要なところに位置する特徴である。

4.2 早期城郭の構造と機能

上述したように新石器時代〜夏王朝における上古中国都城の誕生は、中国文明社会の入り口として、のちに殷周時代都城の発達に基礎を確立した意義がある。また、いわゆる都郭制の成立は中国上古都城史における重要な 1 つの過程ともいえる。しかし、先行研究者によってすでに提出されたいわゆる城郭制は、その時代に一体誕生したかどうかという課題が無視できない。**本論では竜山時代晩期〜夏王朝に国の都の城郭構造と機能ともみられるので、この時代は城郭制の形成期であると位置づける。**

近年の発掘を含めてこれまで新石器時代〜夏王朝における城郭遺跡はわずか 4 ヶ所しか発見していないが、城郭制の形成として非常に重要な意義があり、後に中国城郭制のモデルとなったと考えられ、それらの構造・機能などの特徴を検討しよう。

4.2.1 竜山文化期の陶寺王都（山西・襄汾、約 4300〜4000 年前）

2015 年 06 月 26 日人民網日本語版に中国社会科学院考古研究所の王巍所長は、「陶寺遺跡は『堯の都』であったと推定される。堯舜時代はもはや伝説ではなく、確実な史実によって証明された」と述べた。その理由の 1 つは「王宮と外郭、下層の貴族居住区、倉庫、王族の墓地（王陵）、天文観測・祭祀用の壇、手工業に用いられる作業部屋、庶民居住区によって構成されていた。建設・使用の時代は、今から 4000 − 4300 年前」[25]とある。まだ「推定」の段階であるが、40 年発掘してきた陶寺遺跡は、極めて「堯の都」らしいものであるように判断できた。本論に関わる「王宮と外郭」について、以下のようにこれまでの公表資料[26]をまと

める。

　先ず、**王宮**は、まともな城壁がみつからないが、一部の存在は確実である。南城壁の Q10・Q11 は断続的に確認できたが、東城壁は東郭城壁の Q4 と一体化し、北側に空地によって北郭区内の住居地と境とする。西側に溝の境があるが、城壁は全くない。

　宮城の内部には南に**大型天文台ある祭祀建築遺跡Ⅱ FJT1** があり、西に貴族区、中部の宮殿区がある。

　外郭城では工房・墓地あり、東南部には早期と晩期の墓葬数百基あり、中期部屋址 10 数基を発見した。

　城と郭の時代関係は、宮城あるいは王宮区が先にできて（竜山文化中期の前 2500）、後に郭城まで増築した。曲英傑氏によると「推測すれば、早期小城はまさに伊耆すなわち陳隆氏が築いたところ。帝嚳の世代に堯がここで生まれた。後に堯が帝位を即し、ここで都とし、小城に基づき大城へ拡大増築した」とした[27]。

4.2.2 竜山文化期の藤花落淮夷方国都（江蘇・連雲港、約 4300 年前～）

　面積は 14 万平方メートルある**藤花落古城**は堯舜時代において淮夷の１つの方国の都であろうと判断した。内城と外郭城は同時期に存在していた。

　内城は、T45＋F7 の大型屋遺跡があり、Ⅱ号台基の中央に位置する F26 回字型建築である**祭祀と集会の場所**や F48 の小高台を中心する 300m² の大型紅焼土広場（紅焼土堆・祭祀坑ある）の**大型祭祀広場**がある。

　外郭城においては、城壁と濠ともあり、外城濠に大量の石斧・鏃を発見した。内城門内 F33 床式建築址があり、見張り台の可能性がある。洪水を防ぐ施設が多数発見した[28]。

4.2.3 竜山文化晩期の王城崗城（河南・登封、約 4100 年前）

　王城崗城遺跡は、**内城は東西２つの城**（大城内の東北部に）に分れる構造であるが、東城は川の氾濫によってほぼ何も残されていない。西城内に**人殉のある建築基礎と青銅器**の破片が発見されて、林澐氏に「重要的な祭祀建築」と考える[29]。

　外郭城は長い間見つからなかったが、2002 年から 34.8 万平方メール面積の城郭が発見された。その北塀 600m、西塀 580m であり、祭祀坑・玉琮・白陶器がある。

　城壁の建築時代は、内城先に出来て外城後に成立した。すなわち、内城は河南竜山文化（前 2600～前 2000 年）晩期の王城崗文化２期にあたり、外城は王城崗文化３期にあたる。つまり、内城は「鯀作城郭」であり、郭城は「禹都陽城」（～

漢代）だろうと判断された[30]。

4.2.4 二里頭夏殷城遺跡（河南・偃師、約 3800 年前）

300 万平方メートルの遺跡には、外郭城がない一方で、長い間、12 万平方メートルの宮殿区があったが宮城がなかった。二里頭 3 期に至ってからようやく宮城が建築した。宮城の四面に塀あり、「井」形の 4 本大道ある。宮城内部に 1〜2 号宮殿遺構・**大型祭祀遺跡**があり、墓葬（トルク石の竜杖発見）と「巨型坑」という二里頭 3 期にできた**豚祭祀に関わる場所**もある。

宮城外に宮殿遺跡数十基・部屋・銅骨工房・陶窯・墓葬・道遺跡があるが、城壁がみあたらないので、発掘者はそれを郭区と名づけた[31]。

遺跡の性格は夏王朝の都であるかその属する方国か疑問があって、さらに発掘成果を期待する。

4.3 早期城郭制の特徴について

上述した新石器時代晩期から夏王朝までの都の城郭考古資料を文献資料によってさらに分析すれば、少なくともいくつの早期城郭制の特徴が分かった。

4.3.1 単城・双城の併存
単城・双城とも存在していたことが分かった。したがって先行研究者が主張したこの時代おいて古城の「単城制」説は、一般の古城に認められでも、都の都城の場合には認められない。なお、宮城は郭城との位置関係は、上表にみえるように陶寺城は東北、藤花落城は南、王城崗城は東北、二里頭城は郭区の中心から東に偏る。つまり、先行研究における宮城は必ずしも郭城（区）の中央に位置するという説や西に宮城・東に郭城という説、共に認められない。

4.3.2 宮城より宮区の存在
宮城より先に祭祀エリアのある宮区の存在が分った。具体的にいえば、4 つの都ともみられる 2 つの共通点があるのが分った。1 つは、殆どの都は**宮城が建築する前に、宮区というエリアがあったこと**（藤花落城の場合は内城は外郭城とほぼ同じ時期にできたとしたので、前後順は判断できず）。特に二里頭城の場合、2 期の宮区に基づいて 3 期の宮城が造られたのは典型的な一例である。換言すれば、仮に陶寺城遺跡のように宮城の城壁がはっきり確定できなくても、宮区の存在は違いない。2 つは、殆どの**都の宮城には祭祀の建築や場所があること**（王城崗の内城は半分なくなったので、状況証拠しかないが）。陶寺宮城には大型天文台をふくむ祭祀建築遺跡、藤花落内城の回字型建築、二里頭宮城の大型祭祀遺跡と宮城ができる前にもあった「巨型坑」豚祭祀遺構、また文化層乏しい王城崗宮城には少なくとも「重要的な祭祀建筑」と考えられる人殉のある建築基礎と青銅器がある。

4.3.3 外郭城と外郭区の併存　上に紹介したように上古中国の都城には郭城が殆ど存在していなかった説があるが、ここで言及した4つの都のなかに、郭城がないのは1ヶ所しかないので、むしろ殆どの都には郭城があったといえるだろう。無論、必ず外郭城があったにもいえない。すなわち宮城の外側に**郭城か単なる郭区か存在した**のは違いない。

郭城の範囲内には下層の貴族住居地と庶民の住居地、倉庫、工場、祭祀施設、道路、墓地がある。工場、墓地などは宮城にはまだ見当たらない一方で、住居地、祭祀施設、倉庫は宮城内のものと比べると、郭城または郭区のものは出土品によってランク低いのはわかった。

郭城は一重郭と郭・堀併存ともある。郭城の形は正方形の陶寺城、縦長方形の藤花落城、横長方形の王城崗城があるが、二里頭城の郭区は不規則形である。濠があるものとないのも存在した。水害防止設備がある郭城は特徴的である。

4.3.4 城郭制の祀（宮城）と戎（外郭）型性格

第一、「城を築きて以て君を衛り」の「君」とは、生きる君より「先君」とよぶ死君を優先すると考えられる。「先君」は先代の君主。『詩経』邶風に「先君之思、以勗寡人」とあり、『左伝』庄公二十八年に「凡邑、有先君之主曰都」、「主」は神霊のやどるところである。金鶚『求古録礼説』邑考では「先君の主」を「先君の廟」と解釈した。ゆえに、「都」のなかに必ず「先君の廟」があるはずであるが、その場所はどこだろうか。『礼記』曲礼下に「君子将営宮室、宗廟為先、厩庫為次、居室為後」としたように、宗廟は宮殿を造る場所、つまり王宮区あるいは宮城に位置するのは違いない。それのみならず、宮城のなかの最も核心的な「宮室」は「先と為す」宗廟だといえる。したがって、上述した上古都の宮城にはみな祭祀建築があることを考えれば、もしそれらの祭祀建築のなかに先君を祀る宗廟があると言っても無理がないだろう。**ゆえに、宮城のなかで最も重要なのは宗廟であるので、宗廟に祀る先君は宮城に居る生君より重要だろう。** そして「城を築きて以て君を衛り」の「君」は死君と生君ともいえるが、生きる君より「先君」とよぶ死君を優先にまもろうと考えられるのだろう。

ここで注目すべきなのは宗廟とは、強い排他性がある場所であるので、ゆえに、宗廟のある宮城は「君」をまもる機能は外敵を防ぐのみならず、親族以外の者は立ち入り禁止するエリアである。いわば、宮区とは後代の「禁中」のような祭祀と政（まつりごと）エリアであり、宮城は祀られる先君と祀る生君をまもる施設であるだろう。

第二、「郭を造りて以て民を守る」との「民を守る」は、人間の敵のみならず、自然災害から守る意味もある。先行研究者は一重城、二重城、三重城の形の変遷

は、経済と政治の論理によって私有財産の拡大、社会階級の分化、略奪の戦争などのために、城郭の防衛機能が漸く高く要求されたゆえんだと解釈した。しかし、4300年前の藤花落城は郭城の外側にまた濠があるのに対して、3800年前の二里頭城には全く郭城がないのは事実であるし、先行研究の機械論の解釈では説明できないだろう。幸いに、微生物学の科学者は我々を助けた。彼らは藤花落城遺跡の土壌から採集した植物や菌を分析したうえに、藤花落城は「約4.2kaBPに長期的な陸地水害によって壊滅した」という結論を結んだ[32]。この結論は上述した郭城遺跡に濠と多数な城壁の洪水を防ぐ設備があることに一致する。つまり、外郭城は外敵を防ぐことは勿論、自然災害（野獣・洪水など）から「民」を「守る」機能も考えなければならない。同時代にしても地域や地形によって異なる必要があるので、郭城の有無・数・丈夫さも違うことも考えられる。つまり、郭区は国人の生産・生活エリアであり、郭城は災害と戦い「戎」たる施設だろう。

　上述したように、遅くても新石器時代の晩期に入ってから、古代中国における都の城郭は構造的・機能的・性格的な各側面ですでに制度化した。その城郭制の性格は祀（宮城）と戎（外郭）型であると名づけよう。なお、この城郭制の形成は、のちに中国城郭制のモデルとなったと考えられる。

5. 殷〜西周城郭制の祀戎型から礼儀型への変遷

　殷王朝の都〜西周初期の洛邑と魯城の間における**城郭制の転型期**があった。それらは、約前1600年頃の偃師商城（河南・偃師）、約前1500年頃の鄭州商城（河南・鄭州）、約前1400年頃の洹北・殷墟商城（河南・安陽）などであり、周初期において約前1040年頃の洛邑王城（河南・洛陽）、約前1040年頃の魯城（山東・曲阜）などの計5ヶ所である。本論では殷から周までの**城郭の性格は、早期城郭制の祀戎型〜礼儀型へ転換した**と考えられる。つまり殷王朝を創立した湯王から、周王朝の創始人、周の文武王と周公までの間に、夏王朝以前の「**祀城戎郭**」の機能をした型と違い、**殷王朝の城郭制は中軸線によって生き君主の祀と戎とも支配する権威を表わす特徴が生じた。**

5.1 先君から生君へを中心としての祀戎型城郭制

　文献史料によって殷王朝の支配者は8回遷都したので、殷商時代の都は複数存在したことは間違いないが、今日におよそ殷都と断定できるのは早期の偃師商城、早中期の鄭州商城、中晩期の洹北・殷墟商城の3ヶ所しかない。それらの考古学発掘資料によって当時における城郭制についての**先君より生君の権威をあらわす特徴**を論じる。

5.1.1 偃師商城（河南・偃師、約前 1600 年頃に始建）

『漢書』地理志、偃師条に「尸郷、殷の湯都す所なり」とあり、『詩経』商頌に「（成湯）天命多辟、禹の績に都を設け」とある。偃師商城は、殷の湯王が夏王朝を倒した後、造った初めの都の亳だろうと考えられる。C14 値によって前 1600 年前後の城址であり、遺跡は河南省の省都・鄭州の西 90km にある。

宮城（1 号建築群ともいう）は、早期小郭城の中軸線にあたり、面積は 45000m²、宮城の壁の幅は 2-3m であり、宮城の西壁は何度も改造したので三期のものがある。宮城の中軸線は小郭城の中軸線と一致して、宮城の唯一の南宮門とその門に貫通した南北大道ともその中軸線にあたる。宮城には十数ヶ所の宮殿遺跡を発見したが、1 号宮殿が中軸線に部分的に当たる以外に、みな中軸線の東西両側に配置して、特に 5・6 号宮殿が東側、3・7 号宮殿が西側という対称配置は、夏王朝以前の都にみあたらなかった。

宮城区の北部には祭祀区と池のある苑との組み合わせるエリアがある。そのエリアは宮城のほぼ 1/3 の面積を占めたのは注目すべきであろう。

郭城は、早期小郭城と晩期大郭城があった。宮城の外側に先ず長方形の早期郭城（小城ともいう）があったが、後に早期郭城は破棄し、その代わりに晩期大郭城（大城ともいう）ができた[33]。

早期小郭城は面積 80 万 m²、城壁の幅は 6-7m であり、東門と西門を確認した。

晩期大郭城は梯形、面積 190 万 m²。3 号建築群（小郭城の東塀外）や 4 号建築群（小郭城外の北部）がある。5 つの城門（北 1、西 2、東 2）がある。城濠があり、濠と宮城の池と渠でつながった。武庫・道路・製銅作坊・住宅・陶窯・墓葬などある。

偃師商城は湯王の亳都のみならず、後に盤庚の亳都となったとも考えられる[34]。

5.1.2 鄭州商城（河南・鄭州、殷の早期〜中期、約前 1500 年に始建）

宮城は、現在の鄭州市中心部の真下に埋まっている。ほぼ長方形をした城壁の総延長は約 7000 メートル、面積 300 万 m²。城内の東北部から多数の宮殿址が発掘された。この中で規模の大きな宮殿は 2 つある。残された柱の穴などから復元すると、これらの建物は、回廊を持つ、二重屋根の大きな建物で、政治を行う御殿や寝殿として使われたと見られる。加工した人間の頭蓋骨の堆積、池、祭石遺跡などがある。

外郭城は東南隅〜西南隅の長さ 3425m が、幅 12-17m、範囲の面積は約 1300 万 m² である。郭城は未完成のものだと推測されたが、東側に隣接する圃田沢は殷代以来の古沢であったと考えると、鄭州商城の外郭城はもとより南・西・北の三つの城壁しかなく、東側に圃田沢を以て天然の屏障と為すのだろう。北部に

第 1 章　中国上古三代城郭制伝統の形成とその性格　　13

銅・骨工坊、西部に製陶工坊、南部に銅工房がある。庶民住宅地、墓葬、祭祀坑、外の城濠がある。

宮城は二里崗下層1期（前1509-前1465）に始め、大城は少々後のものである。宮城は先に建成して、外郭城は後にできた。

鄭州商城の性格は仲丁遷都先の隞都、後に外壬、さらに河亶甲の都だったのだろうと考えられる[35]。

5.1.3 洹北・殷墟商城（河南・安陽、約前1400年頃に始建）

伝統的に安陽の殷墟は商の晩期における盤庚の都であるとしたが、1999年、殷墟の北部に流れる洹河を渡った対岸の一帯が本格的に発掘された。一辺が2キロ以上ある、ほぼ正方形の大きな外郭城が発見されて、2007年、宮城が発掘された。以下、年代順によって宮城、郭城、殷墟の構造を並べよう。

宮城の形成年代は「商中期より早いか、商中期か」として、先ずはその中身の宮殿宗廟が存在して、城壁はそのあとの「商中二期晩段以後に建った」とした[36]。宮城は郭城内における南部に少々東に偏り、長方形であり、宮城壁の幅は5-6mがある。宮城内に、「宮殿宗廟区」とよばれるエリアは、宮城中央に位置する1号と2号建築址である。南の1号建築址は中庭のまわりに回字形建築があり、主殿・配殿・廊下があり、中庭には40余ヶ所の祭祀遺構がある大規模な1.6万m²面積を有する。北の2号建築址は小規模な6300m²面積である[37]。

郭城は正方形であり、南北中軸線がある。南・北の長さは2200mであり、東・西は2150mである。面積450万m²であり、13度の方向は偃師商城・鄭州商城と同じく。郭城内には大規模の墓地と建物跡があり、南北中軸線の南段にあたる範囲には、宮殿区、殷中期の青銅器の穴蔵、道、墓葬などがある。

外郭の城壁は未完成のままでなんらかの理由によって、工事が停止したと考えられる。城壁の基礎をつくるために、南北2200m、東西2150mである略正方形の土槽（幅7-11m、深さは約4m）が完成された。そのなかに東・西・北垣の土槽に版築の基礎が完成し、東垣一部も作られた（地上より30cmの高さ）。土槽の版築をしたときの祭祀遺物は発見したが、外側の濠はない。

内城の宮殿区は中商3期に廃棄、『殷本紀』に大洪水のため、「河亶甲時、殷復衰」によって外郭は未完成だろう。そのあと祖乙が遷都しても、晩商期諸王の墳墓もここに置くと考えられる。

性格は殷12代王の河亶甲の都「相」（一説に本当の盤庚の都であり、一説に19代盤庚ではなく22代武丁の都である）である。

殷墟は殷王朝後期の洹北商城の始建よりやや遅く、以前殷の首都が営まれたと伝えられたが、今日は発見した洹北商城からみると、それはやはり洹北商城の郭

城外にある郭区と言った方がよいと思う。

注目すべきなのは、殷墟からは深さ20メートルを超えるものを含む多数の巨大墳墓が発見されていることである。それも祭祀エリアであるのは間違いないが、宮城内の祭祀区と比べると、宮城内の祀る対象としての先君と別に、ここで祀ったのは宮城内に生きていた生君たちであろう。つまり、当時の目線に立つと、宮城内の祀るエリアは上述した聖なる場所である一方で、ここでの祀るエリアは俗なる墓地であるとの相違点が分った。

5.2 文武両道的な西周城郭制
5.2.1 「殷周革命」と「礼儀の邦」の成立
王国維氏『殷周制度論』に周と殷との間の時代変化についての論述は、後ほどの学者より「**殷周革命**」説とまとめられた。例えば、谷川道雄氏に「殷周革命は単なる王朝革命の域に止まらず、一種の文化革命であったというのが王氏の説である」とした[38]。谷川氏のまとめた「王朝革命」と「文化革命」は、周初期において成立した2つの都の東都洛邑と魯都曲阜城にも実証できる。西周時代初期の東都洛邑と魯都曲阜城は両方周公が造ったと考えられる。筆者は前者を「王朝革命」的な武の都、後者を「文化革命」的な文の都だったと位置付けたい。

「王朝革命」的な武の都の東都洛邑。周公（姫旦）は周王朝初代武王の同母弟である。次兄・武王の補佐を勤め、さらに武王の少子の成王を補佐して建国直後の周を安定させた。彼は洛邑を営築し、ここが遠くの西方の豊鎬に立地した宗周都の軍事拠点の副都となった。

「文化革命」的な文の都魯都曲阜城。周公は、礼学の基礎を形作った人物とされ、周代の儀式・儀礼について書かれた『周礼』、『儀礼』を著したとされる。魯都曲阜城は前11世紀に周公がその地に封ぜられ、嫡子の伯禽に任せたのが始まりといわれる[39]。曲阜城は『周礼』の規範を遵守して「左壇右社」「面朝後市」の通りに整えられ、「礼儀の邦」の顕著な模範となっていた。ゆえに、西周の東都洛邑は西周時代における軍事的な副都であり、魯都曲阜城は礼儀的な西周城郭制の典型である。ここでそれらの遺跡を検討しよう。

5.2.2 軍事的な副都たる洛邑王城
周公の営造した洛邑の発掘はなかなかすすまず、まともな城壁もみつかっていない。しかし、洛邑王城に宮城と郭城ともあったということは文献史料にはっきり残っていることは違いない。ここで、文献史料と発掘資料[40]による**洛邑王城**の位置や基本構造についての有力な曲英傑氏の説を紹介する。

まずは**洛邑王城**の位置について、氏は『漢書』地理志の「河南、故郟鄏地。周武王遷九鼎、周公致太平、営以為都、是為王城、至平王居之」に基づき、漢代の

河南県は「王城」の址であると判断した。ゆえに、氏は漢代の河南県遺跡の発掘資料によって「王城」の宮城と郭城の構造を推測した[41]。

『周礼』考工記に「国中九経九緯、経涂九軌、左祖右社、面朝後市」とあり、鄭玄の注に「国中、城内也。経・緯、謂涂也。経・緯之涂皆九軌」、また「王宮当中経之涂也」とある。つまり、「**王城**」という**外郭城**内には「経涂」という南北道路と「緯涂」という東西道路は各 9 本が互に交錯し、その中の各 3 本は城門を通す。「**王宮**」とは「**宮城**」であり、郭城の中央に位して、その正門は南北中央道（中軸線）に沿って外郭城の正門に繋がっている。王宮の北に市を設ける。郭城の東部に宗廟が有り、西部に社壇が有る。したがって、

宮城は、今の漢代河南県遺跡には西周時代の元王宮の東垣だろうと思われる壁遺構があり、それに基づいて、王宮の南・北・西垣を復元し、「元王宮の東垣は南北 1000m、東西 1000m 未満」と判断した。なお、漢代河南県北垣の版筑に発見した陶器破片に書いた「河市」字から、そこは漢代に至っても、西周代の「王城之市」（『左伝、昭公 22 年』）がまだ生きていたと指摘した。

郭城は、漢代河南県城壁の北外側、洛邑王城の長さ 2890m、幅 8-10m の北垣遺跡がみつかった。北垣の西端に繋がる西垣の幅約 5m の一部が発見された。北垣と西垣遺跡の大部分は地山の上に建て、所々に垣の下に殷時代の文化層が確認された。北垣の外側に垣と並行している濠遺跡も発見された。北垣の東端に繋がっている長さ 1000m、幅 15m の東垣も発見されたが、それは春秋時代の半ばに造り始めたものである。また、漢代河南県城遺跡の南西外側、南北の 2 つの大型建築遺構がみつかったが、文献によるとそこから東西へ走る垣は魏晋南北朝時代まで残したそうだ。それが洛邑王城の南垣だとすれば、元東垣の長さは約 3000m だとして、北垣長さの 2890m とあわせて、西周時代洛邑王城の規模となる。それを下の文献記録と比べると、

『逸周書』作雒に「乃作大邑成周於中土、立城方千六百二十丈」とあり、『考工記』に「匠人営国、方九里、旁三門」とある。周代 1 尺 = 19.7cm によって、この「方九里」は「方千六百二十丈」、つまり今日の 3191.4m であり、上の北垣遺構の 2890m より 300m 長くなったが、推測した東西垣の約 3000m の長さと大体合致している。

城郭の成立時代は小城が西周初、外郭の北垣が西周初、東垣が春秋期、西垣の大部分が戦国期のものであることが分かった。

城郭の性格は、軍事的な副都であったといえる。西周時代初期、開国の王の武王が亡くなった後、幼い成王を補佐する周公が「摂政」した。周公は西都の「宗周」にはるかに離れる東方に「三監の乱」を鎮圧した後、東方副都の**洛邑王城**を

建築した。それと同時に戦争の捕虜となった「殷頑民」とよぶ殷の旧貴族を洛邑王城に移住させて、周朝の主力軍の1つを「成周八師」として、洛邑王城に駐屯した。このような洛邑王城はまさに西の政治都とペアであった**東の軍事的な副都**であろう。

5.2.3 礼儀的な魯国曲阜城

七年の「摂政」が終わって、周公が国家の礼儀制、特に分封制を作り出して実施した。彼自分自身の封国は今の山東省南部にあり、周公は曲阜に封ぜられ、魯公となった。大きな封国の間に挟まれ国勢は振るわなかったが、周の礼教文化を最もよく伝えた国として尊敬された。孔子もこの国に生まれ、その文化的伝統に基づいて儒教を創始した。

曲阜城の位置と構造。城は回字形の構造であり、洙水と濠で囲んで、11門(南2)と5つの道がある。中部の周公廟、城壁があるが、それらは宮城か宗廟かと思われる。城内には西周・春秋の墓葬が5基があるが、戦国墓は城外に移った。

宮城は中央の少し東部に大型版築台址が多数、面積0.3km²(東西550、南北500m)、台址の東北西に版築塀址あり。『春秋』成公九年(前582)と定公六年(前504)にいう「城中城」の「中城」ということだろう。

外郭城は円形隅の長方形、面積約10km²、城門11、垣は南が西周前期、北が西周晩期のものだろう。洙に繋がる濠が発見された。10本の道が発見され、東西向きが3、南北向きが3本あり、幹線は宮殿区から南垣東門(一説にはこれが中門だろう)を経て1500m離れる城外の舞雩台への中軸線である。台址(東西120 南北115m)は祭壇かと思われる。中部高地としている建築群址(西周〜漢)があり、西北・西南・東北部に西周〜漢の住居区があり、北部・西部に周代の鉄・銅・陶・骨工房約10カ所・工房の間に住居地多数が、西北部に周代墓地1区、周代陶瓦・瓦当多種が見つかった。

中軸線式の都城は上述したようにこれ以前もあったが、さらに礼儀にしたがって造ったのは、これが最も早く、西周〜戦国の諸侯城と違うが『周礼』考工記の「王城」に似ている。

外郭城は西周前期〜晩期に断続的にできたので、宮城より遅くできた[42]。

5.3 祀戎型〜礼儀型へ転変した城郭制の特徴

都城の城郭制は新石器時代中晩期〜夏王朝を経て形成され、殷〜西周の間に城郭制の**祀戎型**から礼儀型への転換期に入った。しかし、その転換は急に豹変したものではなく、むしろ夏王朝以前の「祀城戎郭」から、まず殷王朝の中軸線によって生きた君主の祀と戎とも支配する権威を表す城郭制へ一変して、そして「**殷周革命**」によって西周初期の「**王朝革命**」的な**軍事的な副都たる洛邑王城**へ一変し

て、その後さらに「文化革命」とよばれるほどの周礼制度の成立によって、ついに魯都曲阜城のような礼儀型城郭制となった。

6. 春秋・戦国期諸侯国の礼儀・実用融合型城郭制

　先行研究者は春秋時代においての中国都市について、特にこの時代に著しく発達した経済の面から都市変化に関する好論が多かったが、本論ではもっぱら都の城郭制の視点から当該時代における**礼儀型城郭制**をめぐっての諸侯「僭越」たる**城郭制の多様性**を論じたい。

6.1 曲阜魯故城モデルの存在

　周礼を制定した周公はまた魯都曲阜を造った人間[43]であり、彼が造った魯都は礼儀正しい都城である。

　曲阜魯故城の遺跡はこれまで発掘した都城では、最も『周礼』考工記に記載された「王城」と似ているものである。「王城」の最大の特徴は真南の向きの方位・正方形・9里の辺の長さ・宮城の中央位置・南正門・宮城中心と北極星の間の中軸線・対称の12門・整然とした道などである。「王城」と比べてみると魯故城の特徴はいくつかある（下表）。

	向き	形式	面積	城郭位置	中軸線	門	道
王城	真南	正方形	9里×9里	城＝郭内中央	城の真中(N→S)	3+3+3+3	井字形
魯城	真南	長方形	3.7km×2.7km	城＝郭内中東	城の東部(N→S)	3+3+3+南2	略井字形

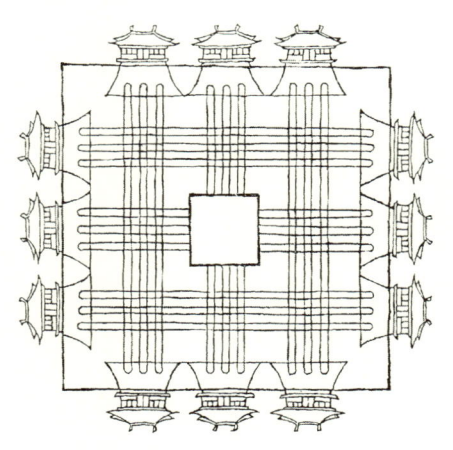

（宋）聶崇義『三礼図』周王城図

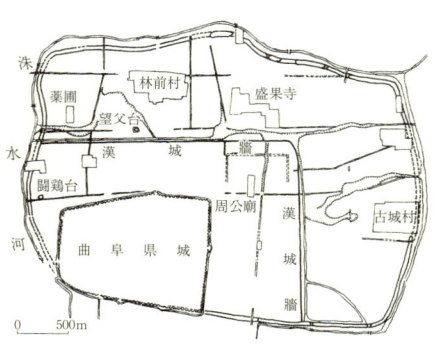

山東曲阜県魯故城遺跡図
（許宏『先秦城市考古学』p96より）

6.1.1 真南の向きだけ変わらず　殷周革命の基本理念は天が周徳を支えてくれたため、周王朝は天下を取ることができたということである。ゆえに、天意を崇敬しなければならないことは周礼でも表される原理であり、王城も諸侯城も天意にしたがって真南の向きにすること（北の北極星のもとに居る）は変えることができないだろう。しかし、周礼には地上にある天子と諸侯の等級を決めているので、それによって魯城の設計はいくつか変化を求めなければならないと筆者が考えている。

6.1.2 正方形から長方形へ変化　「9」は1けたの数字の最大数であるので、天子しか使えない最高ランクであり、正方形は「天円地方」理念の「方」を象徴することで、全土を支配する意がある。ゆえに、四辺の中の二辺は「9」より、奇数の1ランク下である「7」にして、長方形に変えたら、形式と面積とも天子の王城より1ランク下の諸侯城となる。実際に計算すると、魯城址の東西＝3700m、南北＝2700mであり、東西長さ：南北長さ＝9：6.57となっている。

6.1.3 宮城は外郭の中東に移す　天子の中央位置を避け、王城の東側から周天子を支える、という意味であり、魯城の宮城は少し東に移したのだろう。それに連動して、天子が出入する正南門を設置せず、東南門を諸侯城の正門とし、王城の12門制度と違う11門となった。さらに中軸線も少しずれているようになって、城内道路も王城の道より乱れている。

つまり、**曲阜モデルの最大の特徴は天意と天子に尊敬を表す周礼にしたがってプランした都城構造である**。しかし、周初期に周公が造ったこの諸侯都城のモデルはのちにどれほど守られたか検討したい。

6.2 曲阜魯故城モデルの類似型　──礼儀・実用融合型Ⅰ──

周時代の城郭は夏・殷王朝の城郭と比べて、殷末までの城郭の殆ど真南向きではないことと違い、9ヶ所のなか4ヶ所（魯都曲阜・楚都紀南城・鄭韓国都の鄭城・晋都牛村城址）が内城と外郭両方とも真南向きの方位にこだわったこと、しかも内城は外郭の中央からずれていることがわかった。

	向き	城郭位置	郭形式	郭面積	中軸線	門	道
魯城	城郭とも真南	城＝郭内中東	横長方形	10km²	城の東部(N→S)	3+3+3+南2	略井字形
紀南城	城郭とも真南	城＝郭内中南東	横長方形	16km²	城の東部(N→S)	2+2+2+東1	河道4
鄭韓都	城郭とも真南	城＝郭内中東	長方形？	不明	不明(南壁なく)	北1東2	不明
牛村城	城郭とも真南	城＝郭内中西	縦長方形	1.4km²	不明	不明	不明

6.2.1 紀南城と魯城の構造的類似性　春秋前期に造った紀南城の構造は魯城に最も似ている。城を造ったプランは内城と外郭とも真南向きにし、内城は王城し

かできない中心位置をとりたてて避け、中心から少し南東に移動し、また王城のような正方形ではなく長方形になったことなどは、周礼に配慮したと考えられる。しかし、外郭の 16km² の面積は王城の 1.6 倍になったことはまさに春秋時代における諸侯の「僭越」行為である。また、郭内の道路は水路と陸道が併存し、郭門は水門と陸門の同時使用など、これらは城の実用性を重視したものとみられる。

6.2.2 鄭・韓都城と晋都新田の類似性　鄭・韓都城（河南新鄭）と晋都新田（山西曲沃）は互いに似ている。内城と外郭とも真南向きにし、内城は中心位置を避け、中心から少しずれていることは魯城に類似するが、最も個性的であるところは、両都とも単一の外郭城ではなく、複数の城が見つかったことだ。すなわち、内城は外郭に位置するだけではなく、外郭につながる別の子城（付属城）があり、離れている子城もある。それらの子城は軍事施設か、再分封した親族の領域かはっきりわからないが、実用に応じて造ったことは間違いないだろう。

つまり、両都とも曲阜魯城に似たものであるが、その礼儀・実用融合型都という点は特別な性格であるといえよう。

6.3 魯都と別種パターンの晋都と魏都　——礼儀・実用融合型Ⅱ——

魯都のように王城と同じ向きで、内城が外郭の中心に位置しないようなモデルとは逆ったパターンの都城は晋都の新田（鳳城）と魏都（禹王村城）である（下表）。

	向き	城郭位置	郭形式	郭面積	中軸線
鳳城址	城郭とも東北	城＝郭内中央	横長方形	≧10km²	城の真中(EN→WS)
禹王村城址	城郭とも東北	城＝郭内中央	縦長方形	13km²	城の真中(EN→WS)

6.3.1 晋都の鳳城址（山西・曲沃）　発掘者は鳳城址が晋都の新田城とは別の城としたが、曲英傑氏はそれが新田城であろうと判断した[44]。遺跡の南部は澮河によって破壊されたが、残った外郭の 3100m 北垣と 2600m の西垣で計算すれば、城址の面積は少なくとも 8km² となる。もとの都城に復元すれば 10km² 以上となった大城だろうと推測できる。換言すれば、これも春秋時代における僭越した諸侯都城の一例である。しかし、そう言ってもこの城もほかの諸侯城と同じように、王城の規制を避けたように思われる。つまり、残っている部分だけでもその内城が外郭の中心に位置している構造であるが、城郭の向きは真南ではなく、東北向きになっている。また、内城の中心から西垣までの距離が、その中心から北垣までの距離よりも長いことによって、外郭は正方形ではなく長方形だったと推測したい。

6.3.2 魏都の禹王村城址（山西・夏県）。魏はもと晋に仕え、周の威烈王 23 年（前 403）に周王の命により諸侯に列せられて、都は安邑となった。安邑とみら

れる禹王村城址の構造は大中小3つの城（中城は秦漢のものであるので論外し）があり、小城は外郭の真中に位置し、大小城とも戦国前期のものである。外郭の面積は 13km² となって、鳳城城址とほぼ同じく、諸侯より1ランク下の卿大夫の国として非常に僭越的な大城をもっていた。これが戦国期に入ってからよく見られた「礼崩楽壊」という現実である。しかし、禹王村城址の構造も王城のような真北—真南にそなえる中軸線となっておらず、中軸線は東北から西南の向きに位置していたことに注目するべきであろう。

　つまり、両都とも周公が魯城を設計したようによく周礼を知り、天意や天子に尊敬を表すプランをしたのではないが、**二城とも周天子「王城」（洛邑）の西に位置した都城として、「王城」中軸線の天帝が居る真北方位の向きに偏るようにしたと考えられる。**すなわち、「僭越」とみられる都城の規模や形式などは春秋・戦国時代に都城、特に外郭が拡大した現実に応じる行為であったにもかかわらず、都城を造ったとき何らかの手段で天子に敬意を配慮してプランしたのだろう。

晋都の鳳城城址（山西・曲沃）　　　　　魏都の禹王村城址（山西・夏県）

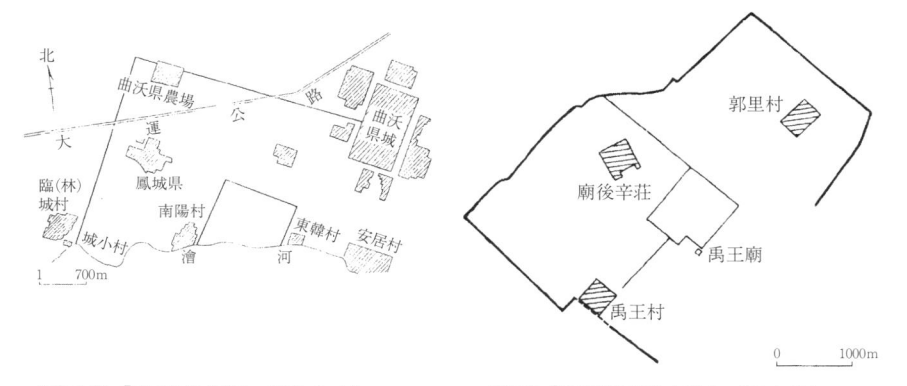

（曲英傑『史記都城考』p302 より）　　（許宏『先秦城市考古学』p98 より）

6.4 商業都会たる実用型の斉都・趙都　—礼儀から実用への変身型—

　魯都曲阜モデルと比べて、斉都臨淄と趙都邯鄲は下表に示したようにいくつかの特徴がある。

	向き	城郭位置	郭形式	郭面積	中軸線	門	道
魯城	城郭とも真南	城＝郭内中東	横長方形	10km²	城の真中（N→S）	3+3+3+南2	略井字形
臨淄	城郭とも真南	城＝郭内西南隅に	縦長方形	17km²	城の真中（略N→S）	2+2+2+東1	河道4
邯鄲	城郭とも真南	城＝郭内西北隅に	縦長方形	13.8km²	不明	不明	不明

第1章　中国上古三代城郭制伝統の形成とその性格　　21

6.4.1 斉都臨淄

前11世紀晩期（姜太公の封国）～後漢末の1300年を経て、古代中国において最も規模が大きい、そして、人口が多い、商工業「都会」である。「斉太公世家」に「太公至国、脩政、因其俗、簡其礼、通商工之業、便魚塩之利、而人民多帰斉、斉為大国」とある。それは西周初に姜太公が臨淄の封国に就いたことについての記録であり、「その習俗に随って君臣の礼を簡約にし、また商工の業を通じ、魚塩の利を便にした」ことがわかった。

宮城の遺跡は大城外の西南一隅に位置して、面積3km²であり、北部に宮殿区とみられる多くの建築址があり、中心に高さ14mの楕円土台があり、西部に鉄器の工房址、南部に鋳銅・鋳幣址があるので、宮城と考えられるが、戦国時代に造ったものであるため、西周時代の宮城でないことは明確である。西周初期の宮城は『左伝』『史記』に、大城のなかに位置した（遺構はみつかていない）と記し、その場所についての先行研究はいくつかの説がある。例えば、許宏説（『先秦城市考古学研究』p99 燕山出版社2000）に西周の宮城は外郭の中北にあり（今の闞家寨村である）、そこでは西周～漢代の文化層が豊富で、南北向きの道路がそこで西に曲がっていたことはなにかの建物をとりたてて避けていたとした（下左図）。また、曲英傑は外郭の中央から少し南に位置したとしている（下右図）。

斉都臨淄の**外郭**遺跡は縦長方形であり、面積は15（一説17）km²であり、西周前期～晩期に断続的にできた曲阜の外郭とは違い、西周初期に造ったもの（一説に最初は別の場所で都にしたが、のちにここへ移った）であり、元々あった城を利用した可能性がある。南北2門に貫く中軸線がみられるが、南北中央大路は中心点の北部に西方向に突き出ているところがある。大道7本あり中部に西周～秦漢の大面積の居住遺跡がある（『管子』に「管子於是制国以為二十一郷、工商之郷六、士郷十五」とある）。東北や中部や偏西部に銅・鉄・骨などの工房や墓地がある。

つまり、斉都臨淄外郭は商工業が盛んな旧城を利用して、あるいは商工業エリアを守るために速くできた。宮城は西周期の外郭内の中軸線に位置し、なぜ戦国期に外郭外の西南部に移動したのか理由はわからないが、西周期においては宮城と商工業「都会」をあわせたもので、徐々に宮城は外郭から分離して、外郭は単なる商工業エリアの地位を譲ったと考えられる。ゆえに、ふたたび『史記』の「太公至国、脩政、因其俗、簡其礼、通商工之業、便魚塩之利、而人民多帰斉、斉為大国」という国造りを考えれば、斉都臨淄を造ったとき、太公は当地の習俗にしたがって、城郭制の礼を簡約にし、また商工の業を通じ、魚塩の利を便にした方針によって王城面積の1.7倍に及んだが、外郭は正方形を避け、宮城は中央を避けて都城を造った。**しかし、戦国期になって宮城は都心に位置することは都市交**

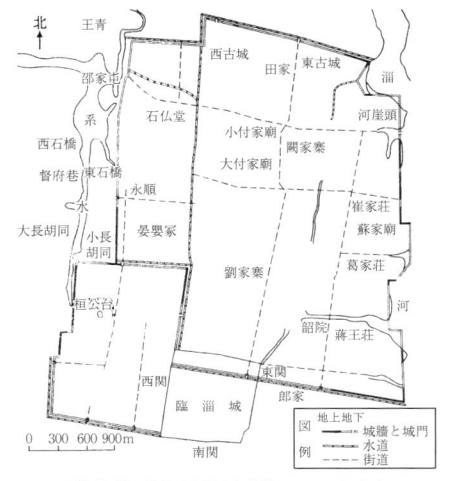

(曲英傑『史記都城考』p186 より)　　　　（曲英傑『史記都城考』p194 より）

通や商工業エリアに不利となったことを配慮し、外郭の外側に撤退したのではないかと考えられる。

6.4.2 趙都邯鄲
趙国は前403年に晋によってできた卿国であり、始めに国都は晋陽、のちに邯鄲した。『史記』に「漳・河之間一都会」とした戦国時代における商工業大都会の1つであり、また前258年の「邯鄲の戦」では一年保つことができ、当時最も堅固な軍事都城でもあった。

宮城の所在について二説がある。発掘者の趙王城は王城であるとするものと曲英傑の大北城の中央に位置するというものである。

外郭は大北城と趙王城の2つがある。大北城は南北幅4880m、東西3240、面積13.8km²である。版築台址は数カ所あるが、建築址は少ない。鉄・銅（4所）・陶（5所）・骨（1所）工房址がある。大北城は当時の商工業と居住エリアであろうと発掘者は考えている。趙王城（発掘者が宮殿区としている）は東西北の三城で「品」形になり、西城に版築台5つ、中部の1号台（俗称「竜台」）、東城内に台3つ、北城の内外に各台1つがある。

邯鄲は文献史料の不足によって城郭の変遷ははっきりしていないが、両周時代に臨淄の次に位置した商工業「都会」であったので、上の表によって臨淄と比較して邯鄲城郭の位置関係についてあらためて考えたい。

13.8km²の面積をもった邯鄲都城は、最初から周礼を無視したのだろう。宮城はもし先行研究者が推測した郭の中心部に位置していたとしても、のちに商工業都会の発展によって、徐々に中心から離れ、更にのちに外郭内の西北一隅に移って、最後に郭の外側に位置した可能性があると考えられる。だが、発掘者が趙王

城の三城ともを宮城と判断しているが、西城のみ宮城ではないかと考えればよい。理由は西城の遺跡文化層が最も豊富であり、7つの建築蹟と5つの台址があり、しかも3つの台址は南北に貫く中軸線が認められ、宮殿址だろう。また7城門がある。一方で、東城にも遺構は少なくないが西城のわずか2／3の面積しかないので、むしろ祭祀エリアではないかと考えられ、北城の面積が三城のなかで最も大きいが、中味は殆ど空っぽであるので、軍事施設か禁苑のような区域だろう。

つまり、魯都曲阜モデルと比べて斉都臨淄と**趙都邯鄲**は、西周初期から戦国末まで800年余りにかけて、前者は諸侯国が周礼の城郭制に融通をきかせたうえに都城の実用性を優先した例であり、後者は諸卿国が周礼の**城郭制**を無視して**都城の商工業や軍事的な機能を活かせる実用型な都城であると考えられる**。

7. おわりに「故に城郭は必ずしも規矩に中らず」

『管子』乘馬篇に「凡そ国都を立つるには、大山の下に於てするに非ざれば、必ず広川の上に於てす。高きも旱に近づくこと母くして、水用足り、下きも水に近づくこと母くして、溝防省く。天材に因り、地利に就く、故に**城郭は必ずしも規矩に中らず**、道路は必ず準縄に中らず。（凡立国都、非於大山之下、必於広川之上。高母近旱、而水用足。下母近水、而溝防省。因天材、就地利、故城郭不必中規矩、道路不必中準縄）」とある。

上述したように**古代中国における都城造り**は、いくらかの「規矩」や「準縄」があるも実際には「大山」「広川」などの「天材」「地利」という自然環境をうまく利用することが第一要件である。しかし、自然環境のなかで人為的な都城は人間がよりよい生活をするために造ったものであるので、物質的な生活や精神的な生活に当てはまっている城郭制における特徴や原理がある。ゆえに、本論の最後に上述の中国上古における都の城郭制の諸例を類挙したうえにいくつかの特徴をまとめよう。

7.1 城郭制三段階の時代区分　中国上古における都の城郭制は新石器時代晩期（前2500年）に始まってから、新石器時代～夏王朝の城郭制形成期、殷王朝～西周時代の転換期、春秋戦国時代の多様化期という三期に分けられる。

7.2 城郭制の原理と性格の変遷　城郭制に「城を以て君を衛り、郭を以て民を守る」という「祀城戎郭」機能的な共通点があるが、まもる君は先君から生君への変化、王朝革命による文・武郭制の出現、礼儀城郭が誕生してから根深く生きていた。同時に城郭の実用性に応じる多様性もあったことは無視できない。

7.3 城郭制の伝統とその継承　5300年前～2000年前における中国小城大郭伝

統の形成とその時代よる形式と性格の変遷を明かにしたことで、古代中国文明ないし東アジア国家の形成と変遷を一層理解することができると思われる。

注

1) ヴィア・ゴードン・チャイルド（Vere Gordon Childe）：*THE URBAN REVOLUTION*, The Town Planning Review, Vol. 21, No. 1 (Apr., 1950), pp. 3. Civilization cannot be defined in quite such simple terms. Etymologically the word is connected with 'city', and sure enough life in cities begins with this stage.
2) チャールズ・スティーブンソン（Stephenson, Charles）編、『世界の城の歴史文化図鑑：ビジュアル版』、村田綾子訳、中島智章監修日本語版、柊風社 2012 年 p15 第一部「古代」の年表を参照。
3) 何駑「都城考古的理論与実践探索」『三代考古』（三）科学出版社 2009 年；葉万松、李徳方「藤花落古城与蘇北早期文明」、中国古都学会・徐州古都学会編『中国古都研究』（十七）、三秦出版社 2001 年 p447。
4)「上古三代」とは本論に（清）厳可均編纂『上古三代秦漢三国六朝文』第一集『上古三代文』の時代区分にしたがって、すなわち『史記』三代世表に載せる五帝・夏・殷・周の時代を指す。
5) 袁建平氏は「中国古代国家は邦国—方国—王国—帝国の四段階を経っていた」という論述がある。氏の「中国古代国家時期的邦国与方国」『歴史研究』2013 年第 1 期 p37 を参照。
6)「都城」とは言葉はみやこの城壁という狭義があれば、また一般的意味の「シロ」という意味もあるが、本文では基本的にその狭義だけ用いる。
7) 関中における天然的な要塞についての論述は、馬彪「秦・前漢初期「関中」における関（津）・塞についての再考」、『近世東アジア比較都城史の諸相』、白帝社 2014 年 p251-264 を参照。
8)（唐）徐堅『初学記』居處部に引く（漢）趙曄『呉越春秋』、中華書局 1962 年。
9) 馬彪『秦帝国の領土経営』、京都大学学術出版会 2013 年第二章、第 3 節「龍崗秦簡に見る「禁中」の真義」を参照。
10) 当然ながら一重城のケースは諸々存在していたが、本論には論外している。
11) 曲英傑『史記都城考』商務印書館 2007 年に、周時代における斉国の都臨淄は「大城の中央、宮城と為す」とあり p193、燕国の都臨易は「宮城、中に居る制によって推測し、外郭城、当に東西の長さ約 1700m、南北の長さ約 1900m となる」とあり p234、陳国の都陳城は「宮城、当に外郭城の中央に位すべし」とあり p267、衛国の都濮陽は「宮城、当に外郭城の中央に位すべし、形制、一にして魯城の如く」p280、宋国の都宋城は「宮城、当に外郭城の中央に位すべし」とある p288。
12) 劉叙傑『中国古代建築史』第一巻（原始社会・夏・商・周・秦・漢建築）中国建築工業出版社 2003 年 p230。

13) 楊寛『中国古代都城制度史研究』上海人民出版社 2003 年、上編の五「西周都城布局的発展」七「春秋戦国中原諸都城的西「城」東「郭」連結布局」を参照。
14) 許宏「大都無城—論中国古代都城的早期形態」、『文物』2013 年第 10 期 p61、68。
15) 楊寛『中国古代都城制度史研究』上海人民出版社 2003 年「序言」p2。
16) 劉慶柱「中国古代都城遺址布局形制的考古発現所反映的社会形態変化研究」『考古学報』2006 年第 3 期。
17) 許宏『先秦城市考古学研究』、北京燕山出版社 2000 年 p82-83。
18) 宇都宮清吉「西漢時代の都市」(1950、『漢代社会経済史研究』弘文堂書房 1955)。
19) 宮崎市定「戦国時代の都市」(1962、『アジア史論考・中』朝日新聞社 1967)。
20) 江村治樹『戦国秦漢時代の都市と国家』白帝社 2005。
21) 江村治樹「古代都市社会」『殷周秦漢史の基本問題』汲古書院 2001；氏「秦漢帝国の形成と地域—とくに都市の視点から」(『日本秦漢史研究』11、2011)。
22) 岡村秀典『中国文明　農業と礼制の考古学』第 5 章「文明・王朝・国家の形成」、京都大学学術出版会 2008。
23) 呉隼宇「井田制与中国古代方形城制」(楊鴻勲主編『建築歴史与理論』第 10 輯、科学出版社 2009) に井田制の方形が方形城制の原点だと論じた。
24) 白川静『白川静著作集第一巻漢字Ⅰ』平凡社 1999 年 p114、258。
25) 「山西省・陶寺遺跡、伝説の「堯の都」か」人民網日本語版 2015/06/26、http://j.people.com.cn/n/2015/0626/c95952-8911781.html
26) 国家文物局主編『2001 中国重要考古発現』文物出版社 2002 年、『2003 中国重要考古発現』文物出版社 2004 年、中国社会科学院考古研究所山西隊等「山西襄汾陶寺城址 2002 年発掘報告」『考古学報』2005 年第 3 期。
27) 曲英傑『史記都城考』「堯舜之都」商務印書館 2007 年。
28) 「江蘇連雲港藤花落遺址考古発掘紀要」(『東南文化』2001 年 1 期、『2000 年中国重要考古発現』文物出版社 2001 年、「藤花落古城与蘇北早期文明」『中国古都研究』(十七) 三秦出版社 2001 年、「2003-2004 年連雲港藤花落遺址考古発掘収穫」(『東南文化』2005 年 3 期。
29) 林澐「関於中国早期国家形式的幾個問題」『吉林大学社会科学学報』1986 年 6 期 p3。
30) 河南省文物研究所・中国歴史博物館考古部編『登封王城崗与陽城』文物出版社 1992 年、北京大学考古文博学院・河南省文物考古研究所「河南登封市王城崗遺址 2002、2004 年発掘簡報」『考古』2006 年 9 期、方燕明「登封王城崗遺址的年代及其相関問題」『考古』2006 年 9 期、曲英傑『史記都城考』「夏都陽城」商務印書館 2007 年。
31) 許宏《先秦城市考古学研究》、北京燕山出版社 2000 年、氏『最早的中国』科学出版社 2009 年、氏「大都無城—論中国古代都城的早期形態」、『文物』2013 年第 10 期。
32) 李蘭・朱誠・姜逢清・趙泉鴻・林留根「連雲港藤花落遺址消亡成因研究」、『科学通報』2008 年第 53 巻増刊Ⅰ。
33) 一部の研究者に偃師商城は三重城壁があったとしたが、劉慶柱氏はその誤りを指摘した。氏の「中国古代都城遺址布局形制的考古発現所反映的社会形態変化研究」『考古学報』2006 年第 3 期 p296-297 を参照。
34) 『考古』84/6・84/10・85/4・88/2・95/10・98/6・99/2・06/6 に載せる『簡報』等は、

のちに杜金鵬・王学栄主編『偃師商城遺址研究』科学出版社 2004 年に収入。
35) 『文物』61/4-5・『文物資料叢刊』1 輯・『発掘報告』文物版 01 版・『考古』04/3。
36) 「河南安陽市洹北商城遺址 2005～2007 年勘察簡報」『考古』2010 年第 1 期。
37) 「河南安陽市洹北商城的勘察与試掘」『考古』2003 年第 5 期。
38) 谷川道雄「殷周的原理とその崩壊」『中国中世社会と共同体』国書刊行会 1976 年 9 月 p68。
39) 『礼記』明堂位に「成王以周公為有勲労於天下、是以封周公於曲阜」とあり、『史記』魯周公世家に「(周公) 卒相成王、而使其子伯禽代就封於魯」とある。
40) 郭宝鈞「洛陽古城勘察簡報」『考古通訊』1955 年第 1 期、郭宝鈞、馬徳志、張雲鵬、周永珍「一九五四年春洛陽西郊発掘報告」『考古学報』1956 年第 2 期、考古所洛陽発掘隊「洛陽澗濱東周城址発掘発掘報告」『考古学報』1959 年第 2 期、葉万松、張剣、李徳方「西周洛邑城址考」『華夏考古』1991 年第 2 期、魏成敏、孫波「漢魏洛陽西周城与西周洛邑探索」『東方考古』第 9 集。
41) 曲英傑『史記都城考』商務印書館 2007 年「周都洛邑及下都」を参照。
42) 駒井和愛「曲阜魯城の遺跡」1950、『曲阜魯国故城』斉魯書社 1982、「魯国之図」(曹婉如『中国古代地図集 (戦国～元)』文物出版社 1990。
43) 『説苑』至公に「周公卜居曲阜」とある。
44) 曲英傑『史記都城考』商務印書館 2007 年 p301～304 を参照。

第 2 章　長安社火序論

何曉毅

はじめに

　きわめて個人的な話で恐れ入るが、筆者が子供の時、つまり中国「文化大革命」がやや落ち着いた時期に、村のお正月の祭りの「社火」に出演したことがあった。伝統的な「社火」の演目は主に伝統演劇などだが、そのときは伝統が批判されたから、演目は当時唯一許されたのは現代京劇の人物になった。筆者は演じたのは『紅灯記』のなかの李玉和という人物だった。それ以来「社火」に深い興味を持ち続けてきた。今回の企画をきっかけに、長年関心を持ってきたことを纏めようと思った。そのために、2015 年 2 月の旧正月に故郷の陝西省長安県（現在は西安市長安区）に戻り、「社火」についてフィールド調査し、多くのインタビューを実施し、実際の見学等を通じて多量の第一級の資料を集めた。本論はその纏めてある。

1.「社火」とは何か？

　1983 年商務印書館版『辞源』に「社火」を「節日迎神賽会所扮演的雑戯、雑耍」（祭日の祭りの様々な出し物及び見せ物）と定義し、1989 年版『辞海』も「社火」を「旧時在節日扮演的各種雑戯」（昔、祭日の様々な出し物）と定義している。要するに昔の祭日の様々な出し物であるという意味である。実はこの 2 冊の代表的な辞書の出版年と見れば分かるように、それは中国に文化大革命の動乱が終わって間もないとき、編集者はこのような伝統的な祭り文化はもうすでに昔のものになっている、現在はすでに消えていると考えていたと見てとれる。しかし現実には「社火」という伝統的な祭りは、筆者が子供の時に出演したように、例の「文化大革命」という動乱の最中でも演目こそ変化があったが、田舎ではしぶとく存在しだし、その後もずっと受け継がれていた。
　さて、「社火」とは、一体どういうものだろうか。

1.1「社火」について

　『説文解字』によると、「社」は「地主也」[1]、つまり土地の神である。『左傳・昭公二十九年』も「共工氏有子曰句龍、為后土……后土為社」（共工氏、子有り、句龍と曰う。后土と為る。（中略）后土を社と為す）[2] という記述がある。「共工」は神話人物、其の子も土地の神となる。また「国語・魯語上」に「共工氏之伯九有也、其子曰后土、能平九土、故祀以為社。」（共工氏は九州を治めたとき、其の

子は后土と曰われ、九土を修められるので、社と祀られる）[3]がある。つまり社は元々土地の神だったが、のちに土地の神を祀る其の場所も「社」と呼ぶようになった。国を意味する「社稷」や地域の「社寺」、「社宮」、「社廟」などはこの「社」に由来するのである。

その後、「社」を祭る地域も「社」と呼び、「社」は行政単位になった。『管子・乗馬』に「方六里、名之曰社」[4]、つまり六里方円の範囲は「社」と言われている。『左傳・昭公二十五年』に「自莒彊以西、請至千社、以待君命」（莒の彊自り以西、請う千社を致し、以て君命を待たん）、杜預注：「二十五家為社」（二十五家を一社とする）[5]、つまり25戸の家庭が1つの「社」と構成する。例えば清朝ごろ、本論対象の今の長安区の東半分は当時は咸寧県という行政区であったが、咸寧県に全部で29の「社」があった。つまり29の基本行政単位である[6]。いずれにしても、古代ではある地域のいくつの村の集まりが「社」と呼ばれていた。つまり「社」は人々の集まりという意味にも外延されている。

「火」は言うまでもなく本来は自然界の「火」である。その色、勢いから、熱いや賑やか等の意味を用いられていた。例えば「火爆」「紅火」などがある。ちなみに、山西省あたりでは、正月15日の「社火」を「紅火」とも呼ぶ。つまり様々なイベントなどの賑やかな勢いの様子を指している。

顧頡剛先生は「社」の本来の意味に着眼し、「社は土地の神であり、天使から庶民まで様々な社を立てた」、そして「…村が神を祭るための結社、神を送迎するための廟会、香典を献上するための香会、これら全部社火の変種である」[7]と指摘した。顧頡剛先生の指摘によると、「社火」はあくまで神に捧げるためのイベントである。

ちなみに『大漢和辞典』は「社火」を単に「社の神」と解釈している。祭りについて触れていない。

「社火」という祭りは秦や漢の時代にすでにあるといわれているが、正式に書物に登場したのは唐以降である。宋・範成大『範石湖集・巻二十三・上元紀呉中節物俳諧体三十二韻』：「軽薄行歌過、顛狂社舞呈」、自注：「民間鼓楽謂之社火、不可悉記、大抵以滑稽取笑」（民間の鼓楽は社火と謂われ、すべて記録できない。殆ど滑稽を以て笑いを取る）[8]。この注を見る限り、宋時代の「社火」と今日の「社火」はほぼ同じである。

この点について、もっとわかりやすい記述がある。宋の孟元老『東京夢華録』に次のような記述がある。「夜が明けると、諸官庁や諸商人組合や庶民から、非常に多くの献進がある。奉納演芸は舞台の上で演ぜられるが、これに対する寄進は、万という数にも達しかねない。朝から百戯が上演されるが、例えば竿登り・

趲弄・跳索・相撲・鼓板・小唄・闘鶏・落語・狂言・謎当て、合笙・喬相撲・浪子雑劇・果物売りのものまね・学像生・鉾操り・鬼神扮装・砑鼓・牌棒・道術など、あらゆる種類のものがあり、日暮れるまでひっきりなしに上演する」[9]。

　清時代の劇作家・旅行家李斗は『揚州画舫録』という著書がある。その巻九には次の記述がある。「土風立春前一日、太守迎春於城東蕃釐観、令官妓扮社火：春夢婆一、春姐二、春吏一、皂隷二、春官一。」[10]『揚州画舫録』は彼が乾隆29年から60年までの三十年余の間に集めた揚州の見聞録であるから、この時代に、揚州でも「社火」が行われた。今日でも揚州の江都区呉橋地区に「社火」が盛んに行われ、2014年8月に揚州市の「非物質文化遺産」（無形文化財）に認定された[11]。

　『儒林外史』第11回にも「其余各廟、社火扮会、鑼鼓喧天」（ほかのどの廟でも、素人の芝居や演芸がもよおされていて、銅鑼や太鼓が天にかまびすしく…）[12] という記述がある。

　以上の記述から見えるのは、「社火」は遠く宋の時代からかなり各地で盛んに行われ、しかも「社火」という呼び名も出現した。「社火」の宗教的な意味と民衆にとっての娯楽の位置づけも、宋代以来、清代にいたり、ほぼ完成したといえよう。

1.2 「社火」の分布

　「社火」は中国で広く分布している。南は揚州あたり、北方地域では陝西省、山西省、甘粛省など、歴史的にも、今日でも盛んに行われている。

　上記宋の範成大詩及び自注、清の李斗の記述は共に江南、それも呉（いまの江蘇省あたり）の「社火」を述べている。その記述及び今現存の揚州呉橋地区の「社火」を照らしてみると、ほぼ同じものである。その殆どは銅鑼太鼓、旱船舞、龍舞、馬灯舞、河蚌舞など、平地の踊りなどが中心である[13]。

　しかし、もっと広範囲に盛んに行われているのは陝西省、山西省、甘粛省など、北方の、特に陝西省周辺に集中している地域である。この地域の「社火」は揚州の「社火」と同じ銅鑼太鼓、旱船舞、龍舞、馬灯舞、河蚌舞など、平地の踊りはあるのはもちろん、それ以外に「社火芯子」という台上に出しているものがもっと多く、しかも一般的に言う「社火」はむしろこちらをメインに指している。この点はおそらく北方の社火と揚州あたりの社火の大きな区別であろう。

　上述通り、「社火」は範囲はとても広く、内容も地域によってかなり違うから、すべてを纏めることは本論の分量及び筆者の能力を遙かに超えてしまう。よって本論は筆者が実際に体験し、調査した長安区（県）の「社火」に限定して、論じることとする。

2. 長安区（県）の社火について
2.1 長安区（県）の地理位置及び歴史沿革
　そもそも長安区（県）はどこにあるか、またどのような文化風土及び伝統のある地域だろうか。

　長安の北には渭河、南には著名な秦嶺山脈があり、いわゆる「八百里秦川」（渭河平原）の中間に位置している。歴史はとても古く、秦の時代にすでに杜県として存在していた。その後、今日の西安市あたりが古都としての地位の変化に伴い、歴代様々呼び名で呼ばれて、今日のおよその形ができたのは1914年、当時隣同士の長安県と咸寧県が合併した時が始まりであった。その後、面積と所管区域の変化は何度もあったが、2002年6月、都市化の波に乗って、国から正式に西安市の1つの「区」と認められた。いまの長安区は西安市9区4県の1つの区である。

　いまの長安区の総面積は1580平方キロ、25の街道辨事処、141の住民委員会、666の村委員会があり、人口は103万以上である[14]。

2.2 長安社火の範囲
　長安区を含む陝西省及びその周辺の山西省、甘粛省など広い範囲の地域に社火が存在している。本論は他の地域の社火を参考にしながら、主に長安区（県）境内の社火を論じるつもりである。実は長安区内でも、東エリアと西エリアなど、エリアによって社火の特徴はだいぶ違う。本論はそのすべてを論じることは不可能なので、南エリア、つまり終南山北山麓沿線地域の社火を中心に纏めるつもりである。言い換えれば本論の論じる対象である「長安社火」は長安社火の全部ではなく、あくまでその一部である。

2.3 長安社火の歴史沿革
　前述のように、祖を祭るから始まった社火の歴史は長い。およそ人が集まるところに社火有りと言って良いかもしれない。しかし、社火は所詮庶民の祭りである。昔、文字は基本的に知識人が独占したので、庶民のことを文字として記録することはほぼ皆無である。例えば『三国志』など唐の時代から数百年間にわたり庶民の間では「説話」として盛り上がったが、本に纏め、文字記録したのは明以降に待たなければならなかった。これら庶民のことを記録した人ほぼ例外なく出世に絶望した「文人」であった。庶民の祭りの遊びならなおさらであろう。人類史上最も豊富な文字記録を残してきた中国の文字資料にしても、「社火」に関する記述は前述の数件にとどまっている。長安社火も例外ではない。歴史は長いはずなのに、文字記録は見あたらない。いま社火を実際に携わった人たちの口伝に頼るしかないのが現状である。

その口伝によると、ほぼ例外なく清朝にさかのぼる。その理由はおそらく人間の口伝記憶には限界があり、百年前、せいぜい二百年前までしかできないだろう。例えば著名な「侯官寨」社火は清朝の道光年の間に始まったと言われる。19世紀末、社火に関する「村規」（取り決め）が始めて制定された。社会の変化を経て、時代の変化に対応するため、前世紀の八十年代末に、「村規」を新たに修正した。修正した新しい村規は未だに護られている。その「村規」は社火に関する様々なことを細かく規定している[15]。結局これは侯官寨の社火は他の地域の社火より伝統を守られている原動力となったといえる。

　これも正式の記録にないが、太平水官社火は明朝に起源されたと口伝されている。太平堡（村）は「水官」とも呼ばれ、水に対する崇拝に由来すると言われる。元々正月の十六日に水官を祭る神聖な儀式「水官遊水」があり、儀式が終わったら出し物を村中に練り歩く「社火」があった。清朝及び民国時代になると、「水官遊水」と迎春社火が融合し、現在は「太平水官迎春社火」に生まれ変わった[16]。

　馮村射虎（この村は社火を「射虎」と呼ぶ）も同様である。馮村射虎を研究している柏宗蔚氏の考証によると、その始まりはおよそ清朝の乾隆時代、嘉慶・道光年間にほぼいまの形にできあがった。しかし咸豊・同治ごろに長安地域に回族との間に民族紛糾が発生し、衣装や飾りなど一度焼失された。その後また復興し、戦乱や内乱、文革中の中断など何回かの風雨を経て、今日に至っている[17]。

2.4 長安社火の主な出し物

　前述の通り、「社火」はこの祭りの総称である。この祭りは様々な出し物を繰り出して、村中に練り歩いて、観衆の喝采を浴びることになっている。長安地域の社火は大きく分けて、2種類の出し物がある。

　その1は「社火底子」と言われる。「底子」は底の意味なので、つまり高いところではなく、平地に於いて、様々なことを演じることを指している。例えば獅子舞、どら太鼓、踊りなど。その役割は練り歩く道路を確保し、観衆の興味を引き立て、後に来る社火芯子の為に場を盛り上げることである。つまり、社火底子は社火を盛り上げる役である。

　もう1つは「社火芯子」と呼ばれる。社火芯子は社火の主役である。社火芯子は広い意味では小さい子供が扮した伝統演劇の人物を机の上に載せて、数人が担いで、村中に練り歩くモノその全体のことをいう。狭い意味では子供が扮した伝統演劇の人物などを指す。最近は担ぐ人が少なくなったなどの理由で、トラクターや軽トラックの荷台に乗せた芯子も増えた。机にのせて人が担ぐ社火芯子は「卓芯子」と言い、最近現れた車台に乗せた芯子は「車芯子」と呼ばれている。一部の地方には、人の背中の棒に縛り付けて、背負って練り歩く「背芯子」もあ

る。
　その他、祭りに欠かせないのは屋台である。食べ物、飲み物、遊技もの、様々な屋台があり、普段とても静かな村をまるで賑やかなバザーになってしまったように、祭りを盛り上がっている。

3. 長安社火の基本コンテンツ
　ここから長安社火の基本的な部分を紹介しよう。
3.1 社火底子——社火の欠かせない盛り上がり役
　社火底子は社火の全体の盛り上げ役である。さまざまな派手な衣装と道具を使い、パレードの前方に賑やかに練り歩き、観衆の目を引き、観衆の期待を高めさせ、主役の社火芯子の登場を盛り上げる。社火底子はいわば社火の枕的な存在で、引き立て役である。
　長安社火の社火底子の種類と数は多いが、主な社火底子は以下の通りである。
3.1.1 儀仗隊
　行列の一番前に、その「社」の横幕が有り、これからその「社」の「社火」が来ることを観客に知らせることである。その直後についてくるのは儀仗隊である。儀仗隊は基本的にその「社」（村）の若い女性、あるいは社火芯子になれない中学生程度の少年少女が色とりどりの旗をもって、練り歩くことである。人数は「社」の規模によるが、数人から数十人程度で、一

図 1　前村の儀仗隊（写真：曹永豪氏）

般的に技術もいらないし、体力もあまり必要としない。また体重の制限もなく、基本的に誰でもできる。そのため、技術力や体力などに自信の無い人たちがこの担当となる（図1）。
　その役割は過小評価されがちだが、観衆の目を惹きつけ、本隊の到来を知らせることに、それなり意味がある。何より、色とりどりの旗が、祭りの雰囲気作りに十分貢献しているのである。

3.1.2 鑼鼓隊
　儀仗隊の後にやってくるのは鑼鼓隊（どら太鼓）である。

中国の鑼鼓隊と日本の太鼓と少し違う。日本は基本的に太鼓だけであるが、中国は太鼓以外に、銅製の楽器もあり、太鼓と銅鑼をリズムに合わせ、様々なパターンで叩き、1種のハーモニーを醸し出す。銅鑼は2種類で、「鑼」（どら）と「鈸」（銅ぱつ、シンバルみたいなもの）になる。「鑼」は銅製の丸い円盤状の楽器で、片手にぶら下

図2　侯官寨の鑼鼓隊

がって、もう一方の手で小さな棒を以て叩く。「鈸」は同じく薄い銅の板の円盤状のモノだが、真ん中にくぼみがあり、そのくぼみの裏側に紐が付いている。このような同じモノが2枚有り、左右の手でそれぞれの紐を以て、2枚をお互いに合わせるように叩いて、音を出す。基本的にこの3種類の打撃楽器が一定のリズムで、いくつかの違うパターンで、テンポの良い打撃音楽を作り出す。このどら太鼓の音が大きく、リズムもよいので、どんな祭りにも絶対欠かせない（図2）。

「社火」では音で観客を惹きつける役割を果たしている。

3.1.3 秧歌隊

どら太鼓隊の後にやってくるのは「秧歌隊」である。

「秧歌」は中国の北方に広く行われている一種の唄と踊りで、地域によっては様々な形がある。陝西省あたりでは北部地域に盛んに行われ、それは抗日戦争の時期に共産党が大いに利用したため、瞬く間に全国的に広まった。広まったのは唄がなくなり、ただ大群衆が広場で踊

図3　侯官寨の「秧歌隊」

るだけのものであった。

長安地域の社火はもともと「秧歌」にあまりなじまなかった。しかし「秧歌」はなかなか楽しいから、いつの間にこれも社火の定番の出し物になった。基本的に若い女性が派手な服装を着て、手にフラフラと揺れる飾りの付いた扇子、ある

いは腰に巻いている長いシルクの帯を持って、リズムよく踊る。その数も村の人数による。数人から数十人、列をなして、歩きながらテンポよく踊る。観衆の目を楽しませる役目を果たしている（図3）。

3.1.4 花傘

「花傘」とは派手に飾った傘のこと。一部の地域ではこれを「秧歌隊」の一部と位置づけし、持っている人は一味のかしらで、先頭で歌いながらリズムよく踊る。他の人はその後ろに付いて踊る。これを「傘頭秧歌」と呼ぶ。しかし長安社火ではこれを1人ではなく、また「秧歌隊」の一部でもなく、単独のユニットとして数人がこの飾り傘を持って踊りながら練り歩くという形をとっている（図4）。

図4　前村の「花傘」（写真：曹永豪氏）

「秧歌隊」前の場合もあれば、後ろにいる場合もある。リズムは「秧歌隊」とほとんど一緒。

3.1.5 大頭娃娃

「秧歌隊」あるいは「花傘」の後にやってくるのは「大頭娃娃」という頭に大きな張り子を被ったおかしい数人。紙粘土で作った大きな張り子は拡張された顔になっている。練り歩きながら、両側の観客をからかい、観客もこのおかしい人形をさわったり、辛かったりする。この数人の「大頭娃娃」は観客と双方向に交流することによって、観客と一体感を演出している（図5）。

図5　崔家街の大頭娃娃（写真：曹永豪氏）

そのおかしさとおもしろさは、西洋のピエロととても似ている。その役割もま

第2章　長安社火序論　35

たほぼ同じである。
3.1.6 跑旱船

図6 侯官寨の跑旱船

「跑」は「走る、駆け巡る」の意味。「跑旱船」は文字通り、水の中ではなく、陸地で「船」漕ぎ走ることを指している。なぜか殆ど河のない長安地域の社火の行列の中に、必ずこの種の旱船がある。張り子の船を手に持て、船の動きをまねして前に進んだり、後ろに下がったり、左に曲がったり、右に曲がったり、船体を揺らいだり、船頭が上がったり、下がったりして少しずつ前に進む。ただそれだけである。もちろんうまい人と下手な人がいるが、観客はその形と動きを楽しむ（図6）。

3.1.7 跑竹馬（牛、鶴等動物）

図7 侯官寨の跑竹馬

図8 崔家街の鶴と貝（写真：曹永豪氏）

跑旱船の後にやってくるのは、張り子のロバや牛を装着した人たち。例えば侯官寨ロバなどは、とても精巧に作られている。そのロバを身につけた人は、ロバに乗っているようなマネをして練り歩く。ロバの頭をうまく操って、観客に本当にロバに乗ったことをアピールすることは大事だそうである（図7）。もっと珍しいのは、崔家街の社火行列に、鶴と貝を装ったものがあること。これは鶴と貝がお互いに譲らず、最後に第3者の漁師に漁夫の利を得させたという誰もが知っている古代の伝説を演じるモノだが、長安あたりでは珍しいことである（図8）。

3.1.8 柳木腿（高蹺・高足踊り）

　標準語では「高蹺」という。長安あたりではこれを「柳木腿」と呼んでいる。高い足に当たる木の部分は一般的に柳木が使かわれたためといわれている。高足部分の高さは1メートルあまりは普通であり、上3分の1のところに前に突き出す板がある。演出者の足はここに乗せて、柳の木の上の部分を膝下に縛り付けて、足を高くする仕組みになっている。うまいところは衣装がきちんと縛り付く部分を覆い隠すので、観客からただ長い足の人間が歩いているだけで、とても不思議に思われる。演目は殆ど古い劇の中に人物である。その人物のことは観客の殆どもなじみがあるので、共鳴しやすい演出になっている（図9）。

図9　前村の柳木腿（写真：曹永豪氏）

3.1.9 耍獅子（獅子舞）

　長安あたりの獅子舞は厳格にいうと、あまり社火の行列に参加しない。その殆どは広場で、大勢の観客に囲まれて行われ、祭り全体を盛り上げる。基本的に雄と雌2匹が、獅子球という飾りのあるボールを手に持った人の動きに合わせて戯れあう形で踊る。獅子と戯れ合うから、「耍獅子」（「耍」とは遊ぶ、戯れ合う）と言われた。平地で行うことが多いが、技能の高いところでは机に上ることもある。筆者の村の北留村では以前、2重、3重の机の上で演じることもあったと言われている。祭り全体を盛り上げる役として、絶対欠かせない（図10）。

図10　水宮村の獅子舞

3.1.10 その他、消えかかった社火底子

　環境の変化や、時代の移り変わり、世帯の更新で、消えかかったものもある。

北留村はその遠くない昔、社火も、獅子舞も、銅鑼太鼓も、ほぼすべてあったが、今はもう行われていない。リーダーの意志、村民の素養、伝統を受け継ぐ意識、担う若者の減少など、すべての面で問題があったから、伝統を失ってしまった。その中で今でも村民に伝説として語り継がれ、他の村にあまり見られない出し物があった。次の二つを紹介する。

3.1.10.1 頂灯台

昔の灯は受け皿に食用の油を入れて、その油に紐の芯を漬けて火を点したものである。「頂灯台」はそれを頭のうえに乗せて、広場で練り歩くこと。火を点しているし、少しでも傾くと倒れるし、倒れたら油に火が付き、頭が火だるまになるから、とても危ない。そのため、村の中にできる人は1人か2人しかいない。北留村にはただ1人この芸当のできる人がいたが、その人が死んでからだれもやっていない。

3.1.10.2 火袋灯

祭りの時、観客はどうしても近くで見たいから、広場はどんどん狭く、小さくなってしまいがち。そうなると獅子舞も、早船など他のものも踊れない。このとき、北留村で活躍していたのはこの「火袋灯」である。これは鉄製の「袋」に燃えている木炭を入れたもので、やる人はその長いヒモを持って振り回す。観客は火が怖いから、後ろに下がる。それで広場の空間を確保する。これは基本的に前夜祭など夜の広場社火をやるときにすることで、昼間は余りやらない。これも北留村の社火の中止と共に、失われた。

3.2 社火芯子——社火の花形

社火と言えば、なんとしても芯子であろう。社火全体の中では最も人気が高く、社火の真骨頂と言っても過言ではない。その理由はその華やかさにある。上述の「社火底子」は実はそれほど難しくない、どこがやっても殆ど同じで、社火を盛り上げることは大事だが、作るとき技術はさほど必要としないし、演技が少し必要だが、それも練り歩くときの動きだけなので、さほど難しい芸術性は要求されない。何よりどこがやっても同じだから、個性などの特性はあまりない。しかし、「芯子」は違う。「芯子」は各「社」（村）は自分たちの得意とする特徴を持っている。例えば、机の上に立たせて担いで練り歩くか、背負って練り歩くかにもよるし、どういう演出するかも違うし、演目も工夫の余地があるなど、それぞれ自分たちの伝統と技術を持っている。観客は「社火」を見に行くときは、主にこういうところを見る。社火芯子の特徴がなく、おもしろくないと、よその観客があまり来なくなる。現に今なお続いていて、人気になっているのは例外なく、個性のある「芯子」を作り出しているところである。

「社火芯子」の基本的な形は、小さい子供が古い演劇の様々な人物に扮して、1人若しくは数人が演劇の様々な場面を組み立て、机の上などに立って、それを若い衆が担いで村中に練り歩くことである。観客はその子供の衣装の綺麗さ、化粧のうまさ、組み合わせのおもしろさ、人物の配置の奇抜さなどを見て楽しむ。

そういうわけで、「社火芯子」の主役は実は5歳前後の子供である。台の上に載せて、人が担ぐから、重すぎるとできない。逆に子供が小さすぎると危ないし、話が分からず、我慢もできないから、泣き出してしまう。学齢前後の小さい子供が一番重宝されるわけだ。

3.2.1 「社火芯子」の種類

一般的に「社火芯子」は「平台芯子」と「背芯子」2種類に分けられる。「平台芯子」は最近「卓（机）芯子」と「車芯子」にも分けられ、3種類と数えてもかまわない。

まず「背芯子」については、その名の通り、背負う芯子である。小さい子供に衣装を着せて、化粧し、伝統演劇の人物などを扮させる。その子供を力強そうな男性の背中に縛り付けた棒に縛り付ける。それから男性はそれを背負いながら、順番に村中を練り歩く。観客は高い棒の上に立っている形になっている様々な人物（芯子）を見物する（図11）。

ただし、この「背芯子」は陝西省の他の地域によく見かけるが、長安あたりでは引鎮の1村がやっている以外、あまり見かけない。

図11　高陵県の背芯子

長安あたりに最も一般的なのは「平台芯子」である。「平台芯子」は元々1種類だけ、つまり机という「平台」の上に子供に衣装を着せて単に立たせるか、何人の子供も何重にも立体的に組み立てるかで分けられている。その中で最も人気のあるのは後者のほうで、前述したように、2段、3段、さらには4段にもなる。

平台芯子は基本的には机の上に芯子を乗せて若い男性が担ぐ。この形の芯子は「卓（机）芯子」と呼ぶ。この言葉自身新しい。本来なら芯子は机の上に乗せることはあたり前のことで、ことさら強調する必要はなかったが、最近社会事情の変化により、車に乗せるモノが増えたので、その為に、「卓（机）芯子」という言葉まで生まれた。つまりこちらは伝統的に机の上に乗せて、人が担ぐモノだよという意味（図12）。

図12　侯官寨社火の卓(机)芯子

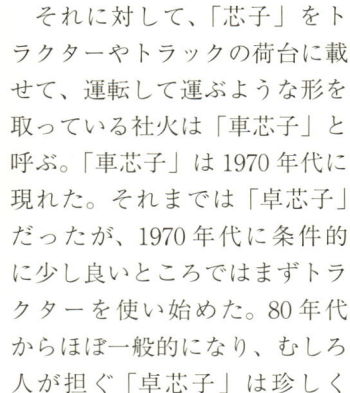

図13　太平水官社火の車芯子

それに対して、「芯子」をトラクターやトラックの荷台に載せて、運転して運ぶような形を取っている社火は「車芯子」と呼ぶ。「車芯子」は1970年代に現れた。それまでは「卓芯子」だったが、1970年代に条件的に少し良いところではまずトラクターを使い始めた。80年代からほぼ一般的になり、むしろ人が担ぐ「卓芯子」は珍しくなった。現在はトラクターに変わって、軽トラックがより多く使うようになった。トラクターは振動が激しく、不安定だし、音も大きい。経済的に豊かになり、トラックが普及したことも一因であろうが、何より、担ぐ人が少なくなったのが一番大きな原因であろう（図13）。

これに対し、便利になったと肯定的な意見が多いが、伝統を壊したと否定的な意見も根強くある。

3.2.2 長安の社火芯子

長安の平台芯子は大きく分けて、4種類に分類される。

3.2.2.1 出手芯子

ある歴史上の人物が机の上に立ち、前に伸びた手に何かを持つ。例えば酒好きな李白なら酒壺、武将なら刀や剣、諸葛孔明なら羽付団扇など、その酒壺や刀などの上に関係ある人物が立つ。見た目にはとても信じられない仕掛けになっている。観客はその不思議さに見惚れる（図14）。

3.2.2.2 栓桿芯子

栓とは「ひもで何かを縛ること」である。「桿」は棍棒、竿のことである。栓桿芯子とは棍棒や竿のようなものに芯子を縛り付けることである。棍棒や竿は実は全部槍や剣などに見立ててある。殆ど武将の話になるが、その武将が手に槍などを持ち、その槍などの先に関係人物が立つ。その人物も手に槍か何かの武器を持ち、その先にまた人物が立つという、これもまたとても信じられない仕掛けになっている。その信じられない不思議さに、観客は酔いしれるのだ（図15）。

図14　蚕姑溝村の出手芯子
（写真：曹永豪氏）

図15　太平水官社火の栓桿芯子

3.2.2.3 吊芯子

「吊」とは「吊す」のことで、「吊芯子」は人物を空中に吊している状態の芯子をいう。この場合、女性の場合が多い。吊すには髪の毛が一番便利で、しかも一番不思議がられるので、歴史上の女性に当てる。その歴史的人物に扮した子供が髪の毛だけで関係のある何かの上に吊し、社火が村中で練り歩いている間、ずっとぶら下がったまま、ゆらゆらする状態である。もちろん子供の髪の毛をそのまま吊すわけにはいかない。そこには素人には分からない仕掛けがあるのだ。秘密は衣服の中にあり、子供の体に縛り付けたひもが衣装の中を通して、かつらのところまでうまく隠しながら、吊すのである（図16）。

図16　社火の吊芯子

3.2.2.4 転芯子

つまり芯子が回るということである。この芯子は仕組みは簡単だから、多くの村が行っている。大体中国式「亭子」か何かの建物があり、そのてっぺんに歴史上の人物が座るか、立つ。その人物も多くの場合、一人ではなく、複数の人である。村中に練り歩くとき、その建物がずっとゆっくり回るので、上の人物たちが

第2章　長安社火序論　41

回っているように見える（図17）。

4. 長安社火の主な流派及び各流派の特徴

　長安区の殆どの村は昔、規模の違いがあるが、正月の間に「社火」を行った。いまは社会の変化により、多くの村は実施しなくなったが、伝統的に有名ないくつの地方は未だに盛んに行われている。盛んに行われているところは、殆ど独自の流派を形成している。東部地域は平台社火、2段芯子などを主とし、西部地域は2段、3段など奇抜な芯子及び大型などら太鼓などを主とし、南部終南山の麓あたりでは馬などの動物系社火芯子などを主とすることが一般的である。以下に昔から有名で、そしていまも盛んに行われているいくつの村の社火及びその特徴を簡略にまとめたい。

図17　太平水官社火の転芯子

4.1 馮村社火（射虎）

　馮村は長安区の西部にある。このエリアは古の時代は周王朝の都、豊京の所在地で、唐の時代は主に士大夫たちの別荘地であった。少し前まで4000人あまりだったが、今の馮村は人口3000人あまり、それでも大きな村である。人口は祭りの規模に直接影響するから、この大きな規模の村だからこそ、独自の社火を発展させ、完成させ、続けられている。

　前述の通り、馮村社火は地元では「射虎」と呼ぶ。「射虎」は昔、特に唐・宋以降はお正月の謎解きという遊戯を指していた。また本当に紙細工の虎という的を射る遊技もあった。これらのことを鑑み、お正月を賑やかに演出する祭りを「射虎」と呼ぶのもおかしくない。しかし本当のことは不明である。よりわかりやすい説明は「社火」と「射虎」の発音が近いから、ただ単に訛ったと言えるかもしれない。

　馮村には前社射虎会、張社射虎会、長社射虎会、北社射虎会という4つの「社」がある。四社はそれぞれ特徴があり、また200年以上競い合う関係があるから、馮村社火発展の原動力の1つにもなってきたと言えよう。

　馮村社火も本来村だけの祭りであり、せいぜい周辺の村の人々が見に来る程度であったが、近代以来、その影響は村周辺を遙かに超えた。記録によると、1937年に西安市の祭りに参加し、組織者から「三秦絶藝」という称号を授与された。1945年8月に抗日戦争の勝利を祝うため、特別に（普通はお正月に行う）西安

市で披露し、「西秦第一」という賞状を授与された。1957年陝西省全省の社火大会に、長安県代表として参加した。そこで優勝し、翌年、1958年5月に陝西省代表として、北京天安門広場で行われた「全国民間芸術大会」に参加し、長安社火を全国区に知らしめた。その後も様々な大会に参加し、様々なメディアに取り上げられた[18]。

　馮村社火芯子の主な特徴は「高」・「懸」・「妙」・「巧」と言われている。

　「高」は社火芯子（後述）の高さを指している。2段はあたり前で、3段、4段の場合もある。4段になると、その高さは5～6メートルを超える。それを1メートル程度高さの机の上乗せて担ぐ、あるいは近頃同じく1メートル程度の高さの車の車台に乗せるから、観客から見ればとても高く感じる（図18）。

図18　馮村社火（曹永豪氏）

　「懸」はスリリング性の意味。社火芯子の作りはそのからくりが分からない観客から見れば、とても信じられないほどスリルに富んでいる。例えば図18のような、槍の先に人が立っている。その人の槍の先にまた人が立っている。どうやって立てられただろうと、観客だれもがとても不思議に思い、そのスリルに酔いしれる。

　「懸」のもう1つの意味は、空中ぶらさがりである。例えば漢時代の呂布と貂蝉の密会を表現している「風儀亭」という芯子では、貂蝉は呂布が高く挙げた戟の先にぶらさがり、今でも落ちそうになっている。観衆から見れば、とても理解できなく、スリルがあり、不思議に感じる。

　「妙」と「巧」はその発想の巧みさと制作の上手さを指している。奇抜な発想がなければ平凡は芯子になるが、奇抜な発想があって

図19　馮村社火（曹永豪氏）

も容易に作れないと、それも空想になってしまう。この村の場合、巧みな発想をとてもうまく作り上げ、観客からその人物がどうやって槍の先に立てるのか、なぜ傘の上に人が何人もいられるのかなど、ほとんどわからない（図19）。

4.2 侯官寨牛老爺社火

侯官寨村は長安区の南東25キロにある。現有人口は3800人余り、行政上は侯官寨と上堡子という2つの村に分かれる。その歴史は古く、唐代すでに記録に残された。古くこのあたりに軍営（寨）が設けられることが多く、中国北方の多くの「〇〇寨」と名乗る村と同様、そのうちに村に形成されたと考えるのは自然である。

歴史が長く、文化の蓄積が深く、村の規模が大きく、人口も多い。これらは全部、社火文化を形成する場合の最も大事な要素である。やがて、侯官寨は長安地域では一・二に争うほどの社火文化を作り上げた。前述のように、この村の社火は遠く明代までさかのぼるかもしれないが、確かな記録によると、今の形の社火になったのは、清朝の道光年間、つまり19世紀中期のことである[19]。

侯官寨社火の特徴はなんといってもその名のとおり、「牛老爺」と呼ばれたところにある。社火パレート行列の一番前に、清代の県令（県長）を扮した「春官」が牛に乗って、その前に県令巡行を再現したような行列がある。この地は大昔から春を祭る慣習があり、その時の主祭を「春官」と呼ばれる。儀式の後、春官は牛に乗って、村を1周して、春の農作業を始まることを周知する。この慣習はのちに正月の社火にも流用され、この村の社火のシンボルになった。この春官たる「牛老爺」は、昔の県老爺（県令の俗称）を扮し、ただし、片足は役人の靴、片足は草履をはいているから、威厳と親民の両方を備えているところが面白い[20]。よくある社火はこの行列の後に続く形をとっている。牛に乗っている「春官」は、村人は俗に「牛老爺」と呼ばれる。この村の社火はこの「牛老爺」祭りと深い関係があるから、あ

図20　侯官寨社火のシンボル牛老爺

るいはここの社火そのものは「牛老爺」のためにおこなわれているといっても過言ではないかもしれないから、村民は慣習的にここの社火を「牛老爺社火」と呼んでいる（図20）。

　もう1つの大きな特徴は、ここの社火は立体的な芯子はほとんどないこと。基本的に1人の子供が何かの人物を扮して、机の上に立っているだけ、つくりはシンプル。ほかのところの奇抜さなど一切ない。ただし村の規模が大きく、人口も多く、南4社、北3社、合計7つの社もあるから、社火の行列は長安地域でもっとも大きいとみられる。見に来た観客は牛老爺の威厳とユーモラスに魅了され、社火芯子行列の長さに圧倒される。

　今日になると、侯官寨牛老爺社火がもっとも尊敬され、そして貴重な存在とされているのは、いまだに芯子を机の上にのせて、若い衆に担ぐという最も伝統的な形を守っている。今日の社火芯子はほとんど例外なくトラクターやトラックに載せて行うことになっているが、人が担ぐという社火の本来の形を堅持しているところは、非常に珍しく、また貴重である。これも村の規模が大きく、村人の伝統を守る意識が高いところによることが大きいだろう（図12）。

4.3 太平水官社火

　太平水官社火は「崔家街」という村が行っている社火の呼び名である。崔家街村は古く唐代にも記録にあり、宋代以降、太平堡という大型の宗教施設が建てられたので、村は太平堡とも呼ばれた。崔家街は長安の南東部、終南山の麓にあり、交通の便はよく、景色も優れ、農産物も豊かである。人口は2000人あまりで、歴史が古く、経済的に豊かで、交通の便がいいなど、この村もまた社火文化が発達する諸条件を備えている。

　多くの村の社火は民衆の文化生活の一部で、楽しく、賑やかに行うだけになり、社火が持っている神を祭るという元々の宗教的な意味は殆ど忘れかけた。しかし、この村の社火は水神を祀る意味が色濃く残り、社火の原始的な宗教儀式及び意味が今も残っている貴重な存在である。この村の社火は水神を祭るに発祥したと言われる。農産業にとって、水は死活的に重要なもので、この村は昔から毎年の春に水神を祀ることが行われていた。水神を祀る時の主司は「水官」と呼ばれているため、ここの社火は水官社火と呼ばれている。やがて儀式が終わると、供養として盛大な社火が始まる。原始的、宗教的な意味に於いて、2015年に西安市非物質文化遺産としても登録された。

　水官社火のシンボルは「水官」である。「侯官寨牛老爺社火」の「牛老爺」と同じで、「太平水官」に扮した人物に社火行列の一番前を歩かせる。「水官」に扮するのは辰年生まれの男性青年で、白い頭巾、黒い官服、白い帯、白い靴、手に

大刀を持つ。例によって県令巡行の形を真似して、その前に「儀長兵」などを歩かせる。

太平水官社火の主な特徴は何よりその宗教色濃厚な作法を守っているところにある。行事始まる前から、実施の過程や、その後のことなど、全て厳密な手順に忠実に沿って行う。

社火芯子自身は2段、3段の立体芯子が中心である。その発想の奇抜さなどでこの一円では群を抜いている（図21）。清代後期から民国時代まで、遠く西安市民まで正月になると太平水官社火を見物に来るほどと言われている[21]。

しかし、今日の太平水官社火はそれなりの危機を直面している。経済的なことで、衣装が新調できず、芯子の子供が着けている服装はかなり傷んだように見える。もっと深刻な問題は人口減などで、実施規模がかなり縮小していることである。2015年の調査時点で、もともと毎年4つの組それぞれ社火を出すはずであったのに、1つだけになってしまった。1つの組だけだから、マンパワーなどの制限があり、様々な行事を省略せざるを得なかった。そのため、期待したほどの伝統儀式が殆ど行われなかった。

図21　太平水官社火

4.4 その他

社火は規模の違いがあるが、昔どの村も行われたことである。社会の変化などで、今や実施している村は限られているが、それでも上に挙げられた村以外に、ほぼ毎年行われている村もあれば、数年1回くらい行う村もある。それぞれの村の社火もそれぞれの特徴がある。しかし、紙幅の都合上、割愛せざるを得ない。

5. 近代以来の長安社火：1949年を境目に

前述のように、社火というのは、もともとそれぞれの「社」、つまり村あるいは村のなかのある集まりを単位に、庶民自発的行う行事である。中国の農村には

大昔から「郷紳」という身分の高い、財力もあり、人望も篤い人達がいる。それらの人たちが自ずと村のリーダー役になり、何かがあると前に出て人々をまとめ、引っ張る。社火という1年間の一番大きな祭りになると、なおさらそうである。正月前になると、人々が村の「社」に集まり、今年の「社火」について話し合う。費用のこと、実施日のこと、出し物のこと、芯子になる子供のこと、人員配置のことなど、「郷紳」のもと、いろいろ話し合いで決める。正月が過ぎると、決めた手順で実施する。特別な天災がないかぎり、これは何百年間、毎年同じ、何の特別のこともなく、ごく普通の光景であった。社火は伝統行事、伝統文化と言われたゆえんはここにある。
　ところで、1949年以降、その何百年間変わらなかった「社」、つまり村のごく普通の日常が根本的に変わった。国の政治体制が変化したことが一番の原因である。村には昔からの「郷紳」制度などが廃止され、新たな幹部制度が作られた。その幹部もほぼ上級行政機関に指名されることが多かった。それから村の全てのことが幹部たちが決めることになり、村民が自主的に話し合って決めることはほぼ皆無になった。幹部が言わなければ、何もできないし、村民たちが自発的に何かをやることは基本的に許されなくなった。その幹部がたまたま祭り好きな人なら、社火などの祭りをやるかもしれないが、余り好きでない人ならもうその話がまったく出なくなる。幹部は上級機関に指名されたから、上級機関の指示に従うのはあたり前であり、そのため、祭りなどに対する大きな政治環境の影響も激しかった。例えば文化大革命時期など、「社火」するところではなかった。そういう意味で、1949年以降、「社火」も他の伝統文化と同じ、政治に翻弄され、受難の道を歩むことに強いられてきた
　筆者が1961年から1977年まで16年間生活した北留村という村も、実施できたのは記憶の中では数えるくらいしかなかった。なお、筆者が「芯子」の子供として参加したのは一度だけであった。
　一般的に社会の転機を迎えたのは改革開放である。しかし「社火」は他の農村伝統文化と同じ、逆に存亡の危機にあった。より豊かな生活への希望から、みんな必死に働き始め、文化への関心と余裕は全くなくなっていた。一時期農村の文化生活はほぼ全滅した。「社火」も殆どの村がやらなくなった。
　前世紀の末頃、やがて村人の生活にすこし余裕が生まれたことを機に、正月になると、「社火」を新たに実施する機運が高まった。実施した村が大きな話題になり、新聞やテレビにも報道されるにつれ、それなら「我が村も」と、多くの村が忘れかけた「社火」を実施し始めた。

5.1 新たな危機
　しかしいざ実施し始めると、新たな危機に直面し始めた。
　1つは村に若い人が少なくなった。祭りはお年寄りが若い人にやり方などを口伝し、若い人が主体的にやることだが、改革開放後、都市化の流れなどで、多くの若者は村を離れ、出稼ぎなどで都市部に住み着いた。そのため、祭りに必要な大勢な若者を集まらなくなった。大きな村ならある程度できるが、小さな村なら死活問題である。それゆえん、今長安地域で社火を実施しているところはほぼ例外なく、規模の大きな村である。
　若い人の減少は後継者問題に深刻な影響をもたらした。芯子の作成など、特技を必要なことが多い。それは何百年の間、父から子へ、先輩から後輩へと、毎年行っている過程で、自然に受け継いてきたが、ここに来て、技術を持っている人が歳をとり、それを継承する若者がとても少なくなった。そのため、前述した「頂灯台」のように、多くの伝統が失われた。技術の伝承は、実は最も深刻な問題である。
　もう1つ深刻な問題は、「芯子」になれる小さな子供がとても少なくなってしまったことである。前述のように、社火の華は芯子にあり、その芯子の主役は実は学齢前後の子供である。そのような子供がいないと、社火がそもそも成り立たない。その原因は国の一人っ子政策にある。昔農村ならどの家庭も三人、五人の子供がいた。しかし今は強制的に1人か、多くで2人しかいない。そうなると毎年芯子になれるちょうど学齢前後の子供は非常に限られてしまう。現実に筆者が聞いた話では自分たちの村の子供が足りないから、となりの村の子供、あるいは他の村の親戚の子を「借りる」こともよくある。
　もちろん資金の問題もある。いくら農村が豊かになり、前より少し余裕ができたと言われても、基本的に衣食がやっと満足したことだけで、本当の豊かさとはまだほど遠いのである。そのため、自発的にやるとしても寄付はそれほど集まらない。例えば水官村など、衣装が明らかに大変古くなったとしても、新調する余裕がない。
　環境の変化も社火に危機をもたらした。例えばコンクリート路面の増加で、道路が堅く、滑やすいので、柳木腿など多くの村ではやめた。いま実施しているところは殆ど路上ではなく、畑でやっている。

6. 今日の長安社火：無形文化財としての存在意義
　前述のように、長い間政治に翻弄され、社会に見放され、若い人にそっぽを向かられた社火は、前世紀80年代、90年代以降、様々な理由で徐々に復活し始め

た。その理由の1つは生活に余裕が生まれ、人々は伝統文化に再び目を向か始めたためである。そして社会全体もまた一時の拝金主義から経済的、精神的なゆとりを取り戻し、人々は伝統文化や行事に興味を示し始めた。その機運の中、正月になると、もともと伝統のある村が再び社火を始めた。

やり始めると、新聞やテレビなどマスメディアは大きく取り上げる。報道されると有名になるから、より多くの村がやり始めた。

しかし前述したように、様々な問題も直面している。転機を訪れたのは21世紀に入って以降。ユネスコの世界歴史遺産、世界文化遺産登録制度などに触発されたのと、政府の財政的なゆとりが生まれたことなどの理由で、地方政府も文化財の保護に力を入れ始めた。同時に無形文化財にも目を向け始めた。そこで打ち出したのは「非物質文化遺産」登録及び支援という制度整備である。

「非物質文化遺産」に登録すれば、広く認識され、より多くの観客が訪れる。社火を行うとき、多くの屋台や店が出るから、観客が多くなると、それなりの経済的な効果を期待できる。何より政府から経済的な支援を期待できる。その経済的な支援で衣装の新調など、社火そのものをより華やかな行事にできる。政府のお墨付きがあれば、村の若者にも誇りを感じさせられる。都会に出稼ぎに行った人でも、少なくともお正月の間に村に戻り、社火を一緒にやるから、後継者問題の解決をある程度期待できるかもしれない。

実際、「侯官寨牛老爺社火」は2007年に陝西省の「非物質文化遺産」に登録され、その後の侯官寨牛老爺社火の発展及び伝統を忠実に守ることに大きく影響をもたらした。「馮村社火（射虎）」と「太平水官社火」は西安市の非物質文化遺産登録にも申請し、「太平水官社火」はその宗教的な意味から、「太平水官祭祀」として登録された。

大昔から村の人々のお正月の娯楽のような社火は、今ようやく「文化財」として認められ、危機に陥る社火に新たな可能性をもたらした。村の人々にも新たな期待と希望をもたらした。

お礼：

本論の作成にあたり、長安区政治協商会議委員の曹永豪氏に多大なアドバイス及び多くの内部資料を提供して頂いた。この場を借りて、謹んでお礼申し上げる。

＊写真は説明のあるもの以外、筆者の撮影である。

注

1) 『説文解字』第一上、(漢)許慎著、中華書局 1963 年
2) 『春秋左氏傳・下』巻第二十六・昭公七、竹内照夫、集英社、1975 年
3) 『国語・魯語上』、中華書局、2009 年
4) 『諸子集成・管子校正』巻一・乗馬第五、戴望著、上海書店 1988 年影印版
5) 『春秋左氏傳・下』巻第二十五・昭公六、竹内照夫、集英社、1975 年
6) 『咸寧県志』、清・嘉慶年版、中華民国 25 年 10 月再版
7) 『古史辨・第一冊自序』、顧頡剛編著、上海書店『民国叢書』第四編・65、1992 年
8) 『範石湖集』、宋・範成大著、上海古籍出版社、1981 年
9) 『東京夢華録・巻八』、宋・孟元老著、入矢義高・梅原郁訳注、平凡社、1996 年。原文は「天暁，諸司及諸行百姓献送甚多，其社火呈於露臺之上。所献之物，動以万数。自早呈拽百戯如上竿，趕弄，跳索，相扑，鼓板小唱，闘鶏，説諢話，雑扮，商謎，合笙、乔筋骨，乔相扑，浪子雑剧，叫果子，学像生，倬刀装鬼，砑鼓牌棒，道术之类、色色有之，至暮呈拽不尽」。
10) 『揚州画舫録』、清・李斗、中国画報社、2014 年 9 月
11) 揚州市江都区政府サイト：中国・江都
http://www.jiangdu.gov.cn/xwzx/info.asp?id=199256
サイト説明によると、呉橋社火は清中・後期に栄え始めた。内容は旱船舞、龍舞、馬灯舞、河蚌舞など、平地の踊りが中心であるという。また『揚州日報』2014 年 1 月 17 日付き「大年初一、呉橋社火傳遞春消息」記事にも参考できる。
12) 『儒林外史』、中国古典文学大系 43、呉敬梓著、稲田孝訳、平凡社、1968 年。稲田氏は「社火」を「素人の芝居や演芸」と翻訳されていた。
13) 揚州市江都区政府サイト：中国・江都
http://www.jiangdu.gov.cn/xwzx/info.asp?id=199256
サイト説明によると、呉橋社火は清中・後期に栄え始めた。内容は旱船舞、龍舞、馬灯舞、河蚌舞など、平地の踊りが中心であるという。また『揚州日報』2014 年 1 月 17 日付き「大年初一、呉橋社火傳遞春消息」記事にも参考できる。
14) 網上陝西　http://www.shaanxichina.org/portal.php
15) 『社火奇葩牛老爺』、劉運平編著、私家版、2008 年 7 月
16) 「長安区非物質文化遺産申報書：長安魏寨太平水官社火」、曹永豪作成、内部資料
17) 「馮村社火譜」、柏宗蔚編著、手稿、2000 年
18) 「長安区非物質文化遺産申報書：霊沼街道馮村社火（射虎）」、曹永豪作成、内部資料
19) 『社火奇葩牛老爺』、劉運平編著、私家版、2008 年 7 月
20) 「牛老爺在社火中的作用影響与価値」、劉平運・劉暁梅、『社火奇葩牛老爺』、劉運平編著、私家版、2008 年 7 月
21) 「長安区非物質文化遺産申報書：長安魏寨太平水官社火」、曹永豪作成、内部資料

参考文献
「中国陝西社火臉譜」、李継友絵、上海人民美術出版社、1989
「中国民俗大系：陝西民俗」、楊景震主編、甘粛人民出版社、2003
「中国民俗学」、烏丙安著、遼寧大学出版社、1987
「中国廟会文化」、高有鵬著、上海文芸出版社、1999

第3章　日本の文化的記憶の場と文化伝承

姚継中

　文化伝承を考える際に留意すべき観点の一つとして、文化的記憶の場というものがある。この文化的記憶の場という観点の有効性については、すでに学界でも認められているところであるが、しかし、その諸機能のすべてが明らかにされたわけではない。加えて、文化的記憶の場と文化伝承の関係は、AからBへといった一方通行のものではない。文化的記憶の場は、文化情報の発信源となって人々に文化的記憶を想起させ、文化伝承を促す。それと同時に、文化が伝承される過程においては、文化的記憶の場への新たな文化情報が追加され、文化情報の容量を増加させることにもなっているのである。

　本論では、日本の文化的記憶の場と文化伝承について論述し、他者という立場から日本の文化的記憶の場と文化伝承との相互関係に関する研究を試みる。そして、新しい視点、新しい認知方法により、中国における日本文化の研究の新たな一歩を踏み出したいと思う。

1. 文化的記憶とは

　社会集団というものは、民族にせよ、宗族にせよ、あるいは他の社会団体でも、それらは常に個人と同じように、成長するにつれて回想と記憶の能力を身につける。いわゆる文化的記憶とは、ある民族、または国家における集合的記憶のことである。この概念は、20世紀90年代にドイツの学者ヤン・アスマン（Jan Assmann）によって提出された。そこで問われたのは、「我々は何者か、我々はどこから来たのか、どこへ行くべきか」[1] という文化的アイデンティティの問題であった。文化的記憶とは通常、ある社会団体に存在する共有の過去のことを指し、その内容には神話時代の伝説もあれば、記録として残された史実も含まれる。それらを通じて遥かな上古まで遡ることもできる。その交流の形態は、組織的、公共的であり、また、伝承の形態は、「儀式関連」（rituelle Kohrenz）と「文字関連」（schriftliche Kohrenz）に分かれている。国の文化、民族の文化を問わず、文化的記憶が機能する限り、文化伝承の持続も可能となるだろうし、逆に、文化的記憶が機能しなくなってしまうと、文化の主体性は消失し、それは文化自体の消滅を意味することになる。

　文化的記憶の観点では、人間の生きる生活環境は、記号、あるいは符号によって作られた世界として定義される。その世界は、人々に、より広い思考と探索の

空間を提供する。というのも、記号、あるいは符号によって作られた世界は、安定性と持続性を持つからである。「記号のある世界を『文化』と称す。それはまた、『記憶術』とも理解できる。なぜなら、それは精神的な基層に安定性と持続性を与え、個人的な記憶のはかなさや寿命の短さを免れることになるからである」[2]。すなわち、文化は記憶の一つの存在様式となり、文化の表象となる記号と符号は記憶のメディアになるというわけである。

　ギアツ（Cliford Geertz）は、文化を定義するにあたって、「文化は記号に現れる有意義なシステムである」[3]と指摘した。文化のもっとも重要な点は、社会集団による集合的な創造にある。もし、社会集団の中のある人だけが、何かを考え、何かをしているとしたら、それは個人的な営為としか見なされず、決して文化的なモデルとはならない。「文化」と言われる思想や行為は、社会集団に共有されるべきであり、たとえ共有されなくても、大半の人によって合理的と認められるのであれば、それは文化的な観念とか、文化的な行為と見なされる。このように文化とは、ある社会集団に共有されている風習のことを指す。それゆえ、社会集団のある一部のグループや組織が共有しているに過ぎないものは、単なるサブカルチャーとなる。

　文化は、最初の段階では一定の特徴を確定することができず、事後的に認識される。更にその文化の保存については、集団意識の構築と維持、すなわち、「集合的記憶（collective memory）」に頼らなければならないという[4]。小学館の『日本大百科全書』（電子版）によれば、記憶とは、ある経験を保ち、そしてある方法でそれを再現させることである。この場合の経験というのは、外界からの感覚と知覚への作用、あるいはその作用に関する意識のことを指す。記憶は通常、時間の経過によって、記銘（memorization）、保持（retention）、想起（remember）という三つの段階を辿る。記銘は、保持と想起の基礎的な前提となる。

　記憶の三つの段階のうち、私たちの認知に一番重要な段階は「想起」である。想起は、印象の確定や意識の表現において重要かつ直接的な働きを有する。想起のポイントは、現在ではなく過去である。想起とは、ある方式で過去を思い出すことではなく、直接過去と繋がることである。確かに、私たちは「思い出せない」という「忘却」を経験する場合があるが、それは過去とのつながりが足りないからである。それゆえ、過去は想起の前提であり、文化的記憶を研究する場合、過去そのものに対する探究においては、過去のものが現在でどのように存続しているかを説明することが最も重要となる。すなわち、具体的な想起は、「ある特定の過去によって刻印されている」[5]のである。また、想起は記憶を活性化させることもできる。想起により、歴史だけにあった過去と現在が直接に結びつけられ、

過去に関わる記憶が現在に再現され、記憶の安定性と持続性が保持される。想起は、「個人や集団のアイデンティティ（identity）を構築するための本質的な要素となり、葛藤や同一化の舞台を提供している」[6]のである。これにより、「異なる時代や世代の間のコミュニケーション」[7]の渡り板が架けられるので、記憶も文化の伝承として機能するようになる。

　社会集団の一人ひとりの回想能力はまちまちであるが、有と無の問題ではない。もし、人間に回想能力がなければ、自我を構築できず、それと同時に他人とコミュニケーションをとる座標をも失ってしまう。回想と真実は全く同じものとは言えないが、人々は常に自分の回想が真実だと信じている。それは、人が経験を積み、自我を構築する根拠となるからである。私たちの回想は、「一部だけが言語処理を通して言明され、生活史の柱となっているものの、その他の大半は休眠状態で、外部の刺激を与えると直ちに『蘇る』ことができる状態になっている。その時、回想は意識的になり、感性的な存在を獲得し、そして言葉で表現できて、支配できる備蓄になる」[8]のである。

　文化的記憶は、ヤン・アスマンが人間社会の各種の文化的伝承現象をまとめた極めて現代的かつ重要な概念である。ある国、民族、及び社会集団は常に「内省する」ばかりでなく、同時に他人に「示す」ことも必要である。記憶という概念がまだ私たちの視野に入っていない段階で、人々は絶えず歴史を通して過去を求め、歴史の中から自我の原点を探し、現在に至る身分を確認していた。しかし、記憶が過去を探求する新たな視点、新たな方式となった時、文化的記憶は「その本質をそのまま維持して代々と受け継ぐ方法」[9]を提供してくれたのである。

　文化的記憶はまた、「集合的な概念であり、社会のインタラクティブな行為と経験の知識を指し、それは繰り返された社会実践であり、代々と済み重ねられた知識」である。更に文化的記憶の概念には、「特定の時代、特定の社会が有している、繰り返して使えるテクストのシステム、イメージのシステム、儀式のシステム」が含まれており、「その『教化』作用は社会の自我像を安定させながら、他人に伝達する」ことに役立つ。そして、「過去の大半の時間内（すべての時間内ではない）に、それぞれの集団は殆ど例外なく自分の整体性意識と特殊性意識を、集合的な知識として築く」ことができたとされている[10]。

　歴史は、歴史書や史実資料などのメディアに依存する。それに対して文化的記憶は、文化的記憶の場に依存する。文化的記憶において、記憶の主な柱となるメディア、環境、及び人間の記憶の仕組みの間には独自の特徴がある。メディアとしての記憶符号は常に中心位置に置かれ、社会的なコミュニケーションはそれを頼りに行われ、個人的記憶を絶えず活性化させる。それは、人間の記憶の仕組み

だと見なされる。すなわち、「符号、物体、メディア、プロセスおよび制度など伝達、継承できる客体をメディアとすることで、寿命の限られた人間の代わりに伝達、継承の長期的な有効性が確保される」[11]のである。社会的記憶と異なる文化的記憶のメディア、環境、人間の記憶の仕組みは、社会的記憶と異なるかたちで記憶の安定性と持続性を確保する。この安定性と持続性により、現在の人々は過去に触れることができるようになる。文化的記憶が特定の文化――例えば日本文化と結ばれたとき、日本の歴史的な過去と今日の日本とが直接的につながり、その文化の中核を探るための新たな手段として、文化的記憶は絶好の研究方法になるのではないかと思われる。つまり、文化的記憶は、「書かれた歴史では我々を導いていくことのできない場所へ、光を投じること」[12]なのである。

　文化的記憶には二つの特徴がある。それは、アイデンティティの具体性（die Identiätskonkretheit）と再構築性（die Rekonstruktivität）である。アイデンティティの具体性とは、貯蓄した知識、及びそれが広範な群集団体に対する集合的アイデンティティの根本的な意義に関わっているということであり、それに対して再構築性とは、広範な群集団体の有する知識が今日にも関わっているということである。文化的記憶は変更できず、質疑もできぬまま、回想的なイメージと貯蓄した知識に固着している。とはいえ、それらは今現在の時代と結びつき、その固着したイメージと知識を把握、分析しながら、維持と改造を行っているのである。

　ヤン・アスマンの関係理論によると、文化的記憶には二つの存在形式がある。一つは潜在的形式であり、すなわち保存資料、図画、行動モデルによって貯蓄された知識的な存在である。もう一つは現実的形式であり、すなわち広大な知識の中にあって、――今日の利益により評価された――使える部分の存在である。文化的記憶にはまた、成型性（die Geformtheit）、組織性（die Organisiertheit）、そして拘束性（die Verbindlichkeit）などの特徴があるとも指摘されている。例えば、成型性は、文字、図画、儀式などによって実現させること。組織性は、回想を儀式化するか、あるいは文化的な回想を担う有識者のような専門的な人々によって推し進めること。そして拘束性とは、文化的記憶に一定の規範が要求され、貯蓄された文化知識と符号にある特定の構造を与えること、となる。このような理論をもとにして、ヤン・アスマンは後に、文化的記憶の概念をまとめた。文化的記憶とは、「すべての社会と時代に特有の、新たに使用された文字資料、画像、儀式などの総体である。そして、それらを『保護』することによって、すべての社会と時代における自己のイメージを強化し、伝達していくのである。それは集合的に用いられた、主に（それだけでなく）過去に関連する知識である。ある一つの集団の同一認識と独特の意識が、このような知識を必要としている」[13]と。

2. 文化的記憶の場について

　文化的記憶の場はメディアとしてあり、民族文化と記憶主体とを最も直接的につなげ、文化の各方面から民族文化の記憶、記憶主体のイデオロギーに意識的、あるいは無意識的な影響を与える。具体的な場に限定された文化的記憶は、最も文化の核心に近い。したがって、私たちが日本の文化伝承のメカニズムを研究するにあたって、日本の文化的記憶の場を考察対象とすることは、日本文化の核心、及び日本文化の本質を探究するための新たなアプローチになるのではないかと思われる。

　ヤン・アスマン（Jan Assmann）によると、「記憶は模倣式の記憶、物品に対する記憶、社会的交際で伝承される記憶、文化的記憶、といった四種類に分けられる。この中で、文化的記憶には前の三つのカテゴリーの記憶が含まれている。そして、文化的記憶が社会、歴史のカテゴリーと結びつき、文化上の意味を伝承しつつ、人々にこれらの意味を想起させ、直面させる役割を果たしている」[14]という。歴史が歴史のメディアを通して体現されるように、文化的記憶の伝承と再現も、文化的記憶の「メディア」が必要であり、その「メディア」とは、すなわち「文化的記憶の場」である。日本文化の伝承は、日本民族の記憶を喚起させるさまざまな文化的記憶の場によって達成されるのであり、それらの文化的記憶の場は、日本文化全体の形態を構成し、日本人の民族的アイデンティティを形成するうえで大きな役割を果たしている。それゆえ、日本民族の記憶を喚起させる文化的記憶の場を研究することは、日本文化の核心に少しずつ接近することを可能にすると思われる。

　「記憶の場」という概念は、フランスの学者ピエール・ノラ（Pierre Nora）によって提出されたものである。20世紀80年代、ピエール・ノラが編纂した『記憶の場』（Les lieux de mémoire、1984-1992）全7巻は、学界に大きな反響を引き起こした。2002年～2003年、ノラの『記憶の場』は、日本では『記憶の場―フランス国民意識の文化＝社会史（全3巻）』として編集され、谷川稔の監訳により、岩波書店から出版された[15]。日本国内の学者が記憶の場を本格的に研究対象とするようになったのもこれを一つの契機としていよう。

　「記憶の場」というのは、ある実際に存在していた物事、あるいは、ある具体的な場所に限らず、「いかなる集団の範囲であっても、過去と民族的アイデンティティを結び付けることのできる文化現象（物質的、社会的あるいは精神的なものを含む）」[16]のことである。このような文化現象は、その民族の集合的記憶を喚起することができ、人々に民族のアイデンティティを覚えさせ、それによって後世への文化伝承を継続させる。それゆえ、いかなる「記憶の場」でも、その民族

の記憶を喚起する機能を有する。

　文化的記憶の場という概念は、文化的記憶の理論をもとにして、ノラの「記憶の場」を一歩前進させ、空間性を強調すると同時に時間性をも強調する。ヤン・アスマンが説くように、文化的記憶とは、現在と過去を直接に結び付けることである[17]。「その方法が過去の重要な事件とそれに対する追憶をある形式で固定させ、保存させる。また繰り返し再現させることによって現実的な意味を与える」[18]。このような方法は、過去の価値体系と行為の規範を今日まで継続させ、社会面において現在の集合的記憶を作りあげ、そしてこのような過去と現在の集合的記憶の同一性を通して民族の確認を実現させる。

　ヤン・アスマンは、文化的記憶を解釈する際に、記憶には依存性の特徴があると述べた。記憶は、他の存在物を通してその内容が表されるものであるのと同様に、文化的記憶も例外ではないと、彼は考えている。「文化的記憶の伝承は必ずある特定かつ厳格な形式に従って実現される。メディアから見ると、文化的記憶には固定的な付着物、自分なりの記号システムあるいはデモンストレーションの方法、例えば、文字、画像、儀式などが必要である」[19]。ここで言う「付着物、記号システム、あるいはデモンストレーションの方法」は、ノラの観点からすれば、まさに「記憶の場」である。ノラの記憶の場とヤン・アスマンの記憶のイメージ、またアライダ・アスマンの想起の空間の概念には同工異曲なところがあり、それらはいずれも、記憶のメディアと記憶を引き起こすものを重視している。文化的記憶の場という定義においては、記憶の場が文化的なカテゴリーに限定されたのである。

　このように理解される文化的記憶の場は、文化の構築と身分確認の役割を果たしていると言えよう。その内容は、代表的な建築物、歴史の遺跡、民俗、祭祀儀礼、美術作品、歴史の人物、記念日、哲学と科学のテクストなど、すなわち、一つの民族にとって、その文化の深層にある記憶を喚起させる事物を含んでいる。この事物は、具体的な物質性を有する存在でもあり、一種の象徴的な行動、さらには精神的な認知習慣でもある。そして、この事物は、文化の弾力性を持ち、民族的同一性を構築することのできる文化現象を指してもいる。

　文化的記憶の場という観点を通じて、私たちは日本文化が歴史の流れの中で発生した文化継承、文化喪失、文化の再建を論証することができる。そしてそれゆえにこそ、私たちは、日本の文化的記憶の場についての探索と研究がいかに重要なことであるかを認識しているのである。

3. なぜ文化的記憶の概念を日本文化の研究に導入するのか

　日本文化は、中国人にとって確かに「似ているような」錯覚をもたらすが、それは日本文化に中国の伝統的な文化要素がたくさん含まれているからであろう。ただ、大変面白いことに、欧米人にも、中国人と同じような感覚を持っている人が少なからずいるのである。というのも、日本文化の中において物質文化に含まれている科学、技術と経済などは、かつて欧米から輸入されたものだからである。イギリスの社会人類学者であり、歴史学者でもあるアラン・マクファーレンが言っているように、「日本文明とその文明を表す日本芸術は、時には『中国』っぽく見えるが、時には『日本』っぽく見え、時には『西洋』っぽく見える」[20] のである。しかしながら、日本には悠々たる歴史と民族があり、その文化に日本民族特有の本質があることは誰しも否定できない。それは中国の文化体系にも、西洋の文化体系にも属さないし、世界中のどこかの文化の直接的なコピーでもない。それは既に、独自の文化体系になったものである。古代において中国の文化を全面的に導入しても、また、明治維新時代に西洋文化を積極的に輸入しても、日本文化として現れている状態は単なる中国化や西洋化ではない。これこそまさに日本文化の独特なところである。そして、その独特なところが生まれたのは、「記憶があり、もっと前の映像を忘れられない」からである[21]。

　日本文化の中核、あるいは文化の「脊柱」に関して、私たちは常に疑問を抱き、さらに存在そのものについても意見がそれぞれ異なる。しかし、文化的記憶という観点が私たちの研究視野に入った途端、日本文化の研究、特に文化の核心に関する研究に新たな視野が切り開かれた。まさに苦境の中に明るい兆しが見えてくるような感覚である。文化的記憶は、「人間社会の各種の文化伝承現象をまとめる」[22] ものであり、ある文化の中核、文化の脊柱は、その文化伝承に存在しているのである。

　文化的記憶の場という観点から日本文化を研究することで、私たちは日本文化の真髄をより深く理解することができるようになると同時に、その文化伝承のプロセスにおいて、どのように絶えず新しい観念を取り入れながら、文化の内包がより豊かなものにされてきたかを観察することができるようにもなる。ニーチェが言っているように、「我々の記憶が蘇らされ、しかも認知するに値する新しい事物がまた現れてほしい。そうすると、これらの新しい事物がきれいにその記憶に入れられる」[23] のである。文化的記憶は、歴史とは違うものでありながら、しかし歴史とは分けられない。ある民族の文化的記憶の場が思い出されるときに、想起した人や、想起した客観的な社会条件の違いにより、記憶の場が現れた文化の側面も異なってくる。そしてその中には、あたかもそれぞれ異なる文化伝承の

絵巻であるかのように、歴史（権力に支配され書き直された歴史）にまだ認知されていない新しい事物が展開されることも珍しくはない。これらの新しい事物が文化的記憶に戻されると、それは文化的記憶と歴史との関連性から歴史への認知の補充となり、そしてそのような補充によって私たちにはその文化への把握がもっと全面的に、かつ深く洞察することができるようになる。

　日本文化に存在する「鏡」のような客観的特殊性が日本の文化的記憶にはあり、他の民族の文化的記憶と比べて独特なところがあると認められる。文化的記憶の理論は文化学と歴史人類学から事物を考えるものだが、哲学における異文化コミュニケーションの理論と一定の共通性を持っている。しかし、当理論が出された社会背景は西洋社会、特にヨーロッパ社会であったため、その実践によって現れる具体的な文化形態は、ヨーロッパ文化の背景に最も適するかもしれない。ヨーロッパ文化と日本文化との間に、特に日本の伝統文化との間に非常に大きな区別がある。西洋文化の起源は主として遊牧文化であるのに対して、日本文化の起源は根本的に農耕文化であって、人類の文化起源のそれぞれ違う陣営に属しているから、二種類の文化の中核を支える体系が違ってくるのは当然のことである。

　「文化的記憶により、何千年もの回想空間が現れるのは、文字が重要な働きを発揮したからだ」[24]と、文化的記憶の提案者であるヤン・アスマンは考えている。文字は記憶符号として、文化的記憶の構築に関わっている。日本と西洋が違う文字文化圏に属していることも、日本の文化的記憶が西洋のそれに比べて独自性が存在することを物語っている。日本文化の独自性というと、文化の「内化」（自国文化への同化）が考えられる。日本は文化の「内化」するプロセスが明らかな国であり、世界中から大量外来文化を輸入している点で他の国とは区別される。古代において中華文化を大量に摂取しただけでなく、近代には西洋文化を積極的に移植した。そういった特殊な文化形態が有したからこそ、日本を特定の研究対象とするかたちの、他の文化体系とは区別された研究フレームを作らなければならない。私たちが日本文化を研究するとき、その歴史上に二回あった文化輸入ブームを絶対に無視してはいけない。それは、文化を輸入する前の日本の既有文化形態を変えたのみならず、日本文化の各側面にも巨大な変化をもたらしたからである。そして、その変化の中で、文化の「内化」が活発に機能していった。それゆえ、「内化」という非固定的な文化現象に対し、私たちは特に注目するわけである。

　ニーチェは『人生に対する歴史の利害』において、文化の「内化」に関して論じている。「内化することの過程が現在において本当の意味での肝心な部分に

なっている。すなわち、文化そのものである」と述べていた[25]。文化の構造と形式は多元的で、その中に含まれている文化要素は、その民族、国家が所在している社会環境において形成されたものである。特にグローバルな文化視点で考えると、現代文化が次第に形成される過程では、必ずいくつかの民族文化がぶつかり合い、そしてぶつかり合いながらも、融合していくのが一般的だが、そのぶつかり合い、融合をした結果としての文化形態は、文化の「内化」した結果にほかならない。したがって、文化要素、あるいは民族文化の全体を探究する際、当民族の文化はいかに「内化」を遂げたか、「内化」の特徴は何か、あるいは「内化」する動因、過程、影響は何か等々を深く分析しなければならない。この「内化」、あるいはその民族のある能動性そのものが、当民族文化のシンボルであるかもしれない。そのプロセスにおいて、当民族の文化的記憶はイデオロギーや客観的な存在条件などの働きにおいて発揮される。文化的記憶は、民族有意識と民族無意識の二つの面で同時的、かつ共同的にその後の文化の「内化」の活動に影響を及ぼす。

　文化の「内化」の中には、既有文化の継承と改良、及び放棄も含まれる。それは無意識に発生することもあれば、意識的に進められることもある。このような既有文化、あるいは歴史的文化への継承、改良、放棄そのものは、文化の一部であり、それらをも文化的記憶の研究対象に入れて、真剣に討論すべきである。したがって、文化的記憶の探究対象と分析対象も、実は文化を「内化」する過程の中で文化的記憶の形態と内容に含まれてくることになる。特に、日本文化の記憶の存続を討論するとき、文化の「内化」は欠落させてはいけない重要課題である。これは、日本文化の「内化」の過程が、どの国よりも鮮明な文化モデルを有するという、民族の客観的な歴史によって定められたものである。この「内化」こそ、まさに日本の文化的記憶の特殊性を表していると思われる。

4. 日本の文化的記憶の場を研究する意義

　ノラは、記憶の場の研究において、「紀年式の方法と違う方法でフランス国民の感情を研究したい。つまり、フランスの集合的記憶に凝縮された各種の『場』を分析して、一枚のフランスの象徴物の俯瞰図を描く」と述べている[26]。私たちが文化のカテゴリーで日本の文化的記憶の場を解析するのも、より深く日本の文化を理解し、日本人の意識構造を認識するためである、人間社会の各種の文化伝承の現象をカバーできる文化的記憶という現実的で重大な意義を持つ概念をもって、日本文化における日本人が「それによってその本質の一貫性を維持しながら代々と」[27]伝えてきた文化の中核を見つけていきたい。

歴史と記憶の関係について、多くの学者が論述を行ってきたが、今でもまだ定説が出来ていないようである。「記憶が現時性をもち、いつまでも現在形で現れ、感性的、特殊的、象徴的なものであるのに対し、歴史は知性を基にし、分析と批判の上で立てられたのである」とノラは主張した[28]。ノラの概念に表された歴史の特徴は、人為的な分析と批判を基礎にしており、つまり歴史学である。
　イギリスのエセックス大学の社会歴史学者ポール・トンプソン（Paul Thompson）によると、「歴史学は事件、構造、あるいは行動モデルに関わるのではなくて、これらのものがどのように経験され、そして想像の中で覚えられたかということに関わっている。歴史学の構成の一部分は、国民の想像の中で発生したもの、また彼らが恐らくすでに発生したと信じるものである――彼らが選択のできる過去と同時に選択のできる現在への想像――可能性のあるものと実際に起こったものが同様に重要なのである」[29]という。トンプソンが強調したのは、歴史が指している内容は恐らく記憶にあるということであろう。また、アライダ・アスマンは、人々によって「『想起された過去』は、我々が『歴史』と呼んでいる」[30]と説いている。しかし、この過去と歴史は本当の意味での過去と歴史ではなく、人間が主観的に限定したものである。このような歴史は決して客観的に認知された歴史ではない。アライダが言った通り、想起した過去は人々の民族的な同一性の確認、現在への理解、及びそれに対する個人的な認知と深く結びついている。このような想起は、常に当時の社会の政治的な動機、国民同一性の形成と緊密に関わっている。それは、いわゆる歴史を創造し、共同体を作り上げた原形物質でもある。このような原形物質の核心は、想起の作用した対象――記憶である。だから、想起された過去は人々の記憶の働きによって発生され、形成されたが、私たちが言っている歴史は人々の記憶の働きによって構築されたものなのである。
　私たちは次のような事実をはっきり認識しなければならない。というのは、歴史学の範疇では、「純粋」な歴史の証拠となるものも、「絶対」的で本当の歴史も存在しないからである。人々が知っていた歴史は歴史学に基づくものであって、歴史学は「人間」によって造られたものである。歴史は、ごく少数の人が大勢の人々に語り知らせたもの、すなわち、ごく少数の人の主観的な立場から大勢の受け手の主体に言い聞かせたことが周知されるようになったものである。だから、人々が言う歴史、つまり歴史学と本当の歴史との間には消えないギャップが存在する。人々は絶えず歴史のメディアとしての史実資料から、彼らが思い込んだ本当の歴史に接近すると同時に、自分の主観的な想像力を発揮して、彼らが思い込んだ本当の歴史を他人に理解してもらおうと努力する。その結果、いわゆる本当

の歴史はますます歴史の真実から逸れていってしまうのである。

　歴史形成の過程において、記憶は大きな役割を果たしている。まさに歴史は記憶の産物だと言っても過言ではない。だから、もし歴史に「真実性」があるとしたら、記憶の「真実性」も明らかではなかろうか。記憶が社会文化において多種多様に表象され、定型化され、最後に歴史の形態として個人の記憶に入り、それによって集団的記憶と社会的記憶に影響を与えてゆく。また、記憶そのものが歴史よりも高い「真実性」を持っていることから、文化的記憶を研究する価値も高くなる。メディアとしての文化的記憶の場、それは民族文化と記憶主体の間における最も直接的な結びつきであり、具体的な記憶の内容を積載していて、文化の色々な分野から民族文化の記憶、記憶主体のイデオロギーに対し、意識的、あるいは無意識の影響を与えている。もし文化的記憶が上位概念だとしたら、具体的な文化的記憶の場に限定された記憶は下位概念となる。その内容はより具体的で、より文化の核心に近づいている。日本の文化の核心と日本の文化の本質を探索するためにも、日本の文化的記憶の場の研究が必要である。

5. 日本の文化的記憶の場の研究対象

　前にも述べたように、「記憶の場」はいかなる集団においても過去と民族身分とを結び付ける物質的、社会的、あるいは精神的な文化現象であり、民族の記憶を喚起させる役割を果たしている。ノラの『記憶の場』には、130項目の記憶の場が収められ、その中には建築物（ベルサイユ宮殿）、書類保存館、記念碑、芸術品、文学作品、曲（例えばラ・マルセイエーズ）、教科書、歴史人物、記念日などが含まれている。

　「文化的記憶の場」は文化構築と身分確認の機能を持ち、その内容は代表性的な建築物、歴史の遺跡、民俗、芸術作品、象徴性のある都市、祭祀の儀式、歴史人物、記念日、哲学と科学のテクストなど、ある一つの民族について、その文化の深層的な記憶を喚起させるものすべてを含んでいる。文化的記憶の場では、絶対的な過去に存在していた事をもとにした記憶の想起が発生するのである。祭祀の儀式といった典型的な文化的記憶の場を例にすると、その記憶想起の触媒になるのは、その儀式に関する神話伝説、伝統の歌曲、祭祀の舞踊、ことわざ、経文、画像、装飾模様、建築物、彫刻、祭祀の舞台などであると考えられる。また、これらのすべてが絶対的な過去に存在していた祭祀の伝統と密接な関係を持つ。

　以上の道筋をもとにした場合、日本の文化的記憶の場は、次の幾つかの脈絡に分けて把握することができる。

（1）物質によって表現される文化的記憶の場
①文字。すなわち、文字表示を特徴とする文化的記憶の場。
　言語—例えば、「仮名」。
　文学—例えば、『万葉集』、和歌、俳句、『源氏物語』、『枕草子』など。
　歴史の書籍—例えば、『古事記』、『日本書紀』など。
②非文字的な文化的記憶の場。
　具体的な記憶の場—例えば、法隆寺、唐招提寺、東大寺（正倉院）、及び日本庭園など。
　文化的記憶の場としての都市—例えば、奈良、京都、鎌倉、江戸など。
　そのほかの記憶記号型の文化的記憶の場—例えば、着物、桜など。
（2）社会によって表示される文化的記憶の場
①概念型の文化的記憶の場。
②伝統的な祝日—例えば、年中行事など。
③祭祀儀式—例えば、大嘗祭、新嘗祭など。
④典型的な歴史人物。
（3）精神的表示で構成される文化的記憶の場
①イデオロギー型の文化的記憶の場—例えば、神道、武士道など
②伝統的な芸術。
　紙幅の関係上、若干の例を挙げるにとどめて説明を補足しておこう。

◆『万葉集』
　文学は「ほかの象徴体系（例えば心理学、宗教、歴史学、社会学など）とともに、過去に対する釈明と記憶の綱領につながり、そして特別な文学手段（言語画像、意味形式、あるいは特殊な虚構の形式、例えば内心世界の描写など）を通じて、文化知識を適切に表示する」[31]。『万葉集』といえば、その最も代表性的な特徴は「万葉仮名」であろう。これは、漢字の表音の形式をもって独特な記述言語を構成させたものである。「万葉仮名」は、漢字から仮名へと移行する時代を、そして、奈良時代の唐風文化から国風文化へと移行する歴史的な記憶を留めている。今日に至り、日本民族は『万葉集』というと、個人的な記憶でも、集団的な記憶でも、必ずや日本古代の詩学、文字学の発生への想起と文学文化の発祥への共鳴を生ずるであろう。

◆法隆寺、唐招提寺、東大寺（正倉院）、及び伊勢神宮、明治神宮、靖国神社など
　ノラは『記憶の場』の中で、民族と国家の記憶を構成させるものとして、宮殿、喫茶店、彫塑、教会堂など具体的な記憶の場所の機能を幅広く探索している。これらの具体的な場所における記憶の内容は歴史であり、そこでは歴史の記憶が喚

起される。ここで特に強調すべきは、特定の民族と国家が持つ文化的記憶と文化的記憶の場は、その民族と国家に限定されるわけではなく、普遍性を持つということである。文化的記憶の場は通常、二種類に分けられ、日本のそれも例外ではない。第一は、記憶の場の「物質性」と「機能性」を発揮する建築物型の場所である。例えば、法隆寺、唐招提寺、東大寺（正倉院）、および日本庭園など。第二は、記憶の場の「象徴性」と「機能性」を発揮する式典型の場所である。例えば、伊勢神宮、明治神宮、靖国神社などの日本の神社、および茶道、剣道などの文化伝承のメディアとしての茶室、道場など。

　このうち、後者の「象徴性」と「機能性」を発揮する式典型の場所では、式典が一定のしきたりに従って行われる必要があり、記憶の場は式典が行われる基礎となる。「それは儀式のために場所を提供し、儀式の神聖な雰囲気と歴史の臨場感を造ることで人々に歴史との関連をよりよく喚起させ、式典の実践中に深い記憶を形成させる」[32]。

6. 文化的記憶の場と文化伝承の形態

　ノラが編纂した『記憶の場』が刊行された後、日本国内においても記憶のメディアに関する研究が、文化社会史の分野で徐々に始まった。1999年、阿部安成らが編纂した『記憶のかたち——コメモレイションの文化史』は、その代表的な成果である。記念館の研究について、その序文には次のように書かれている。「本書の研究対象は記念活動、銅像、祭祀の儀式などの『記憶の形式』である。これらの『形式』は人々の過去に対する認識をどのように表現するのか、そして、どのように人々に理解されたのか、また、それはどんな意味を体現しているのか、これらの問題は私たちが具体的な素材をもとにして、考察すべき内容である。……本書の述べた『記憶の形式』は過去の物事、人物を記念、表現する行為が起こった時にできたものである」[33]。

　この「記憶の形式」という観点は、——実は「記憶の場」という概念に対する理解としては不十分な点もあるのだが、——私たちに文化的記憶の場を研究する道筋を提供してくれてもいる。この道筋に沿って私たちが日本の文化的記憶の場を研究するにあたり、まず、いくつかの問題を明らかにしなければならない。すなわち、文化的記憶の場には、どのような文化が、どのように内包されているのか？　その文化をどのように伝承しているのか？　伝承する過程でどのような変異が、なぜ生まれたのか？　そして、民衆にどのような影響を与えたのか？　などである。これらの問題を決して疎かにしてはいけない。特に、文化的記憶が伝承される過程において、記憶の内容は統合されたり、取り消されたり、忘却され

たり、喪失されたりする。それと同時に、再構築された記憶の内容も生成するのである。これらの忘却、喪失、そして再構築された記憶の発掘と整理が、文化的記憶の場を研究するうえでは不可欠なものとなる。

　ここで、日本の祭祀儀式の一つである大嘗祭を例として説明してみよう。神を祭るという行為は、人間と神とのコミュニケーションを実現するための方法である。日本文化において、大嘗祭のような祭祀儀式は形式化され、制度化された宗教的アクションのシステムとしてあり、これを通じて人間と神々との間でコミュニケーションをとるための架け橋が構築される。「儀式によって、次の世代が前世代から文化の価値を受け継ぐことはさらに容易になる」[34)]ため、祭祀儀式は強い文化的なアイデンティティと伝承性を持っている。祭祀儀式は特定の人々によって定期的に行われ、その祭祀活動を通して過去に繋がる記憶とイメージを現在と結びつけていく。また、過去の記憶とイメージを保持し続けてもいく。過去と現在の直接的な結びつきは、現代の人々に過去に対する文化的アイデンティティを形成させることになる。これが、祭祀儀式における文化的記憶の存続の形式である。

　大嘗祭は、日本神道祭祀の中でもっとも代表的な祭祀儀式である。大嘗祭に関する記載は、日本の最古の歴史書である『古事記』と、最初の勅撰による歴史書の『日本書紀』に記載されている。その儀式は、天皇という、神道信仰において特殊な身分を持っている人物を中心とした祭祀活動であり、それは日本の「万世一系」の天皇によって代々と伝えられてきた。天皇が毎年の新穀を皇祖神に供えて共食する祭りを新嘗祭と言い、それとほぼ同じ内容を、天皇一代に一度の大祭として行うのが大嘗祭である。大嘗祭は、本来は「おおなめのまつり」と読んだ。天皇の崩御後、新しい天皇はまず、「践祚」の儀式によって皇位を継ぎ、それから大嘗祭を行う。そして、この大嘗祭で神に認めてもらった後に、「即位」儀式を行う。大嘗祭の施行は、天皇の即位が七月以前ならばその年に、八月以降ならば翌年に行うと規定されている。

　大嘗祭の起源は、日本の原始信仰や神話伝説とは切り離し難く、それは絶対的な過去を祭ることとして発祥した。大嘗祭は原始信仰と様々なつながりを有しており、その中には、太陽信仰への記憶も含まれている。太陽神は天照大神として具象化され、大嘗祭はその天照大神を主とする神々を祭る儀式ということになる。大嘗祭における太陽信仰は、原始時代に比べて確かに変化している。太陽は神という身分を与えられて具象化されただけではなく、「天皇の祖先」つまり「皇祖」ともされて、日本の皇室と直接的に繋がれている。したがって、大嘗祭における天皇の祭祀活動は、神々を祭るだけでなく、祖先をも祭ることになる。大嘗

祭と新嘗祭において神と祖先とを同時に祭るという点は、他の祭祀活動と異なるところであろう。

　日本の伝統文化の原型符号としての日本神話では、「天孫降臨」と稲とが直接的なつながりを持たされてもいる。記紀神話には、天照大神の孫が稲の種を持って日本国に降臨したという伝説があり、これによって、稲は日本に入り、日本は「瑞穂の国」となったことが説明されている。これは、日本の神話における稲作文化の起源についての記述である。天孫の持ってきた稲は、日本の「神聖」なものになり、神と人間を繋ぐ直接的なリンクとなったのである。それゆえ、大嘗祭において稲は、太陽神の後裔である天皇と神々の間のコミュニケーションを実現するためのメディアとされ、天皇は神々とともに当年の稲で作られた飯を食べ、酒を飲み、そういった行為を通して、神格、あるいは天照大神の神霊を身につけることになっている。すなわち、大嘗祭とは、「天皇が皇祖天照大神とともに米食せられるところの直接的な霊的交渉」であり、それを通じて天皇は天照大神の神霊を身につけ、また、「天津日嗣の地位、すなわち、天皇の御稜威を獲得」し、「天皇は、人間の姿のままで現御神となる」のである[35]。さらに、太陽の「新生」という期間に、天皇が天照大神の神霊を身につけるための大嘗祭を行うことは、天皇の能力の「新生」をも象徴する。神霊を身につけたあと、天皇は正式に現御神の身分を頂く。この「神格」を得ることは、新天皇が天皇として神から認められることを意味する。つまり、天皇が神の代りに日本を統治するという正当性の承認である。そして、その承認は社会に周知される必要がある。このような論理によって、大嘗祭は新天皇が神格を得るための必要な儀式となっているのである。

　現在の日本では、太陽信仰は象徴化された形式で再構築され、天照大神や天神地祇を祭ることも象徴化された祭祀儀式として保たれ、天照大神は「皇祖神」として日本の集合的記憶に残されている。「神格」としての天皇は「神族」の一員でありつつ、今日では日本の統治者としてではなく、日本の象徴的な国家元首として存在する。大嘗祭は、普通の日本の国民にとっては、日本人の農耕文化に対する記憶を常に呼び覚ます。大嘗祭に対する日本国民の記憶とイメージは大きく変化した。それは象徴的な「記憶の場」として日本の文化的記憶に存在している。大嘗祭という祭祀儀式は文化記号と化し、時間と空間を超え、歴史の中でその記憶の有効性を保っている。儀式の具体的なアクションを通して現在と過去を結びつけ、記号の機能により、文化の意義を恒久的に安定させる。大嘗祭を継承する最も重要な目的は、その行動を維持することではなく、文化を受け継がせていくことにある。大嘗祭を通じて文化的な継承と喪失、及び立て直しが行われ、それ

に応じて日本人の共同体意識も継承と喪失、及び立て直しが促されたのである。

祭祀は儀式であるが、儀式に関する定義は、学術界においてまだ意見が纏まらない。もっとも簡単な定義は、ルークスが提唱した「ルールに支配された象徴的な活動であり、参加者にとって特別な意義を有する思想と感情を意識させる」こと[36)]、となろう。この定義には三つの相互関連の仮定が含まれている。すなわち、(1) 儀式は表現だけではない。(2) 儀式は形骸化したものではない。(3) 儀式の有効性は儀式を行う場合に限らない。「すべての儀式は繰り返しの性格を持ち、その繰り返しは過去の存続を意味する」[37)]。

儀式は社会的記憶を伝える重要な手段であり、その形式と演出は社会的記憶の伝達に有効に作用する。このような作用が、強制的なものであるか、主体的に受け入れるものであるかはあまり重要ではない。重要なのは、演出によって私たちに社会的記憶が新しく認知され、それを処理する枠が提供されるということである。

7. 文化的記憶の場における象徴性と文化伝承との関係

最後に、文化的記憶の場における象徴性と文化伝承との関係について触れてこう。直接に観照される既存の外在の事物があり、その既存の外在の事物が何かを暗示している場合に、それを象徴と言う。私たちは象徴を二つの要素に分けて理解しなければならない。第一は意義であり、第二はその意義の表現である。内容はいかなるものでも、意義は一種の観念、あるいは対象で、表現は感性的な存在、あるいはイメージである。

康澄によると、象徴の表現形式は極めて豊かで、すべての象徴は例外なく自身の表現形式を超える普遍的な意義を持つという[38)]。象徴は、人間の複雑な精神世界を様々な方式で表現、保存、伝承することができる。象徴の文化的記憶の機能は主に次のような三つの面において現れる。まず、象徴には高度な結束機能があり、圧縮した方式で文化の情報を大量に保存でき、その中には、集団共有の価値体系と行動原則も含まれている。第二に、象徴には独立した遷移能力があり、新しい社会環境で積み重ねられた各種の情報を再構築、認定、評価でき、過去、現在と将来の間に渡り板を掛けることができる。第三に、象徴には優れた創造能力があり、人間の想像力、創造力と予測力で自分の記憶メモリーを更新し、新しい文化的な意義を生成させる。それゆえ、私たちは象徴を、文化的記憶の保存者、遷移者、創造者と称する。

文化は、象徴を通して人間の集団的無意識の心の奥深くに沈んでいる記憶を伝達する。長い歳月を経て積み重ねてきた結果、代々伝わってきた文化的記憶は、

人類の個体の「私」を集団の「私たち」に結び付け、人類の文化を伝承の中で発展させたのである。ここで特に強調しておきたいのは、「象徴は、強い結束力で奇妙かつ有効な文化的記憶の保存方式を構成しており、文化の集合的記憶のメカニズムにおける替え難い重要な部分」[39]となっているということだ。象徴には明らかな循環性と重複性があり、象徴は新しい社会環境において変化するのみならず、時には社会環境そのものを変えることもある。この過程は、文化的記憶の「放出」過程であると同時に、文化的記憶の再構築の過程でもある。そして、文化的記憶の「放出」と再構築の過程は、まさに文化伝承のメカニズムそのものである。

注

1) Jan Assmann,：Das kulturelle Gedächtnis. Schrift, Erinnerung und politische Identität in frühen Hochkulturen. München：C.H.Beck, 1992.
2) 馮亜琳、アストリート・アール（Astrid Erll）主編『文化記憶理論読本』（北京大学出版社、2012 年）、p3-4。
3) 沃野「評 Geertz 的文化観」（安徽大学学報〈哲学社会科学版〉、2002 年・第 4 期）p79。
4) 康澄「象徴与文化記憶」（『国外文学』2008 年・1 期）、p54。
5) アライダ・アスマン『想起の空間：文化的記憶の形態と変遷』（安川晴基訳、水声社、2007 年）、p31。
6) 注 5 に同じ、p28。
7) 注 5 に同じ、p25。
8) アライダ・アスマン「回想はどれだけ真実なのか？」（ハラルド・ヴェルツァー編『社会記憶：歴史、回想、伝承』、季斌、王立君、白錫堃訳、北京大学出版社、2007 年）、p57。
9) ヤン・アスマン（Jan Assmann）「集体記憶与文化身分」（陶東風訳、『文化研究』2011 年・第 9 期）、p67。
10) 注 9 に同じ、p70。
11) 注 2 に同じ、p44。
12) 注 5 に同じ、p47。
13) ハラルド・ヴェルツァー編『社会記憶：歴史、回想、伝承』（季斌、王立君、白錫堃訳、北京大学出版社、2007 年）、p15。
14) 黄暁晨「文化記憶」（『国外理論動態』2006 年・第 6 期）、p62。
15) 谷川稔監訳『記憶の場──フランス国民意識の文化＝社会史』全 3 巻（岩波書店、2002～3 年）
16) アストリート・アール（Astrid Erll）「文化記憶研究とは何か」（饒珮琳訳、馮亜琳等編『中外文化』第 1 輯、重慶出版社、2010 年）、p76。

17）注13に同じ。
18）注14に同じ。
19）注14に同じ。
20）アラン・マクファーレン『鏡の国の日本』（管可穠訳、上海三聯書店、2010年）、p55。
21）注20に同じ。
22）注2に同じ、p1。
23）ニーチェ『人生に対する歴史の利害』（楊東柱 王哲訳、北京出版社、2010年）、p38。
24）注2に同じ、p9。
25）注23に同じ、p37。
26）王暁葵「『記憶』研究的可能性」（『学術月刊』2012年・第7期）、p126。
27）注9に同じ、p10。
28）注26に同じ、p127。
29）ポール・トンプソン『過去的声音—口述史』（覃方明、渠東、張旅平訳、遼寧教育出版社、2000年）、p171。
30）注5に同じ、p103。
31）注2に同じ、p223。
32）陳蘊茜「記念空間与社会記憶」（『学術月刊』2012年・第7期）、p136。
33）阿部安成編『記憶のかたち—コメモレイションの文化史』（柏書房、1999年）、p5。
34）フィオナ・ボウイ『宗教人類学入門』（金沢、何其敏訳、中国人民大学出版社、2004年）、p173。
35）小森義峯「天皇制の比較憲法的特色—万世一系と祭祀と詔勅—」（『憲法論業』第12号、2005年12月）、p62。
36）S.Lukes,：Political Ritual and Social Integration：Sociology, 9(1975), pp.289-308, esp. p291.
37）コナトン・ポール（connerton, P.）『社会は如何に記憶するか』（納日碧力戈訳、上海人民出版社、2000年）、p50。
38）康澄「象徴与文化記憶」（『国外文学』、2008年・第1期）、p55。
39）注38に同じ、p56。

第4章　諸葛亮像の塑造の中に見える
　　　　文化自覚についての試論

桂勝・劉方洲　　瀬藤良太　訳

　文化自覚は、「既定の文化の中に生活する人々が文化の自己理解を持っている」という事を指す。『三国志演義』の作者の羅貫中は諸葛亮の人物像を造ることによって、中国伝統文化に深く反省し、審美の感情を託し、彼の価値志向と「文化自覚」意識を体現した。羅貫中の創意したところを分析することは、文化の認識に関して、十分に文芸の創作の効果を発揮し、費孝通の「文化自覚」学説を実証し、新時代の中国民族の「文化自覚」を形成するにも、歴史的意義と現実的意義がある。
　キーワード　文化自覚・諸葛亮・羅貫中

1．緒論

　「文化自覚」は、費孝通先生が1997年に北京大学社会学人類学研究所で創設した第二期社会人類学高級研究班にて初めて提出したものである。彼が出した、いわゆる「文化自覚」は、ある文化・歴史圏に生活する人が自身の文化に「自知之明」を持つとともに、発展・過去・未来に充分な認識を持つことを指す。
　中国文化には多くの特有のものがあり、多くの現実問題、困難な問題を解決することができる。現在の問題は、どのように、このような特徴を現代の語を用いてさらに明確に表現し「みんなに理解される」共通認識に変化するか、という事である。文化事項に対して、私たちはそれを知っているだけでなく、そうなるわけを知る必要がある。かつ、民族の歴史・地理・風土人情・伝統習俗・文学作品・行為規範を収集し、整理し、反省して、さらに中から普遍的な意味の文化思惟モデルを抽出し、今の文化創作・創新活動を指導する。このようにすれば、文化自覚の研究は空洞の理論となることはなく、実際の意義が欠乏することはなくなるだろう。
　ドイツの哲学者、ラントマンは『哲学の人類学』で、人は文化の創造者であり、主体であり、文化の発展過程は、人の本質の発展過程でもある。文化の根本は「人化」に過ぎず、文化の目的も「人と化す」ためである、と指摘する。
　許蘇民は『文化自覚』で、「文化自覚は文化反省の道筋で、旧文化の没落と新文化の発生を認識する必然の趨勢であり、それによって自身の歴史使命を認識し、実践することができる。中国伝統文化作品を研究し、中国伝統知識分子を文

化創作過程の中の文化自覚意識に整理することは、文化創作者の文化活動を指導することに、積極的現実的な意味がある」としている。

『三国志』などの歴史テキストと、『三国志演義』の文学テキストを比較し、私たちは、羅貫中が諸葛亮のイメージ描写にすこぶる工夫を凝らして、上述した「文化自覚」意識を体現したのではないかと感じた。

2．「文以載道」─文学の重要指向

羅貫中の『三国志演義』の文化自覚を分析する前に、「文以載道」という、文化創作理念に言及する必要がある。この語は、宋代の理学（哲理、性理学）家の周敦頤の『通書』「文辞」の中に出てくる。原文は、「文　以て道を載せる所なり。輪轅　飾りて人庸いざるは、徒飾なり。況や虛車をや。」である。大まかにいえば、文人のなす文は文藻が華美であるほか、さらに一種の功利的な目的があり、すなわちそれ自身を通して「その道」をはっきりと明らかにする、ということである。ある研究者は、この概念は儒家文学観念の功利主義を求める流変とみなして、孔子より起こったとしている。「陽貨」で、孔子は「小子、何んぞ夫の詩を学ぶこと莫きや。詩　以て興すべく、以て観るべく、以て群すべく、以て怨むべし。邇くは父に事え、遠くは君に事う。多く鳥獣草木の名を識る」といった、とある。この言葉は、詩を学ぶことは修身に対しても益がある、ということだ。また、『論辞』では、「詩を興し、礼を立て、楽を成す。」とあり、これは詩の教化作用を強調している。

古の中国人の眼の中で、文が重要である理由は、「載道」にある。いわゆる「道、文に非ざれば著せず」、「必ず文に因りて以て見す」というのは、『文心雕龍』の中の「経国の大業、不朽の盛事」にあるだけだ。そういうことで、「文以載道」はただ典雅的な古文のみに限定し、通俗・白話小説にはこのような資格は備わっていないとする研究者もいる。このように定義すれば「文」の概念が狭すぎる。中国では、異なる時期に文学の体裁は異なり、ただ「文以載道」の主な定義は文語文とし、実際上の歴代文人が文学を創作している変遷の軌跡を軽視した。

封建社会の知識分子は、深く「修身・斉家・治国・平天下」思想の影響をうけ、多くが頭が白くなるまで研究、勉強に没頭し、科挙の試験に合格し、支配階級の序列に入ることを望み、個人の抱負を完成し、もし、官吏になる道に挙げられず、退いて次を求めれば、詩を作り、文を著し、感情を山水に託し、事物を詩歌に託して、自己の歴史と現状に関する見解を表した。羅貫中が生きた明清の時代は、小説は宋元代の話本や演義小説から変遷して、文人が独立して創作するようになった。作者が受動的にストーリーを著すのではなく、主体的に自己の目的を達

成するために著す。これは、文人が独立して小説を創作するということの鮮明な
しるしである。この期間に、文人の主体意識は増強し得たのである。

　元末の農民が蜂起の旗をあげていたときに生きていた羅貫中は、若いころ「有
志図王」により、張士誠幕府に賓客となり、朱元璋と敵対し、明朝が建ってのち
は、やむを得ず科挙や出世の道を断って、一心に小説の創作に身を投じた。『三
国志演義』は多くが『三国志』(陳寿)・『資治通鑑』(司馬光)・『世説新語』(劉
義慶)・『容斎随筆』(洪邁)などの史書を材料とした。羅貫中の創作は、古い書
籍の観点と内容に改築を行った。史料を処理し、文学を創っていく中で、羅貫中
の創造性は集中的に文学中の「文の為に事を生む」という技巧を体現した。

　羅貫中が『三国志演義』を書く前、歴代の文人と歴史学者はすでに三国志の人
物に対して大量の文学・史学の著作をなしていた。前文に掲げた史書のほかに、
文人・詩人の詩詞がある。多くの人が知っている杜甫の『蜀相』、杜牧の『赤壁』、
宋の蘇軾の『念奴橋　赤壁懐古』がある。しかし、これらの詩詞や民間故事は羅
貫中が系統立てて整理する前はバラバラであり、多くの人が接し、受け取り、口
や耳で伝えられたため、1つの特定の文化が持つ物語の体系に構成することはで
きなかった。どのように小説の中に作者の主観や考えを体現しながら、基本史実
を尊重するか、ということが羅貫中の創作過程における主な挑戦となった。

　書の中で、羅貫中は陳寿の旧例に従って魏・蜀・呉の3国を基礎とし、大量の
歴史事件と人物に芸術的な加工を施した。ある人のためにある事を記述し、自己
の目的を達成するために主要人物の生涯や事跡をすり替えたりして人物を際立た
せることもあった。例えば「草船借箭」や「火焼新野」のようなものは、厳密に
その史実を考証すると、主役は諸葛亮ではない。また、事件がおこる時間や人の
動態にも補充が加えられている。例えば、「三顧茅廬」は史書中には軽く書かれ
てあるだけだが、羅貫中の書にはとても充実して何文も書かれてあり、前後で起
伏に富み、小説の面白みを増強させるとともに、事件を通して、集中的に人物イ
メージを体現することを可能としている。この時の人物は多くが史実とかけ離れ
ている。この過程の中で、羅貫中の造った多くの、諸葛亮・劉備・曹操・関羽・
張飛のような人物像は、民衆の心に歴史上の実際の人物像にとって代わって、広
く伝わった。このような意味から見ると、羅貫中の努力は十分に成功したといえ
よう。

3. 諸葛亮の人物像の客観的ベース

　諸葛亮、字は孔明、号は臥龍、三国時代の蜀漢の丞相である。彼は中国の歴史
でも著名な政治家・軍事家・文学家であり、生前は武郷侯に封ぜられ、死後は忠

武侯と諡された。『三国志』では「少くして逸群の才、英覇の器有り、身長　八尺、容貌　甚だ偉なり。」とある。建安初年（196）、亮は隆中にひっそりと暮らし、好んで『梁父吟』を唱え、自らを管仲・楽毅になぞらえていた。『梁父吟』は主に斉・魯に伝わる戦乱を感傷する歌であり、亮はこの歌を借りて、乱世の情勢と諸侯の戦いが終わらないことの不満を表していた。以下は『魏略』の記述である。亮は荊州に在り、建安初年に頴川の石広元・徐元直、汝南の孟公威らと倶に遊学し、3人は精熟に務めるも、亮は独だ其の大略を観るのみだった。日夜ゆったりとしており、常に膝を抱えて吟じており、3人に「あなたたちは将来刺史や郡太守に進むことができるだろうな」と言った。3人は、自分はどうだと尋ねると、笑うだけで答えなかった。後に、公威が郷里を思って北に帰りたいと思ったが、亮は彼に「中国には士大夫がたくさんいる。どうして必ず故郷で遊覧したいと思うのか。」と言った。ただ大略を観て学術にこだわることは無く、知識の精髄と運用方法を把握していた。刺史や郡太守に対して笑い、一州だけにとどまらず、実家に帰るといった思いもなく、その意志は四海にあった。若くして諸葛亮は胸に済世の才を抱き、功をなして業を建てたいと思った。

　諸葛亮は隆中に隠居していたといっても、天下の大勢に関心を持っていた。「隆中対」では諸葛亮は「操　已に百万の兵を擁し、天子を挟きて諸侯に令す。」「孫権　江東を據有すること、已に三世を暦、国　険にして、民　附し、賢　能く之の為に用いる。」「荊州　北に漢・沔に據り、利　南海を尽くし、東　呉・会に連し、西　巴蜀に通じ、此れ武を用いるの国にして、其の主　能く守せず、」「益州　険塞にして、沃野　千里にして、　天府の土なり。」と言った。劉備の後日の天下三分の為に明確な戦略を定め、劉備に才能を買われることとなった。『三国志』では、「隆中対」ののちに劉備と諸葛亮が親密となったことを、関羽と張飛は喜ばず、劉備は「私に孔明がいるのは、魚に水があるようなものである。再びこのことを口にするな。」と言った。関羽・張飛はそうして、再び口にすることは無かった。『隆中対』は諸葛亮が中華全域を総攬し、戦略を策定したという諸葛亮の才能を体現したのである。

　諸葛亮は蜀を治めていたとき、孟獲を七擒七縦にし、蜀漢南部の反乱を長期にわたって平定し、北伐の為の後方の憂いを安定させた、という功績がある。しかし全体的に、諸葛亮の臨機応変の才能は魏の郭嘉等の謀臣らと比べると、力及ばない。陳寿はそのことを『三国志』「諸葛亮伝」で「戎を治むるに長為るも、奇謀は短為り、民を理むるの幹、将略より優る。」と言っている。

　軍国の大事を除き、諸葛亮は世事を深く見抜き、荊州牧の劉表の家督争いの際には居候であるとして疎遠にして親しく交わろうとしなかった。劉琦は常に諸葛

第 4 章　諸葛亮像の塑造の中に見える文化自覚についての試論　73

亮と自らの安全の策を講じたかったが、諸葛亮はそれを拒んで画策することはしなかった。後に、諸葛亮はやむを得ずに「あなたは申生が内にいて危険となり、重耳が外にいて安全であったことを知らないのか。」と劉琦に避難することを建議して彼の命を救った。これは諸葛亮の処世の知を体現したのである。
　「忠君愛国」は同様に諸葛亮の歴史イメージの重要な元素である。これは各代の文学作品の中に集中的に表れている。諸葛亮本人による『前出師表』・『後出師表』にはじまり、歴代の文人は彼の忠君愛国、漢の復興を高く評価した。晋の劉弘は祭文のなかで「皐に匹ざれば則ち伊なり、寧ろ管・晏と比べ、豈に聖宣を徒しくせんや」と述べている。唐の杜甫は諸葛亮を高く評価し、『蜀相』2首・『詠懐古跡其四』・『諸葛孔明』・『八陣図』・『古柏行』・『武侯廟』等の作品をなした。『蜀相』には「三顧　頻煩なり　天下の計　両朝　開済し　老臣の心　出師未だ身を捷して先に死せず　長く英雄をして涙は襟を漫にせしむ」とあり、この詩は広く伝わった。白居易は『詠史』にて「先生　跡を晦まして山林に臥し　三顧那ぞ聖主の尋に逢わん　魚　南陽に到りて方めて水を得　龍　天漢に飛びて便ち霖を為す　孤を托して既に尽くす殷勤の礼　国に報じて還って傾く忠義の心　前後　出師の遺表在り　人をして一覧　涙は襟を沾さしむ」とあり、これも彼の忠義を歌ったものである。唐の羅隠の『籌筆駅』に「南陽に抛擲するは主の為に憂い　北に征して東に討つは良籌を尽くす」とあり、これは劉備のために各地を転戦していた際、献身的に尽くしたために歌ったものである。宋の政治家・文学者の王安石は『諸葛武侯』（2首）があり、南宋詩人の陸游の『游諸葛武侯書台』に「沔陽道中の草　離離にして　臥龍　往くは　空しく祠を遺し　当時の典午猾賊に称い　気喪いて敢えて王師に当たらず　定軍山の前　寒食の路　今に至りて人　丞相の墓を祠り　松風に梁甫吟を想像し　尚お幡然と三顧に答えしを憶い　出師の一表　千載に無　遠くは管・楽に比すも蓋し余有り　世上の俗錦　寧ぞ此を弁ぜん　高台　当日　何の書をか読む」とあり、この2人も諸葛亮の漢王室を復興する、という忠誠心をたたえたのである。
　近代の研究では諸葛亮の専政や権力をふるったことに多くの非難があり、さらには後に帝と称するほどの政治的野心があったのではないかとする者もいる。それでも歴代の文人の演繹と歴史学者の誇張のもと、とりわけ羅貫中の生きていた時代に諸葛亮が依然として献身的に尽くし、死後には忠義の代表となったのは歴史イメージが多数の知識分子や百姓に承認され、受け取られた、ということである。これは羅貫中が人物イメージを生み出した客観的なベースでもある。

4. 羅貫中の文化自覚と諸葛亮像の塑造

　羅貫中の文化自覚は諸葛亮の人物イメージ塑像のベースをもとに作ったのである。諸葛亮の人物イメージの描写は、『三国志演義』の作者、羅貫中の工夫が凝らされており、作者の審美理想と文化自覚を託したのである。諸葛亮は、羅貫中の「文以載道」の代弁者なのである。

　偶然にも、歴史上の人物・事実と文学の人物イメージは諸葛亮の身に重複して達成してある。諸葛亮は特に、諸葛亮イメージが中国伝統文化を継承する上に、それを努力して実行するものであり、当世及び後世に巨大な影響を生み出したのである。

（1）龍と諸葛亮

　龍・鳳凰・麒麟は中国の三大神秘的動物である。この三者の霊物の中で、特に龍は、中国の政治・思想・文化に深く影響を与えている。龍に関する伝説は、入り乱れて多彩で、とても神妙で神秘的である。「龍」の字の成語は、手当たり次第につまんでも出てくる。例えば、「神龍活現」、「望子成龍」、「龍鳳呈祥」、「龍飛鳳舞」、「龍騰虎躍」、「画竜点睛」、「鯉魚躍龍門」などである。伝説の中の龍は人々の心の中に幽と明、小と大、上と下、屈と伸、風や雨を呼び起こす、雲を飲みこみ霧を吐く、といった具合に、変化に規則がない。歴代の文人・詩人は、龍がいると信じても、いないと信じる者はおらず、多大な興味を持っており、筆を傾けることを惜しまなかった。また、龍を用いた例えとしては、『周易』の中に「潜龍　用いること勿れ」、「飛龍　天に在り」、というものがある。また、龍に理想を託したものは、『九歌』「雲中君」に「龍駕、帝服」や「湘君」に「飛龍に駕りて北に征す」などがある。また、龍を地名としているものは多く、龍山・龍門・龍寨・龍井・黒龍江・白龍江（長江）・黄龍江（黄河）などがある。龍は、瑞獣やトーテムとして、深く中国人に好まれている。古代社会の歴代王朝の宮中には龍や鳳凰が施され、外には多くの金を惜しまずに龍や鳳凰を施して王家の威儀を示し、袍服の上にも龍や鳳凰の模様を刺繍して高貴で尊いことを示した。龍には霊性が備わっており、雄壮で美しく、その体は百獣の長を集めたものとなっている。李時珍の『本草綱目』の中に、「龍、その形に九有り。頭は駝の似く、角は鹿の似く、眼は兎の似く、耳は牛の似く、頸は蛇の似く、腹は蜃の似く、鱗は鯉の似く、爪は鷹の似く、掌は虎の似きなり」と言う。王侯や将・相だけでなく、幾千年にわたって労働者たちもずっと龍をめでたく壮美的なシンボルとして崇拝しており、中国人で龍を誇らない者はいない。中華民族は龍を尊び、龍を理想として、感情と精神の寄託として歴史と現実の中の素晴らしい事物を民族の英雄イメージと龍のイメージを結びつけてほめたたえることもある。龍が一つの基本母

体として、中国文学に、絶え間なく新しいイメージが出現していくのである。『三国志演義』の作者羅貫中も、龍を採用した。(この基本母体はそれと民族英雄を比較する。)『三国志演義』の第二十一回に、曹操がお酒の席を用意し、龍・英雄を談論し、東西へ逃げていた居候の劉備を際立たせ、美化している話がある。

『三国志演義』にはこのように書かれている。曹操・劉備の二人が対して坐って、心行くまで酒を楽しんでいた。ほろ酔いとなり、突然雲が漠々と広がり、急に雨が降りそうになった。お供の者が、はるかかなたの空を指さして、龍が昇っていると言い、曹操と劉備は手すりにもたれてそれを見た。曹操は、「君は龍が変化するか否かを知っているか？」と言い、劉備は「まだ詳しくは知りません」といった。曹操は「龍は大きくなり、小さくなり、昇ったり、隠れたりできる。大きくなれば雲を興して霧を吐き、小さくなれば隠れて形を隠し、昇れば宇宙へと飛翔し、隠れれば波濤に潜伏する。まさに今は春も深く、龍が変化する時、人の志を得て世界を縦横とするのだ。龍は、英雄に例えることができる。玄徳殿は長いこと四方を遍歴し、きっと当世の英雄を知っていることだろう。誰のことを言うのだろうか。」と尋ねた。劉備は、当時の天下の英雄について講じたが、曹操は納得しなかった。そうして彼は言った。「そもそも英雄というものは、胸に大志を抱き、腹の内に良計を持ち、宇宙を包む豪気を持ち、天地を呑吐する志を持つ者である。(中略) 今の天下に英雄はただ君と私だけである。」

しかし、『三国志演義』の中で、羅貫中が龍のイメージを作り装飾を施した主要人物には、劉備だけでなく諸葛亮もいる。彼はまず、諸葛亮に「臥龍」という雅号を冠し、それは名分が正しいなら、言葉も道理を通すことができる。そうした後に突出した諸葛亮イメージをつくり出した。『三国志』「諸葛亮伝」に「時に先主　新野に屯し、徐庶　先主に見え、先主　之を器とし、先主に謂いて曰く『諸葛孔明は、臥龍なり。将軍　豈に之と見えんことを願わんか？』と。」とある。『襄陽記』の記述には「劉備　世事を司馬徳操に訪ねる。徳操　曰く『儒生・俗士、豈に時務を識らんや。時務を識る者　俊傑に在り。此の間に伏龍・鳳雛有り。』と。備　誰たるかを問い、曰く『諸葛孔明・龐士元なり。』と。」とある。間違いなく、羅貫中は先人に関する三国時代の正史・通俗史・地方志・その他記述を読んでいることがわかる。しかも『三国志演義』は多方面にわたって深く『三国志』などの史料の影響を受けており、彼の深い認識は、「諸葛亮＝臥龍」に関する先人の意見を踏襲しており、それに発展・創造を加えた。『三国志演義』の第三十五・三十六・三十七回で、作者は司馬徳操の口を借りて伏龍・鳳雛、両者のうち一人を得れば、天下を安定させることができると言った。さらに徐庶が馬を走らせて推薦したことを利用し、諸葛亮が自ら臥龍と号し、天下の奇才であった

と言った。さらに関羽の問と司馬徳操の答えを借りて諸葛亮は世に抜きんでいる謀略があり、本当に臥龍であることを称賛した。さらに言えば作者は郷里の人間や牧童・村夫の口を借りて、高尚な龍吟の歌を唱えたのである。

そこで羅貫中は諸葛亮の記述に大量の筆墨を費やすことをいとわなかったのである。以下のようなものがある。

龍は、「雲は龍に従い、鳳は虎に従う。」[1]といったように風を呼び雨を降らせ、雲を飲み霧を吐く。『三国志演義』の中で諸葛亮は風雨を呼び、奇門遁甲を用いて、敵兵を撤退させた。『三国志演義』第四十九回での彼は、南屏山に七星壇を築いて風を呼び起こす祭りを行い、「天地造化の法、鬼神不測の術」を施した、と書かれた。八十四回では、呉の大将の陸遜は諸葛亮の設置した石頭の陣に困惑させられた。陸遜が陣を出ようと思うと、突然強風が吹き、あっという間に砂や石が飛んで、行く手を遮るのである。怪しい石はそびえたち、丸太が剣のようで、砂や石が重なって山のようになっている。川の流れの音は急に大きくなり、剣鼓の音のように聞こえた。

龍は「能く幽にして能く明なり、能く細にして能く巨なり」[2]とある。羅貫中は諸葛亮の屈や伸、隠れたり現れたりすることを書き表した。蜀呉の連盟がなり、彼が劉備に仕えてほどなくして呉に使者として赴き、恥を忍んで重責を負い、闊達として大きい度量を、胆力と識見を持ちあわせ、彼は普通の人より優れている。彼が劉備に従って山を下りる前、弟の諸葛均に「私は劉皇叔に三顧の恩を受け、ここを出ないわけにはいかない。お前はここを耕し、田畑が荒れることがないようにせよ。私が成功した日を待って、すぐに帰ることができるようにしておいてくれ。」[3]と言った。

龍は「春分にして天に登り、秋分にして淵に潜む。」[4]とある。羅貫中は、諸葛亮が南陽に隠居していたこと、自ら隴畝を耕したことは、天の時を待った、ということを書き表したのである。

龍は「麟蟲の長なり。」[5]とある。諸葛亮は、蜀漢の臣下のトップとなった。

龍は百獣の長を集める。諸葛亮は、諸子百家の精華を一身に集めたのである。

さらに、諸葛亮が死ぬとき、「司馬懿が夜に天文を見ると、1つの大きな星が赤くなっており、光に角があり、東北から西南に流れて、蜀の陣営内に落ちたのだ。何度か跳ねては、かすかに音がした。」とある[6]。

羅貫中はなぜ『三国志演義』の中で終始諸葛亮を龍の化身として描写したのだろうか。もし、ユングの「集合的無意識」の理論と李沢厚先生の「歴史積澱説」を用いて分析すると、羅貫中が意識的・無意識的に、中華民族の観点と感情が長期の歴史の中で形成された一種の模式的伝統意識を理解し表現した、と見出すこ

とは容易いことではないだろうか。
(2) 諸葛亮は百家の精華を一身に集め、百家の文化を放出した
　春秋戦国時代、封建領主制から地主制へと変化していったため、社会は激動の中にあり、社会問題が非常に複雑で尖鋭なものとなった。異なる階級・階層そして集団の「士」が代表して、各自の見方で自然現象や社会現象を解釈し、各自が社会改造を主張することが求められ、そこで「百家争鳴」の局面が現れたのであった。諸子百家の主要なものに、儒・道・法・名・陰陽・縦横・兵・農・雑などの十家があった。伝統文化の百家思想として、中国の封建社会にとても大きな影響を生み出し、百家思想は羅貫中の描いた諸葛亮に同様に集中して反映されるのであった。
　『三国志』「諸葛亮伝」の評に、「諸葛亮の相国と為るや、百姓を撫し、儀軌を示し、官職を約し、権制に従い、誠心を開き、公道を布く。忠を尽して時に益せし者　仇と雖も必ず賞し、法を犯して怠慢なる者　親しきと雖も必ず罰し、罪に服して情を輸せし者　重きと雖も必ず釈し、游辞するに巧みに飾る者　軽きと雖も必ず戮く。善　微も無かりせば賞さず、悪　繊も無かりせば貶めず、庶事に精練し、物　其の本を理し、名に循いて実を責し、虚偽　歯さず。終に邦域の内に於いて、鹹な畏るるも之を愛し、刑政　峻と雖も怨む者無きは、其の心を用い、勧戒　明なるを以てするなり。」とある。『三国志』の評の語は、ただ諸葛亮を法家の人物の典範として、総括しているのである。そのため、儒家や孔子を批判した時、諸葛亮は法家を尊び儒家に反した人物の典型とされていた。たしかに、諸葛亮が蜀を治めていたとき、政治・軍事・経済などで法家の主張を推していた。羅貫中の『三国志演義』はこれに対して同じように声をそろえた。小説は諸葛亮の厳格な法の執行・賞罰が明らかなことをほめたたえた。彼は功績があれば必ず賞し、蒋琬・姜維らの才能があり出身の低い若い者を重用した。過失があれば必ず罰し、街亭での敗北ののち、泣いて馬謖を斬り、深く自分自身の人事の責任をとって、先主に対して恥じ、後主に上書して、丞相の職より落とすことを請うた。当時、李厳が両朝の元老・開国の重臣であると驕り高ぶり、軍令を偽り、軍国の大事を誤らせた。諸葛亮は剛直にえこひいきせず、事実を確認したのち、後主に上表して、李厳の職を解いて民とすることを決めたのであった。
　しかし、『三国志演義』の作者は『三国志』等の史料の記述にのみにこだわらず、彼が諸葛亮を描くのに、法家の非凡な手段や、そのほかにも天文を見る、地理の知識がある、占星術に精通している、八卦を推す、行軍・布陣から農耕機械、木牛流馬の製作など、諸家の能力を有している人物として描いた。さらに諸葛亮は儒家の典型的な代表でもある。

諸葛亮に現れる墨家の表現：墨家は、兼愛・尚同・節葬・節用・天志・明鬼などを講じている。『三国志演義』には諸葛亮は庶民を気にかけ、賢人を挙げて能力を授け、聖君を尊んだ。彼はつましい生活を提唱し、自己の喪に対しても生前にはっきりと遺言を残した。その内容は、定軍山に埋葬し、山に従って墓を作り、墓はただ内棺と外棺が入ればよい。納棺する時の服は平時の衣服で、副葬品は必要ない、といったものである。彼は後主への遺書の中に「臣死後、内に余帛有らしめず、外に贏財有らしめず」と書いていた。

　諸葛亮に現れる兵家の表現：『三国志演義』に、諸葛亮は兵家の兵法の極意を得、権謀に明るく、鬼神でも予測できない機知を持ち、城を攻め土地を攻め、情勢に応じて有利に導き、兵を調達し将軍を派遣し、計略が次々と現れ、帷幄にて戦略を立てて千里の遠方から勝利することができ、孫子の兵法を受け継いで発展させた、として描かれる。

　諸葛亮に現れる縦横家の表現：『三国志演義』に諸葛亮には蘇秦の気風があり、国家の連合や離間を画策し、思い通りにした。隆中対の時、当時の天下の大勢をはっきりと分析し、劉備に大事業を成すよう指摘し、西は諸戎を撫して、南は夷越と好を結び、外は連盟を結び、内は政治を整え、東は孫呉と和し、北は曹魏を拒み、呉と連携して曹魏に抵抗することを重点とした。『三国志演義』で彼の外交について書かれている所は、卑屈でも傲慢でもなく、使命を辱めない。東のかた呉に使いとして行った時は、「敗軍の時に受任し、危難の時に命を奉じた」のである。呉にて主客転倒し、その場に応じて適切に対処し、慷慨して自分の意見を陳べ、将君を激した。呉の多くの謀士の包囲攻撃に対しては、雄弁に流暢に話し、儒家たちと舌戦を繰り広げ、一同を驚愕させた。辺境の各民族に対しては、恩恵と威厳を両方重く採用し、剛と柔を兼ね合わせ、征伐すると補佐し、心を攻めることを上策とした。

　諸葛亮に現れる道家の表現：諸葛亮が出仕する前に、ただ「かろうじて乱世に一命を保つことを求め、諸侯に名が聞こえることを求めなかった。」「淡泊なのは志をはっきりとさせるためで、安らかにしているのは遠大な志を達成するためである」を座右の銘としている。『三国志演義』の諸葛亮の服は、頭は頭巾をつけて体には鳥の羽で作った衣を着て、手には羽扇を持ち、無地の平服を着て、ひょうひょうとした様子は神仙のようであった。南陽に高眠し、春は草堂に眠る。南陽の名士崔州平、孟公威、石広元、司馬徳操らを友とし、「小舟を浮かべて江湖に遊ぶこともあり、僧侶や道士を訪ねて山中に入ることもあり、村里に友人を訪ねることもあり、洞穴の中にて琴や棋を楽しむこともある。行くところに予測がつかず、行くところはわからない。」「蒼天は円盤の如く、陸地は棋盤に似ている。

世の人は黒白と分かち、往来して栄・辱を争う。栄者は自ら安んじ、辱者は自ら碌々としている。南陽に隠士がいる。高眠して満足していない。」[7] なるほど、劉備が二度、草廬に行くも、諸葛亮の弟の諸葛均に会ったとき、ついに「会うことができ、本当に幸せだ。」[8] といったのは無理もない。諸葛亮の道家イメージは、羅貫中の描写で生き生きとしている。

諸葛亮に現れる儒家の表現：羅貫中からすると、諸葛亮に対して最も影響を与えたのは儒家思想であった。『三国志演義』の著述では、諸葛亮が南陽に隠居し、その志は南陽の名士、崔州平らのたぐいと大きく異なっている。彼の隠居は、「琴・書をほしいままにし、天の時を待っている」[9] のである。これは儒家の「窮は則ち独善其身、達は則ち兼済天下なり」という書生の態度と一致する。諸葛亮は劉備を劉皇叔と呼び、出仕後は先主の知遇の恩を感謝し、忠義を尽くし、蜀漢政権に「献身的に尽くし、死ぬまで努力し」、生涯尽くしたのである。彼は臨終の時、自分の生死のことは度外視して、朝から晩まで嘆き憂えることは蜀漢の大軍がどのようにして安全に撤退できるか、思いついたことはどのように後継者を決めるのが妥当か、漢王朝の大業を継承して、振興するか、ということだった。彼は後主になんでも従ったが、後主は愚昧な人間だった。彼の朝廷に対するメラメラと燃える忠誠心は明らかであり、忠孝仁義等といった倫理観点は彼の身の上に十分鮮明に表れている。

百家の中でも、彼は儒家思想を主となし、その他の思想を統率した。その他の各学派はすべて儒家を中心として囲んでいるのである。法・道・墨家はただ儒家の理想を実現するための措置に過ぎず、兵家は仁政を行うための道具にすぎず、縦横・陰陽家は一種の手段とみなされているに過ぎなかったのだ。

諸葛亮イメージが偉大、つまり作者の羅貫中が偉大なことは、彼に用いた百家の思想を鵜呑みにしたり、分別なくそっくりそのまま照らし合わせたのではなく、多くの学派の精神の本質をとらえ、百家の精華を吸収し、蓄えたのである。諸葛亮は『論諸子』の一文の中で非常に簡潔明瞭に諸子の長所と短所を指摘している。彼は「老子　性を養うに長ずるも、以て危難に臨むべからず。商鞅　法を理すに長ずるも、以て教化に従うべからず。蘇（秦）・張（儀）　辞を馳すに長ずるも、以て誓いを結盟するべからず。白起　攻取に長ずるも、以て衆に広くすべからず。子胥　敵を囲むに長ずるも、以て身を謀るべからず。尾生　信を守るに長ずるも、以て変に応ずるべからず。王嘉　明君に遇うに長ずるも、以て暗主に事えるべからず。許子　臧否を明らかにするに長ずるも、以て人物を養うべからず。此れ長に任せるの術なり。」と言っている。彼が先秦時代の名家に対してだけでなく、同じ時代の人物に対してもみな見通している、ということを見ること

ができる。

　『三国志演義』の中の諸葛亮イメージのほとんどが塑像され、完璧な境地に近づこうとしている。『三国志演義』の中では、他の人の読書は精密に読むことを要求するが、諸葛亮の読書はただその大略を見るだけだった。彼が道家の無為を受け入れれば、それが無不為であるとわかった。淡泊なのは志をはっきりとさせるためで、安らかにしているのは遠大な志を達成するためである。山林に隠居し、山水田園に心を託しているのは、世の情勢を傍観し、国をよく治める策やよい方法を練るためである。草船で矢を借りる目的が達成できた後、魯粛は彼を「神人」と称して、どのようにして霧が来ると分かったのかと問うと、かれは「将であるなら、天文に通じず、地理を知らず、奇門を知らず、陰陽に通暁せず、陣図を見分けられず、兵の勢いに明らかでないようならば、凡庸である。」と答えた。彼の治水の条例は、刑法がとても重い。これは西川がもともと「法度は涙を流し、徳政がなされず、刑が厳しくなく、君臣の道はことごとく荒れ果てている。」という実際状況からとった方針である。諸葛亮が死んだという知らせが広まったのち、職をはく奪され、蜀の重臣であった李厳は、悲しみ泣いて病死した。また、誹謗の罪で庶民となった廖立は、涙がほろほろと流れて、「私のこの一生は辺境にて老死することとなった。」と言った。これより、諸葛亮は法を厳格に執行すると同時に、教化することも大事にして、人に自ら過ちを改めさせ新しく生まれ変わる機会を与えている。諸葛亮は儒家の思想を尊んでいるといえど、それと同様ほかの側面にも重きを置いて、彼は儒家の「天命論」を軽視して人の主体的な効果を重視したのである。彼が要求したのは君子の儒教である。『三国志演義』第四十三回「諸葛亮　群儒と舌戦す」では儒士に対する評論で、次のように述べている。「君子の儒と、小人の儒が有る。君子の儒とは心は仁義で、徳も温良であり、父母に孝であり、君王を尊び、上は天文を仰ぎ見て、下は地理を見て、真ん中は万民に良い影響が流れるようにする。盤石の安定するように天下を治め、功を立て史書に名前が残るようにする、これが君主の儒である。小人の儒とは、詩を吟じることに努め、いたずらに翰墨を費やし、青春を賦にうずめて、白髪になるまで経書を究めて、一度筆を下せば何文字も書けるだろうが、胸の内には何もないのである。たとえば漢の揚雄のような者は、文章で名を知られるようになったが、身を屈して王莽に仕え、ついには閣より身を投じて死んだ。これが小人の儒である。日に万言を作るといっても、取るに足らないことではないだろうか。」彼がほめたたえたのは「国を盛んにして業を立てた」儒家の知識分子であり、白髪になるまで経書を究め、実用的なものは無く、儒家の経典に従って根源を追求し、死んでも経書にかじりつき、経書をそのまま照らし合わせるような小

第4章　諸葛亮像の塑造の中に見える文化自覚についての試論　81

人の儒ではない。

　羅貫中は諸葛亮のイメージを豊かにし、偉大な人物像を作り出すために、様々な方面から、例えば草船で矢を借りる話や、三顧茅廬のような話のような虚構を加えることを惜しまなかった。好きな人物にある程度の偏愛が見られるのは理解できるが、玉にきずであることに、羅貫中はいくつかの場面で諸葛亮を超人のごとく描き、神格化しているのである。諸葛亮にできないことは無いことを表現するために、羅貫中は占星術や道教徒のようなたぐいの腕前を諸葛亮の身に加えている。そこで読者の目の中の諸葛亮は、神機妙算に長けて、陰陽を程よくし、生を知って死を予測し、魂を呼び戻して寿命を延ばそうとし、眼を惑わして六甲の秘文を知り、五行の道法を知り、六丁六甲を走らせて、風や雨を呼ぶことなどができるものである。『三国志演義』は彼を七星の祭壇を設けて風を呼びこませ、孟獲を征伐するときは、夜半に香を燃やして泉の水を求める祈りを行い、第九十回では木大王との一戦では象を魔術で翻弄し、羽扇を一度揺らせば、相手の方へ風が吹き、猛獣は本陣へと殺到し、第百一回では諸葛亮は隴上の麦を刈るため、車に座って魏兵をおびき出し、魏兵は力の限り追いかけるが、「風が起こり、冷たい霧がたちこめて」近づいたと思ったら、追いつこうとも追いつけない。さらに、諸葛亮が彼の死後二人の士が争い、ほどなくして自滅するだろうと予測していた。どうりで、魯迅先生が『三国志演義』の人物を評論した時に、「諸葛亮の多くの知は、妖術に近い」とコメントした。

　羅貫中の諸葛亮塑像に高度な集中性と広いモデル人物があったのは、思いを寄せたり、心を込めていたのである。

　芸術イメージは作者の一定の考えによって生活の産物を再現するのである。作家の創作活動には一方で社会の責任感が有り、一方では様々な霊感や直感・非直感の現象に満ち、作家・芸術家は日常生活の中で大量の経験や資料を積み重ね、多くの感受・考えの結果があったのだ。羅貫中の生きた時代は元・明の折である。元末明初は、封建王朝の残酷な統治・宦官の独占による専政・民族の二重の圧迫と人民が安心して生活できない暗黒たる現実は作者に大きな影響を与えた。これに加えて、作者は乱世に生まれ（羅貫中はかつて張士誠の農民反乱軍に参加したことがある、という説もある）、才能が有りながら不遇で、状大な思いは遂げることができない。憂い・憤りの思いは文章となり、強烈に聖君や賢者が現れて天下を安らかに治め、国が復興して安定することを望んだ。羅貫中は理学の大家、趙宝峰の門人だと考える人もいる。理学家は、「天理を寄せ、人倫を明るくし、聖言を講じ、世故に通ず。」[10]ということを要求する。羅貫中もその影響を受けている。「身世の感、即ち性霊にして、即ち寄託なり。」[11]とある。ただ彼は理学

家の人々に対する思想の禁錮が、厳重に社会の発展を妨げてしまうと感じ、儒家の「仁」・「義」・「忠」・「孝」等の限定性を意識し、そうして伝統文化に対する反省や伝統文化の核心である儒家文化に対する反省が生まれたのである。

(3) 天命思想と人本思想は諸葛亮の像に互映する

　社会の発展や歴史の発展にしたがって、人間の価値はどんどん大きくなっていく。人々の考えは『尚書』に記載されてある「欽んで昊天に若う」[12]から、天命を盲信し、鬼神に屈服したが、次第に「天命観」から脱出する。春秋・戦国時代の「百家争鳴」の結果、「天」の地位を下げ、人の地位は上昇した。人の価値の意味は荀子の著作の中に明確な記述がある。荀子は「知天」・「戡天」を提出し、自然を認識し、天命をしてそれを（人の力で）活用する必要がある、としている。しかし、三国時代の初期、「天命」観・「君権神授」観がやはりたびたび人々の思想を左右してきた。人々は一方では個性・風格・話しぶり・立ち振る舞い・才能を重視する。もう一方で、命運に対してはどうしようもないようだ。この矛盾している「天命」と「人本」の意識が諸葛亮等の身の上に十分に明らかに表現されているのである。一人の陰陽家として、諸葛亮は深く天文・地理に通じ、天の命に達し、漢室の命運が尽きたことを予測し、天地を斡旋して乾坤を補修して、おそらく変わらないとしながらも、無駄に心力を尽くしたのだ。劉備が二度目に茅廬を訪れた際、南陽の四大名士の崔州平と会った。崔州平は「『天に順う者は易く、天に逆らうものは苦労する』、『数のあるところ、理で奪うことはできず、命のあるところ、人の力でこれに勝てることはない』というのを聞いたことがあるでしょう」と言った。劉備は「先生の言葉は確かにもっともだと思う。しかし、私は漢の血を引くものであり、漢室を助けるとなれば、数とか命とかで捨て置くことはできない。」と言った。これは、劉備の大きな仁義と天下に対する務めが諸葛亮の願いと一致したのである。諸葛亮が長年追い求めていた賢明の君主基準と合致したため、諸葛亮も「命のあるところ、人の力でこれに勝てない」ことを知っていたのであるが、劉備の三回目の茅廬への訪問で、諸葛亮はやはり危難の時に命を受けたのである。一人の非凡な軍事家として、諸葛亮はどうして当時の天下の大勢を知らないだろうか、蜀が十分不利であるが隆中で策を決して、はっきりと「今、曹操はすでに百万の兵を擁し、天子を推し立てて、諸侯に号令をいたしたので、彼と争うことはとうていできない。孫権は江東によること、既に三代を経て、国は要害があり人民もなついており、力を借りようとも、攻めるべきではない。」[13]と言った。当時の天の時・地の利は、劉備がかかわるべきではなく、立ち上がるにもまだ難しく、開国するなどは論じるに及ばず、このため、司馬徳操は「臥龍は主を得たが、時を得ていない、残念である。」と嘆じたのだ。

第4章　諸葛亮像の塑造の中に見える文化自覚についての試論　83

しかし諸葛亮は生涯学び続けることを願い、命数に抗い、琴や書を片付けて隴畝に離れ、一幕の壮大なストーリーを演じて、長い間に名前を残した。彼が天命を知っており、自分の命が終わろうとしていると知っているのに魏延を責めなかった。彼は天に向かって「事を謀るは人にあり、事を成すは天にある」と嘆じる時があり、悲観的・消極的な思いもあった。しかし、彼は多くの「天命を制して之を用う」「為すべからざるを知りて之を為す」の精神を表現した。彼は曹操の努力をほめたたえ、「董卓の反逆があって以来、天下には豪傑が並び起った。曹操の勢力は袁紹には及ばなかったが、よく袁紹に勝つことができたのは、天の時を得ただけでなく、人の謀があったからである。」[14] と言っている。彼は自分の運命を蜀漢政権に結びつけて1つにつなげている。先主・後主に仁義を尽くし、事の大小にかかわらず、自ら実行し、東西に征討し、何度も群雄に勝ち、南北に転戦し、不毛の地に入り、蜀を立つ足のなかったところから天下三分に至らせたのである。天の時・地の利の不利な条件下で、彼は十分人と謀の役割を発揮した。最後は過労のため病気となり、「寝ても安らかにならず、食べてもおいしくなく、ただ北伐だけを考えている。」自分の命の最後の一刻に至っても、やはり蜀漢の大業を忘れなかった。『三国志演義』第一百四回には、「孔明は病体をおし、左右の者に命じて車の上に乗せてもらい、塞を出て各陣営をまわり、自ら秋風がひやりと骨に滲みるのを感じ、長嘆して『再び陣頭に立って敵と戦うこともできなくなるのか。悠々としている青空も、なぜか際立って見える。』と言った。」人為的思考を発揮することは、再び加える余地がない、と悟ったのだということができる。毛宗岡の『読三国志法』にて諸葛亮の人物イメージを評価して「検査を経て書籍を記し、賢相が林立し、そうして孔明ほど長年にわたって高名であった人物はいない。その居る時は琴を弾いて膝を抱えて、じっと坐って隠者の風格がある。外に出るときは、羽扇と綸巾をまとい、高尚な人物であることは変わりない。草廬に居るときに三分の計を策定していたのは、天の時に達していたのである。顧命が重いのを受けて6回祁山に出発したのは、人事を尽くしたのである。七擒・八陣・木牛・流馬は鬼神すらも予測できないものである。献身的に尽くし、志が体を蝕んだことは、やはり臣下としての心がけである。」と言っている。諸葛亮の「天命」・「人本」思想は彼の選んだ後継者の姜維の身の上に明らかに表現されている。姜維は仮に投降する計を行ったとき、心を痛くしたため、最後の一歩で失敗してしまう。そこで嘆いて「我が計は成らなかった。これは天命である。」と言い、自ら首を刎ねて死んだ。しかし姜維は孔明と同じで、人の謀と個人の発奮に十分注意していた。彼は最初の北伐に反対されていた。費禕が「私たちは丞相に及ばない！丞相ですら中原を回復することができなかったのだから、どうし

て私たちにできようか。」と言った。姜維は大いに納得せず、張翼に心を込めて「昔、丞相が茅廬を出ずにして、天下三分の計を定めた。六度も祁山に出陣して中原回復を図ったが、不幸にも道半ばにして病に倒れ、望みを達成することができなかった。今私は、丞相の遺命を受け、忠義を尽くして国のために、その志を継いで、たとえ死んでも思い残すことは無い。」[15]と言った。姜維の行為は諸葛亮のイメージを引き立たせる効果がある。

　羅貫中は天命と人事を天秤にかけて、後者に傾いたのである。彼は十分に諸葛亮の「為すべからざるを知りて之を為す」の精神を肯定したのである。羅貫中は「人心を得る者は天下を得、人心を失う者は天下を失う」「天下は唯だ徳有る者のみ之に居る。」ならびに儒家の「仁」・「義」・「礼」・「知」・「信」の伝統倫理道徳も承認したのである。しかし三国の争いは結局、彼の尊重した信条とは相反するものとなってしまう。つまり、彼の心の中にで邪悪なものとしていたものが善美としていたものと戦い、邪悪なものが勝った、にせの仁義が理想の仁義に勝ったのである。彼はその原因を探し出せず、ただ天命観念をつかって解釈するしかないのだ。諸葛亮は臨終の際に感嘆して「悠々と空は青く、なぜこんなにも際立って見えるのだろうか」と言ったのは、彼が内心に抱いていた感嘆なのであろう。諸葛亮イメージの描写を請うことは、実は伝統文化の深刻な反省であり、民族の深く溜まったものを反映しているのである。この一点は、『三国志演義』の作者、羅貫中が創作していたとき意識していたとは限らないが、作者がそうでなかったからといって、読者も意識していなかったとする必要はないのではないか。

5. 諸葛亮と彼の人物像の影響

　諸葛亮は羅貫中の文学で演繹した後の何世紀かで、庶民の心の中で知のシンボルとなった。『三国志演義』の中の「三顧茅廬」・「七擒孟獲」・「六出祁山」・「火焼新野」・「草船借箭」・「舌戦群雄」・「借東風」などの故事は津々浦々に知れ渡っている。

　中国伝統戯曲に、諸葛亮は多くが老生姿であり、手には羽扇を持ち、知恵は精微で明るい。戯曲の名に『諸葛亮弔孝』・『収姜維』・『群英会』・『借東風』・『三気周瑜』・『空城計』等がある。現代の映画・テレビ作品でも、諸葛亮は三国志が題材の作品ならば中心人物であり、多くのイメージが引き立たされている。比較的影響力のある映像作品で、1994年中国中央テレビ制作の『三国演義』や、2010年高希希の『三国』があり、それぞれ有名な役者の唐国強・陸毅が演じている。そのうち、唐国強の諸葛亮が、一代の人の心に典型的なテレビスターのイメージとなった。これらの映像作品は、羅貫中の小説から生まれ変わって、現代の監督

は役の理解を自分自身で行い、諸葛亮のイメージに演繹しているが、やはり形はさまざま変化しても、その根本原理は変わることはない。

　現代のアニメ・漫画の製作技術の発展によって、諸葛亮のストーリーは海を越えて、漫画家のお気に入りとなった。日本の東映は『三国演義』・『三国志』より一部を改変したアニメ『三国志』を出した。製作が豪華で、音楽も優美である。主題歌の「英雄の黎明」は諸葛亮少年が百姓が流浪するのを目の当たりにしている、という情景の音楽で、悲壮である。書の中で諸葛亮が吟じていた『梁父吟』とやり方は異なるが、同じ効果を持つ。他にも取り上げる価値があるのは、羅貫中が諸葛亮を利用して描写した多くの兵法や策略が歴代の武装蜂起者の軍事の知識の源となっていることであろう。遵義会議で、毛沢東が２冊の兵法書を用いて、１つは『孫子兵法』、もう１つは『三国志演義』であったと評価している。民間における諸葛亮の俗語は、以下のようなものがある。３人の革靴職人は一人の諸葛亮に勝る。一人の諸葛亮はどっしりと中心の帳簿を整理し、八卦を並べ、もっぱら飛来する将を捉える。諸葛亮が眉間にしわをよせる（計が心にすぐ浮かぶ）。魯粛が孔明の船に乗る（おろかである）。諸葛亮が空城の計を施す（危険を無事に乗り越える）。諸葛亮三気周瑜（小技を用いて奪う）。諸葛亮は孝を弔う（気取った態度をとる）。などである。これらの俗語は生き生きとしてユーモアがあり、民衆の諸葛亮に対する愛着と知や中心としてのイメージを反映しているのだろう。

　要するに、羅貫中は諸葛亮のイメージ塑像に成功したのである。これは、今の文化創作者にとっては、参考とすべきで、作者はこの過程の中で、表現してきた文化自覚はさらに深く検討し、検討し続ける価値があると考える。孔子が「人能く道を弘くし、道　人を弘くするに非ず。」（『論語』「衛霊公」）と言ったのは、「仁を為すは己に由る」という主体的自覚を強調するためである。我々は羅貫中の諸葛亮イメージの塑像の中に、「人能く道を弘くし」、道も亦た人を弘くす、ということが感じることができるのではないだろうか。

注
───────

1)　『宋書』「高祖紀」
2)　許慎『説文解字』
3)　『三国志演義』「第三十八回」
4)　『説文解字』

5)『説文解字』
6)『三国志演義』「第一百四回」
7)『三国志演義』「第三十七回」
8)『三国志演義』「第三十七回」
9)『三国志演義』「第三十七回」
10)『朱文公文集』「答陳斉仲」
11)(清)譚献『複堂詞話』
12)『尚書』「堯典」
13)『三国志演義』「第三十八回」
14)『三国志演義』「第三十八回」
15)『三国志演義』「第一百十回」

参考文献

張蕊青「従『三国志演義』看羅貫中的創新思維」『学術交流』2003
代立梅「新唯物主義視域中的主體文化自覚」『雲南社会科学』2014
費孝通「反思・対話・文化自覚」『北京大学学報(哲学社会科学版)』1997
費孝通「文化自覚的思想来源与現実意義」『文史哲』2003
費孝通「対文化的歴史性和社会性的思考」『思想戦線』2004
黄開発「儒家功利主義的文学観和『文以載道』」『江蘇行政学院学報』2005
姜栄「文章与経済的分途：従実用之文到美術之文——試論近代古文衰落之根源」『学術論壇』2014
李翔海「中華民族偉大需要中華文化発展繁栄—学習習近平同志在山東考察時的重要講話精神」『求是』2013
馬妮「當代中国的文化自覚与文化創新之路——従費孝通的文化自覚観談起」『社会科学輯刊』2013
田余慶『秦漢魏晋史探微』中華書局 1993
王平「主体意識的強化与明清章回小説叙事角度的演変」『東嶽論叢』2002
朱子彦「諸葛亮忠於蜀漢説再認識」『文史哲』2004

第5章　日本と中国における泰山文化の交流について
―関連研究史と若干のコメント―
葉濤　　　高木智見　訳

　五岳独尊、あるいは神山聖域といわれる東岳泰山は、その特殊な歴史的文化的特徴により、山岳崇拝と神霊祭祀の重要な場所となっている。日本と中国の文化交流の長い歴史においても、東岳泰山はやはり極めて重要な地位を占めており、ある学者は、泰山神―東岳府君は日本で最も影響の大きな中国の神であると評価している。本論では、泰山文化の日本に対する影響についての中国学者の研究を以下の4つに分けて綜合的に紹介してみたい。1、泰山信仰の東伝　2、泰山府君、都状（祭文）および陰曹地府祭　3、泰山石敢当の日本における伝播　4、泰山信仰に関する日本の研究。なお、以下に引用する論文は、主に1990年代以降、中国大陸で公開発表された研究成果である。

1. 泰山信仰の東伝

山東省泰安市東嶽廟

　泰山信仰はいつ日本に伝わったのか、これは日本と中国における泰山文化の交流に関して最初に究明すべき問題である。比較的一致している見方によれば、紀元七世紀から九世紀前半にかけてが、日本と中国の文化交流の最初の頂点であるということである。すなわち、この時期に、日本は何度も遣唐使を派遣して唐の文化を学びとらせ、また日本の使節が二度にわたり唐の皇帝にしたがって泰山に登り、国家儀礼である封禅に参加している。泰山信仰の日本への伝播も、こうした日中の交流という歴史的な背景、とりわけ遣唐使と関係があると思われる。

　封禅とは、泰山で行われ続けてきた盛大な国家儀礼である。それは、泰山の山上と麓で天地を祭祀すること、詳しく言えば、「封」とは泰山の頂上に祭壇を築いて天を祭ること、「禅」とは泰山の麓の小さな山をならして大地を祭ることである。その目的は帝王が天地の功（はたらき）に報い、さらに群神の功に報いる

ことであった。

　周郢氏は、「泰山文化と日本」（『泰安師専学報』1999年4期）なる一文において、日本の遣唐使が二度にわたり泰山の封禅に参加した情況を紹介している。唐の麟徳二年（665）に遣唐使は始めて泰山に至り、その翌年、乾封元年（666）正月には、唐の高宗が行った封禅の儀式に参列した。さらに開元十三年（725）にも、再び遣唐使が泰山を訪れ、玄宗皇帝が行った封禅に参列した。遣唐使が封禅儀礼に参加したことは、中国の政治文化上において泰山が占める位置を、異国の人間として理解するうえで大きな参考になったはずである。

泰山神

　魏晋南北朝の時代には、泰山の神は「泰山府君」の名前で宗教信仰のなかに登場し、人間の生死禍福をつかさどる重要な神とされた。やはり周郢氏の論文「日本における泰山神信仰」（『民俗研究』1999年4期）は、日本の高僧、円仁が泰山府君の像を日本へ持ち帰った経緯について詳しく紹介している。泰山府君の日本伝播は、高僧、慈覚大師円仁の手による。円仁（794-864）は、天台宗山門派の創始者であり、九歳で出家、十五歳で比叡山延暦寺へ入り、天台宗の名僧、最澄（767-822）を師と仰いだ。最澄は、唐へ渡り、泰岳霊岩寺の順暁禅師から受戒した。つまり、円仁は泰山順暁の再伝の弟子ということになる。承和五年（838年）、円仁は第十八回の遣唐使として中国に渡り、求法のために数々の困難を経験した。翌承和六年（839）の秋から冬にかけて、帰国の途についたが、あいにく暴風に遭い、漂流の末、登州文登県にたどりつき、そのまま赤山（山東省栄成県の海岸）の法華院に滞在することとなった。唐代の泰山神信仰は山東一帯で極めて盛んであり、赤山の法華院にも泰山府君の神像がまつられていた。その時、円仁は泰山の神に誓を立て、「正法は逢いがたく、真師は益ます難し。山神、願わくば冥助を加えよ。我、本土に帰らば、当に禅宇を建て、弘く心印を伝うべし」

といった。唐の大中元年、すなわち日本の承和一四年（874）、円仁は商人の船に乗り、帰国を果たし、大量の仏典、仏像、関連の什物のほか、一体の泰山府君の神像を持ち帰った。以来、日本において泰山神信仰が広がることとなった。

円仁は泰山府君を日本に持ち帰ることはできたが、寺院を建立してその神をまつるという願いが、生前において実現することはなかった。それはいわば彼が後世に託した願いとなったのである。円仁は、貞観元年（864）に世を去り、その後24年を経た仁和四年（888）、弟子の安慧が土地を買い入れ、泰山府君をまつるための寺を建てた。その泰山府君の像は赤山から勧請したものであったため、日本では泰山府君のことを、赤山大明神と称することもある。安慧が府君をまつるために建立

山東省栄成市赤山明神

京都市赤山禅院

した禅院こそ、現在の京都にある赤山禅院である。円仁は帰国後大いに著述に励んだが、なかでも、もっぱら唐における遊学の一部始終を記録した『入唐求法巡礼記』は、史料としての価値が非常に大きい。今日でも、泰山府君の日本伝播に関する歴史的な研究を行う場合、おもに円仁のこの書物の記述に依拠する。

2. 泰山府君、都状および陰曹地府祭

泰山府君は日本に伝わった後、人間の生死、長寿若死などをつかさどる特殊な神力により大いにあがめられ、陰陽道にも影響を与えた。とりわけ、平安時代の有名な陰陽師である安倍晴明が霊魂を自在に操る物語と結びつき、その影響力を次第に増していった。王暁平「泰山府君と日本古代の都状（祭文）」（『尋根』

2008 年 1 期)、周郢「泰山文化と日本」、「日本における泰山神信仰」などの研究は、泰山府君ならびにそれに関連する祭祀の日本における伝播の状況について紹介を行っている。以下、おもに王暁平氏の論文に基づき論ずることとする。

　古く前漢時代、民間には、「泰山治鬼説」があった。すなわち泰山神は冥界の主宰者であるとする観念の存在を示す最古の史料は、漢代の鎮墓文である。その後、後漢に至ると、死者の魂は泰山に帰るという考え方が、社会一般に広く普及することになり、泰山神は人の生死や寿命をつかさどる能力を有すると広く信じられるようになる。安倍晴明が修行の結果、身につけることができた呪術のうち、「泰山府君祭」は、泰山神が持つ固有の神力を受けつぐものである。

　日本の古代史料には、「泰山府君祭」に関する物語をしばしば見ることができ、それらによって当時の泰山信仰の状況をかいま見ることができる。たとえば、最も多くの人に知られているのは、『今昔物語集』巻十九に記されている安倍晴明が祈祷を行う話である。ある高僧が重病におちいった時、その弟子が晴明に病気治癒のための祈祷をするように依頼した。すると晴明は、こう応えた。高僧の病は極めて危険な状態です。たとえ泰山府君に祈祷をしたとしても、治癒は極めて困難です。しかし、もし誰かが自らの命を引き替えにするということであれば、高僧の命が助かるかも知れません、と。たとえ高僧のためであっても、自らの命を犠牲にする者があるとは思えない。しかし、その時、日頃はあまり目立たないひとりの年若い弟子が前に進み出て、自分が高僧に替わって死んでもよい、と申し出た。かくて祈祷が終わると、高僧を苦しめていた病魔は祓われた。一方、弟子は読経のひびくなか、いささかの怯える様子もなく、死の到来を待ちかまえていた。すると、しばらくして晴明が弟子のところに来て告げて言った。祈祷が届いたため、泰山府君のはからいにより、高僧と弟子の二人はともに死を免れることになった、と。

　この物語からは、人間の生死を左右することが出来る泰山神の霊験あらたかな様子をうかがうことができる。そのほか『古今著聞集』、『御伽草子』、『博物志』などの書物にも、同じような話が伝わっている。とりわけ好んで語られるのは、『源平盛衰記』と『平家物語』に見える「泰山府君祭」の物語であるが、これ以上の言及は控えたい。

　このように泰山府君は人間の生死や魂魄、栄枯盛衰を左右することが出来る大きな霊力を持つとされたため、古代において天皇や貴族はみな尊崇の念をいだいていた。泰山府君の祭祀や呪術を行ったのが陰陽師であったため、それらは陰陽道のその他の祭祀（天曹地府祭、属星祭等）と併存することになった。そのため、陰陽道の盛衰と軌を一にして、泰山府君の祭祀もまた栄えかつ衰えた。言い換え

ると、泰山府君の祭祀が最も盛んであったのは平安時代であり、江戸時代になるとすたれたが、これは、まさに陰陽道の盛衰とぴたりと一致しているのである。

江戸時代になると、泰山府君の祭祀は、天皇の即位儀礼のなかに入り込み、その天曹地府祭の重要な内容となった。かつて平安時代の天皇の即位儀礼においては、昊天上帝を祭るならわしであった。江戸時代になると、本来昊天上帝をまつるべきその即位儀礼が、泰山府君の祭祀と結合することになった。というのは、陰陽道では、泰山府君の祭祀は、中国の帝王による泰山封禅の儀礼の延長線上にあるものとされたからである。つまり、帝王による泰山封禅で、天地を祭る儀礼の目的は、言わば王権神授を強調することにあった。日本の天皇の即位儀礼に、泰山府君の祭祀を付け加えることは、やはりその封禅儀礼が有する王権神授の意味合いを加えることを受け継いでいるのである。天皇は即位すると、直ちに天曹地府祭を行ったが、それは天帝をまつり、上天の授命に感謝するためであった。この点は、祭祀儀礼のために書かれた「都状（祭文）」の中に明確に記されている。すなわち『土御門文書』延宝八年（1680）十月廿二日の「御即位天曹地府祭霊元天皇御都状」のなかに以下のような記載がある。「維れ日本国大王、即位に依りて奕世を考うるの文。本朝受命の日に、天社の神に告ぐ。厭れ広遠なること千有余載。舜禹の天下を有せしより以降、泰山梁父に封禅せざるなし。和漢、道を異にし、禅代は同じからずと雖も、天に応え人に順ずるに至りては、其の揆は一なり」とある。この「都状」によれば、起草者の土御門泰福は、天皇即位儀礼における天曹地府祭と泰山封禅とを同一視している。一代にただ一度の天皇即位儀礼における天曹地府祭は、その後明治まで継承され、前後千年以上続いて行われた。

3. 泰山石敢当の日本における伝播

泰山石敢当とは、石に対する自然崇拝を通して、生活の安全や健康、自然環境の安寧を願う信仰習俗である。住居や村落の周辺、橋や道といった要衝に泰山石敢当を建てる習俗であり、中国では極めて古い歴史がある。

日本は、中国以外で泰山石敢当の習俗が最も盛んな国であり、日本の学者は古くから石敢当についての系統的研究な研究を行ってきている。一方、中国の学者もまた日本における石敢当の分布や研究情況について調査や研究を行ってきた。たとえば、日本の窪徳忠「石敢当から中国、沖縄、奄美を見る」（『南島史学』23号、なお同氏『沖縄の習俗と信仰』東京大学出版会、1974年は、沖縄の石敢当習俗の源流に関して、系統的な調査と研究を行っている）、中国の周星「中国と日本の石敢当」（『民族学研究所資料彙編』8期）、李大川「日本の石敢当信仰と

その研究」(『民俗研究』1992 年 1 期)、李傑玲「日本における石敢当信仰の受容について」(『華夏文化論壇』2013 年 1 期) といった研究論文が、日本における石敢当の伝播に関する系統的な研究である。私もまた拙著『泰山石敢当』(浙江人民出版社、2007 年) において、とくに一章を設け、もっぱら日本における泰山石敢当習俗の伝播状況について紹介を行った。以下の記述は拙著による。

　日本の小玉正任、窪德忠両氏によれば、47 都道府県のうち、これまでに 24 の都道府県において、石敢当の遺物、遺跡が見つかっており、南は沖縄、北は青森や函館に及んでいる。なかでも、沖縄県、鹿児島県、長崎県に分布が最も集中している。かつて明代、福建省の三十六姓が琉球に移住した。とくに龍溪、長楽、南安といった閩河河口の人が多く、それら琉球にわたった閩人の後裔は、しばしば福建を訪れて交易を行った。そのため、両地の民俗文化は親近性を持つことになった。たとえば琉球に現存する清雍正十一年の「泰山石敢当」は、日本で知られる最古の石敢当である。沖縄県の久米島具志川村にあり、石制、高さ 120 センチ。幅は上下が同じではなく、30 から 40 センチ。中央に「泰山石敢当」と刻まれ、その右に「雍正十一年癸丑　八月吉日」と刻まれている。この碑は清朝の年号を用いており、雍正 11 年とは 1733 年である。沖縄県の石敢当は数量が多いだけではなく、新しいものも多い。1980 年代以降、沖縄県では石敢当ブームが起こり、各地で盛んに石敢当の碑が建てられた。県庁所在地の那覇市には、かつて石敢当碑を扱う商店が四軒あり、うち二軒は店内で製造し、別の二軒は製造工場まで持っていた。最大の店は関原石材店であり、石垣市にも分店を出し、つねに営業社員を派遣して一般家庭へ訪問販売をさせていた。那覇市のいくつかの商店や金物店などでも石敢当碑を扱っていた。沖縄近くの久米島、宮古島、石垣島にも、現存する石敢当は極めて多い。

　かつて 1872 年、一人の学者、橘南谿は鹿児島城下で石敢当の碑を見て、その著『西游記』に次のように記している。薩州は、日本の西南隅に位置し、中国との距離は極めて近く、船舶の往来も自由である。おそらく昔の人々が中国大陸で石敢当碑を見、遂にこの地でそれにならって建てたのであろう、と。また鹿児島県入来町の海岸にあ

山口大神宮境内石敢当

る石敢当は、1739年に建てられたことが分かっており、久米島の石敢当についで二番目に古い。

　日本の北方では、秋田県に石敢当がかなり集中している。山崎鹿蔵氏の「秋田の石敢当」という調査報告書によれば、1925年の時点で、秋田市内だけで47の石敢当が存在していた。その後道路の改修などで、取り壊されたものがあり、1985年の調査では、20が残っている、という。これに対して南方で集中している沖縄県と鹿児島県では、松田誠氏の調査によれば、鹿児島には250以上、沖縄には数が多く統計が困難である、という。

　筆者は2003年に山口市の山口大神宮内に祭られている石敢当碑を撮影した経験がある。石敢当碑が神社の中に建てられているということは、当然、神と見なされていると考えられる。しかし、その石敢当に対し、いかなる祭祀行事が行われているのかは不明である。

　長崎県における石敢当の分布情況は、かつて松田誠氏が地図に印をつける形で明らかにしている。それによれば、長崎市には、文化財に指定されるほどの価値の認められた石敢当もあり、それは、おそらくその地における最古の石敢当であると考えられる。松田氏は、そのほか国分市（現霧島市）における分布情況についても図表を作成している。

沖縄県石垣市泰山石敢当

　日本の石敢当は、一般的には明清交代期に中国から伝わったものであると考えられている。窪徳忠教授は論文のなかで、「石敢当を建てる信仰習俗は、遅くとも十七世紀末あるいは十八世紀初」には始まったと述べておられる。中国から日本に伝わる経路に関しては、現存する実物や歴史的な地理関係から考えて、中国の福建省東南沿海一帯から台湾や琉球に広がり、その後、琉球から日本本土に伝わったと思われる。前に述べたように、この経路は、閩越地区から琉球への移住と関係があり、人の移動に伴って文化が伝わったのである。

　日本の石敢当を造形的に観察すると、文字のないものや動物の形に彫られた例は極めて少なく、大部分が、文字の刻まれたものである。刻まれた文字で最も多いのは「石敢当」、「泰山石敢当」であるが、その外に多くのバリエーションがある。たとえば「敢石当」、「敢当石」、「石敢塔」、「石干当」、「石岩当」、「石敢堂」、「石垣当」、「石散当」、「石当散」、「散当石」、「敢当」、「朋石敢当」、「石将軍」、「石将軍敢当」、「心石散当」、「石将」、「泰魁石当」、「山石敢当」などである。

　これらのうち「干」と「岩」は、「敢」と同音、あるいは音が近く、混同した

と考えられる。また「散」は「敢」と、「堂」は繁体字の「當」と字形が近く、誤ったと考えられる。さらに石敢当は、しばしば石垣にはめ込まれるため、「石垣当」とも言われるのであろう。「敢当石」と書くのは、おそらく石敢当を霊力のある岩石であると信仰しているためであろう。「泰魁石当」と「山石敢当」について、窪徳忠氏は、次のように述べておられる。すなわち、前者は泰山と北斗魁星（北斗七星の一。文運をつかさどる）の霊力をかりて石敢当の神力を増すといった意味がある。後者は沖縄県だけに見られ、おそらくかつて沖縄一帯を支配していた琉球王国・尚氏王朝最後の王、尚泰が、中国の皇帝の諱を避ける習俗に倣い、「泰山石敢当」の「泰」字を用いさせなかったのであろう、と。

　そのほか石敢当に、上記以外の文字が刻まれていることもある。たとえば、沖縄県那覇市前島町壺屋の石敢当は、その中央部に「石岩当」、右側に「交通安全」、左側に「御守護」の文字が刻まれている。また沖縄県八重山市立博物館収蔵の石敢当は、「泰山石敢当（姜）太公在此」と二行にわたって刻まれている。沖縄県と鹿児島県では、石敢当の上部に鬼面、龍、獅子面、獅咬剣、八卦図、梵字、卐を彫ったものが知られている。このほか東京都豊島区東池袋の千曲そば店入り口右側には石敢当碑が建てられ、その碑の上には、次のような「由来」が書かれている。石敢当は邪を祓い福を招くことができます。起源は、中国の秦の始皇帝の時代にあります。当店ではお客様の健康と長寿のために建てました、と。

　これらの様々な形式の石敢当に対し、拝礼や祭祀を行うことは一般的にはあまり知られていない。しかし沖縄県の一部の地域には、そうした習俗があり、僧侶を招いて読経を頼んだり、新年に焼香して供物を捧げたりするといったことが見られる。久米島では、石敢当の前を通り過ぎる場合、そこで立ち止まり、合掌してお辞儀をする。また鹿児島県の奄美群島阿伝地方では、石敢当を建てるに先立って、まず米や魚、モチ、豆腐など七種類の供物を用意して、家内安全を祈る。その後、供物を地下に埋め、その上に石敢当を建てるという。

4. 日本における泰山信仰に関する研究

　泰山信仰は中国の歴史や文化において重要な位置を占めているため、泰山に関係する漢文典籍も極めて古くから日本へ伝えられている。また泰山信仰についての紹介や研究も日本の中国研究のなかで無くてはならない存在となっている。周郢氏の「日本における泰山研究」（『泰安師専学報』1996年3期）なる一文は、二十世紀における日本の学界の泰山研究の情況を系統的に紹介している。内容的には、泰山に対する崇拝、封禅、泰山における仏教と道教、泰山の歴史と関連する歴史的人物、泰山の文物古迹など極めて広範囲にわたっている、という。たと

えば西田直二郎「泰山府君祭について」、酒井忠夫「太山信仰研究」、石井昌子の泰山諸神に関する研究、沢田瑞穂「泰山香税考」などは、いずれも影響力の大きな論文である。

　李傑玲氏は、最近発表した「二十世紀日本の社会科学における泰山研究の動向」（『泰山学院学報』2013年2期）なる一文で以下のような指摘をしている。すなわち、二十世紀日本の社会科学における泰山研究は、おもに以下のいくつかに分類できる。まず、宗教信仰に関する研究であり、最も多くの成果をあげ、最も成熟した議論を展開している。なかでも泰山府君ならびに碧霞元君（泰山神の娘）の信仰に関する研究は、特に脚光をあびている。また唐代の伝奇小説や明清時代の小説に現れた泰山信仰、さらに泰山信仰とその周辺地域における民俗の関係についての研究、日中両国の石敢当信仰の比較研究などがある。謡曲「泰山府君」はかなり一般的に知られているが、泰山に関する詩歌は翻訳や紹介にとどまっている。また泰山に関する日本人の漢詩の創作や研究は多くはない。散文では、明治維新以降における游記や創作の数は多いが、研究は少ない。さらに、泰山旅行に関連する紹介や研究は、近年来しだいに増加しており、将来的には主要な研究対象の一つとなる勢いである。泰山に見られる摩崖碑文の書道的観点からの鑑賞や研究はかなり存在する。そのほか泰山の封禅を研究した論文や西欧の泰山研究に関する翻訳もある。

　極めて古い時代まで遡る日中文化交流全体の歴史に比べれば、泰山文化の日本における伝播と研究は、そのうちの小さな構成要素でしかない。しかし、泰山文化研究の学術史的な意義という観点からは、それらは決して忘れ去られてはならない内容を含んでいる。本日、紹介した日中における泰山文化交流に関する研究は、私が遇目したものに過ぎず、おそらく全体のごく一部でしかない。今後さらに多くの研究者がこの問題についての研究に着手し、学術史ならびに文化交流史などの方面から全面的な研究が進むことを心より期待している。

第6章　韓国海女文化の現代的価値と持続性[1]

　　　　安美貞　　李文相　訳

1. 序文

　現在、韓国と日本では海女（あま）と呼ばれる女性漁業者たちの漁労方式を世界文化遺産に登録しようとする動きがある。漁業者の中で"海女（Haenyeo）"、特に女性の海女は韓国の済州島（チェジュド）では"潜女（Jamnyeo）"と呼ばれている。彼女たちの漁労方式は酸素ボンベなしの素潜りにより海産物を採取するもので、そのため「労働」のきつさと共に「女性」の潜水婦という特殊さと、現代的な機械を使わず「在来」方式を固守してきているという点で韓・日両国共にその地域の「伝統文化」として広く知られてきている。特に日本の場合は海洋民族の歴史性を強調するという意味合いから海女文化は欠かすことのできない部分として登場する。

　2006年済州島海女博物館が開館し、そこで開催されたシンポジウムを契機に韓・日両国間の海女文化（具体的には、済州道と三重県鳥羽市・志摩市の二つの地域）交流が始まり、それが現在両国において海女をユネスコ世界文化遺産として登録するための動きにつながっている。ところで海女を文化遺産に登録しようとするのは両地域共に海女が韓国と日本にだけに存在しているという固有性、そして次第に消滅しつつあるという危機性が差し迫っているためである。すなわち文化遺産登録の必要性は固有の海女（文化）が消滅しかかっているためである。

　このような動きとともに考慮すべきことがある。一つは、なぜ海女人口が減少しているのかというその理由と、果たして文化遺産登録がその文化を持続する代案になりうるのかという点である。韓国の海女、特に済州の海女の人口減少はこれまでいろいろと学者によって指摘されてきた。その主な理由は済州社会の変動および韓国の近代化の過程を反映しているということである。しかし海女人口は減少する傾向にありながら一時はまた急激に増加したこともある。したがって、その生業従事者の増減は社会的要因によるものであり、「海女が消えつつある」という議論は彼女たちの持続的な生業のための社会的基盤に因るものであり、その基盤づくりが急がれることを示す信号と見ることもできよう。

　海女人口減少の要因として看過できないことはその労働に対する社会的認識に因るものである。通常水中で採取作業をする時に息を止めなければならないということ自体が労働のきつさを表しており、それを女性がしているということから一層きつい労働であるというイメージが定着した。この労働は18世紀まで賦役

として海産物を進上しなければならない義務が課され、その役割を担っていた潜女たちの苦痛が文献資料にしばしば言及されている。日本の三重県鳥羽市国崎では村の年寄りや海女たちが獲ったアワビを乾燥して伊勢神宮に奉納した（理由は神話的に伝承されて今日の地域の祭りとしてつながっているとみることができる）。両国ともにアワビという海産物の進上が中世時代の賦役として課されたという共通点がある。海女とその労働は文学作品を通じて表象化されてきており、ここに一貫してそのイメージはきつい労働による哀歓、犠牲的な母親のイメージが普遍的である。その上、観光産業の影響で済州の海女たちは「神秘の島」、「幻想の島」、「三多島」（風、石、女が多いという意味）を象徴としてその存在自体が観光産業の資源として活用されてきた。日本の場合注目される点は、海女に対するセクシュアリティーが江戸時代の風俗画でもしばしば見られることである（菊地暁 2011）。このように海女に対するイメージは女性としての犠牲とセクシュアリティーが強調され、この相反するイメージは①体で行うきつい労働、②海で素潜りしながら露出する女性の身体に注がれる視線からつくられている。結局きつい労働という認識よりも彼女たちのからだに対する性的な視線の方に関心が高いのである。

　済州島海女博物館が100人の海女を対象に生涯史を調査した結果、済州島の海女たちはほとんど自分の娘には同様の仕事を継がせたくないと思っていることがわかった。「きつい」から、「学もない」し「覚えたことは素潜りだけ」ということから、現代の女性がする仕事ではないと考えている。娘たちもやはり自身の職業として海女を望まない。また、むしろ家族（父、夫）から引き止められて海女を諦めた事例も多い。このように海女自身とその家族からも忌避される仕事であるという点から、世代継承への展望はさらに不透明である。その理由はどこにあるのだろう。なぜ、学がない者がする仕事だと自らを卑下しているのだろう。

　1970年代から加速化した済州潜女人口減少の原因は、研究者たちが指摘しているように[2]、農作業の中で得た所得と学校教育の普遍化、マスコミによる西欧的女性像の普遍化などの影響がある。女性の学校教育の普遍化は、厳密に言うと、学校教育の内容と関連があるだけで、学校教育が女性の労働と相克関係にあるわけではない。1960～70年代までだけでも、韓国の農漁村の女性たちには教育の機会が多くなかった。現在、高齢の海女の場合、大半が70年代以前から"ムルジル"（水仕事「素潜り」の済州方言）を始めた。だから今までムルジルは「学のない女性の労働」であると言われたり、またそのように認知されたりして、教育とは相互並立し得ない仕事だという認識が潜んでいる。いわば教育を受けた女性のする仕事ではないという意味合いが含まれているのである。

本質的に女性の漁労活動と学校教育は並立が不可能なものなのだろうか？筆者は学校教育を通じた西欧式生活方式と現代的女性像の普遍化により、海女が労働を忌避し蔑まれるように、見えないところで作用していると考える。そして「洗練した現代的女性」のイメージを可視化して見せたのが大衆媒体なのである（チョ・ヘジョン 1988）。
　現在、素潜りは既婚の女性がする仕事であると認知されており、産業社会の「職業」として未婚の男女が選択する仕事ではないとされる。伝統的な漁労として認知されるその裏面には「古びた」、「前近代的」な漁労だという眼差しで見られており、「現代的」な職業としての暮らしとしては考慮されていない。とは言っても、様々な漁業の種類の中で海女の潜水漁業は他の漁業に比べて人口減少率が低く、他の漁業従事者に比べて相対的に永い期間この仕事に従事している。おそらく現在の海女たちは幼いころから従事してきたからであろう。もう少し積極的な考え方から言えば、潜水漁業は社会変動にも弾力的に対応できる持続可能な漁労としての特徴を有しているという点を考慮する価値がある。
　たとえば、つらい労働のイメージとは別に、現場で出会った海女の話からは、かえってこの仕事の長所について強調される。済州の温平里（オンピョンニ）に住む50代過ぎの海女は、職場通いの女性よりも時間を自由に使えるという点、現金収入が農作業に比べて多く見込めるという点などを挙げた。志摩市磯部という地域のある小さな村（三か所）では、30歳の若い漁師が、漁閑期を利用して夏季のアワビ捕りに従事することによって収入を上げていた。彼の話によれば、夏季のアワビ捕りは、一日に2～3万円の収入になると言っていた。したがって採取する資源があって、その資源の市場価格が維持される限り、素潜りの漁労はずっと続くだろうという推測が可能である。また、海女の仕事が「大変だ」という話は、素潜りそれ自体のことよりは、もっと多様な側面からその意味を解釈すべきだと思う。すなわち素潜りの労働のきつさだけが減少の原因ではないと言える。
　筆者が出会った韓国と日本のどちらの海女も、素潜りに行くのをやめたいと言う海女はほとんどいなかった。済州では、潮時を待つ海女や畑の仕事より素潜りの方がいいという海女、村の友人を急き立てて一日の作業量を多く期待する海女たちと会ってみた。素潜りをしなくなった高齢の老女は、今でも海の中が見通せると言っていた。日本の志摩市で出会った海女は、休日があまり多過ぎて作業日数が少ないことを惜しんでいた。また鳥羽市答志島和具の17歳の高校生は、小学校5年生の時から素潜りをしてきたと言い、自分が一番うれしい時がアワビを採る時だと話した。このような事例はかなり多い。だが、ほとんどの海女が好き

好んで素潜りの仕事をやりたいのではない。やむを得ず生計のためにしているのである。すなわち素潜りがきついとか、楽しいとかそのどちらかに偏っているのではなく、海岸村の女性は海を生活の範囲に置いて生きているということである。

　このように素潜りの労働のきつさを勘案するとき、何よりも海女の仕事に対する認識に、海女自身の観点と社会的認識の間にある程度のずれがある。その認識のずれは、その労働が特異なものに映る素潜りに対する固定した視線が介入しているためである。また現実に、韓国と日本のどちらの場合でも、その作業環境の劣悪さにより、さらにこの仕事を忌避するだけでなく、固定観念にとらわれているのではないかということを考えてみる必要がある。最終的には、海女が消えつつあるという危機的議論をする前に、漁業として彼女たちの漁労が持続できるように作業環境と政策とを補強する必要があるだろう。海女の漁労が持続されなければならない理由は、彼女たちによって作られる文化であるからでもある。

2. 海女文化の現代的価値[3]

　海女文化はしばしば「伝統文化」と呼ばれるが、特にそこには「古くから」の文化としての意味の他に「さびれた」または「過去＝昔」の文化であるという意味も含まれている。これはその漁労方式によるものではあるが、漁労方式に限定せずに、彼女たちの生活もまた過去の時代のものと見做されたりする。しかし現在海女の日常と漁労生活は、現代の産業社会と別個に存在するのではなく、その他の漁業同様に、国際水産物市場の影響の中で引き継がれる漁業活動なのである。また、海女の生産活動は村経済に結びついており、地域の社会的変動を受けながら、共に生業集団としての共同体的漁労文化を作り上げている。筆者が強調したいことはまさにこの部分である。漁労と日常および宗教生活にいたるまで、海女文化は現代社会に示唆するところが大きい。

2.1 生態的漁労

　済州島の海女の素潜りは、「潮時」といって潮の流れを利用した生態的条件を活用して行われる。海は１ヶ月に２回小潮と大潮が起こり、この時を利用して各村の潜女会（海女会）でも１ヶ月に２回、合計15日乃至16日間ほど海産物を採取している。年間３～４ヶ月ほどの採取が禁じられている期間を除けば、８～９ヶ月間採取作業をする。　もし８ヶ月間に毎月16日間仕事をするとすれば、年間の総操業日数は128日になる。しかし、天気の事情を考慮するならば、年間の総作業日数は100日間を下回る。日本の海女の場合では、さらに作業日数が少ない。夏の一時期だけ許容する地域もあり、そのうえ午前と午後に分けて作業するた

め、時間的に見ても、韓国の場合に比べて作業時間はさらに少なくなる。しかし、労働のきつさは、済州のそれに比べるとかなり楽だといえる。

　海女は一人では仕事をしない。日本の海女は、夫婦かもしくは一つの船に3～4人が乗って、一緒に作業をする。済州では、村の海女はみんな小グループを作って、一緒に素潜りをする。このように集団性を帯びる理由は、互いに危険を予防し、助け合えるようにするためである。よく「友がいてこそ素潜りもできる」という言葉を聞くが、思いがけない物理的危険性も、同僚を通じて克服できるという意味が込められている。潜女たちは潮流の流れに乗りながら、一緒に仕事を始め、一緒に仕事を終える。ほとんど同じ区域で仕事をすることになるので、周辺の同僚どうしは、採取競争者でもあるわけだが、同僚が危険に直面したとき、一番先に助けられるのも同僚なのである。素潜りは、機械装備を使わないという点で、他の漁労方式に比べ、一層危険を伴う漁労だと考えることもできるが、機械の代わりに、同僚の信頼を基に互いの危険に備えるという点において、危険の対処方法が違うと言えよう。

　海女は村の漁場で作業しており、個別的な私有地での労働とは異なる。集団的に仕事をすることの特徴は、村の漁場という共同資産に対し「共同権利」を行使する側面がある。本質的に海は共有地（commons）であり、また村の住民の共有財産（common-property）的性格をもつものであるから、海女の作業もまた相互同等な権利の中でなされるべきである。ところが、この共同権利は自身の労働を通じてこそ成就されるものであるから、素潜りによる個別的所得の格差は、個別的労働の技量によるものとして正当化されているのである（アン・ミジョン2007a）。

2.2 漁業技術の統制と乱獲防止

　済州島の潜女たちの素潜りと最も競争関係にある漁労方法としては、スキューバダイバーと潜水汽船と陸上養殖場があげられる。まず、スキューバダイバーと潜水汽船は、潜女たちと同様な種類の海産物を採取し、長時間採取が可能な漁労法であるため、大量の漁獲が可能であり生産性は高いが、資源の乱獲がしばしば問題となる。陸上養殖場は、潜女と同じ漁労空間、すなわち沿岸の海を利用するという点で競争関係にある。水産業法によって、村の漁場でのダイバーおよび潜水汽船の作業は禁止されているが、実際これを取り締まって漁場を侵せないように監視する役割は、村ごとに構成された潜女会（海女会）が担ってきた。それによって漁労採取方法、すなわち漁労技術が統制されているのが分かる。

　漁業技術の変化は、ここに入り組む漁労者たちの社会関係の変化を伴う。したがって、一つの漁労方式においては、そこに入り組んでいる社会関係の側面を調

べる必要がある。潜女がスキューバダイバーになるとしたら、多量の海産物を採取することもできるが、その反面、生態的には村の漁場の資源枯渇を憂慮せざるを得ない。また既存の潜女たちの中には、新しい方式に転換できる者とできない者が生じることによって、資源に対する接近に差が生じる。結局、既存の潜女会の構成員が変わると、彼女たちの社会関係が変化することになる。つまり、潜女会員たちがスキューバダイバーを退出させて漁場の警戒を行い、自分勝手な素潜りをさせずに集団の規律を守っているのに、新しい漁労法が導入されると、結局自分たちの漁労権利が変化させられることになるのである。

潜女会が漁労技術を統制するのは、自分たちの持続的資源の権利を維持するためであり、また相対的に彼女らの素潜りが、異なった漁労法に比べて海洋資源を持続的に再生産させることができているからである。したがって海女の素潜りは、資源を取り囲んだ住民たち相互間の権利を変化させることなく、村の共有漁場の資源枯渇という悲劇を防止する仕組みであると言えるのである。

2.3 漁場資源の運営と共生

潜女たちは村の漁場の全区域を利用しているが、自主的に規律を定めて、漁労空間を限定している。代表的なものとして、「自然養殖場」の運営がある。自然養殖場は、陸上の水族館で行われている方式とは違って、村の漁場の一区域を一定期間禁採区域に指定して、各種の貝類や藻類の繁殖を試みるもので、潜女会によって自主的に運営されている。年間1~2回だけここで採取することができる。自然養殖場は、漁場を豊かにする産室となって、村の漁場全体の荒廃化を防止する。また、海水浴客の多い夏には、潜女会の会員たちが当番で村の漁場を見張る。潜女会以外の人々が稚貝のサザエを獲るのを監視するためである。これは潜女会の自主的組織活動であり、自分たちで雇用した人を置く場合もある。

このように、潜女会の会員たちが自主的に漁場を見張るのは、資源枯渇がやがては自分たちにとって生計の脅威と直結するからである。潜女会は、漁場が汚染されそうな危機に対して、最も積極的に抗議をする団体である。特に沿岸の海の汚染は所得のみならず、自分たちが体で直接的に認知できる危険である。したがって、潜女たちにとって、海は自身の体と分離されたものではなく、それ自体に生活の比重が置かれる。このように、潜女たちの素潜りは、自然の生態系と直接的に交感する漁労であり、海洋資源と共生関係にあるわけである（アン・ミジョン 2007b）。

海底には潜女たちが称する多様な「畑」がある。作業空間であるこの「海畑」は、多様な名称でもって彼女たちの間で語り継がれてきた（コ・グァンミン 1996:388; イ・キウク 1992:16)。 彼女らの漁労による海洋世界は、一つの畑とし

て人々の生活世界の中に存在している。特にこの海畑は、潜女自身の生涯を反映する海と陸上を行き来する潜女の統合的世界観をも見せてくれる。

2.4 女性の漁労共同体

各村の潜女たちは、村ごとに自分たちの文化を形成してきた。素潜りという漁労法の持続と、それに因んだ金言（aphorism）や海洋に関する生態的知識等が語り継がれてきた。潜女たちの漁労文化は、強い共同体性を見せてくれており（イ・キウク 1992：46〜49；キム・ヨンドン 1993：152〜160）、素潜りの準備や作業の仕上げ時に利用する浜の着衣場（「プルテック：불틱」）を中心に共同体が形成されてきたという主張もある（ハンリムファ1996：115〜116）。

潜女会は、漁労空間や作業準備空間を多数の人数が一緒に使って、余暇と労働を兼ねるいくつかの小さな共同体で構成されている。「欲」は、たくさん獲ろうとする素潜りの情熱を指す（「欲があってこそ素潜りもする」）と同時に、同僚との間で行き過ぎた競争心を起こす物欲を意味したりもする。しかし行き過ぎた競争心と物欲は、自ら危険を招くこともありうるので、「肝に銘じ」なければならない。近くにいる同僚は、採取競争者であると同時に、自分が頼るしかない同僚であり、水中での物欲は、自分自身の命を持っていかれるかもしれないのである。このような金言は、海洋で展開される漁労の物理的危険性を潜女たちがどのように克服しているかを見せてくれている。

2.5 重層的・互恵的社会関係

済州島の村漁場の実質的主体である潜女会によって、海岸資源は管理監督されている。1962年に漁労法が合法的に構成される以前から、潜女会の組織的活動や不文律は存在していた。潜女会は血縁的な親族集団ではなく、その社会関係は重層的に編成されている。母と娘、姉妹、叔母と外叔母、めい、いとこ、同じ集いの構成員、友人などから構成する潜女たちは大きくは、村出身の女性たちと婚姻を通じて村に定住する女性たちに区分される。これにより潜女会の中の中心的勢力が遮られたりもする。彼女たちにおいては、重層的関係を通じて様々な情報が行き交い、噂の出回る中で、食べ物と労働の交換が行われる。潜女会の各種の規則と不文律が守られるのは、彼女らの間で発達したネットワークを通じ、いろいろな話が行き交い、さまざまな談話が潜女会だけでなく、村の公式的選挙にも政治力を発揮したりするからである。

潜女会が共同で準備する代表的行事がまさに海神祭である。この儀礼は潜女たちが海中の女神の子孫と呼ばれる所以の行事である。金寧里（キムニョンニ）の東部潜女会で毎年主催される海神祭の「潜女クッ」のとき、潜女たちはある女神（「ヨワンハルマン」（＝女神ばあさん）の子孫として象徴され、女神は風の神で

ある霊登神とは異なり、海の中の海産物の豊凶を掌握する龍神である。このような神話的思考には、儀礼の過程を通じて村漁場の主が海の女神の子孫であるとともに海の中で素潜りをする潜女たちであり、彼女らだけがその資源を共有することができるという論理を保持する。また潜女たちのアイデンティティを回復させて強化させる機能も果たす。潜女たちが海辺に種を蒔いて海産物の豊かさを祈る祭礼は、海洋での農耕儀礼であり、海が人生の「いしずえ」であるという観念を見せている（アン・ミジョン 2006）。済州島の海岸の村の巫堂信仰（シャーマニズム）が旺盛であるのは、潜女たちの生業である素潜りを持続していることと関連が深い（ハ・スンエ 2003）。

潜女たちの重層的社会関係は、労働と儀礼の中で相互互恵的関係であるのをみることができる。共同で行う浜辺の作業と畑仕事、そして各種の慶弔事の際に行き来する労働力と現金の交換、また食べ物の分配も日常的に行われる。このことにより、特にこのような関係の基本的土台として、身近なところで一緒に素潜りを行う「メンバー同士」の日常的な結合度がいかに深いかがわかる。一緒に素潜りをする友は生活の連帯者なのである（アン・ミジョン 2007a）。

3. 結び

高度な生産性を持つ現代産業社会の機械的技術文明は、人類の生活の質を豊かにしたが、今日の人類社会は「持続性」を念頭に置かなければならない時点に来ている。本論は、大量生産を通じて当面の利益を追求するよりも、低い生産性を通じて生活方式の持続性を目指す韓国の済州島海女文化を紹介した。

漁業技術の進歩がもたらした漁労の大量生産の機械技術とその安全性にもかかわらず、多くの済州島海岸の村の潜女は、酸素ボンベを担ぐより身近にいる同僚を頼りに漁労を行う。その同僚は彼女たち自身の採取競争者であり、彼女達は競争者の「友がいてこそ素潜りもする」という話をよくする。これは一人だけでは素潜りもできないということだが、実は作業中に起こりうる危険性に対して友に頼って克服しているという意味が込められている。すなわち機械技術を同僚（友）が代わりにやってくれているという意味として解釈できる。採取競争者であると同時にその友に依存しなければならない相互関係が潜女の社会関係を通じてよく分かる。重層的に編成されている潜女の社会関係は相互理解関係が交錯することによって、現実にはどちらか一方だけの利益を追求することができない緊張が内在しており、海と海洋資源に関連したいろいろな部分で互恵性をみることができる。

古くなった漁労法を維持できているのは同僚との集団的な祭礼（シャーマニズ

ム儀礼）が重要な文化的実践行為だからである。彼らの先祖神（ヨワン）として海の中の女神（女王）を招いて食べ物を捧げ、沿岸の海に種を蒔いて海産物の豊穣を祈る。この儀礼は伝統的慣習の踏襲ではない。毎年新しく再生する海産物の豊作と彼らの安全を祈願するもので、ひいては儀礼参加者に対して誰が沿岸海の資源を持つことのできる「子孫」であるかを暗示している。

　彼女たちの生業は、国際水産物市場価格の変動と国家の水産業法の影響を受けながら行われている。同僚がいてこそ仕事もできるという古くからの（old）漁労法は単に漁労テクノロジーではない。海産物の絶え間ない再生産を行うとともに、発達した機械技術によって彼女たちの社会関係が破壊されずに生きてゆく生活方式に対する社会的権利の性格が含まれている。海洋資源の持続と生活方式の持続を図るうえで彼女たちの古くからの漁労法は資源と人との均衡の錘の役割をしていると言えよう。

〈関連資料〉

資料1）『耽羅巡歷圖』（1702〜1703）「潛女」

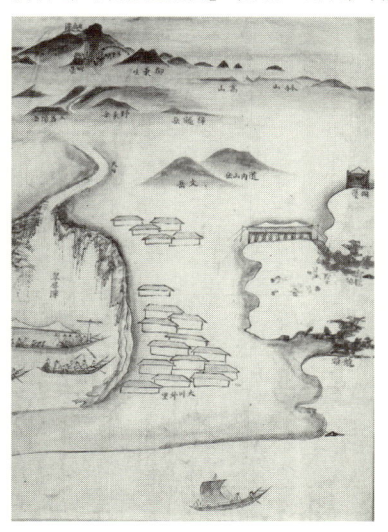

資料2) 18～19世紀の潛女、浦女、海女

年度	名稱	地域	文獻
1702	潛女	濟州	朝鮮王朝実録
1714	海女	釜山	朝鮮王朝実録
1746	潛女	濟州	承政院日記
1747	潛女	濟州	承政院日記
1748	潛女	濟州	承政院日記
1765	潛女	濟州	石北集 第7巻
1776	潛女	濟州	朝鮮王朝実録
1777	海女	－	承政院日記
1781	海女	－	承政院日記
1814	潛女	濟州	承政院日記
1814	潛女	浦女	備邊司謄録
1867	潛女	全羅道	承政院日記
1867	潛女	－	承政院日記
1885	蜑	香港	朝鮮王朝実録
1894	潛女	－	林下遺稿
1898	潛女	濟州	續陰晴史
1898	潛女	濟州	續陰晴史
1899	潛女	濟州	續陰晴史

資料3) 済州道潛女の移動地域（1945年以前）

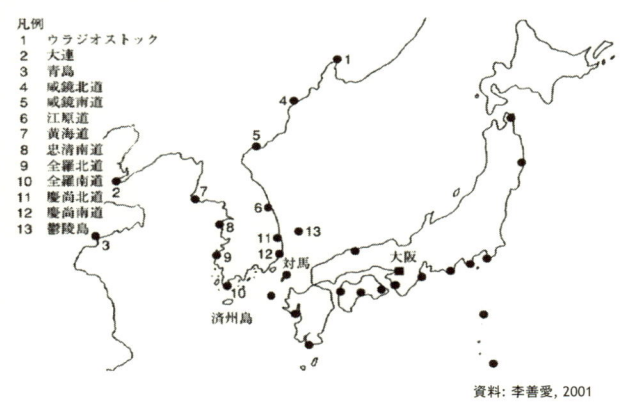

凡例
1 ウラジオストック
2 大連
3 青島
4 咸鏡北道
5 咸鏡南道
6 江原道
7 黄海道
8 忠清南道
9 全羅北道
10 全羅南道
11 慶尚北道
12 慶尚南道
13 鬱陵島

資料: 李善愛, 2001

資料4）済州道 西帰浦の潜女（『朝鮮民俗誌』秋葉隆、東京：六三書院、1954年）

資料5）済州道 東金寧里の事例

潜女クッ（シャーマンによる祭儀） 　　　　アワビの稚貝を放流する

ニンニク農業（種蒔き） 　　　　　　　　10月　サザエの採取

第6章　韓国海女文化の現代的価値と持続性　107

注

1) 「済州道ドングムニョンニの潜女の（故）金福子（김복자キムボクチャ）様に本稿を捧げます」。
2) 特にウォンハキ（1985、「済州海女の漁業の展開」『地理学研究』10：179～198.）の論文参照
3) 以下の内容は筆者の韓国文化人類学の発表文（「済州潜女の海洋採集漁労と持続可能性」、2008）と First Asian Anthropology and Ethnology Forum の発表文（"Without my friends I can't dive!: jeju Island Divers wisdom of Their sustainable Way of Life"、2010）を部分的に引用した。

参考文献

アン・ミジョン、2006、「海畑（海田）を囲んだ社会的葛藤と伝統の政治」、『韓国文化人類学』39（2）:307～347
アン・ミジョン、2007a、「海岸村の女性の共同漁労と資源に対する権利」『地方史と地方文化』10（2）:151～197
アン・ミジョン、2007b、「持続可能な生活方式である済州の潜水漁労」〈済州海女の持続可能な発展と維持方向〉、海女博物館主催第2回済州海女国際学術シンポジウム資料、pp. 7～24
イ・キウク、1992、「マラドの住民の適応戦略」『韓国漁村の低発展と適応』チョン・ギョンス編、pp. 13～60
ウォン・ハキ、1985、「済州海女の漁業の展開」『地理学研究』10：179～198
菊地暁、2011、「日韓海女写真ници史：続-誰がために海女は濡れる」〈グローバル時代の女性と生活実践〉（東国大学校文化学術院日本学研究所第45回国際学術シンポジウム資料集、2011.12.17)、pp. 125～136
キム・ヨンドン、1993、『済州の民の人生と文化』、済州：済州文化
コ・グァンミン、1996、「海畑の名称」『済州の海女』、済州島水産課編、済州：三和印刷社、pp. 387～415
チョ・ヘジョン、1988、『『発展』と『低発展』：済州海女社会の生態系と近代化』『韓国の女性と男性』、ソウル：文学と知性史、pp. 263～331
ハ・スンエ、2003、「済州島の民間信仰の構造と変化像」『済州地域民間信仰の構造と変容』、ソウル：白山寺小屋、pp.87～278
ハンリムファ、1996、「プルトク」『済州の海女』、済州島水産課編、済州：三和印刷社、pp. 115～122

第 7 章　韓国伝承文化の継承問題
――「西便制寶城パンソリ保存協会」を中心に――
李文相

1. はじめに

　本論は、韓国の伝承文化の継承問題を取り上げ、その意義と役割、維持管理に伴う財政的課題を探るため、「西便制寶城パンソリ保存協会」[1]の事業に注目し、住民や行政から支持を得られるような優位な取組み方を考察するものである。

　韓国では農村の復興運動が一段落する七十年代後半において、地方文化の発掘・継承運動が全国各地で推進されるようになった。国の文化政策が形のあるモノだけでなく伝統を有する無形のモノに光が当てられるようになると、それまで単なる娯楽や一種の遊びでしかなかった地方の歌や遊戯、あるいはそれに関わっていた巫堂（シャーマン）が、無形文化財や人間文化財に指定されるようになった。そしてそのことで、伝統文化を保護するために国や地方自治体から財政的支援が得られやすくなったのである。

　筆者は 5 年前、2010 年 3 月に下関市在住の崔吉城先生[2]からお誘いを受け、一行 10 名で全羅南道民俗芸術探訪の旅に出た。金海空港に降り立った私たちは、マイクロバスで一路西に向かう。行き先は寶城、長興、康津、海南の順に全羅南道の文化小都市を三日間かけて巡った。最初の訪問先は寶城郡会泉面聆川里道崗村の「パンソリの聖地」だった。

　そこでは、全羅南道観光政策課の朴権烈氏から連絡が届いていたお陰で、伝統家屋の中で女性唱者が歌う「西便制寶城ソリ」の実演を 20 分程度聴くことができた。思いがけない歓迎ミニ公演に私たちも歓声で応えた。（写真 1）

　この一帯は、村の中心部から数キロメートル離れており、周囲の山々に沿って田畑が延々と拡がる山間田園地帯で、見渡す限り民家も建っていない辺鄙な場所であるが、この場所は、西便制の始祖とされる朴裕全（パ

写真 1　寶城ソリの実演

写真2　鄭応珉生家

クユジョン）のソリを引き継いだ弟子鄭応珉（チョンウンミン）名唱の生家があるところ（写真2）で、地元ではそこを「パンソリの聖地」と呼んでいる。西便制パンソリの一つの流派を継承した鄭応珉が、異論もあるようだが朴裕全のソリを発展させ「寶城パンソリ」（寶城ソリ）を編み出した創始者とされている。要するに、同協会の取組みは寶城ソリ発祥の地が「西便制パンソリ」の中心的場所であったという意味でここを「パンソリの聖地」にして後世に継承しようということのようである。ところが、韓国で伝承文化を継承する場合の大きな問題点は財政的課題である。

　筆者は、「西便制寶城パンソリ保存協会」を取材する中で、寶城ソリの伝承活動が地元のイベントや観光などと深く連携していることに気付いた。本論では、伝承文化継承の持続的財政基盤をどうやって確保すべきか、その解決の糸口が地域と連携するところにあるということに注目し考察を深める。

研究方法
・現地取材により、地域の伝承文化を継承する意義を探る。
・寶城ソリの成立ちを把握するため、文献によって東便制と西便制の概要を掴んでおく。
・「西便制寶城パンソリ保存協会」の活動状況を見学し、地域のイベントや観光との連携関係や地域住民の寶城ソリに対する接し方について聞き取り調査を行う。

2. 文化の継承事業と維持運営費

　筆者は「西便制寶城パンソリ保存協会」の活動状況を知るため、同協会の張長洙（チャンジャンス）会長（78歳）に取材を申し込み、2014年12月と2015年2月の二回、「パンソリの聖地」を訪れた。新築されたばかりの「パンソリ伝授教育館」は二階建ての大きな伝統建築物に生まれ変わっていた。2010年3月に筆者が「全羅南道民俗芸術探訪の旅」で最初ここを訪れたときと比べると、内外装とも大変立派だったので驚かされた。（写真3）

施設の概要は次のとおりである。

　敷地面積は 28,766㎡（約 8,700 坪）。建物の一階にはパンソリの実習室や小さな公演ホールがある。二階にはパンソリ展示室が完備されており、ボタン操作で音声と映像が自動的に作動してパンソリの関連事項が説明されるようになっていた。実習室の壁には 4 段棚にパンソリの演奏に使われる練習用のプク（ソリ太鼓）が 40 余個並んでいた。（写真 4, 5）また、野外広場にはパンソリの 5 マダン（演目）が絵や図形の彫像モニュメントとして建てられていた。

　そこで、筆者は寶城パンソリのプクチャンダン（太鼓のリズムや調子）を少し理解しておく必要があると思い、日本からマイクと録音機を持って行き、パンソリに使用される主なプクチャンダン七つのうち四つを張長洙会長に打ってもらった。フィモリはパンソリの中では一番速く、急き立てる雰囲気を持つ 2 分拍の 4 分の 4 拍子である。緊迫感や興奮を表す場面、絶頂を描写する場面で使われる。チュンジュンモリはチュンモリより少し速い 8 分の 12 拍

写真 3　パンソリ伝授教育館（建物前面）

写真 4　パンソリ展示室（二階一部）

写真 5　練習用のプク（ソリ太鼓）

子で、これを 3 分拍として数えると 4 拍子にもなる。慟哭する場面や華麗な情景を表す場面、踊りを踊ったり闊歩したりする場面で使われる。チャジンモリは頻

第 7 章　韓国伝承文化の継承問題　111

繁に追い立てるという意味で、非常に速い12拍子であり3分拍として数えることができるので4拍子にもなる。ある事件の展開時に状況を羅列する場面で使われる。オッチュンモリは6拍子で、これは12拍子のチュンモリが半分ずつ逸れて進行するという意味である。何かを恨めしく思いながらも言い方に躊躇する場合や、自身の境遇を嘆いたりする場面で使われる。

実は、張長洙会長はアマチュアであるが地元では名鼓手として知られている人で、一つのチャンダンを40〜50小節打ち終えると、何か思い出すようにパンソリに対する熱い思いを語ってくれるのだった。

ところで、新しく生まれ変わった設備を見ながら、筆者はこのような設備に一体どれだけのお金がかかったのか気になったので、案内役の張長洙会長にずばり聞いてみた。何と、土地代を別にして60億ウオン（5億円超）もかかったそうである。それにしても、ここを通る道路は舗装はしてあるけれど村の中央を通る幹線道路からは南西方向に数キロメートル外れた田舎道で、普段は人も車も通らない辺鄙な場所なのである。このような場所にどのような計画で60億ウオンも投資したのか、維持管理はどうするのだろうか、と気になった点を繰り返し尋ねてみたのであるが、結局直截的な回答は得られなかった。しかし、筆者としては伝承文化の継承事業には財政基盤の確保が何よりも重要課題だと考えていたので、施設や事業の維持管理費をどうやって解決しようとしているのかどうしても知りたいと思った。そこで、張長洙氏から聴いた事業計画を整理し、年間収入金額を想定した「予想損益計算書」を作成してみることにした。（表1）

表1　予想損益計算書　　　　　　　　　　　　　　単位円（1円=12ウオン）

年間		金額	摘要
収入（想定）		**19,140,000**	
入場料	1,200,000	事業収入 14,640,000	見学バス100台×10ヶ月×30人×40円/人
指導料金	12,000,000		実技指導‥中・高校15校=300人×40日、民間150人×20日‥800円/人・日
公演料金	1,200,000		イベント公演（海外含む）12回×10万円
雑収入	240,000		物販、飲食手数料ほか
寄付金	1,000,000	事業外収入 4,500,000	地元協力企業4
交付金	3,000,000		全羅南道道庁文化伝承支援助成金
会費収入	500,000		会員100名×5千円
支出（想定）		**20,820,000**	

維持費	480,000	事業外支出 11,800,000	電気・水道・浄化槽
管理費	720,000		施設管理人 1 人、6 万円× 12
修繕費	600,000		修繕積立 5 万円× 12
原価償却費	10,000,000		設備資金 5 億円× 2%
講師料	6,000,000	事業支出 9,020,000	人件費、実技指導料金の 1/2
光熱費	1,200,000		電気水道代、暖房費
人件費	960,000		事務員 1 人、8 万円× 12
雑費	600,000		車両維持費、交通費、通信費、清掃費ほか
会議費	80,000		年 4 回× 2 万円
消耗品費	180,000		備品損料（備品修理、買換えなど）
営業損益		−1,680,000 （赤字）	※短期の赤字は減価償却費でカバーできるが、長期赤字は行政交付金か民間寄付金で補う。

　表 1 を作成した目的は、寶城パンソリの伝承に要する費用が年間どれくらいかかり、それをどのように調達するのかを知りたかったことと、新しい事業のおよその収支計算をすることで、伝承文化の継承事業に対しても今後の課題を見付けられると思ったからである。

　表 1 は赤字になっているが、推定計算なので赤字か黒字かは実際には解らない。しかし、いずれにしても投資に見合う施設の維持管理費や事業運営費は、事業収入など何らかの収入が担保されていないと賄うことができないので、収入金額はおよそ予想損益計算書にちかいものだろうと判断することにした。

3. パンソリの隆盛と時代的背景

　寶城ソリの由来を正しく理解する必要から、本章ではパンソリの沿革について概要を抑えておきたい。寶城ソリは西便制の流派の中でも江山制[3]を継承して発展し、沢山の名唱を輩出している。

　17 世紀に全羅道の庶民層に生まれた名唱は、階級社会であった朝鮮時代に最下級の賤民層の中でもシャーマン家系の出が多い。賤しい目で見られていたパンソリが徐々に上級階層の両班たちに浸透し始める[4]。19 世紀になると、両班達の登竜門であった科挙に及第すると、恒例として宴会に名唱が呼ばれてパンソリが祝賀の歌として披露されるようになった。こうして全羅道に限定されていたパンソリが地方から次第に都会に進出するところとなり、宮廷にまで浸透するようになった。宮廷に呼ばれて歌う名唱たちは上級社会に入るきっかけをも手にするようになった[5]。

19世紀の中期から末期にかけて、パンソリの歌い手の教育に私財を投じてパンソリの発展に力を注いだ申在孝（シンジェヒョ）[6]がいた。彼によってそれまで口伝によってのみ伝えられていたパンソリの歌詞は、漢文的要素を散りばめ知識層が享受できる教養の高いレベルへと改作され洗練されたものになっていった。彼は「広大歌」を作詞し、パンソリの名唱とはどうあるべきか、理想像を歌にした[7]。また、1866年の慶福宮の再建を祝して作った「成造歌」など、短歌も数多く作詞している。彼は女性門下生の陳彩仙（チンチェソン）を名唱に育て上げ、その後の女性パンソリ歌い手への道を開いた。

　パンソリ隆盛の陰には当時の朝鮮時代後期に生きた高宗の実父で庶子の生まれの興宣大院君の存在感が大きい。彼は寶城ソリの流れを汲む西便制（ソビョンジェ）パンソリの創始者の朴裕全にも、東便制（トンビョンジェ）パンソリの創始者の宋興禄（ソンフンノク）にも、また申在孝にも、名声を残す上で影響力を行使した。政界のドンでもあった大物がパンソリの名唱を強く支持していたことがいろんな文献から伺えるが、そういう事実から、庶民層の娯楽だったパンソリが両班たちに広く受け容れられていたことが解る。

　パンソリが両班たちに享受されるようになると、歌い手や鼓手にもさらに高度の芸術性が要求されるようになる。パンソリの歌詞には儒教社会にあるべき理想の姿が描かれるが、その一方では身分社会が崩れはじめる19世紀末葉から儒教や両班に対する一種の挑戦とも受け取れる風刺や幻滅感が感じられるようになる。それはパンソリに関わった人々の身分とも因果関係があったように思われる。

　日本の植民地時代になると、劇場型公演スタイルが発達しミュージカル風のパンソリ唱劇が流行するようになる。しかし植民地から解放された後では、韓国内の戦争など政治的社会的混乱によってパンソリは十数年間沈滞期に入った。そして1970年代になると無形文化財絶滅の危機が叫ばれ、次第に大学にも国楽科が設置されパンソリが専攻科目として教授されるようになり、各地で伝承気運が高まっていくのである。

3.1 パンソリの流派

　パンソリは、長い歴史の中で地域性から様式が少しずつ変化してきた。パンソリを一般的に区分すれば、蟾津江（ソムジンガン）を基準に全羅道の東方地域で伝承されてきた東便制と、蟾津江の西方地域に位置する寶城・長興・海南・羅州・光州などで伝承されてきた西便制、そして全羅道以外の忠清道や京畿道の一部で伝承されてきた中古制に分けられる。

　東便制は、智異山に象徴されるように勇壮・豪快に号令調で歌われる。唱法は

男性的で力強く腹の底から声を出す。また、拍子を刻むチャンダンに辞説（＝歌詞）をぴったり合わせて歌うが、これはパンソリの一様式のプチムセという言葉で言い表す。プチムセとは要するに、チャンダンに対し特殊な技法を使わない正常な歌い方を意味している。旋律は雄壮な感じがする「羽調」が多い。

　西便制は、南海や西海の海岸線のように一節あるいは短い一声にも音程を跳ねたり振わしたりする音の屈折が入る。唱法はいかにも技巧的な印象を受けるが、それは多様な特殊技巧を用いるからである。西便制のプチムセはオップチムという言葉で言い表す。これは要するに、チャンダンと辞説が一致しない歌い方である。たとえば、チャンダンよりも歌詞の方が一足早く出る場合や逆に二三拍遅く出る場合もある。リズムやアクセントに変化をもたせるためのものとして、西洋音楽と同様の三連音符や五連音符などもある。また、猫がちょっと走ったかと思うと急に歩きだすような、リズムとはちぐはぐな歌い方をする場合もある。このように、オップチムとはチャンダンと辞説や歌い方の関係が正常でないプチムセ[8]という意味になる。声音は滑らかで女性的。旋律は哀切な感じを漂わせる「界面調」が多い。

　中古制は、一般に東便制と西便制の中間だとされるが、どちらかというと東便制に近いとされている。ただ、声音は高低区分が明瞭で、最初の音は低く平坦に始まり中間に高くなり、そして再び低くなって終わるという特徴がある。

　智異山の麓を流れる蟾津江に分けられて二つの流派ができたのは、交通が未発達のためだったからと理解されている。パンソリが本格的に歌われた時期は18世紀の朝鮮時代中期だと推定され、最初に権三得（クォンサムドック）や宋興禄などによって東便制が起こり、次に朴祐全、丁昌業（チョンチャンオプ）らによって西便制が生まれて全羅南道のパンソリの基礎ができ上がったと言われている。

　パンソリの唱者を一般にソリクンと呼ぶ。彼らは朝鮮時代から近現代に至る長い期間を通して社会的に虐げられた身分の低い芸能集団か、または世襲巫堂（ムーダン）や奴婢、白丁らと同じ最下層の人たちであった。彼らが暮らす場所は、たとえば全羅南道寶城郡會泉面聆川里道崗村の「パンソリの聖地」のように辺鄙な場所だったのである。

　彼らは寒い季節でも夜中に家の外で大きな声を出して歌い、繰り返し訓練を積むうちに風や水、動物や鳥のさえずりなどのような擬声・擬態語をも表現でき、しかも魅力的なハスキーボイスの持ち主に変わっていくのである。それは収入だけでなく自分の身分上昇にもつながっていくので、彼らはそのような"専門的才能"を身に付けるための厳しい訓練をいとわず、口承によってのみ弟子に伝承される特殊な世界に生きたのである。

3.2 パンソリの物語

　"パンソリの聖地"には、屋外に５つのパンソリの演目が子供にも馴染めるように童画を模した彫像モニュメントを設置している。ここにそれぞれの演目の物語について概略を記しておく。

　『春香歌』は全羅道南原府士の息子李夢龍と退妓（妓生を辞めた女）の娘春香との恋愛物語である。大筋は、どのような窮地に陥っても変わらぬ女の貞操観念と一途な烈女の生きる姿が描かれている。儒教の道徳概念を根本に置きながらも、男尊女卑や厳格過ぎる階級的身分社会に対する問題点を庶民の目線から提起している。（写真６）

写真６　春香歌

　『沈清歌』は黄州桃花洞に住む盲人の沈鶴九の一人娘沈清（シムチョン）[9]が、父親の開眼のために必要な供養米三百石を買うお金を得るために、自ら自分を売り人身供養の身となる。沈清は荒海の印塘水に身を投げるのだが、その孝行精神によって生き返り、帝の妃となる。父親は娘の功徳によって開眼するという物語である。儒教の徳目である親孝行が強烈に描かれている。（写真７）

写真７　沈清歌

　『水宮歌』[10]はウサギとスッポンの智恵比べの物語である。勇気や卑屈さを擬人化し儒教精神の「忠」をモチーフにしながらも、他方では見せ掛けの忠孝心をあざ笑う。竜宮王が病気になり、特効薬としてウサギの肝が必要となるが、忠臣を装う臣下の魚たちは誰も王様のために命を掛けようとしない。そこで、魚らしからぬ恰好で卑屈に生きているスッポンが陸に行き、ウサギと知恵比べをして竜

宮にウサギを連れて戻るが、小賢しいウサギの話に騙されて再び陸に連れ戻してしまう。(写真8)

『興甫歌』は「興夫歌」とも言う。ケチで意地悪い兄と素直でお人好しの弟が対照的に描かれているが、最後には弟が金持ちになり、兄は無一文になるという「勧善懲悪」の物語である。物語の最後は兄弟間の愛情が描写され、儒教精神の一つの徳目として兄弟の睦まじさを諭している。(写真9)

『赤壁歌』は『華容道』とも呼ばれる。魏と蜀漢と呉の三国鼎立による戦略、知略、権謀術策、群雄たちの性格をモチーフにしている。赤壁の戦いで敗れて死を直前にした兵士たちがそれぞれの思いを語る。親子の情愛や父母への孝行、息子としての義務感を諭す内容が沢山出てくる。孝行ができない無念さや、家族への愛情などが次から次へと語られ、そのつど儒教の徳目が示される。(写真10)

4. 寶城ソリの伝承活動
4.1 寶城ソリの系譜と特徴
　寶城ソリは、西便制の始祖朴裕全の跳ねるソリ(声音)を標

写真8　水宮歌

写真9　興甫歌

写真10　赤壁歌

第7章　韓国伝承文化の継承問題　117

準様式としており、旋律は悲しく哀切な感じを漂わせる「界面調」が多い。発声には多様な技巧であるオップチムを駆使して歌われる。また、パルリムと呼ばれる所作による肉体的表現が非常に洗練されているのも特徴の一つである。

　寶城ソリの系譜をもう少し詳しくみると、寶城ソリは西便制の流派の中で「江山制（カンサンジェ）」の歌い方を継承したものであって、江山制の界面調は西便制の界面調と少し異なる。変化に富んで節々にはっきりメリハリをつける朴裕全の唱法が鄭在根→鄭応珉→鄭権鎮へと引き継がれたものである。鄭応珉は江山制の唱法と優れた技巧を多様に駆使する寶城パンソリ（寶城ソリ）を完成させたのである。寶城ソリの特徴を簡略的に言い表せば、オップチムとシギムセ（声を持ち上げて落としたり、音を折り曲げて丸く転がしたり、声音を震わして流動性をもたせるなど、精巧な技法を用いた唱法）にあるということになるだろう[11]。

　従来から寶城ソリは『春香歌』、『沈清歌』、『水宮歌』、『赤壁歌』の四つだけが伝承されており、『興甫歌』は歌われてこなかった。その理由は卑俗な辞説が多いからだとされる。つまり、寶城ソリの辞説には卑俗な表現や巫俗的な要素が少ないということである。その代わり、忠・孝・烈といった儒教の礼儀精神が強調されている。このことは、朴裕全が興宣大院君に呼ばれて、興宣大院君の部屋で声を練磨したことや寶城の穏やかな田園風景など地理的背景にも影響を受けたからだといわれている。

4.2 寶城ソリの伝承保存活動

　ここで、寶城ソリの伝承保存活動に取組む「西便制寶城パンソリ保存協会」の張長洙会長にインタビューした内容を一部記しておく。

　「パンソリの聖地」の隣接地に張長洙会長の自宅がある。彼はここに聖地が建設されるとき、自己所有の土地の一部を寄付している。「西便制寶城パンソリ保存協会」は、地域と行政が一体となって寶城ソリを伝承保存する事業に取組んでいる。もともとこの場所は、西便制パンソリの始祖朴裕全の弟子鄭応珉名唱が住んでいたところで、今もそこに生家がある。鄭応珉が寶城ソリの創製者とされている。鄭応珉とその息子で弟子の鄭権鎮の墓が生家の裏山にあった。

　張長洙氏は、社団法人韓国パンソリ保存会寶城郡支部長も兼ねており、パンソリに長年情熱を傾けてきた人物として国内で広く知られている人である。

　「西便制寶城パンソリ保存協会」は、このパンソリの聖地に新しくパンソリ伝授教育館を建設した。この建物は寶城ソリを伝承するための施設であるが、地域内外の一般人がパンソリを体験できる施設にもなっている。

　現在も活躍している中堅の歌い手の中には寶城出身者が多く、そうした名声の知れ渡った歌い手たちと張長洙氏は寶城で一緒に生活をしていたのである。

張長洙氏は幼少の頃、鄭応珉先生の家の傍に住んでいたので先生にパンソリを習いに来た弟子たちが部屋の中でソリを練習している間、家の中に入れてもらえなかった。張少年は門の外に座って耳で聴いて習っていたのだった。当時14歳だった彼は、山に薪を採りに行く道すがらチゲ（背負子）の脚や山の岩肌などを小枝で打ってソリを歌ったりしていた。それほどパンソリが好きだった張長洙氏は、青年から大人になる長い期間を寶城ソリと一緒に暮らしてきた。

　当時の名唱たちが勉強に使用した直筆ノートを今も保管している張長洙氏は、寶城が輩出した名唱たちの歴史の一端を知る上で寶城ソリの生証人だと言えよう。寶城ソリの伝承と寶城が輩出した名唱の命脈を守ろうとする張長洙氏だからこそ、寶城ソリの関連事業の話が決まった時、その話を聞いた人は誰でも協力を惜しまない。（総合雑誌『グッドニュースピープル』2014年11月より抜粋）

4.3 地元の人が共感を覚える活動

　張長洙氏は長年にわたり地元の人に共感を与えている。2003年にパンソリがユネスコに登録される時に必要だった証言を集めたことや、そして伝統文化パンソリを継承・発展させる目的で開催される全国最高水準のパンソリ大会「大韓民国伝統パンソリ祝祭」を18年前の1997年に誕生させる時、その実現に率先して尽力してきたことなどが挙げられる。ほかに、寶城ソリの始祖鄭応珉の生家と得音亭（独自の声音を得るために一人で篭って練習する場所）がある一帯を「パンソリの聖地」にすることを提案したのも彼であった。

　また、アマチュアの現役鼓手である張長洙氏は、これまで小学生から一般人に至るまでパンソリの鼓法を二十余年間ボランティアで教えてきた。そして現在も「パンソリの聖地」を訪れる全国からの体験客に寶城ソリを説明・指導する立場にある。団体客が希望すれば、近くの渓谷に行き得音亭がある滝に連れて行く。水が流れる音や風の音を聞きながらプクを打って、「♪～南漢山城～」とソリの一部を歌い出すと、それだけで感激の拍手が沸き上がる。それは、「人間が自然と一緒になって、素直な気持ちになれるからだろう」と張長洙氏は語る。その話を聞いた筆者は、近くに得音亭がある滝まで連れて行ってもらった。

　得音瀑布（滝）は、パンソリの聖地から6Kmほど離れた山の斜面を流れる岩盤の川があるがそれを少し上ると2段目と3段目が約10mの高さのところにある。この滝が得音瀑布と呼ばれる。その理由は、夏季から秋季にかけて水量が増す時期になると、滝から落ちる水の様子が壮観で水音が激しいので、昔から得音を身に付ける場所として最高だとされているからである。（写真11）

写真 11　得音瀑布

写真 12　龍湫瀑布（滝）
（張長洙氏と筆者 2015 年 2 月）

さらに、龍湫瀑布（滝）を案内していただいた。

二段になった岩盤滝から流れ落ちる水の勢いによってできた奇岩怪石は自然にできたものでがある。龍湫瀑布という名称の由来は、この滝から龍が昇天したという伝説からである。ここは朴裕全の旧家から 4km の距離にあり、西便制パンソリ創始者の朴裕全がここでソリを磨いたと伝えられている。（写真 12）

4.4「西便制寶城パンソリ保存協会」と地元との関連

2014 年の暮れに「パンソリの聖地」に新しくパンソリ伝授教育館が建設された。2010 年に同じ場所を訪ねた筆者には、目を疑うほど立派な建物に見えたので、その間の経緯について張長洙会長にお話を伺った。

「パンソリの聖地」はもともと寶城ソリの始祖鄭応珉先生の生家のあるところで、今回、鄭応珉先生の孫にあたる鄭曾泉さんから土地 1,000 坪が寄贈された。建物は全羅南道と寶城郡が協力して建設してくれたそうである。

事業主体は「西便制寶城パンソリ保存協会」（張長洙会長、会員約 100 名）である。行政側は名目上の監督官庁であるが、実質的には建物の保全及び事業運営を管理面で補佐する役割を担っている。道庁と郡庁から職員計 2 名が派遣されている。

事業目的は、「伝承文化の継承と地域文化の育成」である。具体的な事業は、

一つ目は、寶城郡の老若男女が集い地域の文化交流会館の機能を持つ。正会員を中心に伝統文化に興味を持つ人々が地域の年中行事、例えば春や夏の野遊会（野外交流レジャー）や地域のイベントに出演するために、パンソリや農樂、民謡などを練習する場になっている。(写真13, 14)

そして、休みには練習仲間が渓谷に行ってマッコリ（濁り酒）を飲みながら一緒に踊ったり歌ったりして遊ぶのだという。これは実に韓国的でおもしろい。韓国では都会人も田舎人も老いも若きもみんな全身を使って遊ぶことが大好きなのである。

事業の二つ目は、地域内の中・高生が寶城ソリの歌やプクの演奏などを体験学習する場になっていることである。現在、郡内15の中学・高校でパンソリの簡単な講義をしている。そのうち興味を持っている生徒約300人が週2回、1回1時間の体験学習をここで行っている。初歩コース40時間を続けるのは難しいけれども、人数は増えているという。大人は趣味で月70～80人が週2回、合計20時間の体験コースに通っている。

写真13　伝授教育館での練習風景

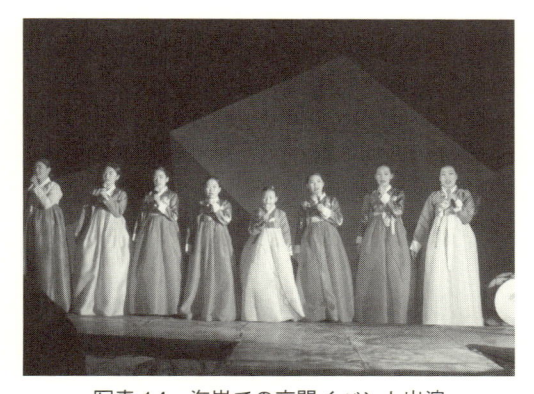

写真14　海岸での夜間イベント出演

事業の三つ目は、地域外からの体験学習のお客を迎える施設になっていることである。近郊の都市（筏橋、順天、麗水など）からは観光バスやマイカーで寶城を訪れる人は年間80万人を超えている。このうち、観光の目玉となっているのが全国最大規模を誇る緑茶畑とパンソリの体験学習である。お茶もソリもできる体験コースが一番喜ばれるようで、観光シーズンになるとパンソリ伝授教育館には観光バスが月100台来る予定になっている。お客さんにソリを説明すると、そ

写真15　茶摘み体験風景

の場でにわかに体験したくなるということである。

寶城には大きな祝祭が二つある。5月の「緑茶大祝祭」と11月の「西便制寶城ソリ祝祭」である。この二つの祝祭は寶城郡文化観光科が主管する大規模な年中行事で、近郊からは毎年多くの人が訪れる。寶城には他にもイベントが年間10程度あるが規模はそれほど大きくない。しかし、5月の「寶城緑茶マラソン大会」や「イルニム山つつじ祭」、9月から11月にかけての「チョソントンノ城祝祭」などは外部にもよく知られている。特に城祝祭は歴史文化遺産発掘と地域の伝統を守る行事であり、この期間に恋人同士でパラグライダーの空中遊泳体験ができる企画があるので話題性が高く人気のイベントである。こうした寶城の自然を活用したイベントは、例年テレビや新聞などで全国に紹介されている。

寶城のこうした行事は必ずしも地元住民のためにのみ開催されている訳ではないようだ。つまり、近郊や全国からの観光客を呼び寄せる狙いがある。要するに、体験イベントを中心に地域内と地域外の人々が交流し地域経済が発展するきっかけを作ろうという趣旨なのである。この考え方が地域住民と行政が一体となって活動できる根拠にもなっている。それが「西便制寶城パンソリ保存協会」の事業取組みの中に活かされているのである。前掲表1からもそのことが伺える。

同協会では伝統文化の継承問題を一部の人が担う形としてではなく、新しい施設パンソリ伝授教育館を利用して、地域の不特定多数の人が参加する仕組みが作られた。つまり、高度な伝統を誇る伝承文化の継承にのみ固執した訳ではなく、人々の趣味や娯楽・教養・気軽な一時的学習まで個人のいろんなニーズに合った活動拠点を提供している。同時にパンソリという伝統文化が地域外の人々も惹き付ける役割のあることをうまく利用している。同協会は観光、体験、地元企業との連携などにおいて地域経済が潤う仕組みを担っているのである。

5.「西便制寶城パンソリ保存協会」の取組みの成果

「パンソリの聖地」は交通の不便な辺鄙な農村地帯である。そこから15Km離れた場所に全国一の規模を誇る緑茶畑があるが、そのほかは一部の水産業を別に

すれば特に産業と言えるほどのものは寶城にはない。米や野菜などを作る小規模農業従事者がほとんどなのである。したがって地域を発展させる選択肢は限られていたが、寶城ソリの伝承事業が地域住民に支持されたのは、寶城ソリが一部の流派の個人レベルではなく、地域の歴史的文化遺産であるというコンセンサスがあったからである。周囲の共感や賛同を得られたのはそのためだと思われる。また、この事業が地域経済の発展と関連性を持っていることに行政側が気付き、積極的に財政支援する体制が整った。そこには観光やイベントとの関連性や、地域の住民だけでなく地域外の人々を呼び寄せ、パンソリ体験教室で娯楽と学習の両方を体験してもらうことなど沢山の計画が盛り込まれていた。その点で行政側も大切な税金を地域のために有効に使えると判断できたのであろう。それが同協会の成果であった。

以上みてきたように、財政支援をする行政の立場からすると、同協会の取組みの成果を評価する項目は以下のようにまとめることができる。すなわち、①住民のコンセンサスを得ている②不特定多数の住民が自主的に参加している③持続的な経済的自立が見込める④体験教室で娯楽性と学習性の両方を人々に提供できる⑤観光とその他の経済活動と連携することが期待できる⑥地域外から人々を呼び入れることが期待できる、などである。

6. おわりに

本論は、韓国全羅南道の「西便制寶城パンソリ保存協会」の取組みを中心に韓国の地方における伝承文化の継承問題を取上げ、伝承文化の継承が地域にどのような意義と役割を担っているかを考察したものである。筆者は「パンソリの聖地」を二度訪問し張長洙会長にインタビューをするとともに、新しく建設された「パンソリ伝授教育館」の内部を見せてもらった。伝授教育館の中では婦人会員たちが練習している姿を見、2月の寒い夜に彼女たちが海岸で行われたイベントに出演している舞台も観賞した。(写真14)

「西便制寶城パンソリ保存協会」の新事業に対し、行政側からの思い切った財政支援はパンソリ好きの筆者も驚くしかなかった。何しろ、言ってみればパンソリの一流派である寶城ソリの伝承事業に60億ウオン(日本円で5億円以上)もの大金を郡と道が協力して投じてくれたと聞いたからである。

筆者は行政がどのような経緯で支援をする気になったのか疑問を感じた。伝統文化といえども、一つの伝承事業にこれほど多くの行政支援をするのにはそれなりの理由があるはずである。本論はこの疑問に対し、納得できる理由を見つけるための考察だった。

現地での取材や活動状況を調べる中で解ったことは、「西便制寶城パンソリ保存協会」の取組みには、寶城ソリを一部の流派の個人レベルではなく、地域共有の歴史的文化遺産であるので保存・継承しようという観点があったことである。それによって住民も行政も事業に協力することができたと思われる。
　行政が支援することにした理由の中には、寶城ソリの伝承事業が地域の産業たとえば緑茶生産や観光などと経済的連携が期待できたことや、中学や高校などとの教育的連携も視野に入れており、地域の発展にとって優位な可能性を持っていることが挙げられる。「西便制寶城パンソリ保存協会」の取組みの意義や役割が住民も行政側からも高く評価されていたことが解る。
　考察を深める中で辿り着いた結論は、伝統的文化遺産を有する地方で、その文化遺産を盛込む地域発展の設計図には何が必要なのかというヒントを探ることができたように思う。まず、「西便制寶城パンソリ保存協会」が住民のコンセンサスを得ることで成果を収めたこと、そして、住民には娯楽性や学習性、さらに地域貢献という高いモチベーションまで持たせて参加できる場を提供していること、また、発想の転換も必要である。地域経済を発展させようとすれば地域内の人々だけを対象にするのではなく、地域外の人々を呼び寄せて地域の人々が喜ぶような計画も必要なのである。「パンソリ伝授教育館」には見学と体験学習で観光バスを年間一千台誘致する計画があった。これは緑茶畑の観光と連携させるダイナミックな発想である。そこに地域を潤す大きな優位性が認められる。このような取組みならば、行政側も決して黙って放ってはおかないだろう。
　パンソリは物語を楽しむ娯楽性が何より大事であるが、それだけでは勿論ない。パンソリの物語には人間理解の普遍的要素がいっぱい詰まっている。教育的な観点からいえば、パンソリのストーリー性の中に人間の生き方や知恵の要素が数々盛り込まれている。歴史的精神文化もその一つであるが、現代人の礼儀・情操・哲学等に至るまで幅広い人間関係が学べるようになっている。寶城観光の中にこのようなパンソリの体験教室が含まれているのであれば、他の地域から寶城に観光に行きたいと思う人が増えることが期待できるわけである。このような地域発展の設計図であれば、行政も共感できるであろう。
　以上述べたように、地方において伝統文化を有する地域にあっては、寶城の実例を参考にして将来の設計図を作るのも一案ではないかと考える。

注

1) 「西便制寶城パンソリ保存協会」の寶城パンソリとは、一般に「西便制パンソリ」の一つの流派を指す言葉であるが、地元ではこれを寶城ソリと呼んでいる。本稿ではこれにならい、寶城ソリと記す。
2) 崔吉城先生は東亜大学教授、広島大学名誉教授。韓国生まれ、ソウル大学校師範大学校卒業。筑波大学で歴史・人類系を学ぶ。文学博士。韓国民俗学、文化人類学専門。なお、旅行中は私たちの随行講師として労を担われた。
3) 江山制の名称は、パンソリを特別に好んだ朝鮮第26代高宗王の父親興宣大院君が自室に呼び寄せた朴裕全のパンソリを大変気に入り、そのソリに感銘を受け「お前こそカンサン第一の名唱だ」と言った。以来「江山（カンサン）」は西便制を歌う朴裕全の号となったと言われる。一説では、朴裕全が育った地名が崗山（カンサン）だったことから「崗山」と記すべきとの説もあるが、本稿では現在広く用いられている「江山」と記す。
4) パンソリ関連の最古の文献として、柳振漢が200句の漢詩で記した「晩華本春香歌」（1754年）がある。
5) 25代の哲宗王や26代の高宗王はパンソリを好んでいた。特に、政界の権力者であった興宣大院君（高宗王の父）は、多くの名唱を呼んで歌わせ金品や階級を下賜したといわれる。
6) 申在孝（1812～1884）朝鮮王朝末期のパンソリの発展における貢献者。中人身分で全羅道高敞郡の戸長を勤める傍ら、漢方薬局を営む父親の仕事を手伝い財を成した。40歳以後に自宅を開放し、広大（クワンデ、パンソリ芸人）の教育、育成に力を入れた。広大たちが口承によって伝えていたパンソリの内容を集め『春香歌』『沈清歌』など現在も残る6つのストーリーを辞説集にまとめた。
7) 「広大歌」の内容は拙稿にて翻訳している。（『東アジア研究』第7号、2009年）
8) プチムセとは、パンソリの拍に歌詞（辞説）を付ける様相を言う。
9) 沈清（シムチョン）の清は、正確には睛（ひとみの意）である。盲人の父親の願望から娘に睛の字をつけて命名したのであるが、現在この漢字がないので代用漢字として清を使っている。
10) 『水宮歌』は『ウサギ節』とも、『兎鼈歌』とも呼ばれる。
11) 寶城ソリは演目によって伝承系譜が分かれる。鄭応珉の唱法を引き継いだ成又香が『春香歌』で、趙相賢が『沈清歌』で、成昌順が同『沈清歌』で重要無形文化財に指定されて現在も全盛期が続いている。

参考文献

李文相 2009,「短いパンソリ」にみられる人生観－短歌「広大歌」とサチョルガーを中心に」,『東アジア研究』第7号, 山口大学大学院東アジア研究科
韓国民族大辞典編纂委員会, 1991,『韓国民族大辞典』, 民族文化社（韓国）

金大幸，2001，『われらの時代のパンソリ文化』，図書出版ヨンラク
キム・ジニョ，2004，『パンソリの批評的理解』，民俗院（韓国）
木村誠・吉田光男・趙景達・馬渕貞 編，1995，『朝鮮人物事典』，大和書房
チャン ジュンギル，2007，『文化金堂第7号』，光州広域市南区文化院（韓国）
崔東現，2004，『パンソリの話』，図書出版（韓国）
崔東現，2004，『パンソリの名唱と鼓手についての研究』，図書出版（韓国）
チャン ジュンギル編，2007，『文化グムダン第7号』，光州広域市南区文化院（韓国）
鄭魯湜，1940，『朝鮮憧唱劇史』（復刻版），東文選（韓国）
チョン ビョンホン，1998，『パンソリ文学論』，セブン社（韓国）
チョン フェチョン編，2005，『パンソリの理解と鑑賞－寶城ソリを中心に－』，西便制寶城パンソリ保存会
鄭洋・崔東現・林明鎮，2003，『パンソリ短歌』，民俗院（韓国）
ユネスコパンソリ文化センター建立推進委員会，2009，『西便制寶城ソリ遺跡』，ユネスコパンソリ文化センター建立推進委員会（韓国）

下　編

東アジア言語と文学伝統の継承と交流

第8章 『勧善懲悪集』における『法苑珠林』の継承

阿部泰記

1. はじめに

　中国の「聖諭宣講」において「案証」は聴衆を納得させるために不可欠であった。同様に日本の通俗仏教においても民衆に因果応報の道理を理解させるために「引証」が重視されたようである。本論では乞士慧灯『勧善懲悪集』七巻（享保十三年〔一七二八〕、浪華敦賀屋九兵衛）の「引証」について考察してみたい。

　『勧善懲悪集』七巻本は、東洋大学の井上円了旧蔵書を整理した『新編哲学堂文庫目録』（平成九年〔一九九七〕三月）仏書・通俗類に登録されており、吉田幸一「勧善懲悪集について―霊異記・今昔物語の先蹤たる異朝説話の翻訳集としての―」（文学論藻二、昭和二十七年〔一九五二〕九月）によって紹介された。『勧善懲悪集』には享保十二年の序文があり、著者は雲間で隠遁生活をしながら万事に心を痛めることが多く、異朝の書物をひもといて善悪応報の珍しい因縁話を集めて七巻とし、善悪の道理を耳にすることができない辺鄙な環境にあるものに役立てたいという編纂意図を述べている。

　某甲雲間ニ身ヲ蔵シ。寂々タル夕ノ。柴ノ戸ヲ扣人モ無トキハ。自ト云佗ト云。万事心ヲ痛シムルコト多シ。此ニ由テ異朝ノ諸籍ノ。巻ノ繙テ不見世ノ人ヲ伴トシ。善悪報応ノ珍キ。因縁ヲ書集メ。分テ七巻ト作ス。……辺鄙ノ尼女ノ知識ノ教ニモ遭ズ。因果ノ道理ヲ知ザルモノ。若コレヲ見此ヲ聞テ。尋常ノ戯論雑話ニ換バ。自善心ヲ感発シ。冥路ノ粮ヲモツミ。苦海ノ深流ノ舩ヲ艤ヒ。菩提ノ覚岸ニ到ル勝縁トモナルベキ者ナラン。然バ此ノ編益無ニシモ非ルナリ。

　本書は吉田氏が指摘したように唐道世『法苑珠林』百巻（乾封三年、総章元年〔六六八〕）[1]における「述意」「引証」という形式を踏襲している。吉田氏によれば、七巻は、殺不殺ノ部、偸盗不偸盗ノ部、邪淫不邪淫ノ部、妄語不妄語ノ部、嫉妬不嫉妬ノ部、瞋恚不瞋恚ノ部、貪欲不貪欲ノ部、邪見不邪見ノ部から成っている。それらは『法苑珠林』の中の巻七十三「十悪篇」の「殺生」「偸盗」「邪淫」「妄語」「瞋恚」「邪見」六部と名目が一致し、本書は『法苑珠林』のその部分を中心として訳出したと言える。『法苑珠林』のような大部な書籍のすべてを翻訳することは大変な労力を要することであり、編者もそうしたことは考えていなかったであろう。だが部分的な翻訳ではあっても、漢文が読めない読者にとって

は有意義なことであり、通俗的にわかりやすく因果応報の道理を解説するという著者の意図は十分に達成できたのではないかと思われる。本論では『法苑珠林』形式を用いた『勧善懲悪集』の編集について、具体的に考察してみたい。なお本論を執筆するに当たって、筆者は東洋大学蔵本を見るに及んでおらず、広島大学蔵本（残四巻）によって第一巻から第四巻までを考察の対象としたことをあらかじめお断りしておきたい。

2.『法苑珠林』形式

　本書は各部類に「述意」「引証」「評曰」を置いている。「述意」は『法苑珠林』と同じく部類の概説である。「引証」は『法苑珠林』の「感応縁」に相当する因果応報故事であり、典拠とした書籍を注記している。「評曰」は経典を引用しながら編者独自の考察を述べている。ただ各巻の構成を見ると、巻数と分類が整然としておらず、一冊がほぼ二十葉から成っていることから考えると、本書は葉数によって編纂されたように見える。なお各冊には十一葉〜二十葉が欠けているが、その理由はわからない。いま四巻の構成を整理すると以下のごとくである。『法苑珠林』を引用した部分には◎印を付けた。

第一冊　巻一（計十九葉）
◎勧善懲悪集序（一〜二葉）「夫形有トキンバ。影現ジ。声有トキンバ。響応ズ」云々。
　目録（一葉）
　「殺不殺ノ部」（一〜九葉、一葉、二十一〜二十六葉〔計十六葉〕）
◎述意「夫形ヲ六趣ニ受。生ヲ貪愛セザルハナシ」云々。
　引証十一案
◎客驢ヲ盗殺シ。家主皮ヲモラヒ。責ヲウル事。附タリ仏ノ因位ニ弟ヲ殺事－「唐ノ殷安仁ト云モノ」云々（出『冥報記』）。
◎評シテ曰―「此ハ自身ニ殺ニハアラザレドモ」云々（引『興起行経』[2]）。
○孕メル牛羊ヲ殺シテ食。短命ノ報ヲ得シ事。附タリ当来苦ヲ受ルアリサマ―「唐ノ劉知元ト云モノ」云々（『朝野僉載』ニ出[3]）。
　評シテ曰―「殺業ノ重コト喩ベキニ物ナシ」云々。
○白亀ヲ放タスケテ。善報ヲ得シ人ノ事―「晋ノ咸康年中ニ、豫州ト云トコロニ毛宝ト云モノ」云々（出『幽明録』[4]）。
　評シテ曰―「亀ハ長命ノモノニシテ。霊ナルモノナリ」云々。
◎亀五十頭買放ツ人ノ善報ノ事―「揚州ニ厳泰ト云人アリ」云々（『独異志』出[5]）。

◎評シテ曰―「放生ノ善ニヨリテ。亀ニ感発セラレ」云々（引『梵網経』[6]）。
○京師ノ屠人羊ヲ殺シ。現ニ悪報ヲ得シ事。附タリ迦留尊者ノ事―「唐ノ京師ニ屠人アリ」云々（『五行記』出[7]）。

評シテ曰―「畜生トイヘドモ。生ヲ愛スルコト。人間ニ同ジ」云々（引『毘那耶律』）。

◎羊ノ肉ヲ食。羊ノ鳴真似シテ死スル人ノ事―「梁ノ王克ハ。永嘉郡ノ守ナリ」云々（『弘明雑伝』出）。

評シテ曰―「羊命ヲ取ラルルヲ事ヲカナシミ」云々。

○仏経ヲ読。魚ヲ取テ放ツ人ノ事。附タリ流水長者ノ事跡―「唐ノ民ニ熊慎ト云者アリ」云々（『報応録』出[8]）。

◎評シテ曰―「此ハ熊慎ガ父魚ヲ救カト思バ」云々（引『金光明経』[9]）。

○蟻ヲ殺ス僧。并ニ毛虫ヲ殺。背ニ瘡ヲ生ジ。患シ事―「修準ト云僧アリ」云々（『報応録』出）。

◎評シテ曰―「如来ノ設教深仁慈ヲ尚ブ」云々（引『優婆塞戒経』[10]）。

○蛇ノ腹ヲ破タルヲ療ジテ。珠ヲ得シ人ノ事。并ニ楊宝ガ事―「周ノ世ニ隋侯ト云フモノアリ」云々（『捜神記』出[11]）、又漢ノ楊宝ハ花陰ノ人ナリ」云々（『尚友録』出[12]）。

評シテ曰―「畜類ニ食ヲ施シ恵バ」云々（引『智論』[13]）。

○兄弟二人。鹿ヲ殺シ食。現ニ報ヲ得ル人ノ事。并ニ射猟ヲ業トシ。一命ヲ亡ス人ノ事―「唐ノ鄱陽ト云所ニ」云々、「マタ陳莽ト云モノアリ」云々（二縁『五行記』出）。

評シテ曰―「此二縁ハ怪コトニシテ。怖畏至ナリ」云々。

○犬ヲ殺ス人。冤報速ニ得シ事。并ニ蜀ノ李紹ガ事―「蜀ニ李貞ト云人アリ」云々（『徹誠録』出）、「又蜀ノ民ニ李紹ト云モノアリ」云々（『徹誠録』出）。

評シテ曰―「嗚呼悲カナ」云々。

第二冊　巻二（計二十葉）

目録（一～二葉）

「殺不殺ノ余」（一～七葉）

引証四案

◎常ニ鶏ノ卵ヲ食セシ小児悪鬼ニ責ラルル事。附タリ鑊湯地獄ノ沙汰―「隋ノ開皇ノコロニ小児有」云々（『冥報記』出）。

評シテ曰―「今身ニ豚鶏ヲ殺モノハ。死シテ鑊湯地獄ノ中ニ入ト」云々（引『因果経』[14]）。

○鶏ヲ殺シテ現ニ報ヲ得シ人ノ事。附タリ智度論ノ説ヲ引テ勧ム―合肥ニ富人

アリ。好デ鶏ヲ食ヒ」云々（『弘明雑伝』出[15]）。

　評シテ曰―「智論ニ曰ク。殺生ノ人ハ今世後世ニ種種ノ苦痛ヲ受ク」云々。
◎鷹ヲ飛シ犬ヲ走テ畋猟ヲ好ム人ノ事。并ニ隋ノ将軍王ガ事―「隋ノ姜略少シテ畋猟ヲ好ミ」云々、「又隋ノ将軍王某ハ代郡ノ人ナリ」云々（二縁『冥報記』出）。

　評シテ曰―「現ニ怖シキ報ヲ受テ」云々。
◎牛ヲ殺シテノチ牛ノ吼真似シテ死スル人ノ事。并ニ鄒文立ガ殺ノ報ヲ得ル事―「広陵ニ朱氏ノ人アリ」云々（『稽神録』出[16]）。「又梁ノ小荘厳寺ハ」（『梁　京寺記』出[17]）。

　評シテ曰―「不善ノ業相ニヨリテ自ラ悪瘡ヲ身ニ荘厳ス」云々。
「偸盗不偸盗ノ部」（八〜十二葉、二十一〜二十六葉）
◎述意―「夫形ヲ六趣ニ稟タルモノ。貪欲ヲ原トセザルハナシ」云々。
引証七案
◎父ノ物ヲ盗。羊ノ身トナル息女ノ事。并ニ父母ノ銭百文盗ミ。羊ニ生レ来ル事―「唐ノ貞観年中ニ。京兆ノ人。韋慶植トヨモノヽ女。忽ニ死ス」云々。「又唐ノ長安ノ風俗ニテ」云々（二縁『冥報記』出）。

　評シテ曰―「親ト子トノ中ナレバ。苦カルマジキト思ドモ」云々。
○貧者無欲ノ事。附タリ老女貧ヲ売ル事―「宋ノ世ニ貧者アリ」云々（『尚友録』出）。
◎評シテ曰―「世人皆貧苦ハ過去ノ業ナルコトヲ知ズ」云々（引『賢愚経』[18]）。
◎寺ニ入テ仏ヲ盗テ。癩癩ヲ受ル人ノ事。并ニ仏物ヲ盗。癩ノ病ヲ得シ人ノ事―「宋ノ周宗ハ広陵ノ人ナリ」云々。「又宋ノ唐文伯ハ東海ノ人ナリ」云々（二縁『冥祥記』出）。
◎評シテ曰―「此ハ仏物ヲ盗ノ報ナリ」云々（引『十誦律』[19]『方等経』[20]）。
◎僧寺ニ放ツ所ノ羊ヲ盗デ売。銭ヲ取リ雷ニウタレシ事。附タリ地獄ノ苦患ヲ述―「唐ノ封元則ハ渤海長河ノ人ナリ」云々（『冥祥記』出）。

　評シテ曰―「羊ヲ盗ノミニ非。屠家ニ売テ殺サシムル罪大ナリ」云々（引『経』）。
○牛人ノ著タル汚衫ヲ盗ミ食ヒ。雷ニ震ヒ死サルル事。附タリ宿ヲ仮賃ヲ与ヘズ。後ノ生ニ牛ニ殺サレシ事―「唐ノ茅山ト云トコロニ」云々（『稽神録』出）。

　評シテ曰―「畜生ナリト云ドモ」云々。
○佗ノ田地ヲ奪ヒ牛ト生レ来ル事―「廬州ノ営田ト云所ニ施汗トヨモノアリ」云々（『稽神録』出）。

　評シテ曰―「世ノ財奪モノ大キ中ニ。佗ノ田地ヲ奪ハ大ナル罪ナリ」云々。

第8章　『勧善懲悪集』における『法苑珠林』の継承　131

○一ノ女不義ニシテ。且隣家ノ手巾ヲ盗。雷ニ震死レル事。附タリ貪山ト云山ノ由来—「唐ノ華亭県ノ堰典ト云者ノ妻」云々（『原化記』出[21]）。

評シテ曰—「嗚呼。愚ナルカナ」云々。

第三冊　巻三（計二十葉）

目録（一葉）

「偸盗不偸盗ノ部余」（一～九葉、一葉、二十一～二十九葉）

引証十一案

○貧者金袋ヲ拾テ主ニ返シ与フ無欲ノ事。附タリ正法念経ノ説ヲ述ブ—「唐ノ歴城ノ尹氏ト云貧者アリ」云々（『昨非庵日纂』出[22]）。

◎評シテ曰—「此ノ如無欲ナル人ハ。世ニ珍シキ事ナリ」云々（引『正法念経』[23]）。

◎人ノ絹ヲ盗ミ。并ニ三人ノ僧ヲ殺シテ現ニ癩風トナリシ人ノ事。附タリ六人地獄ニアリテ。本罪ヲ説キシ事—「唐ノ河間ト云所ニ邢文宗ト云者アリ」云々（『冥報拾遺録』出[24]）。

◎評シテ曰—「善報ヲ修シ。罪ヲ懺悔ストイヘドモ」云々（引『譬喩経』[25]）。

○裴度ト云者。女人ノ遺忘セル衣ヲ守テ重テ与シ故。善報ヲ得ル事。附タリ僧祇律ノ制誡—「唐ノ裴度ト云者。或時相師ニ問ケレバ」云々（出『摭言』[26]）。

評シテ曰—「裴度ハ世ニ珍シキ心バヘナリ」云々（引『僧祇律』[27]）。

○僧ヲ殺シ。駄物ヲ奪ヒ取シ事—「唐ノ乾封年中ニ。京ノ西明寺ノ僧ニ。曇暢ト云アリ」云々（『朝野僉載』出）。

評シテ曰—「財ヲ奪ルモノ行末ノ快ハナシ」云々（引『罪業報応教化地獄経』[28]）。

○寺家ノ米ヲ借返サズ。牛ニ生レ来ル事。并ニ戴文ガ牛ト生レシ事—「隋ノ并州ノ盂県ニ竹永通ト云モノ」云々（『太平広記』出[29]）。「又唐ノ徳宗皇帝ノ代ニ貞元年中ニ海塩県ト云所ニ」云々（『変化記』出[30]）。

評シテ曰—「此ハ先華報ニシテ」云々（引『観仏三昧経』[31]『宝梁経』[32]）。

◎母我子ノ米ヲ盗。驢馬ト生シ事。并ニ兄ノ銭ヲ盗シ人。死シテ復家ノ犬ト生シ事—「唐ニ一人ノ者アリ」云々（『冥報記』出[33]）。

◎夫ノ目ヲ忍ビ。絹ヲ盗デ。女ニ与ヘ猪ト生シ事—「隋ノ臨黄県ノ東ニ伏生ト云モノアリ」云々（『冥報拾遺』出）。

◎土ノ袋ヲ以テ。人ヲ圧殺シ。銭帛ヲ盗シ事—「唐ノ冀州館陶県ノ主。姓ハ周ナリ」云々（『冥報拾遺』出）。

◎女ヲ殺シ。銭并ニ絹ヲ奪取シ事—「漢ノ世ニ何敞ト云モノ。交阯ノ刺史行部

トナル」云々（『冤魂志』出）。

◎女ノ魂鬼トナツテ。人ヲ殺ス事―「漢ノ時ニ王忄店ト云モノアリ。字ハ少林ト云」云々（『冤魂志』出）。

◎母ノ銭ヲ盗デ。一ノ猪子ト生シ事―「隋ノ大業八年ニ。宜州ノ城ノ東南四十余里ニ一家アリ」云々（『冥報記』出）。

　第四冊　巻四（計二十一葉）

　目録（一〜二葉）

　「邪淫不邪淫ノ部」（一〜九葉、一葉、二十一〜二十五葉）

　述意―「夫索無シテ心ヲ縛テ生死ノ獄ニ縣」云々。

　引証七案

○不義ノ女。夫ヲ殺シテ井ニ沈シ事。并ニ不義ノ女。夫ニ毒ヲ与ヘ殺セシ事―「宋ノ潤州ノ民家ニ商人アリ」云々（『沈存中筆談』出[34]）、「又滌陽ト云所ノ民ニ王勤政ト云者アリ」云々（『迪吉録』出[35]）。

　評シテ曰―「上ノ縁ハ。皆愛欲ノナストコロナリ」云々（引『僧祇律』）。

○貞婦有。非理ニ殺サレテ。尸ノ上ニテ群鳥悲鳴事。并ニ夫死テ後。一日ヲ剔テ。身ヲ守シ事―「晋ノ代ニ婦人有」云々（『晋書』出）、「又房玄齢ト云人有」云々（『昨非庵日纂』出）。

　評シテ曰―「此二縁ハ不義荒淫ノモノノ能手本ナリ」云々。

○堅ク義ヲ守ル人。ノチニ国守トナリシ事。附タリ柳下恵ガ事―「広度ノ人ニ道枢ト云人有」云々（『迪吉録』出）。

　評シテ曰―「非礼非義ヲナサズ」云々（引「柳下恵」）。

○談生ト云者。夫婦ノ事蹟。并ニ塚ヨリ出シ。女ノ事―「漢ノ世ニ談生ト云者アリ」云々（『捜神記』出）。

　評シテ曰―「夫婦ノ思ヒ思心ノ浅カラザルコト天地モ感動セシナリ」云々（引『古今註』[36]）。

◎死シタル女。蘇生シテ人ノ妻トナル事。并ニ徐玄方ガ女ノ事―「晋ノ時ニ武都ノ太守李仲文ガ女」云々（『続捜神記』出[37]）、「又晋ノ時東平ノ馮孝将ト云シ者アリ」云々（『続捜神記』出）。

　評シテ曰―「此皆一念ノ執心ヨリシテ。長ク愛網ニマツワサレ種々ノ怪シキコトノミアリ」云々（引『雑譬喩経』）。

○医者ノ薬礼ニ妻ヲ寄タル人ノ事。附タリ目連比丘ノ事―「余干ノ某ハ医ヲ業トス」云々（『迪吉録』出）。

　評シテ曰―「此ノ如ク堅ク義ヲ守。心ヲ乱サザル人ハ有ベカラズ」云々（引「目連比丘」）。

第8章　『勧善懲悪集』における『法苑珠林』の継承　133

○医者ノ薬礼ニ妻ヲ寄タル人ノ事。附タリ目連比丘ノ事―「余干ノ某ハ医ヲ業トス」云々（『迪吉録』出）。
　評シテ日―「此ノ如ク堅ク義ヲ守。心ヲ乱サザル人ハ有ベカラズ」云々（『禅秘要経』出[38]）。
○夫婦ノ精魂鳥ト化シタル事―「昔韓朋ト云人アリ」云々（『捜神記』出）。
　評シテ日―「洞穴ノ契ヲナストイヘドモ。何ノ楽カアル。執心ニヨリテ。異生ノ形ヲウケ。未来永永ノ苦ヲ量思ベシ」云々（引『仏泥洹経』）。

「妄語不妄語ノ部」（二十六～二十九葉）
述意―「夫妄語ノ人ハ。其ノ心虚誑ニ。善報ヲウケズ」云々（引『善戒経』[39]『諸経要集』[40]）。

引証四案
○佗ノ銭ヲ借。借ラズト妄語シテ。白牛ト生シ事―「唐ノ大年中ニ。信州ニ安玕ト云者アリ」云々（『報応録』出）。
　評シテ日―「自身妄語ヲナスノミナラズ」云々。
○我ガ妻ニ誓ヲ立テ。佗ノ女ヲ愛セジト云テ。妄語セシ事―「唐ノ武徳ノ比ニ。韋氏ノ者」云々（『冥報記』出）。
　評シテ日―「此ヤウノ事ハ。世俗ノ上。多クアリツベキコトナリ」云々（引『秘要経』『正法念経地獄品』）。
◎人ニ家ヲ作価ヲ妄語シテ還ズ牛ト生シ事―「隋ノ卞士瑜ハ」云々（『太平広記』出）。
　評シテ日―「報応ノ速ナルコト。ヲソルベキ事ナリ」云々（引『正法念経』）。
○佗人ノ謗ヲウケテ。夫婦共ニ自殺シテ。我誠ヲ発シ人ノ事―「漢ノ河南ニ李叔卿ト云者アリ」云々（『列女伝』出[41]）。
　評シテ日―「世間ニ多ク罪ナキモノヲ。罪アリ悪シキ名ヲ世ニ伝フコト多シ」云々。

3. 典拠とした『法苑珠林』

　以上のように本書には原典（『冥報記』『朝野僉載』『幽冥録』『独異志』『五行記』『弘明雑伝』『報応録』『捜神記』『尚友録』『儆誡録』『稽神録』『梁京寺記』『冥祥記』『原化記』『昨非庵日纂』『冥報拾遺録』『摭言』『沈存中筆談』『迪吉録』『晋書』『続捜神記』『太平広記』『列女伝』）を注記しているが、『法苑珠林』からの引用も少なくなく、その場合、原典は『法苑珠林』に引用されたものを転載している。本書が『法苑珠林』の形式だけではなく、内容も参考にしていることがわかる。いま『法苑珠林』を引用した部分を指摘し、原典とも対照して見ると、本書は序

文を含めて、「述意」「引証」において『法苑珠林』を引用しており、「引証」においては下線を引いた部分のように原典よりも『法苑珠林』の文字に近いことがわかる。

第一冊　巻一
勧善懲悪集序
　「夫形有トキンバ。影現ジ。声有トキンバ。響応ズ。形アリテ影亡ジ。声続デ響ソムクト云コトヲ見ズ。善悪ノ相報コトモ亦然リ。」
　(『法苑珠林』巻七十、受報篇、悪報部、述意部「夫有形則影現、有声則響応。未見形存而影亡、声続而響乖。善悪相報、理路皎然。」)
　「殺不殺ノ部」
　述意
　「夫形ヲ六趣ニ受。生ヲ貪愛セザルハナシ。質ヲ二儀ニウケテ。并ニ皆死ヲ畏ザルハナシ。」
　(『法苑珠林』巻七十三、十悪篇、殺生部、述意部「夫稟形六趣。莫不恋恋而貪生。受質二儀。並皆区区而畏死。」)
引証
　〇「唐ノ殷安仁。家大ニ富リ。素ヨリ善心アリテ慈門寺ノ僧ニ事。義寧元年ノ初ニ客アリ。ソノ家ニヨリテ宿ス。客佗ノ驢ヲ盗ンデ家ニヲヒテ殺シ。皮ヲ家主ニ送ル。シカルニ貞観三年ニ至テ。安仁路ニテ一人ノ異人ノ怒モノニ逢。安仁ニ謂テ曰。汝ヲ追テ命ヲ奪ントスルノ使明日イタルベシ。必死ニ及ベシ。安仁ヲソレテ。急ギ慈門寺ニイタリ。仏殿ノ中ニ坐シテ一宿ヲ経テ。念誦シテ出ヅ。明日果シテ馬ニ乗レル人三人アリ。并ニ歩来ル人十人。ミナ兵仗ヲ以テ。遙ニ安仁ヲ見テ呼出ス。安仁応ヘズ。念誦イヨイヨ精進ニツトメケリ。鬼相謂テ曰。昨日ノ告ノゴトク。今日殺コト決定セリ。然ルニ今日ハ。福ヲ修スル事。此ノゴトシ。此ニヨリテ命ヲトルベキ縁ナシト云テ。相与ニ去ル。跡ニ鬼一人ヲ留テ守シム。守ルトコロノ鬼。安仁ニ謂テ曰。君ムカシ驢ヲコロスユヘニ。驢今汝ガ命ヲトリクレヨト我等ヲ頼ムユヘ。此ニ来ル。安仁答テ曰。ソレハ宿セルトコロノ客ノ殺セル驢ナリ。我ハ但皮ヲモラヒシトナリ。全我ガ殺セルニ非ズ。何ヲ以テ我ヲ責ルヤ。還テ我ガタメニ驢ニ語レ。我レ汝ヲ殺ザルコトヲ。然モ又彼ガタメニ。追福ヲナスナリト。此ノ守ル鬼諾テ曰。ナルホドナルホド具ニ驢ニツグベシ。若シ聞得ズンバ。我明日更ニ来ルベシ。若聞得バ我再ビ此ニ来ラジト。言畢テ出ヅ。明日ツヒニ来ラジ。安仁イヨイヨ驢ノタメニ。追福シ家コゾッテ。戒ヲ持。堅固ノ菩提心ヲ発セリト。盧文勵ト云者。コノ事ヲ曲ニツタヘ説ケリト。出『冥報記』。」

(『法苑珠林』巻七十三、十悪篇、殺生部、感応縁「唐時殷安仁停客殺驢験」、「唐京兆殷安仁、家富、素事慈門寺僧。以義寧元年初、有客寄其家停止。客盗他驢於家殺之。驢皮遺安仁家。至貞観三年。安仁遂見一人於路。謂安仁曰。追汝使明日至。汝当死也。安仁懼、徑至慈門寺、坐仏殿中、経宿不出。明日果有三騎并歩卒数十人。皆兵仗入寺。遙見安仁呼出。安仁不応而念誦逾進。鬼相謂曰。昨日不即取。今日修福如此。何由可得。因相与去。留一人守之。守者謂安仁曰。君往日殺驢。驢今訴君。使我等来攝君耳。終須共対。不去何益。安仁遙答曰。往者他盗自殺驢。但以皮与我耳。本非我殺。何為見追。倩君還為我語驢。我本不殺汝。然今又為汝追福。於汝有利。当捨我也。此人許諾曰。驢若不許。我明日更来。如其許者。不来矣。言畢而出。明日遂不来。安仁於是為驢追福。而挙家持戒菜食云爾。盧文勵説之。安仁今現在。出『冥報記』。)

○「梁ノ王克ハ、永嘉郡ノ守ナリ。人アツテ羊ヲ送ルユヘ。賓客ヲ集テ讌セント欲スルニ。羊ノ縄トケテ。一人ノ珍客ノ下ニ到リ。先跪テ両拜シテ便客ノ衣ノ中ニ入ントス。此ノ客慈ノ心ナシ。全救志少モナシ。王克羊ヲ殺シ炙トシ。先行テ彼ノ珍客ニ進ム。客ヨロコンデ。一臠ノ肉ヲ口ニ入ルヤ否。便チ皮ノ内ニ入リ。徧体メグリメグリテ痛ムコト火ヲ以焼ガ如シ。叫デ遂ニソノ席ヲ去ズ。羊ノ鳴真似シテ死ス。出『弘明雑伝』。」

(『法苑珠林』巻七十三、十悪篇、殺生部、感応縁「梁時有客食炙肉験」、「梁時王克為永嘉郡。有人飼羊。集賓欲讌。而羊縄解来投一客。先跪両拜。便入衣中。此客竟不言之。固無救請。須臾宰羊為炙。先行至客一臠入口。便下皮内。周行遍体痛楚号噭。方復説之。遂作羊鳴而死。出『弘明雑伝』。)

第二冊　巻二
「殺不殺ノ余」
引証四案

○常ニ鶏ノ卵ヲ食セシ小児悪鬼ニ責ラルル事—隋開皇初冀州外邑中有小児。年十三。常盗隣雞卵燒煨食之。後朝村人未起。其門外有人扣門呼此兒聲。父令兒出應之。見一人云。官喚汝。兒曰。呼我役者。入取衣糧。使者曰。不須也。因引兒出。村南舊是桑田。耕訖未下種。且此小兒忽見道右有一小城。四面門樓丹素甚嚴。兒怪曰。何時有此城。使者呵之勿使言。因至城北門令小兒前入。小兒入閤。城門忽閉。不見一人。唯是空城。地皆熱灰碎火深纔沒踝。小兒忽呼噭走趣南門。垂至即閉。又走趣東西亦皆如是。未到則開。既至便闔。時村人出因採桑。男女甚眾。皆見此兒在耕田中。口似啼聲四方馳走。皆相謂曰。此兒狂邪。旦來如此。游戲不息。至日食時。採桑者皆歸。兒父問曰。見吾兒不。桑人答曰。父兒在村南走戲。喚不肯來。父出村外。遙見兒走。大呼其名。一聲便住。城灰

忽然不見。見父而倒。號泣言之。視其足半脛已上血肉燋乾。其膝已下洪爛如炙。抱歸養療。髀已上肉如故。膝已下遂為枯骨。隣里聞之競問緣由。答見如前。諸人看其走處足跡通利。了無灰火。良因罪業觸處見獄。於是邑人男女無簡大小。皆持齋戒至死無虧。有大德僧道慧法師。本冀州人。具為臨説。同其隣邑也。出『冥報記』。

〇鷹ヲ飛シ犬ヲ走テ畋猟ヲ好ム人ノ事―「隋ノ姜略少シテ畋猟ヲ好ミ。常ニヨク鷹犬ヲツカイ。後ニ病ニ遭テ大ニ苦ム。夢トモ現トモナク。群鳥数千ヲ見ニ皆頭ナク。姜略ガ床ヲ繞テ叫鳴テ曰。急デ我頭ヲ還シ来レト責ム。姜略則頭痛シテ気絶ヌ。又良久シテ蘇テ此ニ因テ衆ノ僧ヲ請ジテ諸鳥ノタメニ追善ス。後漸ク病癒タリ。身終マデ酒肉ヲ断ジテ。生命ヲ殺スコトヲ悔テ生年六十計ニテ。自ラ此ノ事ヲ人ニ述ベ聞セテ死スト。出『冥報記』。」

(『法苑珠林』巻六十四、漁猟篇、引証部、感応縁「隋鷹揚郎将姜略好猟見群鳥索命」、「隋鷹揚郎将天水姜略。少好畋猟、善放鷹犬。後遇病。見群鳥千数、皆無頭。囲繞略床噭鳴曰。急還我頭来。略輒頭痛気絶。久蘇。因請衆僧、急為諸鳥追福。許之皆去。既而得愈。差已終身絶其酒肉、不殺生命。臨在隴右見姜略。已年六十許。自説云耳。出『冥報記』。」

〇并ニ隋ノ将軍王ガ事―「又隋ノ将軍王某ハ代郡ノ人ナリ。開皇ノ末年ニ蒲州ニ住ス。性トシテ。畋猟ヲ好ム。殺ス所ノ鳥獣ノ数ヲ知ズ。五人ノ男子アリ。後ニ一女ヲ生ズ。端正ニシテ。見モノ愛憐ス。父母ノ慈悲甚シ。女年十七歳ナリ。一旦忽ニ行方ヲ失フ。隣ノ若キ人人戯レテ。此ヲ蔵ナラント疑フ。諸ノ兄ドモ馬ニ乗テ遠クタヅヌルニ家ヲ去ルコト三十余里ニシテ。荒野ノ中ニテ。行遇フニ。茫然トシテ識ルコトナシ。只涙ヲ流スバカリニシテ。兔ノ鳴真似ヲ作ス。両足ハ荊棘ノタメニ破ラレ。血流ルル事一月。食セント欲スル志シ少モナク。終ニハ死ス。父母此ハ殺生ノ報ナラント思ヒ。悲痛シテ家挙テ斎戒ス。肉ヲモ食ハズ。大理寺ノ宣明ト云僧ニ逢テ。懺悔ヲナスナリ。二縁[42]『冥報記』出。」

(『法苑珠林』巻六十四、漁猟篇、引証部、感応縁「隋王驃騎将軍好猟女狂如兔」、「隋開皇末年、代州人。姓王、為驃騎将軍。在蒲州鎮守。性好畋猟、所殺無数。有五男無女。後生一女端美。見者皆愛奇之。父母鍾念、不同凡人。既還郷里。里人親族為作衣服而共養之。女年七歳。一旦失去。無処求覓。疑隣里戯蔵。訪問不見。諸兄乗馬遠覓、乃見去家三十余里。馬追不及。兄等以数十騎共囲而始得之。口中作声如似兔鳴。足上得刺、盈掬経月余日、不食而死。父母悲痛、不能自割。良由父猟殃及女受。合家斎戒、練行不絶。大理寺丞蔡宣明。曽為代府法曹。為臨説之。出『冥報記』。)

○并ニ鄒文立ガ殺ノ報ヲ得ル事―「又梁ノ小荘厳寺」
(『法苑珠林』巻六十四、漁猟篇、引証部、感応縁「梁鄒文立以屠為業現報大患」、見『梁京寺記』云。)

「偸盗不偸盗ノ部」(八～十二葉、二十一～二十六葉)
述意「夫形ヲ六趣ニ稟タルモノ。貪欲ヲ原トセザルハナシ。質ヲ二儀ニ受タルモノ。並ニ皆財ヲ恋フヲ本トス。復人畜両ツ殊ナリトイヘドモ。慳惜ニ於テハ。二ツナシ。故ニ財ニノゾンデ苟モ得ルモノハ。哲人ト云ベカラズ。利ヲ見テ義ヲ忘ルルハ。君子ト云ベカラズ。且銭財玉帛ハ是レ外ノ所依ナリ。幡華僧物ハ是レ内ノ供養ナリ。応ニ己ガ貧銭ヲ省ミテ。佗ノ富栄ヲ喜ブベシ。豈自貧ナルヲ以テ。佗ノ財ヲ貪リ奪ンヤ。(以下省略)」

(『法苑珠林』巻七十四、十悪篇、偸盗部、述意部「夫稟形六趣。莫不貪欲為原。受質二儀。並皆恋財為本。雖復人畜両殊。然慳惜無二。故臨財苟得。非謂哲人。見利忘義。匪成君子。且銭財玉帛是外所依。幡華僧物是内供養。理応省己貧窶随喜他富。豈以自貧貪奪他財。所以調達取華遂便退落。憍梵損粟反受牛身。迦葉乞餅被俗譏訶。比丘嗅香池神訶責。是知偸盗之愆。寧非大罪。所以朝無寄。夜寝無衣。鳥栖鹿宿。赤露臝。傍路安眠。循塵求食。遂使母逐鵠鴿而南去。子随胡馬而北帰。夫類日影而西奔。婦似川流而東逝。莫不望故郷而腸断。念生処而号啼。涙交駛而散血。心鬱快而聚眉。如斯之苦。皆由前身不施劫盗中來。故経曰。欲知過去因。当看現在果。欲知未来果。但観現在因。是故勧諸行者。常須誡勗、勿起盗心。乃至遺落不貪。何況故偸他物也。」)

引証七案
○父ノ物ヲ盗。羊ノ身トナル息女ノ事―「唐ノ貞観年中ニ。京兆ノ人。韋慶植ト云モノノ女。忽ニ死ス。韋慶夫婦ノ痛大ナリ。二年ノ後ニ。父韋慶賓客ヲアツメ。食セントセシニ。家人羊ヲ買ヒ調テ未殺サザル夜ニ。韋慶ガ妻死シタル女ヲ夢ニミルニ。青衣ヲ著シ。頭髪ノ上ニ玉ノ釵ヲサシタリ。此ミナ平生服スルトコロニ。全クカハリハナシ。来テ母ヲ見テ。サメザメト泣テ言ク。昔父母ノ財物ヲ盗ミ用ユ。此ノ業ニ由テ今羊ノ身ヲ受ク。此ニ来テ父母ニ命ヲツグナフ。(以下省略)」

(『法苑珠林』巻七十四、十悪篇、偸盗部、遺物部、感応縁「唐魏王府長史韋慶植女」、「唐貞観中。魏王府長史京兆人韋慶植。有女先亡。韋夫婦痛惜之。後二年慶植。将聚親賓客備食。家人買得羊未殺。夜慶植妻夢。其亡女著青裙白衫。頭髪上有一双玉釵。是平生所服者。来見母涕泣言。昔嘗用物不語父母。坐此業報。今受羊身。来償父母。命明旦当見殺。青羊白頭者是。特願慈恩、垂乞性命。母驚寤旦而自往観羊。果有青羊。項膞皆白。頭上有両点白相。当如玉釵形。母

対之悲泣。止家人勿殺。待慶植至放送之。俄而植至催食。厨人白言。夫人不許殺青羊。植怒即命殺之。宰夫懸羊欲殺。賓客数人已至。乃見懸一女子容貌端正。訴客曰。是韋長史女。乞救命。客等驚愕止宰夫。宰夫懼植怒。又但見羊鳴。遂即殺之。既而客坐不食。植怪問之。客具以言。慶植悲痛。発病遂不起。京下士人多知此事。崔尚書敦礼、具為臨説。」）

○并ニ父母ノ銭百文盗ミ。羊ニ生レ来ル事一「又唐ノ長安ノ風俗ニテ。正月元日ヨリ已後ニ飲食ヲ為スタメニ。人ヲ邀フ。然ニ東市ノ筆生趙大ト云モノ。客ヲ設ントスルニ。客宅ニ入リ後ヲ見レバ。碓ノ上ニ一人ノ童女アリ。年ハ十三計ト見タリ。青裙ヲシ白衫ヲ著テ。汲ノ索ヲ以テ首ニ繋。碓ノ柱ニツケテ。泣涙ニテ客ヲ呼。客答ケレバ。我ハ此ノ主人筆生趙ガ息女ナリ。往シ年未ダ死セザル時ニ。父母ノ銭百文ヲ盗デ。脂粉ヲ買ント欲シテ。求得ザルニ死ス。其ノ銭ハ今舎ノ内西北ノ角ノ壁ノ中ニアリ。此ヲ盗ムユヘニ。罪ヲ得テ。大ニ苦ム。今正ク父母ニ命ヲ償ベシト。言ヒ畢テ。化シテ頭ノ白キ青キ羊トナル。（以下省略）二縁『冥報記』出。）」

（『法苑珠林』巻七十四、十悪篇、偸盗部、遺物部、感応縁「唐長安市里風俗。毎至歳元日已後。遞作飲食相邀。号為伝坐。東市筆生趙大次当設之。有客先到。向後見其碓上。有童女年可十三四。著青裙白衫。以汲索繋頸。属於碓柱。泣涙謂客曰。我主人女也。往年未死時。盗父母百銭欲買脂粉。未及而死。其銭今在厨舎内西北角壁中。然我未用。既以盗之。坐此得罪。今当償父母命。言畢、化為青羊白頭。客驚告主人。主人問其形貌。乃是小女。死已二年矣。於厨壁取得百銭。似久安処。於是送羊僧寺。合門不復食肉。盧文勵伝向臨説耳。右二験出『冥報記』。）

○「貧者無欲ノ事」

評引『賢愚経』―『法苑珠林』巻五十六、貧賤篇、貧女部。「如賢愚経云。昔仏在世時。尊者迦旃延在阿槃提国。時彼国中有一長者。大富饒財。家有一婢。小有愆過。長者鞭打。昼夜走使。衣不蓋形。食不充口。年老辛苦思死不得。適持瓶詣河取水。挙声大哭。爾時尊者聞其哭声。往到其所問知因縁。即語之言。汝若貧者何不売之。老母答言。誰買貧者。迦旃延言。貧実可売。老母白言。貧可売者。売之云何。迦旃延言。汝若売者一隨我語告令先洗。洗已教施母白尊者。我今貧窮身上衣無毛許完納。唯有此瓶。是大家許。当以何施。即持鉢与教取水施。受為祝願。次与授戒。後教念仏竟問之言。汝止何処。婢即答言。無定止処。隨舂炊磨即宿其処。或在糞壌上。尊者語言。汝好勤心恭謹走使。伺其大家一切臥訖。竊開戸入。於其戸内敷草而坐。思惟観仏。母受教已至夜坐処。戸内命終生忉利天。大家曉見瞋恚而言。此婢常不聴入舎。何忽此死。即便遣人以草繋脚。

置寒林中。此婢生天。与五百天子以為眷属。即以天眼観見故身生天因縁。尋即将彼五百天子。齎持香華到寒林中。焼香散花供養死屍。放天光明照於村林。大家見怪。普告遠近。詣林観看。見已語言。此婢已死何故供養。天子報言。此吾故身。即為具説生天因縁。後皆迴詣迦㫋延所礼拜供養。因縁説法。五百天子悉皆獲得須陀洹果。既得果已還帰天上。以是因縁。智者応当皆如是学。」
〇寺ニ入テ仏ヲ盗テ。癩廟ヲ受ル人ノ事—『法苑珠林』巻七十九、十悪篇、邪見部、感応縁「宋周宗者。広陵肥如人也。元嘉七年隨劉彦之北伐王師失利。与同邑六人逃竄間行。於彭城北遇一空寺。無有僧徒。中有形像。以水精為相。因共竊取。出村貿食。其一人羸病。等輩輕之。独不得分。既各還家。三四年中宗等五人相係病癩而死。不得分者独獲全免。」（出『冥祥記』。）
〇并ニ仏物ヲ盗。癩ノ病ヲ得シ人ノ事—『法苑珠林』巻七十九、十悪篇、邪見部、感応縁「宋唐文伯。東海戇榆人也。弟好蒲博家資都尽。村中有寺。経過人或以錢上仏。弟屢竊取。久後癩病。卜者云。崇由盗仏錢。父怒曰。仏是何神。乃令我児致此。吾当試更虜奪。若復能病可也。前縣令何欣之婦。上織成寶蓋帶四枚。乃盗取之。以為腰帶。不盈百日復得悪病。発瘡之始起腰帶処。世時在元嘉年初爾。（出『冥祥記』。）
評引『十誦律』—『法苑珠林』巻七十四、十悪篇、偸盗部、仏物部。又十誦律云。若盗仏圖物精舎中供養具。若有守護主。計主犯重罪。如十誦。偸仏舎利。薩婆多論盗仏像。並為淨心供養。自念云。彼亦弟子。我亦弟子。如是之人。雖不語取。供養皆不犯罪（此謂施主情通者不犯局者犯重也）。
評引『方等経』—『法苑珠林』巻七十四、十悪篇、偸盗部、僧仏部。「又依方等経。華聚菩薩云。五逆四重我亦能救。盗僧物者。我不能救。又大集経濟龍品云。時有諸龍得宿命心。自念過業涕泣雨涙。来至仏前各如是言。我憶往昔。於仏法中或為俗人親属因縁。或復聽法因縁。所有信心捨施種種華果飲食。共諸比丘依次而食。或有説言。我曾喫噉四方衆僧華果飲食。或有説言。我往寺舍布施衆僧。或復礼拜如是喫噉。乃至七仏已来。曽作俗人有信心人。為供養故施諸華果種種飲食。比丘得已迴施於我。我得便食。由彼業縁。於地獄中。経無量劫。大猛火中。或焼或煮。或飲洋銅。或吞鐵丸。從地獄出堕畜生中。捨畜生身生餓鬼中。如是種種備受辛苦。仏告諸龍。此之悪業与盗仏物。等無差別。」
〇僧寺ニ放ツ所ノ羊ヲ盗デ売。銭ヲ取リ雷ニウタレシ事—『法苑珠林』巻七十三、十悪篇、殺生部、引証部、感応縁「唐封元則盗羊殺験」（出『冥報拾遺録』）。唐封元則。渤海長河人也。至顯慶中為光祿寺太官掌膳。時有西蕃客于闐王来朝。食料余羊。凡至数十百口。王並託元則送於僧寺。放作長生。元則乃竊令屠家烹宰。收其錢直。龍朔元年夏六月。雒陽大雨震雷霹靂元則。於宣仁門

外大街中殺之。折其項裂血流灑地。観者盈衢莫不驚愕（右五験出冥報拾遺録）。
第三冊　巻三
「偸盗不偸盗ノ部余」
引証十一案
○「貧者金袋ヲ拾テ主ニ返シ与フ無欲ノ事。」
　評引『正法念経』―『法苑珠林』巻七十四、十悪篇、偸盗部、遺物部。如正法念経云。若見道邊遺落之物。若金若銀及余財寶。取已唱令。此是誰物。若有人言。此是我物。当問其相。実者当還。若無人認。七日持行。日日唱之。若無主認。以此寶物付王大臣州郡令長。若王大臣州郡令長。見福德人不取此物。後当護持仏法衆僧。是名不盗。
○人ノ絹ヲ盗ミ。并ニ三人ノ僧ヲ殺シテ現ニ癘風トナリシ人ノ事―『法苑珠林』巻七十、受報篇、悪報部、住処部、四十二居止住処、引証部、感応縁「唐貞観年内有邢文宗。枉害衆僧受現報」唐河間邢文宗。家接幽燕。稟性麁險。貞観年中。忽遭悪風疾。旬日之間眉鬚落尽。於後就寺帰懺。自云。近者使向幽州路。逢一客将絹十余匹。迴沢無人。因即却殺。此人云。将向城内欲買経紙。終不得免。少間属一老僧復欲南出遇文宗。懼事発覚揮刀擬僧。僧叩頭曰。乞存性命。誓願終身不言。文宗殺之。棄之草間。経二十余日。行還過僧死処。時当暑月。疑皆爛壊。試往視之。儼如生日。宗因下馬以策築僧之口。口出一蠅。飛鳴清徹。直入宗鼻。久悶不出。因得大患。歳余而死（出『冥報拾遺』）。
評引『譬喩経』―『法苑珠林』巻六十七、怨苦篇、地獄部。「又舊雑譬喩経云。昔有六人為伴造罪。倶墮地獄同在一釜中。皆欲説本罪。一人言沙。二人言那。三人言遲。四人言涉。五人言姑。六人言陀羅。仏見之笑。目連問仏。何以故笑。仏言。有六人為伴倶墮地獄。共在一釜中。各欲説本罪。熱湯沸涌不能再語。各一語便廻下。一人言沙者。世間六十億歳万歳。在泥犁中始為一日。何時当竟。第二人言那者。無有出期亦不知何時当得脱。第三人言遲者。咄咄我当用治生不能自制意。奪五家分供養三尊。愚貪無足今悔何益。第四人言涉者。言我治生亦不至誠。財産属他為得苦痛。第五人言姑者。誰当保我。従地獄出。便不犯道禁。得生天楽者。第六人言陀羅者。是事上頭本不為心討。譬如御車失道入邪折軸車壊悔無所及。」
○母我子ノ米ヲ盗。驢馬ト生シ事―隋大業中。雒陽有人性王。常持五戒。時言未然之事。閭里敬信之。一旦忽謂人曰。今當有人與我一頭。驢至日午果有。人牽驢一頭送來。涕泣説言。早喪父其母寡。養一男一女女嫁而母亡。二十年矣。寒食日持酒食祭墓。此人乗驢而往。墓所伊水東。欲度伊水驢不肯度。鞭其頭面破傷流血。既至墓所放驢而祭。俄失其驢。還本處。其日妹獨在兄家。忽見其母

入來。頭面流血形容毀頓。號泣告女。我生時避汝兄。送米五斗與汝。坐得此罪報受驢身。償汝兄五年矣。今日欲度伊水。水深畏之。汝兄鞭撾我頭面盡破。仍期還家。更苦打我。我走來告汝。吾今償債垂畢。何太非理相苦也。言訖出。尋之不見其母。兄既而還。女先觀驢頭面傷破流血。如見其母傷狀。女抱以號泣。兄怪問之。女以狀告。兄亦言。初不肯度。及失還得之。言狀符同。於是兄妹抱持慟哭。驢亦洟淚皆流不食水草。兄妹跪請。若是母者願為食草。驢即為食。既而復止。兄妹莫如之何。遂備粟送王五戒處。乃復食。後驢死。兄妹收葬焉（右二驗出冥報記）。

○夫ノ目ヲ忍ビ。絹ヲ盜デ。女ニ与ヘ猪ト生シ事—隋冀州臨黃縣東。有耿伏生者。其家薄有資產。隋大業十一年。伏生母張氏避父。將絹兩匹乞女。數歲之後母遂終亡。變作母豬。在其家生。復產二肫。伏生並已食盡。遂使不產伏生即召屠兒出賣。未取之間有一客僧。從生乞食。即於生家少停。將一童子入猪圈中游戲。猪語之言。我是伏生母。為於往日避生父眼取絹兩匹乞女。我坐此罪變作母猪。生得兩兒被生食盡。還債既畢更無所負。欲召屠兒賣我。請為報之。童子具陳向師。師時怒曰。汝甚顛狂。猪那解作此語。遂即寢眠。又經一日。猪見童子。又云。屠兒即來何因不報。童子重白師主。又亦不許。少頃屠兒即來取猪。猪踰圈走出。而向僧前床下。屠兒逐至僧房。僧曰。猪投我來。今為贖取。遂出錢三百文贖猪。後乃竊語伏生曰。家中曾失絹不。生報僧云。父存之日曾失絹兩匹。又問。姉妹幾人。生又報云。唯有一姉。姉與縣北公乘家。僧即具陳童子所說。伏生聞之悲泣不能自已。更別加心供養猪母。凡經數日猪忽自死。託其女夢云還債既畢得生善處。兼勸其女更修功德。

○土ノ袋ヲ以テ。人ヲ圧殺シ。錢帛ヲ盜シ事—唐冀州舘陶縣主簿姓周。忘其名字。至顯慶四年十一月奉使於臨渝關互市。當去之時。將佐史等二人從往。周將錢帛稍多。二人乃以土囊壓而殺之。所有錢帛咸盜將去。唯有隨身衣服充斂。至歲暮乃入妻夢。具說被殺之狀。兼言所盜財物藏隱之處。妻乃依此告官。官司案辯具得實狀錢帛。並獲二人。皆坐處死。相州智力寺僧慧永云。當親見明庭觀道士劉仁寬說之（右一驗出冥報拾遺）。

○女ヲ殺シ。錢并ニ絹ヲ奪取シ事—漢世何敞。為交阯刺史行部。到蒼梧郡高要縣。暮宿鵠奔亭。夜猶未半。有一女子從樓下出。自云。妾姓蘇名娥字怡姝。本廣信縣修里人。早失父母又無兄弟。夫亦久亡。有雜繒百二十匹及婢一人。名致富。妾孤窮羸弱不能自振。欲往傍縣賣繒。就同縣人王伯。賃車牛一乘。直錢萬二千。載妾并繒令致富執轡。乃以前年四月十日到此亭外。于時日暮行人既絕。不敢前行。因即留止。致富暴得腹痛。妾往亭長舍乞漿取火。亭長龔壽操刀持戟。來至車傍。問妾曰。夫人從何所來。車上何載。丈夫安在。何故獨行。妾應之曰。

何故問之。壽因捉妾臂曰。少愛有色寧可相樂耶。妾時怖懼不肯聽從。壽即以刀刺脇一創立死。又殺致富。壽掘樓下埋妾并婢。取財物去。殺牛燒車。車釭及牛骨貯亭東空井中。妾死痛酷無所告訴。故來自歸於明使君。敞曰。今欲發汝屍骸。以何為驗。女子曰。妾上下皆著白衣。青絲履猶未朽也。掘之果然。敞乃遣吏捕壽。拷問具服。下廣信縣驗問。與娥語同。收壽父母兄弟皆繋獄。敞表壽殺人。於常律不至族誅。但壽為惡隱密經年。王法所不能得。鬼神訴千載無一。請皆斬之。以助陰殺。上報聽之。
〇女ノ魂鬼トナッテ。人ヲ殺ス事—漢時有王忳字少林。為郿縣令。之縣到螯亭。亭常有鬼。數數殺人。忳宿樓上。夜有女子。稱欲訴冤。無衣自蓋。忳以衣與之。乃進曰。妾本涪令妾也。欲往之官。過此亭宿。亭長殺妾。大小十餘口。埋在樓下。奪取衣裳財物。亭長今為縣門下游徼。忳曰。當為汝報之。勿復妄殺良善耶。鬼投衣而去。忳且收游徼。詰問即服。收同謀十餘人并殺之。掘取諸喪歸其家殯葬。亭永清寧。人謠曰。信哉少林世無偶。飛被走馬與鬼語。飛被走馬。別為他事。今所不錄（右二驗出『冤魂志』）。
〇母ノ錢ヲ盗デ。一ノ猪子ト生シ事—隋大業八年。宜州城東南四十餘里有一家。姓皇甫。居家兄弟四人。大兄小弟並皆勤事生業。仁慈忠孝。其第二弟名遷。交游惡友不事生活。於後一時母在堂內。取六十錢欲令市買。且置床上。母向舍後。其遷從外來入堂。左右顧視不見人。便偷錢將出私用。母還覓錢不得。不知兒將去。遂勘合家。良賤並云不得。母恨不清合家。遂鞭打大小。大小皆怨。至後年遷亡。託胎家內母猪腹中。經由三五月產一豚子。年及兩歲。八月社至。須錢賣遠村社家得錢六百文。社官將去。至於初夜。遂警覺合家大小。先以鼻觸婦。婦眠夢云。我是汝夫。為取婆六十錢。枉及合家唐受拷楚。令我作猪。今來償債。今將賣與社家。社家縛我欲殺。汝是我婦。何忍不語男女贖我。婦初一夢。忽寤心驚。仍未信之。復眠還夢如是。猪復以鼻觸婦。婦驚著衣向堂報姑。姑已起坐。還夢同新婦。兒女亦同夢見一夜裝束令兒及將遷兒。并持錢一千二百。母報兒云。社官儻不肯放。求倍與價。恐天明將殺。馳騎急去。去舍三十餘里。兒既至彼。不說己親。恐辱家門。但云不須殺。今欲贖猪。社官不肯。吾今祭社時至。猪不與君。再三殷勤不放。兄兒怕急。恐慮殺之。私憑一有識解信敬人曾任縣令。具述委曲實情。後始贖得。既得猪已驅向野田。兄語猪云。汝審是我弟。汝可急前還家。兒復語猪。審是我父。亦宜自前還家。猪聞此語馳走在前還舍。後經多時鄉里並知兒女恥愧。比鄰相嫌者並以猪譏罵。兒女私報猪云。爺今作業不善受此猪身。男女出頭不得。爺生平之日。每共徐賢者交厚。爺向徐家。兒女送食。往彼供爺。猪聞此語。瀝淚馳走向徐家。徐家離舍四十餘里。至大業十一年內。猪徐家卒。信知業報不簡親疏皎若目前。豈不慎歟。長安弘法寺靜琳法師。是遷隣

里。親見其猪。法師傳向道說之。

第四冊　巻四

「邪淫不邪淫ノ部」

述意

引証七案

○談生ト云者。夫婦ノ事蹟。并ニ塚ヨリ出シ。女ノ事―『法苑珠林』巻七十五、十悪篇、邪淫部、感応縁「漢時有談生冥婚怪」漢有談生者。年四十無婦。常感激讀経書。通夕不臥。至夜半時。有一姝女。年十五六。姿顏服飾天下無双。来就談生。遂為夫婦。言曰。我不与人同夜。君愼勿以火照我也。至三年之後。乃可照耳。談生与為夫婦生一児。已二歲矣。不能忍夜伺其寐。便盜照視之。其腰已下肉如人、腰已上但是枯骨。婦覚、遂去。云、君負我。我已垂変身。何不能忍一年。而竟相照耶。談生辞謝洟泣、不可復止。云、与君雖大義。今将離別。然顧念我児。恐君貧不能自諧活、暫逐我去。方遣君物。談生逐入華堂蘭室。物器不凡。乃以珠被与之曰。可以自給。裂取談生衣裾留之辞別而去。後談生持被詣市。睢陽王買之。直錢千万。王識之曰。是我女被。那得在市。此人必発吾女塚。乃收考談生。談生具以実対。王猶不信。乃往視女塚。塚全如故。乃復発視。果於棺蓋下得衣裾。呼其児視。貌似王女。王乃信之。即出談生而復之。遂以為女婿。表其児為郎中。右一驗出『搜神記』[43]。

○死シタル女。蘇生シテ人ノ妻トナル事―『法苑珠林』巻七十五、十悪篇、邪淫部、感応縁「晋時武都太守李仲文」晋時武都太守李仲文。在郡喪女。年十八。權仮葬郡城北。有張世之。代為郡。世之男字子長。年二十。侍従在厩中。夢一女年可十七八。顏色不常。自言前府君女。不幸早亡。会今当更生。心相愛楽故来相就。如此五六夕。忽然昼見。衣服熏香殊絶。遂為夫妻寝息。衣皆有污。如処女焉。後仲文遣婢視女墓。因過世之。婦相聞入厩中。見此女一隻履在子長床下。取之啼泣。呼言。発塚。持履帰以示仲文。仲文驚愕。遣問世之。君児何由得亡女履耶。世之呼問。児具陳本末李張並謂可怪。発棺視之。女体已生肉。顏姿如故。右脚有履。左脚無也。自爾之後遂死肉爛不得生。万恨之心当復何言。泣涕而別。

○并ニ徐玄方ガ女ノ事―『法苑珠林』巻七十五、十悪篇、邪淫部、感応縁「晋時東平馮孝将」晋時東平馮孝将。為広州太守。児名馬子。年二十余。独臥厩中。夜夢見女年十八九。言我是前太守北海徐玄方女。不幸早亡。亡来出入四年。為鬼所枉殺。案主録当八十余。聴我更生。要当有依馬子乃得生活。又応為君妻。能從所委見救活不。馬子答曰。可爾。与馬子剋期当出。至期日床前地頭髪。正与地平。令人掃去。逾分明。始寤是所夢見者。遂除左右人。便漸漸額出。次頭

面出。次項形体頓出。馬子便令坐対榻上。陳説語言。奇妙非常遂与馬子寝息。毎戒云。我尚虚自節。問何時得出。答曰。出当得本生。生日尚未至。遂往廁中。言語声音人皆聞之。女計生日至。女具教馬子。出已養之方法。語畢拝去。馬子従其言。至日以丹雄雞一隻黍飯一盤。清酒一升。醊其喪前。去廁十余歩。祭訖掘棺出開視女身体貌全如故。徐徐抱出著氈帳中。唯心下微暖口有気。令婢四人守養護之。常以青羊乳汁瀝其両眼。始開口能咽粥。積漸能語。二百日中持杖起行。一期之後顔色肌膚気力悉復常。乃遣報徐氏。上下尽来。選吉日下礼。娉為夫婦。生二男一女。長男字元慶。永嘉初為秘郎中。小男字敬度。作太傅掾。女適済南劉子彦。徴士延世之孫。右二験出『続捜神記』[44]。

評引『雑譬喩経』―『法苑珠林』巻七十五、十悪篇、邪淫部、述意部「又雑譬喩経云。仏在世時。有一婆羅門生於両女。」又雑譬喩経云。仏在世時。有一婆羅門生於両女。女皆端正。乃故懸金。九十日内募索有能訶我女醜者。便当与金。竟無募者。将至仏所。仏便訶言。此女皆醜無有一好。阿難白仏言。此女実好。而仏言悪。有何不好。仏言。人眼不視色是為好眼。耳鼻口亦爾。身不著細滑。是為好身。手不盗他財。是為好手。今観此女眼視色。耳聴音。鼻嗅香。身喜細滑。手喜盗財。如此之者。皆不好也。)

○医者ノ薬礼ニ妻ヲ寄タル人ノ事

評引「目連比丘」―『法苑珠林』巻七十五、十悪篇、邪淫部、呵欲部「又禅秘要経云。長老目連得羅漢道。本婦将従。」又禅秘要経云。長老目連得羅漢道。本婦将従。盛服荘厳欲壊目連。目連爾時為説偈言　汝身骨乾立　皮肉相纏裹

不浄内充満	無一是好物	韋嚢盛屎溺	九孔常流出	如鬼無所宜
何足以自貴	汝身如行廁	薄皮以自覆	智者所棄遠	如人捨廁去
若人知汝身	如我所悪厭	一切皆遠離	如人避圊廁	汝身自荘厳
華香以瓔珞	凡夫所貪愛	智者所不惑	汝是不浄聚	集諸穢悪物
如荘厠舎	愚人以為好	汝脇肋著脊	如椽依梁棟	五蔵在腹内
不浄如屎篋	汝身如糞舎	愚夫所貪保	飾以珠瓔珞	外好如畫瓶
若人欲染空	始終不可著	汝欲来焼我	如蛾自投火	一切諸欲毒
我今已滅尽	五欲已遠離	魔網已壊裂	我心如虚空	一切無所著
正使天欲来	不能染我心。			

「妄語不妄語ノ部」(二十六〜二十九葉)

述意

引証四案

　○人ニ家ヲ作価ヲ妄語シテ還ズ牛ト生シ事―隋ノ卜士瑜ハソノ父陳ヲ平グル功ニヨリテ。儀同ヲ授ケラル。慳吝ニシテ。常ニ人ヲヤトフテ。家ヲ造リテ。其

価ヲ還ズ。作ル人銭ヲックレヨト求ム。然ニ卞士瑜ガ父鞭テ曰。若シ実ニ銭ヲ負バ。我死シテ汝ガタメニ牛トナツテ償ントイヘリ。須臾ノ間ニ卞ガ父死ス。作人ニ牛アリ。一ノ黄犢ヲ産ム。腰ノ下ニクロキ文アリテ。横ニ絡テ大小正ニ笏形ノゴトシ。牛主コレヲ呼デ。卞公卞公トイヘバ。前ノ膝ヲ屈テ。頭ヲ地ニツケ。又呼デ。卞公卞公何ゾ我ニ銭ヲ負ヤト云バ。膝ヲ屈テ角ヲ振。其ノアリサマヲ子見ニ忍ズ。銭十万ヲ以テ。此ヲ贖ントイヘドモ。牛主許ズ。死シテ即葬ル。『太平広記』出[45)]。」

(『法苑珠林』巻五十七、債負篇、引証部、感応縁「隋楊州卞士瑜者。其父在隋。以平陳功授儀同。慳悋。嘗雇人築宅不還其価。作人求銭。卞父鞭之怒曰。若実負我死当与汝作牛。須臾之間卞父死。其年作牛孕産一黄犢。腰有黒文。横絡周匝。如人腰帯。右跨有白文。斜貫大小。正如象笏形。牛主呼之曰。卞公何為負我。犢即屈前膝以頭著地。瑜以銭十万贖之。牛主不許。死乃收葬。瑜為臨自説之爾。」(出『冥報記』)

4. 結び

『勧善懲悪集』は以上のようにかなりの部分を『法苑珠林』から引用しており、その形式や内容を継承したと言える。より通俗的になったのは「引証」であり、『法苑珠林』では「引証」は経典によるものであったため、「感応縁」の因果応報故事を「引証」として物語性を持たせ、「評」において『法苑珠林』「引証」の中の経典を用いたのである。なお本書には原典を注記しているが、検証の結果、直接原典によらず『法苑珠林』「感応縁」によっていることが明らかになった。もちろん『法苑珠林』以外からの引用もあり、その中には『法苑珠林』百巻が刊行された乾封三年（総章元年〔六六八〕）以後に出た南漢王定保『唐摭言』十五巻、宋徐鉉『稽神録』六巻、宋沈括『夢渓筆談』、宋馬縞『中華古今注』三巻、宋李昉『太平広記』五百巻、明鄭瑄『昨非庵日纂』二十巻、明顔茂猷『迪吉録』八巻などを含んでいる。本論では七巻すべてを検証することができなかったが、今後、機会を得て検証してみたいと考えている。

注

1) 中華電子佛典協會（CBETA）電子版がある。
2) 『仏説興起行経』二巻。後漢康孟詳訳。『大正新脩大蔵経』巻四「本縁部」下収。
3) 『朝野僉載』六巻。唐張鷟。巻一「虔州司士劉知元撰判司倉。大酺時。司馬楊舜臣謂之

曰。「買肉必須含胎。肥脆可食。余瘦不堪。」知元乃揀取懷孕牛犢及猪羊驢等殺之。其胎仍動。良久乃絶。無何。舜臣一奴無病而死。心上仍暖。七日而蘇。云見一水犢白額。並子隨之。見王訴云。「懷胎五個月。扛殺母子。」須臾又見猪羊驢等皆領子来訴。見劉司士答款。引楊司　馬処分如此。居三日而知元卒亡。又五日而舜臣死。」

4) 『幽明録』一巻。劉宋劉義慶。
5) 『独異志』三巻。唐李元。巻中「陳宣帝時。揚州人厳泰。江行逢漁舟。問之。云。有亀五十頭。泰用銭五百贖放之。行数十歩。漁舟乃覆。其夕。有烏衣五十人釦泰門。謂其父母曰。賢郎附銭五百。可領之。繒皆濡湿。父母雖受銭。不知其由。泰帰。問焉。乃贖亀之異。因以其居為寺。里人号法厳寺。」
6) 『梵網経盧舎那仏説菩薩心地戒品第十』二巻。劉宋時代の偽経。
7) 『五行記』一巻。唐人。
8) 『報応録』一巻。唐人。
9) 北涼曇無讖訳『金光明経』四巻、隋宝貴『合部金光明経』八巻、唐義浄『金光明最勝王経』十巻などの漢訳がある。
10) 10『優婆塞戒経』。曇無讖訳。在家信者の戒律を説く。
11) 『捜神記』。明刊本二十巻。東晋干宝。巻二十「隋県溠水側、有断蛇邱。隋侯出行、見大蛇被傷、中断、疑其霊異、使人以薬封之、蛇乃能走、因号其処断蛇邱。歳余、蛇銜明珠以報之。珠盈逕寸、純白、而夜有光、明如月之照、可以燭室。故謂之「隋侯珠」、亦曰「霊蛇珠」、又曰「明月珠」。邱南有隋季良大夫池。」
12) 『校正尚友録統編』二十四巻。古董銭湖釣徒編。巻十、下平声七陽「楊宝」に、「楊宝、漢、華陰人。性慈愛。年方九歳。至華陰山北、見一雀為鴟鶚所博堕地、為螻蟻所攢。宝懐帰、置巾笥中餌以黄花如此環矣。」
13) 『大智度論』。鳩摩羅什訳。
14) 『善悪因果経』。偽経。
15) 『奇異雑談集』（貞享四年〔一六八七〕）にも引く。堤邦彦「近世怪異小説と仏書・その一――殺生の現報をめぐって（一九八五。芸文研究四七）参照。
16) 『稽神録』六巻。宋徐鉉。
17) 『梁京寺記』一巻。著者不詳。「梁小荘厳寺。在建業定陰里。本是晋零陵王廟地。天監六年度禅師起造。時有邵文立者。世以烹屠為業。嘗欲殺一鹿。鹿跪而流涙。以為不祥。鹿懐一麑。尋当産育。就庖哀切。同被剖割。因斯患疾。眉鬚ląnąsuffer脱落。身瘡併壞。後乃深起悔責求道。度禅師発大誓願。罄捨家資迴買此地。為立伽藍。」CBETA 電子版、中華電子仏典協会（CBETA）。資料底本『大正新脩大正蔵経』Vol. 51、No. 2094。
18) 『賢愚経』十三巻。北魏慧覚等訳。賢者愚者の譬喩六十九話を収録。
19) 『十誦律』六十一巻。姚秦弗若多羅、鳩摩羅什共訳。
20) 『方等経』。大乗仏典の総称。
21) 『原化記』一巻。唐皇甫。
22) 『昨非庵日纂』二十巻。明鄭瑄。
23) 『正法念処経』七十巻。東魏瞿曇般若流支訳。
24) 『冥報拾遺録』一巻。唐郎余令拾遺。
25) 『譬喩経』。

26)『唐摭言』十五巻。南漢王定保。
27)『摩訶僧祇律』。
28)『仏説罪業報応教化地獄経』一巻。後漢安世高訳。『大正新脩大蔵経』経集部（四）第十七巻収。
29)『太平広記』五百巻。宋李昉編。巻一三四「報応」三三（「宿世畜生」）「竹永通」。
30) 不詳。
31)『仏説観仏三昧海経』十巻。東晋仏駄跋陀羅訳。『大正新脩大蔵経』経集部（二）第十五巻収。
32)『宝梁経』二巻。北涼釈道龔訳。
33)『冥報記』巻下に、「隋大業中。洛陽人。姓王持五戒。時言未然之事。閭里敬信之。一旦忽謂人曰。今日當有人。與我一頭驢。至日午。果有人牽驢一頭送來。涕泣說言。早喪父。其母寡。養一男一女。女嫁而母亡。亦十許年矣。寒食日。妹來歸家。家有驢數年。洛下俗。以寒食日。持酒食祭墓。此人乘驢而往。墓在伊水東。欲度伊水。驢不肯度。鞭其頭面。被傷流血。既至墓所。放驢而祭。俄失其驢。還在本處。是日妹獨在兄家。忽見母入來。頭面血流。形容毀悴。號泣告女曰。我生避汝兄。送米五升與汝。坐此得罪報。受驢身。償汝兄五年矣。今日欲度伊水。水深畏之。汝兄以鞭搖我。頭面盡破。仍許還家。更苦打我。我走來告汝。吾今償債垂畢。可太非理相苦也。言訖走出。尋之不見。女記其傷狀處。既而兄還。女先觀驢頭面傷破狀。女抱以號泣。兄怪問之。女以狀告。兄亦言初不肯度。及失還得之狀同。於是兄妹。抱持慟哭。驢亦涕淚交流。不食水草。兄妹跪請。若是母者。願為食草。驢即為食草。既而復止。兄妹莫如之何。遂備粟豆送五戒處。乃復飲食。後驢死。妹收葬焉。」
34)『夢溪筆談』二十六巻。宋沈括。
35)『迪吉録』八巻。明顔茂猷。
36)『中華古今注』三巻。宋馬縞。
37)『捜神後記』十巻。東晋陶潜。
38)『禅秘要法経』三巻。鳩摩羅什訳。
39)『菩薩善戒経』。
40)『諸経要集』二十巻。唐道世。
41)『列女伝』七巻。漢劉向。
42)『法苑珠林』「感応縁」では「験」とする。ここで「縁」と注記しているのは「感応縁」の「縁」の意味であろう。
43)『捜神記巻十六。
44)『続捜神記』巻四。
45)『太平広記』巻四百三十四「畜獣」一「牛償債」下士瑜の出典は『法苑珠林』である。

第9章　物語の冒頭表現が拓く異郷の時間
―小さ子譚としての『竹取物語』―
森野正弘

1.『竹取物語』が切り拓く物語史

　平安期に開花した仮名文字による文学。その史的な様相は、和歌・物語・日記という3種の文学形態の生成と展開として捉えることができよう。このうち物語については、伝奇的な色合いを濃くする作り物語の系譜や、口承の歌語りを発生源とする歌物語の系譜があり、それぞれの始発に位置づけられる作品として『竹取物語』と『伊勢物語』の名が挙げられる。ちなみに、この両作品の名称は、いずれも『源氏物語』を文献上の初出としている。その『源氏物語』の絵合巻には、『竹取物語』を「物語の出で来はじめの親」とする叙述があり、当時の物語史観が窺える事例として、従来、注目されてきたところでもある。

　　中宮も参らせたまへるころにて、かたがた御覧じ棄てがたく思ほすことなれば、御行ひも怠りつつ御覧ず。この人々のとりどりに論ずるを聞こしめして、左右と分かたせたまふ。梅壺の御方には、平典侍、侍従内侍、少将命婦、右には大弐典侍、中将命婦、兵衛命婦を、ただ今は心にくき有職どもにて、心々に争ふ口つきどもををかしと聞こしめして、まづ、<u>物語の出で来はじめの親なる竹取の翁に宇津保の俊蔭を合はせて争ふ</u>。

　　　　　　　　　　　　　　　　　　　　　　（絵合②380頁）[1)]

　これは、『源氏物語』の絵合巻に語られてくる物語絵合せの条である。舞台となっているのは冷泉帝の後宮で、絵を好む帝の関心を引き寄せるべく、光源氏の擁する梅壺女御方と権中納言の擁する弘徽殿女御方とで絵画の蒐集争いが繰り広げられていた。その競争が昂じて、ついには藤壺中宮（冷泉帝の生母）の発案により、両陣営による絵合せ（絵画のコンクール）が試みられることとなる。双方から出品されたのは、古今の物語を題材として描かれた物語絵であった。まずは1番目の勝負として、左方（梅壺女御方）からは『竹取物語』が、右方（弘徽殿女御方）からは『宇津保物語』が、それぞれ提出された。次いで2番目の勝負として、左方からは『伊勢物語』が、右方からは『正三位』が、それぞれ提出されてゆく。そして、このような展開を語る物語の文脈において、『竹取物語』を「物語の出で来はじめの親」と規定する叙述が表れてくるのである。この一節について、現行の注釈書である新編日本古典文学全集は、「この叙述は、『竹取物語』を最古の物語とみる一証たりうる」[2)]と解説する。ただし、『源氏物語』の蓬生巻

には、「唐守、藐姑射の刀自、かぐや姫の物語」(蓬生② 331頁)という記述があり、当時、『竹取物語』と併称されるかたちで『唐守(からもり)』『藐姑射(はこや)の刀自』といった物語も存在していたことが窺える。これら初期物語の多くは散佚してしまったため、その先後関係を明らかにすることはできず、あるいは「物語の出で来はじめの親」という叙述も、そういった初期物語群の代表的作品といった意味に解するべきではないかという説が、中野幸一によって提出された[3]。これについては藤村潔による反論があり、従来通りに「物語の始祖」と解するべき見解が示されている[4]。また、中野・藤村両説を止揚するかたちで論を展開した室伏信助は、「物語の出で来はじめの親」という叙述を、外在的な成立時期に関するものではなく、内在的な価値を言い当てたものであるとしたうえで、現実の宮廷社会にあって失われてしまった理想性を具現した作品として『竹取物語』が称揚されていると理解する[5]。文学史的な成立の問題ではないとする見解は藤井貞和にもあり、藤井は、「物語の始祖」という従来の解釈を肯定しつつも、その意味を、神話的起源論として捉えるべきであると主張している[6]。

　これら諸氏の論考により、物語史において『竹取物語』の位置をどう捉えるかという問題が引き絞られてきたように思える。『竹取物語』は、確かに現存する物語の中では最古の作品であり、物語史の時系列上では最初に位置するものとなっている。だが、そういった外在的な理由だけで『竹取物語』の位置を理解するのでは不十分だということであろう。私たちは、後世に書かれた『源氏物語』によって、そこに物語としての祖型が見出されたという事実を証左としつつ、『竹取物語』がいかなる点で物語という文学形態を切り拓く契機となり得ているかを問い直す必要がある。この問題を考えるにあたり、ここでは後続する物語が『竹取物語』の冒頭表現を踏襲している点に注目してみたい。参考までに、平安期の物語の冒頭部分を掲げてみよう。

　・いまは むかし 、たけとりの翁といふものありけり。　　　　　(『竹取物語』)
　・ むかし 、男、初冠して、奈良の京春日の里に、しるよしして、狩にいにけり。
　　　　　　　　　　　　　　　　　　　　　　　　　　　　　　　(『伊勢物語』)
　・亭子の帝、いまはおりゐさせたまひなむとするころ、…　　　(『大和物語』)
　・いまは むかし 、男二人して女一人をよばひけり。　　　　　(『平中物語』)
　・ むかし 、式部大輔左大弁かけて、清原の王ありけり。　　　(『うつほ物語』)
　・今は昔、中納言なる人の、女あまた持たまへるおはしき。　　(『落窪物語』)
　・いづれの御時にか、女御、更衣あまたさぶらひたまひける中に、…
　　　　　　　　　　　　　　　　　　　　　　　　　　　　　　　(『源氏物語』)
　・月にはかられて、夜深く起きにけるも、思ふらむところいとほしけれど、…

(『堤中納言物語』)
・人の世のさまざまなるを見聞きつもるに、なほ寝覚めの御仲らひばかり、…
(『夜の寝覚』)
・孝養のこころざし深く思ひ立ちにし道なればにや、恐ろしう、…
(『浜松中納言物語』)
・少年の春惜しめども留らぬものなりければ、三月も半ば過ぎぬ。
(『狭衣物語』)
・いつの頃にか、権大納言にて大将かけたまへる人、…(『とりかへばや物語』)

　既に多くの先行研究が指摘するところでもあるが、瞥見して分かる通り、初期の物語は冒頭に「むかし」という語を含み、また、それと呼応して「けり」の語を伴うのを特色としている[7]。ただし、そういった類型的特色は『源氏物語』を境に見られなくもなっている。平安期の物語は、冒頭に「むかし」を掲げる物語群(竹取・伊勢・平中・うつほ・落窪)と、それを欠く物語群(大和・源氏・堤中納言・寝覚・浜松・狭衣・とりかへばや)とに二分されると言えよう。こうして眺めてみると、冒頭に「むかし」を掲げるのは、物語にとって絶対条件ではなく、選択された表現方法の一つでしかないことがあらためて確認される。ちなみに、「むかし」という語は、『竹取物語』の成立以前から文献上に表れている。したがって『竹取物語』は、既に流通している語としての「むかし」を冒頭に取り入れたということになる。そして、後続する物語のいくつかは、その『竹取物語』の表現方法を範型として踏襲し、その結果、「むかし」物語群とも言うべき類型が形成されるに至ったと推察される。しかし、その「むかし」物語群はやがて、「むかし」を冒頭に掲げぬ『源氏物語』の登場によって相対化を余儀なくされてゆく。『竹取物語』によって切り拓かれた物語史の展望を、ひとまずはこのように素描しておきたい。次節では、その物語史の初期段階において類型的特色ともなった「むかし」という表現をめぐり、考察を展開したいと思う。

2.「むかし」が切り拓く時空

　ここで、あらためて『竹取物語』の冒頭の条を確認してみることにしよう。

　いまはむかし、たけとりの翁といふものありけり。野山にまじりて竹をとりつつ、よろづのことにつかひけり。名をば、さぬきのみやつこなむいひける。その竹の中に、もと光る竹なむ一すぢありける。あやしがりて、寄りて見るに、筒の中光りたり。それを見れば、三寸ばかりなる人、いとうつくしうてゐたり。　　　　　　　　　　　　　　　　　　　　(17頁)[8]

人口に膾炙した条ではあるが、一応、書かれていることを辿っておくと、むか

し、竹取の翁という者がおり、野山に分け入っては竹を取り、それを使って生活用具としていた。その者の名を、さぬきの造と言った。ある時、竹林の中で根元の光る一本の竹を見つける。不審に思い、近寄って見たところ、竹の筒の中が光っており、そこには三寸ばかりの人が、とてもかわいらしい様子で座っていた、となる。ちなみに、一寸は約 3cm であり、したがって、10cm にも満たない小さな者が竹の筒の中にいたというのだから、これは到底、現実の出来事とは思えない展開である。しかし、そういった非現実的設定を切り拓き、私たちのいる現実世界の枠組みを不確かなものにしてしまう装置こそが「むかし」ではないかとも予想される。

　果たして、「むかし」という語によって切り拓かれてくる時空とはいかなるものであるのか。この問題を考えるにあたり、ここに「いにしへ」という語を引き据えてくることにしよう。古代日本語の体系には、過去を表す語として「いにしへ」と「むかし」の２種類があった。この二つの語の違いについては論者もかつて考察を展開したことがあり、「いにしへ」を歴史化された過去、「むかし」を虚構化された過去として捉え得る可能性について論じたところである[9]。本論では更に、その虚構化された過去としての「むかし」が、古代人の世界観として展望されてくる異郷（＝常世）と像を重ねるものであることを以下に見ていきたい。

　古代人の世界観を窺うアプローチは様々に用意されているが、ここでは古橋信孝によって提出された理論を参考にしよう[10]。古橋は、始源的な共同体のレベルを想定したうえで、そこに伝承される神話の史的階層がどのような時間の意識によって語られているかを論じており、示唆に富む。ここで、古橋の想定する共同体の構成原理を確認しておこう。この共同体は、「世代により横に割る原理と、性別により縦に割る原理」が想定され、世代については「老人・大人・子供」の三つに分けられるとする（図1）。

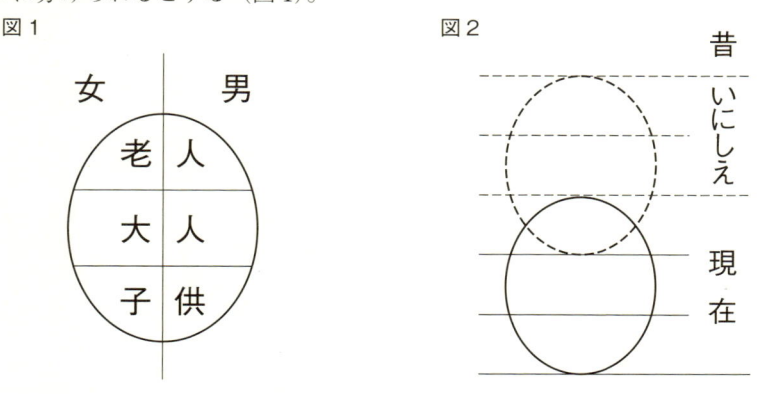

図1

図2

この図1において、共同体の構成員は下の世代から上の世代へと順次移動していくことになる。そして、「老人がかつて子供だったときに、二世代上から知恵を授かった」とした場合、「人びとの時間認識が具体性をもっておよぶ範囲は今の老人の世代より二世代上までである」として、これを共同体のもつ最大限の時間認識の範囲とする。古橋は、そのような記憶の辿れる範囲の過去が「いにしへ」であり、また、それより前の体験し得ぬ過去は「むかし」として無時間的に一括して位置づけられることになると説く（図2）。この「むかし」には、村立ての始源や様々な生活の起源があり、「神の世」として認識され、そこに神話としての契機が孕まれてくるというわけである。

　さて、古橋の提案する図2において、「いにしへ」を現在からの連続相として捉えている点にまずは着目したい。語源的理解によれば、「いにしへ」は「行く」とか「去る」の意を持つ「いぬ（往ぬ・去ぬ）」という語を核としており、「過ぎ去った辺り」と直訳される語となる。ちなみに、古語において「いぬ」と同じ活用（ナ行変格活用）をする動詞には他に「死ぬ」があり、これらはいずれも一方向への不可逆な動きを表わす語として括ることができる。つまり、「いにしへ」には時間の不可逆性が含意されているのである。この不可逆性は、世代の移動にも窺える。子供・大人・老人という三つの世代は、子供から大人へ、そして大人から老人へと一方向に進むものとしてあり、逆行することは決してない。現在と「いにしへ」は、共に時間の不可逆性が適用される領域として連続した相のうちにあると言える。

　では、こういった像を結ぶ「いにしへ」に対し、「むかし」はどうか。古橋はそれを、現在や「いにしへ」とは異なる位相の領域として了解しつつも、「現在」→「いにしへ」→「むかし」と段階的に遡行していくかたちで捉えようとしている。また、図の示し方も、三つの次元が縦軸に階層化されていて、「いにしへ」が漸次「むかし」の領域へと繰り延べられていくかのようなイメージをもたらしているとも言える。しかし、「いにしへ」と「むかし」の関係は、そういった階層的なものとしてあるのではなく、〈現実／虚構〉という対照的なものとしてあると捉えるべきではないのか。試みに「むかし」について語源的理解を顧みておくと、これは、「向く」とか「向かふ」という語を核としていて[11]、「向かいたい」という心性や[12]、「向こう側」という空間認識に関わる語であると説かれている[13]。なかでも、「向こう側」と捉える解釈は示唆的である。「向こう側」とは、今いる現実の世界を"こちら側"とした場合の「向こう」であり、そこには、異郷や異界といった、現実とは全く原理の異なる世界が展望されてくることになるからである。この「向こう側」というイメージはまた、現実世界である"こ

ちら側"との間に境界を設定する契機ともなろう。境界を挟んで"こちら側"と"向こう側"が相対するイメージを提案しておきたい。

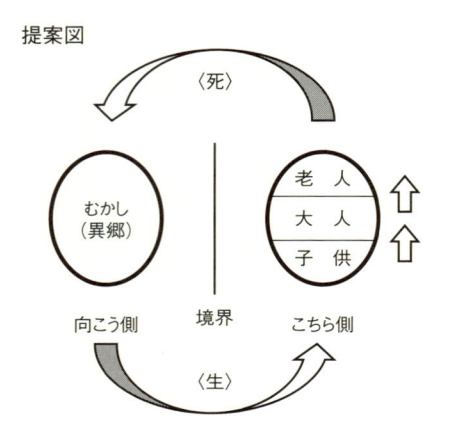

提案図

　この図において、共同体の構成員は、子供から大人、そして老人へと不可逆的に階層を移動する存在である。やがて老人は死を迎え、現実世界から消滅するが、それは"向こう側"にある世界への越境として解釈される。これに対して子供の誕生は、"向こう側"からの越境となる。"こちら側"での動線は不可逆的なものとなるが、"向こう側"をも含めた総体としては循環する軌道を描くことになる。ここで留意すべきは、"向こう側"と接点を持っているのが老人と子供であるという点である。「むかし」という時空は、原理上、この老人と子供という存在を介して手繰り寄せられてくるものとなる[14]。こうして見てくると、『竹取物語』の冒頭に「むかし」が掲げられ、"向こう側"の世界に通じる回路が開かれたのち、まずは竹取の翁が登場し、次いで小さな子供としてのかぐや姫が発見されるという話の展開は、本節に見てきたような世界観を忠実に投影したものであることが分かる。

3. 異郷の時間

　「むかし」という語からは、"向こう側"の異郷世界というイメージが導き出されてきた。古代人は、この異郷世界を「常世（とこよ）」と称し、そこに理想郷を幻視していた。異郷の特徴は時間にあると言える。そこでは時間の進行が停止し、永遠不変の理想郷が実現するのである。『日本書紀』には、かつて垂仁天皇が、田道間守（たぢまもり）を常世の国へ派遣し、不老長生の呪菓である「非時香菓」

（ときじくのかくのみ）を求めさせたという記事があり、大変興味深い。

・九十年の春二月の庚子の朔に、天皇、田道間守に命せて 常世国 に遣し、非時香菓を求めしめたまふ。今し橘と謂ふは是なり。

（『日本書紀』巻第六・垂仁天皇九十年二月一日条・① 335 頁）[15]

・明年の春三月の辛未の朔にして壬午に、田道間守、 常世国 より至れり。則ち齎せる物は、非時香菓、八竿八縵なり。田道間守、是に泣ち悲歎きて曰さく、「命を天朝に受りて、遠く絶域に往り、万里に浪を蹈み、遥に弱水を度る。是の常世国は、則ち神仙の秘区にして、俗の臻らむ所に非ず。是を以ちて、往来ふ間に、自づから十年を経たり。豈期ひきや、独り峻瀾を凌ぎ、更本土に向むといふことを。然るを聖帝の神霊に頼りて、僅に還り来ること得たり。今し天皇既に崩りまし、復命すこと得ず。臣生けりと雖も、亦何の益かあらむ」とまをす。乃ち天皇の陵に向ひて叫哭きて、自ら死れり。群臣、聞きて皆涙を流す。

（『日本書紀』巻第六・垂仁天皇九十九年明年三月十二日条・① 337 頁）

　垂仁朝九十年の二月一日に常世へ向けて出立した田道間守は、十年後の三月十二日に帰還する。しかし、勅命を下した垂仁天皇は、前年の七月、既に崩御していた。田道間守の報告には、常世の国は神仙の住む秘境で、俗人が簡単に辿り着けるような所ではなく、往来するのに十年の時が経過してしまったとある。常世の国から「非時香菓」を持ち帰ることに成功した田道間守であったが、彼は垂仁天皇の死を悼み、自ら命を絶った。この逸話は、垂仁天皇の崩御と葬送に続くかたちで掲載されているため、殉死の記事として読み得るが、異郷を訪問する物語という観点から捉えれば、常世の国から帰還した者の身に現実世界の時間が作用し始め、死を迎えた話として解することが可能である。同種の物語の典型として、浦島伝説を挙げることができる。ここでは、『万葉集』巻第九に見える歌「水江の浦島子を詠む一首」（1740番）を顧みておくことにしよう。

　　春の日の 霞める時に 墨吉の 岸に出で居て 釣舟の とをらふ見れば 古の ことぞ思ほゆ 水江の 浦島子が 鰹釣り 鯛釣り誇り 七日まで 家にも来ずて 海界を 過ぎて漕ぎ行くに 海神の 神の娘子に たまさかに い漕ぎ向かひ 相とぶらひ 言成りしかば かき結び 常世に至り 海神の 神の宮の 内の重の 妙なる殿に 携はり 二人入り居り 老いもせず 死にもせずして 永き世に ありけるものを 世の中の 愚か人の 我妹子に 告りて語らく しましくは 家に帰りて 父母に 事も語らひ 明日のごと 我は来なむと 言ひければ 妹が言へらく 常世辺に また帰り来て 今のごと 逢はむとならば この櫛笥 開くなゆめと そこらくに 堅めしことを 墨吉に 帰り来りて 家見れど 家も見かねて 里見れど 里

も見かねて　怪しみと　そこに思はく　家ゆ出でて　三年の間に　垣もなく　家も失
　　せめやと　この箱を　開きて見てば　もとのごと　家はあらむと　玉櫛笥　少し開く
　　に　白雲の　箱より出でて　常世辺に　たなびきぬれば　立ち走り　叫び袖振り　臥
　　いまろび　足ずりしつつ　たちまちに　心消失せぬ　若かりし　肌も皺みぬ　黒かり
　　し　髪も白けぬ　ゆなゆなは　息さへ絶えて　後遂に　命死にける　水江の　浦島子
　　が　家所見ゆ　　　　　　　　　　　　　　　　　　　　　　（②414〜416頁）[16]

　内容を確認しておこう。水江の浦島子は、舟で海に出て釣りをしていたところ、偶然に海神の娘子と出逢い、彼女と結婚した。二人は常世に赴き、海神の宮殿で暮らし始める。そこでは、老いることも、死ぬこともなく、永遠の生を手に入れることができた。やがて浦島子が娘子に言う。「暫く家に帰り、父母に事情を話してこよう。すぐに戻ってくるから」と。すると娘子は、「再び常世へ戻って来たいと思うなら、この櫛笥を決して開けてはならない」と櫛笥を手渡した。浦島子が故郷の墨吉に戻ってみると、わずか三年の間に家も里も無くなっている。浦島子は、この櫛笥を開けたら元に戻るかもしれないと思って開けたところ、白雲が立ち昇り、常世の方へたなびいて行った。すると浦島子は正気を失い、若かった肌には皺が寄り、黒かった髪も白くなって、ついには死んでしまった、という。この話でも、常世の国は不老不死の理想郷としてある。そして、そこから帰還し、櫛笥を開けた瞬間、浦島子の身体には現実世界の時間が作用し始め、ついには死を迎えることになっている。

　以上に見てきた二つの伝承では、いずれも常世が不老不死の永遠世界として描かれており、それゆえそこに流れる時間は"停止"、もしくは"ゆっくり進む"といった無時間的なものとしてイメージされてこよう。常世の時間はまた、停止したり、ゆっくり進んだりするばかりでなく、遡行するものとしても考えられていたことを、次に紹介したい。『万葉集』巻第四の「大伴宿禰三依、離れてまた逢ふことを歓ぶる歌一首」(650番) には、次のように常世が詠み込まれている。
　　我妹子は　常世の国に　住みけらし　昔見しより　をちましにけり
　　　　　　　　　　　　　　　　　　　　　　　　　　　　　　（①334頁）

　詠者である大伴宿禰三依は、久しぶりに再会した恋人に対し、以前よりも若返って見えるとして、「あなたは常世の国に住んでいたのか」と問いかけている。歌中の「をち」とあるのは若返るの意で、それを促す霊水を「をち水」と言った。ちなみに、『万葉集』巻第十三の3245番には、この「をち水」が月にあると詠まれている。
　　天橋も　長くもがも　高山も　高くもがも　月読の　持てるをち水　い取り
　　来て　君に奉りて　をち得てしかも　　　　　　　　　　　　（③400〜1頁）

天の梯子も、長いのがあるとよい。高い山も、より高いのがあるとよい。月読が持っているという「をち水」を取って来て君に捧げ、若さを得てほしいから、とある。月読とは、記紀神話に見える神で、イザナキとイザナミの間に生まれたという話（『日本書紀』）もあれば、イザナキが黄泉国から逃げ帰り、禊をした際に生み出されたという話（『古事記』）もある。月には、欠けてもまた元通りに満ちるという性質があるため、蘇生を促す霊水があると信じられていたのである[17]。若返りとはしたがって、時間の遡行というよりも、循環のイメージとして捉えるべきなのかもしれない。

　田道間守や浦島子の赴いた海の彼方にある常世と、天の彼方にある月とでは、それぞれ異なる軸線上に展望される世界となるが、いずれも時間の進行から免れ、若返りという現象の期待される世界であるという点において、両者は同じ位相に置かれていると言える。ここで、『竹取物語』がやはり、月を不老不死の世界として設定していたことを想起しておきたい。その設定は、ここに見てきた古代人の常世観を踏襲するものであることが窺えよう。

4. 異郷からの来訪者

　異郷から越境してくる存在としての子供。かぐや姫の原像もそこに求められるわけであるが、このような原像の痕跡は各種の伝承や文献にも散見され、それらは「小さ子譚」と名付けられている[18]。ここではまず、記紀神話に見られる少彦名命を取り上げておきたい。この少彦名命は、『日本書紀』巻第一・神代上の一書によると、大国主神と協力して国作りに参加し、病気の治療法や鳥獣・害虫駆除の呪法等を伝えた神となる。この少彦名命が、未完成の状態であった葦原中国（現し国）へやって来た時の様子が、『古事記』上巻に書かれている。

> 故、大国主神、出雲の御大の御前に坐す時に、波の穂より、天の羅摩の船に乗りて、鵝の皮を内剝ぎに剝ぎて、衣服と為て、帰り来る神有り。爾くして、其の名を問へども、答へず。且、従へる諸の神に問へども、皆、「知らず」と白しき。爾くして、たにぐくが白して言はく、「此は、久延毘古、必ず知りたらむ」といふに、即ち久延毘古を召して問ひし時に、答へて白ししく、「此は、神産巣日神の御子、少名毘古那神ぞ」とまをしき。故爾くして、神産巣日御祖命に白し上げしかば、答へて告らししく、「此は、実に我が子ぞ。子の中に、我が手俣よりくきし子ぞ。故、汝葦原色許男命と兄弟と為りて、其の国を作り堅めむ」とのらしき。故爾より、大穴牟遅と少名毘古那と二柱の神、相並に此の国を作り堅めき。然くして後は、其の少名毘古那神は、常世国に度りき。
> 　　　　　　　　　　　　　　　　　　　　　　　（上巻・94〜5頁）[19]

大国主神が出雲の御大の岬にいる時、蛾の皮を身に纏った者が、蔓草の実で作った舟に乗ってやって来た。名を尋ねても答えず、その来訪者の名を知る者は誰もいなかった。するとヒキガエルが、久延毘古なら知っているはずだと言う。久延毘古に訊くと、「神産巣日神の子で、少名毘古那神だ」と言う。そこで、大国主神が神産巣日神に確認したところ、本当に神の子であるとのこと。留意すべきは、神産巣日神がこの神のことを、「我が手俣よりくきし子」（私の手の指の間からくぐり抜けた子）と述べている点である。これは、少彦名命の身体が、いかに小さいものであるかを象徴的に語った逸話と言える。同趣の逸話は、常世へ戻っていく際にも窺える。すなわち、『日本書紀』には、「淡島に至りて、粟の茎に縁りしかば、弾かれ渡りまして、常世郷に至りますといふ」（巻第一・神代上〔第八段〕一書第六・① 103 頁）[20]とあって、粟の茎によじ登ったところ、弾かれて常世の国へ飛んで行ったことになっている。これらはいずれも、少彦名命の小さいという身体的特徴を強調するものであるが、それと同時にそれぞれの文脈が、今いる世界から別の世界へと移動する契機を語るものともなっている点に注目したい。そこに窺えるのは、小さいという身体の持つ越境性なのではないか。小さいという身体的特性を活かして、少彦名命は異郷（常世）と現し国とを往還するのである。

　ここでもう一つ、これは常世と関係する事例ではないが、小さいという身体の持つ越境性を語ったものとして、『日本霊異記』に採られた説話を見ておきたい。

　　少子部の栖軽は、泊瀬の朝倉の宮に、二十三年天の下治めたまひし雄略天皇（大泊瀬稚武の天皇と謂す。）の随身にして、肺脯の侍者なりき。天皇、磐余の宮に住みたまひし時に、天皇、后と大安殿に寐テ婚合したまへる時に、栖軽知らずして参ゐ入りき。天皇恥ぢて輟ミヌ。時に当りて、空に電鳴りき。即ち天皇、栖軽に勅して詔はく、「汝、鳴雷を請け奉らむや」とのたまふ。答へて白さく、「請けまつらむ」とまうす。天皇詔言はく、「爾らば汝請け奉れ」とのたまふ。栖軽勅を奉りて宮より罷り出づ。（略）走り還る時に、豊浦寺と飯岡との間に、鳴電落ちて在り。栖軽見て神司を呼び、轝籠に入れて大宮に持ち向ひ、天皇に奏して言さく、「電神を請け奉れり」とまうす。

　　　　　　　　　　　　　　（上巻「電を捉へし縁　第一」・23〜4 頁）[21]

　これは、雄略天皇の側近である少子部栖軽にまつわる話である。雄略天皇と后が、大安殿で婚合していたところ、栖軽はそれと知らずに殿中に入ってしまう。天皇は恥ずかしくなり、ちょうどその時、空に雷鳴が轟いていたので、栖軽に「あの雷を連れて来い」と命じた。栖軽はすぐさま宮殿を飛び出し、見事に雷を連れて戻ってきたという。栖軽の俊敏さを物語る逸話であるが、その俊敏さは彼の小

さな身体から連想されてくるモチーフの一つとして考えてよかろう。ちなみに、少子部という姓の由来は、「蚕（こ）」を集めよという勅命を受けた栖軽が、誤って「嬰児（わかご）」を集めてしまい、その集めた嬰児たちの養育を天皇から任されことによるという[22]。栖軽は、古代宮廷における「小さ子」集団の管理者でありつつ、それと同時に、彼自身も「小さ子」の身体を持つ侏儒のような存在ではなかったかと推測されてもいる[23]。常人では立ち入れない婚合中の部屋に入り込み、方便として発せられた言葉を真に受けて実現し、あるいは言葉の持つ意味をずらしてしまうなど、栖軽の行動は常に常識の枠を超えてゆく。その在り方は、まるで子供のようではないか。栖軽がその小さな身体によって具現しているのは、子供たちの持つ越境性に他ならない。

　さて、ここまでに見てきた少彦名命や少子部栖軽は、小さいという身体を維持したまま描かれており、小さ子譚の中では異端として位置づけられるかもしれない。なぜなら、小さ子譚として括られる物語の多くは、小さな身体が短期間のうちに成人化するという異常成長のプロセスを含み持つ傾向にあるからである[24]。典型的な例は、御伽草子の『一寸法師』である。そこでは、一寸しかなかった法師の背丈が、打出の小槌を一振りした途端、成人の大きさにまで拡大されることになっている。柳田國男は、「桃太郎は桃の中から、瓜子姫は瓜の中から、竹取物語の赫奕姫は竹の節の間から生れ出たといふのは、何れも最初は甚だしく小さかつたことを意味して」いるとして、それらを『一寸法師』の系統に属する話と位置付けている[25]。異常成長という現象が小さ子譚に特徴的なものであるとして、では、その現象を要請する論理とはいかなるものであるのか。これを考えるにあたり、あらためて『竹取物語』に描かれたかぐや姫の成長の様子を顧みてみることにしよう。

　　この児、やしなふほどに、すくすくと大きになりまさる。三月ばかりになる
　　ほどに、よきほどなる人になりぬれば、髪あげなどとかくして髪あげさせ、
　　裳着す。帳の内よりもいださず、いつきやしなふ。　　　　　　（18頁）

当初、「三寸ばかり」（17頁）であった身の丈が、三か月程で成人と同じサイズとなり、髪あげや裳着といった女子の成人儀礼を行っている。成人儀礼とは、子供から大人へと移行するための通過儀礼であり、古代の価値観において女子が大人になるということは、生殖能力が備わり、結婚する段階に至ったことを意味する。ちなみに、平安期において裳着は、十二歳から十四歳の頃に行われるのが通例であった[26]。いわば、かぐや姫は、三か月の間に十二～四年分の身体的時間を経験したというわけである。これと似た現象を先にも見ていたことをここで想起しておきたい。すなわち、『万葉集』巻第九に見える浦島伝説である。浦島

子が常世から故郷へ帰って来てみると、以前暮らしていた頃の面影はどこにもなく、辺りはすっかり様変わりしていた。途方に暮れて玉櫛笥を開けてみると、白雲が立ち昇り、浦島子は急激に老化が進んで死んでしまうという物語の展開。これは先述した通り、常世の国から帰還した者の身に現実世界の時間が作用し始め、死を迎える話として解されるものであった。常世は無時間的な世界としてあるため、そこにいる間は身体が不老不死の状態に置かれるのに対し、現実は不可逆な時間が進行する世界としてあり、そこでは身体にも時間の進行が作用し、老化を経て死へと至るプロセスを辿ることになるのである。かぐや姫の異常成長も、これと同様の現象として捉えることができるのではないか。月という不老不死の無時間的な世界からやってきた「小さ子」としてのかぐや姫は、死という結末のある有限的な世界で時間の進行に曝され、成長という老化現象に見舞われているのであると、そう解しておきたい。

5.「あはれ」が切り拓く時間

　時間の進行に囚われてしまったかぐや姫は、身体ばかりでなく、その心においても不可逆な時間が刻み込まれていくようになる。その契機となっているのが、石上の中納言の死である。この石上の中納言という人物は、成人となったかぐや姫に結婚を申し込んできた五人の貴人のうちの一人で、かぐや姫は彼に対し、燕の子安貝を持って来るようにという要望を出していた。中納言はその要望を受け、大炊寮の建物の棟に作られた燕の巣を探るべく、自らが籠に入って吊り上がり、そして、首尾よく巣の中の物を手に握る。ところが、籠を降ろす段になって綱を引っ張りすぎたため、中納言は下に落ちてしまう。中納言が手にしていた物は子安貝ではなく、燕の古糞であった。しかも、中納言は落ちた時の衝撃で腰の骨を折り、ついには死んでしまうこととなる。

　　貝をえ取らずなりにけるよりも、人の聞き笑はむことを日にそへて思ひたまひければ、ただに病み死ぬるよりも、人聞きはづかしくおぼえたまふなりけり。これを、かぐや姫聞きて、とぶらひにやる歌、
　　　年を経て浪立ちよらぬ住の江のまつかひなしと聞くはまことか
とあるを、読みて聞かす。いと弱き心に、頭もたげて、人に紙を持たせて、苦しき心地に、からうじて書きたまふ。
　　　かひはかくありけるものをわびはてて死ぬる命をすくひやはせぬ
と書きはつる、絶え入りたまひぬ。これを聞きて、かぐや姫、すこし あはれ とおぼしけり。
　　　　　　　　　　　　　　　　　　　　　　　　　　（55〜6頁）
中納言は、子安貝を入手できなかったことよりも、自分の失敗した顛末が人に

笑われるであろうことを気に病み、衰弱していった。かぐや姫はそれを聞き、見舞いの歌を贈る。中納言は、かろうじて返歌を書いたものの、息絶えてしまった。注目すべきはその中納言の死を聞いたかぐや姫の反応で、少し「あはれ」という感情を覚えたとある。『竹取物語』において、月は不老不死の世界としてある。その月の世界の住人であったかぐや姫は、これまで死というものを知らずに生きてきたであろうことが推察される。そのようなかぐや姫にとって、中納言の死は、人の命というものが永遠ではなく、終わりのある有限的なものであることを知った最初の出来事であったに違いない。生は永遠ではなく、死という終わりのあるものだということ。それを目の当たりにした時に心に芽生える感情が「あはれ」だと、物語は語っているのである。したがってそれは、自己に対する思いとしてあるのではなく、他者の無念に寄せる思いとして、すなわち、滅びゆく者への共感としてあるということになる。このような「あはれ」という感情の芽生えを、従来の研究はかぐや姫の「人間化」として捉えてきた[27]。ここではその契機となったものが死であった点に比重を置き、かぐや姫による時間の不可逆性の認識として捉え直しておきたい。もう二度と取り戻せない経験として過去があり、人生があるという認識。それを別の言葉で言い表せば、無常観となろうか。地上の世界に降りてきたかぐや姫は、身も心も、不可逆な時間の進行に囚われていくのである。そしてその結果、かぐや姫にも終わりが訪れることになる。

　かやうにて、御心をたがひに慰めたまふほどに、三年ばかりありて、春のはじめより、かぐや姫、月のおもしろういでたるを見て、つねよりも、物思ひたるさまなり。在る人の「月の顔見るは、忌むこと」と制しけれども、ともすれば、人間にも、月を見ては、いみじく泣きたまふ。七月十五日の月にいでゐて、せちに物思へる気色なり。近く使はるる人々、たけとりの翁に告げていはく、「かぐや姫、例も月を あはれがり たまへども、このごろとなりては、ただごとにもはべらざめり。いみじく思し嘆くことあるべし。よくよく見たてまつらせたまへ」といふを聞きて、かぐや姫にいふやう、「なんでふ心地すればで、かく物を思ひたるさまにて月を見たまふぞ。うましき世に」といふ。かぐや姫、「見れば、世間心細く あはれ にはべる。なでふ物をか嘆きはべるべき」といふ。
(63〜4頁)

　これは、成人後三年経過した時点のかぐや姫の様子である。かぐや姫は、月を見ては物思いに耽る姿を見せるようになっていた。周囲の者は気にかけ、月を見るなと制するものの、かぐや姫は月を見続ける。七月十五日の月夜、翁はかぐや姫に、どのような気持ちで月を見ているのかと尋ねた。かぐや姫が答えるには、月を見ると世の中が心細く、「あはれ」に感じられるのだという。かぐや姫は月

の都の人であり、次の月の八月十五日には、その月から迎えが来る予定となっていたのである。地上の世界に留まっていられる日限が迫り、翁や嫗との暮らしに終わりが訪れるという認識が、かぐや姫に「あはれ」という感情を抱かせたのであった。
　さて、八月十五日の夜、かぐや姫はついに月へと帰ることになるが、その際、彼女は迎えに来た天人から「不死の薬」を手渡され、その服用を促される。月に「不死の薬」があることについて、これを、西王母の所持していた不死の薬を嫦娥が盗み、月に逃げたという中国の伝説と絡めて解する説がある[28]。そうなると壮大なストーリーになってくるが、そのように考えずとも、先に触れた、月には若返りを促す「をち水」があるという伝承を、ここで顧みておくのもよかろう。それにしても、なぜ、かぐや姫は「不死の薬」を飲む必要があったのか。天人の述べるところによれば、「穢き所の物きこしめしたれば、御心地悪しからむものぞ」（74頁）という理屈であった。地上は〈生老病死〉に苛まれる穢れた世界であり、そこにある物を食べていたから気分が悪かろう、というのである。では、かぐや姫の悪化した気分（「御心地」）とはいかなるものであるのか。ここではそれを、「あはれ」という感情を持ったことと解しておきたい。この地上の世界は不可逆な時間を原理として成り立っており、万物は一回的なものとしてある。人々は、その一回的であるということの価値を知るからこそ、そこに喜怒哀楽の感情を誘発されるのであろう。このような感情の揺れを「あはれ」として措定したとき、原理上、一回的であるという出来事を経験できぬ天人にとってそれは、イレギュラーな心の状態として認識され、治癒すべき対象ともなってくるのではないか。
　このように見てきたとき、かぐや姫が最後に詠んだ歌に、やはり「あはれ」の語が詠み込まれていることにも注意が向けられてくる。
　　　今はとて天の羽衣着るをりぞ君を あはれ と思ひいでける　　　　（75頁）
　これは、かぐや姫が帝に贈った歌である。帝との「御心をたがひに慰め」合う交際は三年を経過していた。そして今、そういった交際が終焉を迎えようとしているのである。ここに詠まれた「あはれ」とは、そういった惜別の情を含みつつ、帝に対して芽生えた恋愛感情として解することができよう。中納言の死を悼む感情と、帝に対する恋愛感情とでは、全く異なる心理的作用のようであるが、物語はいずれの感情をも「あはれ」と規定する。果たして両者はどこに接点を持つものであるのか。顧みるに、月の世界が〈不老不死〉であるのに対し、地上の世界は〈生老病死〉であり、そこに生きる者は皆、いつか必ず死を迎える運命にある。しかしその死は、あくまでも個体としての消滅であり、自らの分身ともなる子孫

さえ残せれば、擬似的に永遠を生きることが可能となる。子孫を残すための結婚や、その動機づけとしての恋愛感情とはしたがって、いずれも永遠を希求する心の働きによるものだとも言える。物語は、そうした心の働きの種々相を「あはれ」と規定しているのはないか。それゆえ、永遠を生きる天人たちにとって、「あはれ」という感情は無縁のものとなる。「あはれ」とは、無常の世界を生きる人々の心にこそ生じるものなのである。

　ついにかぐや姫は、天人から渡された「不死の薬」を服用する。これを契機として、かぐや姫の身体に作用していた不可逆な時間の進行は停止し、田道間守や浦島子のように死を迎えることからは免れることになる。そして、その永遠の時間を回復したかぐや姫の身体に、「天の羽衣」が着せられてゆく。それは、かぐや姫から「あはれ」という感情が失われた瞬間でもあった。

結

　平安期に成立した『竹取物語』は、現存する物語の中では最古の作品とされ、物語史の起点に位置している。しかしながらそれは、ただ単に外在的な理由によってそこに位置していると理解すればよいものではなく、いかなる点で物語という文学形態を切り拓く契機となっているかが問い直されなければならない。この問題を考えるにあたり、本論では、後続する物語が『竹取物語』と同様に「むかし」という語を冒頭に掲げている点に着目した。『竹取物語』に端を発するかたちで物語史上の類型的特色となった「むかし」とは、果たしていかなる時空を切り拓く表現であったのか。このような問題意識のもとに、考察を展開してきた。

　「むかし」という語は、単に過去の時間を表すのみならず、"向こう側"にある異郷の世界を切り拓く契機ともなることが、語源的説明を介することで了解されてくる。古代の人々は、この"向こう側"にある異郷の世界を「常世」とも称し、そこに不老不死の理想郷を幻視していた。それゆえ、異郷の特徴とは、何よりもまず、時間に求められることになる。そこでは老いることも、死ぬこともなく、時間の進行は停止し、無時間的な永遠の世界が実現しているのである。「むかし」の切り拓く時空とは、第一義的にはこういった永遠の世界としての異郷であると言える。

　日本の神話や伝承には、この異郷と現実世界とを往還する話が散見する。なかでも注目されるのは、"向こう側"の世界としてある異郷から、"こちら側"の現実世界にやってくるという話で、そういった話の類型の一つとして、小さ子譚を挙げることができる。「三寸ばかりなる人」としてかぐや姫を登場させてくる『竹取物語』もまた、小さ子譚の一種と捉えてよい。では、その「小さ子」によって

媒介されるものとは何か。本論ではそれを、時間と捉えてみた。私たちのいる現実世界は、不可逆な時間の進行が万物に作用する無常の世界としてある。しかしそれは、「小さ子」が永遠の世界を媒介することではじめて気づかされるものでもある。ここで留意されるのが、小さ子譚に特有のプロットとして異常成長のプロセスがあるという点である。「小さ子」たちは、なぜ異常成長を遂げるのか。本論ではこれを、現実世界にやってきたことで不可逆な時間の進行が身体に作用し始めたことの表徴として解した。不可逆な時間の進行は万物に作用するのであり、かぐや姫もまた、例外ではない。

かぐや姫の身体に作用し始めた不可逆な時間の進行は、やがて心にも及ぶ。この世界が永遠ではなく、無常としてあるということの認識から生じる「あはれ」という感情が、かぐや姫の心を揺さぶる。物語の文法に従えば、かぐや姫はいずれ人間化を完遂し、田道間守や浦島子のように死を迎えることになるであろう[29]。しかし、そういった展開は不死の薬によって回避されてゆく。かぐや姫が不死の薬を服用することの意味とは、それによって不可逆な時間の進行を停止し、異郷へ帰還するための身体を回復することにあったと解しておきたい。

以上に見てきた通り、『竹取物語』が冒頭に掲げた「むかし」は、異郷という時空を切り拓き、永遠の世界をかいま見せることで現実世界の時間を相対化するものとなっていた。そして、そのように相対化されることで、私たちははじめて、この現実が無常としてあることに気づかされるのである。この『竹取物語』以降、物語はそれを範型とするかのように冒頭に「むかし」を掲げるようになる。それらの「むかし」は果たして、現実世界のいかなる時間的特徴を相対化するものとして機能しているのか。その検証は他日を期したい。

注

1) 新編日本古典文学全集『源氏物語』②（小学館、1995年、阿部秋生・秋山虔・今井源衛・鈴木日出男校注・訳）
2) 注1書、頭注九（絵合②380頁）
3) 中野幸一「『物語のいできはじめのおや』考―『竹取物語』の文芸史上の地位―」（『物語文学論攷』教育出版センター、1971年）
4) 藤村潔「物語の出で来はじめのおや」（『古代物語研究序説』笠間書院、1977年）
5) 室伏信助「竹取物語覚え書」（『王朝物語史の研究』角川書店、1995年）、及び、「『竹取物語』の世界」（『王朝日記物語論叢』笠間書院、2014年）。
6) 藤井貞和「物語の出で来はじめの親」（鈴木日出男編『別冊国文学・竹取物語伊勢物語

必携』学燈社、1988 年）

7) 竹岡正夫「助動詞『けり』の本義と機能」（『言語と文芸』三一、1963 年 11 月）、塚原鉄雄「竹取物語の文章構成」（『王朝初期の散文構成』笠間書院、1987 年）、三谷邦明「物語文学の成立―〈モノ〉と〈書くこと〉あるいは虚構の自立―」（『物語文学の方法Ⅰ』有精堂出版、1989 年）等。

8) 新編日本古典文学全集『竹取物語・伊勢物語・大和物語・平中物語』（小学館、1994 年、片桐洋一校注・訳）

9) 森野正弘「昔（むかし）という時間／古（いにしへ）という時間―『伊勢物語』における虚構の方法―」（『源氏物語の音楽と時間』新典社、2014 年）

10) 古橋信孝「神話と歴史」（『日本文芸史』第一巻・古代Ⅰ、河出書房新社、1986 年）、同「神話と歴史―村落共同体の原理と神話的幻想―」（『神話・物語の文芸史』ぺりかん社、1992 年）

11) 柳田國男は、「ムカシも語の起りは多分ムク・ムカフと一つで、もとはただ現在と対立して存するもの、やうに考へられたのであろう」と説く（「伝説」『定本柳田國男集』第五巻、筑摩書房、1968 年）。

12) 臼田甚五郎「民話の誕生」（『臼田甚五郎著作集』第五巻、おうふう、1995 年）

13) 西郷信綱「神話と昔話」（『神話と国家―古代論集―』平凡社、1977 年）

14) 鎌田東二によれば、「翁と童は、神界と人間界、超越世界と現実世界を媒介する神人的存在として表象される」という（「神と翁と童」『翁童論―子どもと老人の精神誌』新曜社、1988 年）。本論で提案する見取り図も、鎌田の示唆する世界観を踏襲するものと言える。

15) 新編日本古典文学全集『日本書紀』①～③（小学館、1994～8 年、小島憲之・直木孝次郎・西宮一民・蔵中進・毛利正守校注・訳）

16) 新編日本古典文学全集『萬葉集』①～④（小学館、1994～5 年、小島憲之・木下正俊・東野治之校注・訳）

17) 注 16 書、巻第四・六二七番歌頭注（① 326～7 頁）

18) 沼尻利通「小さ子譚―『物語話型集成』3―」（『野州国文学』六四、1999 年 10 月）

19) 新編日本古典文学全集『古事記』（小学館、1997 年、山口佳紀・神野志隆光校注・訳）

20) 注 15 書、巻第一・神代上〔第八段〕一書第六（① 103 頁）

21) 新編日本古典文学全集『日本霊異記』（小学館、1995 年、中田祝夫校注・訳）

22) 注 15 書、巻第十四・雄略天皇六年三月七日条（② 167 頁）

23) 折口信夫「侏儒―古代宮廷生活（一）―」（『折口信夫全集ノート篇』第三巻、中央公論社、1971 年）

24) 室城秀之は、小さ子譚の特徴として「異常な出生」「異常な成長」「異常な成功」の三要素を指摘する（「小さ子」『別冊国文学・王朝物語必携』学燈社、1987 年）。坂本勝にも、同様の指摘がある（「小さ子」『日本神話事典』大和書房、1997 年）。

25) 柳田國男「桃太郎の誕生」（『定本柳田國男集』第八巻、筑摩書房、1962 年）

26) 藤本勝義「袴着・元服・裳着」（『平安時代の儀礼と歳事』至文堂、1991 年）

27) 室伏信助「竹取物語の成立―『ベルリン・天使の詩』に触れて―」（『王朝物語史の研究』角川書店、1995 年）

28) 夙に『竹取物語解』(田中大秀、19世紀)が、「不死の薬」に関する注として、「羿得不死之薬於西王母。嫦娥竊之以奔月。将往枚筮之於有黄。々々占之日。吉。翩々帰妹独将西行。逢天之晦芒、毋驚恐。後旦大昌。嫦娥遂託身於月。是為蟾蜍。」(『張衡霊憲志』)を引く。嫦娥伝説について触れる論としては、君島久子「嫦娥奔月考―月の女神とかぐや姫の昇天―」(『武蔵大学・人文学会雑誌』5-1・2、1974年3月)、芳賀繁子「嫦娥伝説と『竹取物語』―初期物語と神仙思想の受容の関係―」(『跡見学園女子大学国文学科報』16、1988年3月)等がある。
29) 実際に『竹取物語』と同型の羽衣説話の中には、『近江国風土記』逸文に載せる奈具社縁起のように、天女が流浪の末、漂着した村で祀られるという結末を持つものがある。折口信夫はこの顛末について、「恐らく船木の里で死んで、今度は、完全な神様になられた」と解している(「古代日本文学に於ける南方要素」『折口信夫全集』第八巻、中央公論社、1966年)。

第10章　伝記的情景の表現
―夏敬観による詩歌の評注と彼の人生の境遇との相互的演繹―
林淑貞　　富平美波　訳

　夏敬観（1875―1953）は、王朝・民国・人民共和国という3種類の政治体制を経験して生きた文人であり、同時に学者であり、芸術家であった。夏敬観の詩学に関する先行の議論は、おおむね次の3つの論点に集約される。1つは、彼の創作した詩歌が、同光体の江西派が持つ難解で奥深い詩風を備えている点を強調していること。2つめは、彼が詩集の校注において宋詩派が人品によって詩品を論じたのと同じ境地を会得している点を、個々の業績について論証していること。3つめは、彼が同光体を受け継ぎつつ、宋詩の持つ特徴をもいっそう発展させている点を強調していることである。本論は、シュッツ（Alfred Schütz）の「伝記的情景」論に基づき、彼が直面した人生の課題が何であったのかを論じ、文人が治世に対して抱く心情とは何かを解明しようとする。若くして官に金を納めて内閣中書となり、その後、張之洞に招聘されて三江師範学堂の責任者を兼ね、民国時代に入ってからは、浙江省教育庁の長官に就任、後に、上海商務印書館涵芬楼の主任となり、文人たちと詞社や画社を設立した彼の、伝統と現代、中国文明と西洋文明が接する時代に立ち向かう心理の変転、合わせて、30〜40年代には試みに唐代の詩人の評論や唐代の詩集の校注に手を染め、『忍古楼詩話』や『学山詩話』を著して自己を表現し、激変する時代の舞台に登場し発言した、その存在のあり方を考察する。特に注目すべきことは、夏氏が選注した詩集の中に、唐代の詩人としては孟郊が、宋代の詩人としては梅堯臣・王安石・陳与義等がいることである。夏氏はなぜ彼らを選注の対象に選んだのであろうか。その目的はどこにあったのか。それを通じて何を表したかったのか。夏敬観はなぜ、乱世にあって、漢代・唐代・宋代の詩集の注釋に力を注いだのか。それは自身の波乱に満ちた境遇に感情を揺さぶられたからではなかろうか。夏氏の処した時代は、国家は正に混乱の極にあった。彼が、乱世の中で注釈と著述に志し、唐宋詩人の詩集の評注という方法を選んだのは、平素胸中にわだかまる思いを述べ、詩の注釈を通じてそれを吐き出し、癒やす意図があってのことではなかっただろうか。故に、夏敬観が残した大量の唐宋詩集の評注に秘められた、彼自身の体験に触発された感情と彼独自の審美眼を考察する。すなわち本論は、夏敬観を通して、民国時代の文人が乱世の局面に処して、その時代に対する答えとして持った創作意図、及びその抱いた強烈な感慨、個人の波乱的境遇から来る意識を古代の詩人に

投射し、歴史の熱を借りて己を暖めようとしたあり方を探求しようとするものである。

キーワード　民国の詩学　同光体　宋詩派　伝記的情景

1. 前言

　近現代史の視点から見ると、夏敬観（1875—1953）は王朝・民国・人民共和国の3種類の政治体制を自ら体験した証人である。かりに政治によって時期を区分するならば、彼の一生は三つの時期に区分される。

　(1) 王朝時代（1875—1911）。彼はこの時期、学業を完成させ、科挙に合格して挙人となり、政界に入って官職に就き、後には公立学校の組織に入って職に任じた。彼は、1893年に南昌の経訓書院に入学して皮錫瑞のもとで学び、今・古文の『尚書』を学習するとともに詩詞など古文を兼修した。1894年に挙人に合格、1900年には庚子の乱を避けて上海に逃れ、そこで文廷式に詞を学んだ。1901年には、官に金を納めて内閣中書となり、1902年には同様にして知府の職を得、蘇州に配属されて任官した。11月には江寧布政使の李榮の幕僚となり、清賦督墾局を主管した。更に12月には張之洞の招聘を受けて三江師範学堂を創設し提調を兼任、鋭意改革に努めた。そのほか、直隷順天府賑災捐款保升員、復旦公学・中国公学の監督、江蘇提学使等の職を歴任したが、武昌起義が起こって、上海の西郊に疎開した。

　(2) 民国時代（1911—1949）。浙江省の教育庁長官に就任、後に張謇が中華民国農商部部長になると、招かれてその秘書となった。ついで政治討論会会員に就任、1915年には商務印書館に入って涵芬楼の撰述を主管、その後上海の知識層と共に相次いで漚社・康橋画社・声社・午社などの社団を結成、「国学を発揚し、民族の栄光を高める」ことを主旨に、雑誌『芸文』を創刊した。また、1936年には龍榆生とともに詩詞の通信教育クラスを主催、1947年には南京国史館の纂修の職に任じ、中華民国史の編年体長編の編集主幹を勤め、上海の資料収集の責任者となった。

　(3) 人民共和国時代（1949—1953）。上海に閉居して絵を売って生計を立て、1953年に逝去した。

　上述のような経歴・社会的功労以外の、彼の文学面における業績は、主として創作と評論の二面において見られる。

　(1) 創作

　彼の創作した詩歌は、近代宋詩派の中の同光体贛派の奥深い詩風を備えている。また詞の創作においては、前朝の遺民として悲愴な作風を呈した。

(2) 論述

主として詞学と詩学の2つの領域にわたっている。詞学関係の論著には『詞調溯源』(1925)・『二晏詞選注』(1931)・『忍古楼詞話』(1933)・『詞律拾遺補』(1941)・『詞調索引』(1942)等があり、もう1つの高峰を形作る詩学の論著には、『漢短簫鐃歌注』(1929)・『詩細』(1933)・『忍古楼詩話』(1935)[1]……等がある。このことから、夏敬観が50歳以降の最も成熟した時期を詩学と詞学の論述に献げたことがわかる。時代に新しい変化が現れ、かつ旧時代の伝統もまだ完全に消え去っていなかったこの時期に、伝統文学である詩・詞の著述に心血を注ぎ、各種の詩集を校注した彼が表そうとした詩人の感情や志向はどのようなものだったのか。詩集の校注を通じて彼が示したかった意図とは何だったのか。詩の注釈を通じて詩人の志を明らかにするというまわりくどい方法で、実は己自身の思いをその内にひそめたのではなかったろうか。これは検討に値することである。

感情や志向について言えば、その中は幾つかの層に分かれており、それらはおのずと異なった面を持っている。

(1) 作者自身の感情や志向

これは作者自身が心に蔵している感情や志向を指す。これは作品中にありのままに表現されるとは限らず、検証することもできない。時として作者は持って回った表現を採るし、実際の心理と叙述の間に避けがたい間隙が存在する場合もある。したがって著述は、「心の声や心の絵は本物そっくりにはならない」という諺通り、真実そのままであることは得がたく、いわゆる「胸にあふれる傷心は描こうとしても描きつくせない」という結果に落ち着くのである。

(2) テキストが表す感情や志向

テキストこそ作者が創造した作品そのものであり、理屈から言えば作者の感情や意志に符合しているはずであるが、しかし、作者の心理と作品の表現の間には、たやすく同一視することもできず、また窺知することも不可能な領域が存在しているものである。形式主義が以前から作者と作品の関連を断ち切ろうとしてきた理由はそこにある。ロラン・バルト（Roland Barthes）が言う「作者の死」とは、テキストの独立性と主体性が作者とは無関係であることを示しているのである。

(3) 読者がテキストを読んで逆向的に作者の意図を理解する

読者がテキストを通して作者の意図を感じ取る場合、主体は読者であり、テキストは客体となる。畢竟、読者が感受し感知するところのものは、読者自身の知識的背景や予備知識の制約を深く受けており、故に読書のプロセスにおいて異なった理解や逆向的理解を生む可能性がある。「1000人の読者がいれば、そこには1000人のハムレットがいる。」と言われる理由はそこにある。

(4) 読者が作品を借りて理解した自分の感情や志向

　読者は他人の作品を読むことで、主体と客体を反転させ、自身の感情や意志をそこに注入する。読書とは、作者の感情や意志を理解するためだけに行われるものではなく、新たに解釈や理解をしなおすことで自分の感情や意志をそこに注ぎ入れ、己の存在を通して感受されたものに新しい解釈を施す作業でもある。これはいわば逆向きの再創作作業である。

　以上の考察を通じて、感情や志向には、作者・テキスト・読者および再解釈というさまざまな異なった面があることがわかった。したがって本稿は、夏敬観の唐宋詩人の作品評注に見られる注釈と論述を検討することで、彼の詩の注釈や詩の解釈の中に見られる感情や意志、意図を探り、知識人が時代の変化に伴って体験する地位の転換とそれにつれて新しく現れる心境の変化を窺い見、それによって夏敬観が詩学を論ずる際に採った立場を明らかにし、作品を校注する際に抱いた心理や感情の変化を考察しようとするものである。

2. 士人と学者の身分の間で逡巡する

　羅志田は、「士人」と「学者」が近代の知識人の持つ２種類の顔であって、過渡的時代の読書人は絶えずこの２つの身分の間を徘徊すると言っている。古代の士人は出処進退を自分で選択することが可能であったが、近代の読書人は、多事多端な時代のただ中で、政治に参画し政治を論じる営みから逃れることができず、しばしば学問・芸術と政治・社会との間を行き来している。象牙の塔にこもって政治・社会から距離を置こうとしても、責任感から己に傍観者の立場でいることを許せないのである[2]。夏敬観もその１人であった。

　夏敬観は曾て皮錫瑞に師事したことがあり、『今文尚書』を学ぶ傍ら詩詞古文を兼修し、当時の伝統に従って科挙を受け挙人となった。その後、庚子の乱が起こって上海に疎開したが、そこでも文廷式について詞を学び、後に張之洞に招かれて三江師範学堂の主管を兼務した。民国時代に入ってからは、浙江省教育庁長の職に就き、後には上海商務印書館の涵芬楼を主管し、上海の文人たちと詞社や画社を設立した。その生涯を通覧すると、彼は、世の中が変転し混乱を極める時代にあって、教育庁の長官や公学校の校長などの職に任じているが、その一方で、社会と理念の不一致、己の志を遂げられないことを理由に、上海に隠遁して著述を以て楽しみとし、絵を売って生計を立てる生活もしている。伝統と現代が出会い中国と西方とが交接する中、近現代において夏敬観が成し遂げた功績は多元的なものであった。社会の変革期に政界に身を投じて積極的に職務に就く一方、学術面では「治経立意」（経を治め意を立つ）をモットーに伝統的な国学と社会変

革を関連付け、経史に広く通じた学者としての一面をも見せた。著作は27種もの多きを数え、その人生の歴程は学者と士人の間を揺れ動いている。若年時期は学問にはげみ、後には積極的に政治に参画し、また翻って著述をつとめとする学者の姿に還った。

　張之洞が曾てこのように述べている。「世運の明暗と人材の盛衰は、その表面は政治に現れるが、その内実は学問の中に存する。」3) それ故に「夏氏行状」には、若年の夏氏が張之洞と会った際、張之洞が夏氏に「君は血気盛んな年頃なのだから、郷里に帰って読書をしなさい。」とさとし、夏氏がそれに答えて、「学問は世の中の役に立てるためのもので、官職に就くことと学問を究めることはもともと矛盾しません。学問は一生の業なのですから、1日たりとも廃することはありません。」と言ったと記載されているのである。このことから、夏氏が、出仕と学問とは互いに矛盾することではなく、かつ学問は終生追求すべき事業であって須臾の間も廃するべきではないと考えていたことがわかるのである。

　そのため、夏氏は積極的に職務を求めた。内閣中書や蘇州知府を勤め、清賦督墾局を主催し、三江師範学堂を創設・主管し、教育庁長などの職務に任じている。そして、学術面では涵芬楼撰述、国史館纂修等の職に任じたが、こちらは彼本来の志にもかなうものであった。

　更に『王安石詩集』を校注した際、「序」の中で次のように述べている。「安石の政治的見解は全て彼の統治法のうちに注ぎ込まれており、彼の人生観は彼の詩の中に吐露されていて、1つ1つが彼の行動と符節を合わせている。」また次のようにも言っている。「従来の歴史評論は、常に事を好む者を非難し、世が静穏であることを正しいとしてきた。安石のような人柄にして、どうして歴史上賞賛される人物になりえようか。」これらはみな、夏氏が政治に対して独自の見識と関心を有していた証拠である。

　したがって、彼が詩の注釈を通じて己の志を述べ、志を明らかにしようとした初心を考察することによって、彼の態度が政治上の実用性と関連しており、実用を通じて治世の功をもたらそうと願っていたことが知られるのである。だからこそ乱世の中にあって『漢短簫鐃歌注』に格別の思い入れを感じたのであり、また王安石の詩歌を注釈したのも、特別な意図があってのことだったに違いない。

　桑兵はかつて、民国時代の年長派の学者たちが果たした重要な社会的機能の1つは、中国固有の学術文化を後世に伝えた点にあると指摘したことがある。すなわち、清末の教育改革が教育の内容や形式を大きく変え、西学が東漸する趨勢の下では、中国固有の学術文化は、これら年長派の学者たちの存在と体制内外で彼らが参与した各種の活動によって、それら旧学の一部が継承され得たのである。

その重要な学術活動には主として3つの種類があった。1つは、史書の編纂である。2つめは、文献の整理と、蔵書・刻書の活動である。3つめは、社を結成して講学を行う等の活動である[4]。このうねりの中で、夏敬観も革新的な方法で伝統文学を維持し、結社・講学の活動はもちろん[5]、積極的に著述を行い、詩詞の校注を通じて国故を保存したのである。彼は学者（著述に努め、結社や講学を行った）と士人（積極的に職に任じた）の2つの志向の間でためらっていたように見えるが、実は両者は相反する立場から補完しあい、融合し一体化して、年長派学者の社会的機能を果たしたのである。

3. 微言大義：夏敬観における詩話の創作意図

　夏敬観の詩話作品は2つある。1つは『忍古楼詩話』であり、もう1つは『学山詩話』である。『忍古楼詩話』は、元は『青鶴雑誌』の第4巻各号に連載されたもので、全部で11編あった。それが後に1冊の書物にまとめられたものである。主として同時代の詩人の佳句名篇を記したもので、清末民初の詩人・文人たちの事蹟を記録し、警句・佳篇を掲載し、逸聞を集め補っている。例えば、梁鼎芬・華瀾石・易順鼎・范当世・楊増犖・李詳・林紓・王存・沈増植・康有為等の作品が扱われており、詩論としての意義はやや少ないものの、佳篇を保存した功績は甚だ大きい。『学山詩話』はもと『同声月刊』第1巻の3・8・10・11号に掲載されたものである[6]。内容はやはり『忍古楼詩話』と同様の性格を備えているが、紙数・巻数は更に多く、同時代人の佳篇名作を収録することを主眼としてはいるが、とりわけ清末の名家・名作を多く掲載しており、袁昶・李鴻章・宝廷・楊鋭・張之洞・何紹基・林則徐・葉名琛・張維屏・李瑞清等が取り上げられている。これらの詩話を検討すると、それらが、詩によって人を後世に伝え（「詩を以て人を存す」）、詩を通じて歴史を記録する（「詩を以て史を存す」）という2つの意図に基づいてその役割を果たしていることが明らかになる。

　(1) 詩を以て人を存す
　詩を通じて人の存在を後世に伝えるには、3つの方法がある。1つは、詩歌だけを収録して論断を加えず、優劣も測らないというやり方である。2つめは、詩人の生涯を簡潔に叙述し、詩歌の題材となった事実を紹介し、詩歌の趣旨の所在を理解させ、奥深く隠された意図を明らかにするという方法である。3つめは、詩人の佳句名篇を収録した上に、簡単な評論を加えるというものである。

　① その1
　　ただ作品だけを収録して、詩人の優劣を測らず、詩歌の風格を論断せずにおくのも、表現の1つの形式である。なぜなら、特定の詩歌を収録すること自体

が、選録者の審美眼に基づく選択を行った結果だからであり、収録された詩歌もまた美の模範の示現という役割を持つからである。そこには選者の美に対する感覚や意図が表れており、また詩歌の作者の人生観や詩歌の美を読者に伝える。例えば郭曾炘の「次韻樊山前輩喜雪詩」から「六出花開誰剪水、不待攢苞与敷蕊。催雪得雪詩有霊、仮我文章須大塊。……」[7] という句が掲載されているが、何らの評語も加えられておらず、詩歌が表し出す美の感覚はひとえに読者自身によって把握され、それが選者の眼光と結び合い、或いは詩歌の作者本人の感情や美意識に溶け込むのである。

② その2

　詩歌の題材となった逸話を紹介している例は、夏敬観が彼の亡父の詩を収録した際、まず父が壺園を購入した経緯に触れて次のように言っているのがそれにあたる。すなわち、「父が官を辞して湖南から郷里に帰った際、徐柳君の旧宅を買ってそこに住んだ。邸の西側にあずまやや高殿、渡り廊下や離れ家が建てられており、そこを修築して、壺園と呼んだ。」[8] 詩を記録することで詩人の生涯に触れている例としては、周樹模の詩を収録した際、先に周氏の生涯について紹介しているのが挙げられる。すなわち、「晩年は旧京に住み、同郷人の樊樊山と詩を唱和した。国変後、高官のうち詩によって市中に名を知られ、かつ皆鄧天門下の士であった者は、この2人だけであった。」[9] これらはみな、詩歌に関する逸話を紹介したものである。

③ その3

　詩歌の名篇佳句を収録することで詩人とその詩歌を世に伝え、かつ簡単な評論を加えるのも、表現形式の1種である。例えば、華焯の「小西園看菊兄蔗畇兄」詩2種を収録した際、次のような標語でその美を称している。「その詩は冷ややかで深刻、世俗の響きとは一線を画し、独自の境地に達している。」[10] 続いて「紅梅花下作」・「帰舟雑詠」・「舟行風厲」等の詩を収録して次のように述べている。「およそ詩の最高傑作と言えるものは、深い味わいに達しながら理解しやすいものである。言葉づかいが生硬で語意が明快でなかったり、多くの語数を費やしながら意味が浅薄であったりして、それを孟郊に学んだの、韓愈に学んだのと称するのには、1つとして好いところがない。瀾石はこのような欠点を免れている。」[11] これは華焯の詩が冷徹かつ深刻な味わいをもち、かつ、言葉が難解で曖昧であったり言葉の華麗さばかり追求して意味が伴わなかったりする欠点から免れていることを説明したものである。

　他に、梁鼎芬の詩については、龍游から「『知不足斎叢書』稿本」252首を入手し、また友人たちから740首余りを入手しているが、その詩が孤独な情緒

第10章　伝記的情景の表現　173

を含み遠くはるかな余韻に満ちている点を賛美し、更に「題湯貞愍梅花」の「苦意貞心偶見花、人生各自月天涯。紛紛桃李千杯酒、何似寒家一椀茶。」等の詩句を収録して、それらの詩が成った経緯を述べている。

　一見したところでは、これらの詩歌の収録は、たんに佳句名篇を鑑賞するだけの目的でなされているように思われるのだが、実は、それらの詩人を通して、詩人の模範たるべきあり方を提示し評価するところに、著者の意図が存するのである。夏氏がこれら清末民初の詩作を収録したのは、詩歌を借りて詩人の手本たるべきあり方を褒め称えるためだったのであり、「詩を通じて人を賞賛する」こと、「詩を通じて人を後世に伝える」ことこそ、夏敬観の微言大義のありかたであった。

(2) 詩を以て史を存す

　夏敬観の著『忍古楼詩話』と『学山詩話』はいずれも詩話に属する著作であるが、この両作にはやや違いがあって、『忍古楼詩話』が主に夏敬観自身と交際のあった詩人の詩歌を収録し、清雅な趣を賞讃するところに主眼があるのに対し、『学古詩話』は晩清の詩人を主として取り上げて、家国を憂える思いを含む詩が多い。例えば袁昶の詠史詩について述べ、また王朝政治が腐敗し政論が巻き起こった状況を叙述し、李鴻章への建言と題する詩は当時の政論がいかに悲憤に満ち激烈であったかを伝えているほか、戊戌の政変の後に六君子が東市において首を並べて処刑された様子を歌った詩もある。また、楊鋭の「定興道中」を収録しているが、これは当時、北方の街道が荒れ果てたさまを述べていて、読者をして自身その情況に身を置いているかのような気持ちにさせる。更に成伯熙の「哀杜鵑行」という詩が採られているが、これは楊鋭を悼んだ作である。また張之洞が同治年間の重陽の節句に慈仁寺で登高の集いを行い、詩を作って感懐を述べた詩も収録されている。その中には、林則徐がアヘンを禁絶したことでかえって伊犂に左遷されたことを述べたものもある。更に「感懐詩」2首があって、彼のおおようでおだやかな性格をよく表している。詩の中では次のように言われている。「霜雪頭顱百感生、馳駆王事到辺城。沐猴悪作投梳劇、老驥羞為伏櫪鳴。家国貌躬難重寄、妻孥僂指算帰程。微聞薦剡塵天聴、転恐衰慵負聖明。」アヘン禁止の一事については、林則徐を歌った詩以外にも、当時アヘンの禁絶に至る前後の事実を述べるものがあり、そもそもの初めは黄樹斎の上疏に端を発したことや、林則徐が広東でアヘン禁絶を強力に推し進めたこと、和議が成って林則徐が左遷されたこと、台湾に在った姚瑩が台湾防衛に関して罪に座し逮捕され、張際亮が都に入ってそれを救ったこと、姚瑩が同知に降格されて四川に赴き、張際亮はついに都において没したこと、黄樹斎がやはり上疏の件をとがめられて員外郎に左遷

された[12]などの事件が扱われている。

　またあるものは中国が初めて西洋と交渉を持ち始めた時、欧米の風俗や情勢に無知で、そのため対応に妥当を欠き、道光以来の通商条約では国権を喪失し、代わって同治年間に至っても風気は元通り閉塞したままで、人民の憤激を招き、各省から教育改革に関する提議が頻々と起こったが、時勢に通じた左宗棠・曾国藩・曾紀沢・郭嵩燾らの建言は採用されるに至らず、緊迫する輿論もそれを救い得なかった情況を記している。黄海華の詩歌はその一端を伝えるもので、例えば「寄侍郎詩」の中で、「我皇初政起勲旧、洞諳機務洵無両。憤論不郵遭詆排、迂抱誰其諒誠讜。……。」と言っているのは、この事実を述べたものである。

　およそこれらの史実や実録は、晩清知識人が等しく憤慨を覚えた対象であった。夏敬観もまたこれらの史実に触発されて抱いた感慨を叙述している。しかし彼はそれに止まらず、詩歌を通じて史実を記録し、個人的な感慨と憂国の思いをその中に表しているのである。

　夏氏はなぜ史実を詩話に託して述べたのであろうか。詩歌は人が感情を述べ意志を表す作品である。詩人は詩歌を通じて個人の憤りをその中に託すのである。夏氏はさらに詩歌を通して歴史の移り変わりと詩人の思いの変転を新たに理解しようとしている。詩歌を通じて史実を記録する。これもまた創作の1つの形であろう。バフチン（Mikhail Bakhtin）は言っている。

　発話の様式は言語の形式ではない。それは典型的な表現の形式である。様式はまさしく典型的な表現の形式である。だからこそ典型的な、その様式特有の表情を備えることができるのである。……[13]。

　したがって、夏敬観は詩話という形式で時人のために優れた詩句を保存したのであり、同時に詩話の形式を借りて詩人と史実を結び合わせ、時事に深い関心を寄せる心理を表現したのである。このような選録もまた1種の再創作の方式であり、様式は表現の形式であるとするバフチンのことばにはるかに呼応するものである。伝統的な詩話の形式を用いて、詩と詩人を後世に伝え、詩人のために伝世の名句を保存するのは、古人だけが好んだ行為ではなく、民国時代の詩話の作者が常に用いた表現の形態であった。梁啓超の『飲氷室詩話』でさえそれを免れていないのだから、まして『学山詩話』や『忍古楼詩話』がそうであるのはなおさらのことである。晩清以降の詩話は多く詩によって史実を伝える伝統に従っている。例えば林昌彝の『射鷹楼詩話』や『海天琴思録』はみな詩話によって史実を伝える方式の表現を採っており、アヘンが中国に害毒を流した過程を伝える証人となっている。

　詩によって人を伝え、詩によって史実を伝えるのが、夏氏の詩話編纂の意図で

あった。詩人が作品の表現に込めた感情と志向の所在を明らかにし、併せて自分自身の関心の在りかを表したのである。

そのほか、夏敬観が注釈を附した詩集には次のようなものがある。1929年には『漢短簫鐃歌注』を著し、1936年には『梅宛陵詩校注』を著し、1940年には『王安石詩選注』・『陳与義詩選註』・『孟郊詩選註』・『元好問詩選註』等を著している。なぜ彼はこのような詩人の詩集を選んで注釈をつけたのであろうか。詩歌の歴史から言えば、彼らは格別の関心を寄せられる大詩人ではない。夏敬観がこれらの詩集に選注した目的はどこにあったのか。創作のそもそもの意図は何か。以下、それぞれの作品について述べてゆこう。

4. 詩の実用を重んじ詩風を論じる。：「治経立意」の拡張

夏敬観は詩の選注を行うにあたり、詩歌が持つ政治・教育面での役割を重視する以外に、詩人の微かな隠された精神を解明することを最大の目的としていた。

(1) 政治・教育の得失を明らかにする。：『漢短簫鐃歌注』

黄孝紓は「漢短簫鐃歌注序」において、夏敬観に「治経立意」[14]の意図があることを指摘している。それはどういうことであろうか。彼は言っている。「夏氏は曾て師伏堂先生から経書の学を授かり、許慎・鄭玄の書を詳しく読んでいた。揚雄・班固の文体で文章を作ることもできた。……。この書を著すに至るや、そこには精密な考察が鮮やかに綴られ、実に前人の業績を凌駕するものがある。忌憚なく考証を行い、広汎に資料を探り求めている。その綿密な考証と透徹した結論に接すると、これも『治経立意』の1つの方法かと思われるほどである。」「治経立意」で夏氏の短簫鐃歌の注を解釈しようとするのは、著書の趣旨をなかなか正確に捉え得たものであって、なぜなら夏氏の注は、まず「鐃歌」の名称と語義を説明して、「短簫鐃歌」が漢代においては「鼓吹」とは名付けられておらず、かつ漢の武帝の武楽は「鐃歌」18曲に止まるものではないことを解釈するところから始まっているからである。続いて、それら18曲の意味を注解しているが、詩義の解釈にあたり、まずその語源を述べている。時には声・韻の通転を説き、その上で意味を解釈している例もある。そして、意味を解釈する際、しばしば「治経」の方法を用いてそれを行い、その上でその「立意」を探ってゆく。例えば「有所思」の詩については、「大海南」・「玳瑁・珠璣」等の語からそれらの物産が粤の産物であることを証明し、そこからこの詩が南粤を征服した勲功を記念するために作られたものであることを証明している。そして、漢王朝が元来戦によって領土を保全することを欲してはおらず、情況に逼られて兵を起こしたものの、玉石ともに砕ける悲劇的な結果になった経緯を明らかにしている。この南粤征伐を

題材にした詩にはほかに「翁離」・「芳樹」・「雉子」などがある[15]。このような整理のしかたこそ、治経の方法によって詩の意味を解明するというものなのである。

夏敬観が『漢短簫鐃歌』の詩歌を注釈した意図は、奥深く隠された意味を探るところにあった。表面的な言葉以外の意味を重んじ、その内面を論述する。例えば、表層的な語意に従って男女の愛情を述べた詩に過ぎないと断じるような解釈に対しては、その間違いを正し、「荘氏はこれを男女が仲違いする詩だと言っているが、浅薄な解釈である。」と述べている等がそれにあたる。また、当時行われた詩の採集が「政治・教育の得失を知るためであった」ことを引証し、「漢代の楽府の歌詞は、もとは民間の歌謡から採集されたとはいえ、そこに道理が含まれていないわけではない。それらは必ず文士の潤色・推敲を経て、取捨選択のうえ施行されたのであって、民間の歌謡をそのまま朝廟の楽に用いたわけではなかったのだ。」と述べている[16]。これらのことから、彼の執筆意図が、政治・教育の得失の解明を「治経立意」・「政教合一」の観点に合致させる点にあったことがわかる。作者がなし遂げられなかったことを、読者がしていけないという道理はない。詩の意味を深化させ、時には不自然なほど深く読み込むこと、それもまた詩を解釈する道の１つである。それは夏氏の『漢短簫鐃歌注』が政治・教育の得失の方面から詩を解釈した手段でもあった。

(2)「淡」／「永」と「清」／「腴」のつり合い：『梅宛陵詩校注』

梅堯臣（1002－1060）字聖俞は北宋の詩人である。現存する作品は『宛陵先生文集』60巻、詩文の総計2900首ほどである。欧陽脩はその「梅聖俞詩集序」において「いかんせん、老いてなお志を得ず、窮者の詩を作り、虫や魚などの身近な物や、旅の愁いに取材した作品を生んだ。世間はその巧みさを喜ぶばかりで、彼が老いに臨んでもなお逃れえなかった窮迫の長さに思いをいたさない。なんと惜しいことではあるまいか。」と言っている。欧陽脩は梅聖俞が「自身の苦難のさまを、詩を楽しみつつその中にこめ」、それゆえに平生の作品は詩が最も多かったにもかかわらず、朝廷に推薦されることがなかった点に感嘆している。陸游も「読宛陵先生詩」を作って「李杜不復作、梅公真壮哉。豈惟凡骨換、要是頂門開。鍛煉無遺力、淵源有自来。平生解牛手、余刃独恢恢。」と言い、また、「書宛陵集後」には「突過元和作、巍然独主盟。諸家義皆堕、此老話方行。趙璧連城価、隋珠照乗明。粗能窺梗概、亦足慰平生。」と詠んでいる。これらの中から、欧陽脩・陸游の２氏がいずれも梅氏の作品を激賞していることがわかるであろう。

その後、劉克荘もまた『後村詩話』において梅氏を宋詩の開山の祖師と位置づけた。清の康熙年間にも、宋犖の「宛陵集序」が、欧陽脩の「いかんせん、老い

てなお志を得ず、窮者の詩を作った」という感慨に賛同している。しかし、宋代の欧陽脩・陸游・劉克荘を除いて、梅詩に注目する者が少ないのは、どうしてであろうか。

梅宛陵が文学史上において注目を浴びない理由は、主として次の点にある。第一に、詩歌史上唐詩・宋詩が尊ばれる過程の中で、宋詩を尊ぶ者はたいてい蘇軾・王安石・黄庭堅等か南宋の四大家を推賞し、梅氏に着眼する者が少なかったこと。第二に、梅氏の淡泊で深遠な詩風は一般の宋詩の特長に合わず、したがって先人が宋詩を推賞する際には、多くその傲然として険しい風格を論じ、平淡で奥深い味わいには目が届いていなかったからである。清末に宋詩が推賞された際に至って漸く、夏敬観が梅堯臣に注目したように、彼を宋詩の最高峰に推す者が現れたのである。

夏敬観には『梅堯臣詩』の選注があり、さらに『梅宛陵詩校注』がある。宋詩の中では梅堯臣を最も崇拝していると言って以来、日々に研究を重ね、最も力を注いだ対象がこれであった。夏斗航の「梅宛陵詩評注序」は「宋前期の詩人梅宛陵はその学問と才能によって唐詩の束縛を振り捨て、宋詩のスタイルの先駆けとなった。深い感情と孤高の境地は、俗世の汚れから抜け出しており、淡泊でありながら余韻が永く、清らかでありながらつやつやと肥えている(「淡而弥永、清而能腴」)。日常のささいな事柄を、宛陵はしばしば一見卑俗な言葉を用いて表しながら、深遠で淡泊な詩情に変えてしまい、その手並みは韋応物や柳宗元にも勝るほどである。……新建夏先生は宋詩を論じて宛陵を最高峰と認めているが、その言や誠に優れたものと言わねばならない。宛陵の詩は宋代において既に高く評価されていたが、元・明から清代にかけて、逆に顧みられなくなってしまった。」[17]と述べ、夏敬観が梅宛陵の詩を宋詩の最高峰と認めていたことを明らかにしている。

夏敬観は引証した群書を、詩題の下に箋注の形で明記している。その後に趙熙の評注を載せ、2書を対照して見ることができるようにしている。どちらにも注釈があり校訂がなされ圏・点が付けられている。しかし、夏敬観の注・校訂のほうがより詳しい。趙熙には注釈・校勘記・圏・点の他に、さらに眉批がある。曾克耑は夏氏と趙氏の注釈を集成して『梅宛陵詩評注』を作っており、朱東潤は夏敬観の評注によって『梅堯臣詩編年校注』及び『梅堯臣詩選』の2書を作っている。これらは、夏敬観が引き起こした梅堯臣への関心が、後学によるさらなる研究成果をもたらした例である。

梅堯臣を宋詩の最高と見なすのは、まさに独創的な見識で、前人の思い及ばなかった着眼であった。夏敬観がひとり梅宛陵を推賞したのはまさにその「淡々と

してしかも余韻多く、すがすがとしてしかも肥えている」(「淡而弥永、清而能腴」)深い境地を尊んだからにほかならない。

5. 鬱積した憤り：感宕流転の窶れた面影

『陳与義詩選註』と『元好問詩選註』の２書における選注の意図はどこにあるのだろうか。それは詩人の心中に激しく揺れ動く思いを明らかにすることであった。

(1) 杜甫に似た苦しみを抱く『陳与義詩選註』

夏氏は陳与義を、北宋において黄庭堅と陳師道の後を継ぐ名家と認めている。方回の『瀛奎律髄』が「一祖三宗」を提唱したのは、多少門戸をひいきする下心があったとはいえ、陳与義が江西詩派の旗頭で、黄と陳に続く重要な詩人であったことを窺わせている。その造詣の深さは当時の詩人の及ぶところではなく、南北両宋を通して見ても重要な詩人であることを失わない。夏氏が特に関心を寄せるのは王朝交代時期の詩人である。陳与義は北宋の末から南宋の初めにかけて生きた人で、靖康の乱を体験し、乱世の中、流離の生活を余儀なくされ、苦しみをなめた。ちょうど、杜甫が安史の乱を経験した時の心情と似たものがある。しかも、杜甫を学ぶことで自らを励まし、身の困窮を糧としてかえって詩歌における成功を果たした。『四庫全書提要』が「詩はその源を豫章から得ているとはいえ、天分は抜群に高く、変化に富んだ表現に巧みで、風格は力強く、思考は重厚で真摯である。際だって独自の境地を開拓するに至っている。」と述べているのは、正確な論断である。夏敬観はまた陳与義が王黼に登用された事実についても論述を行っている。元祐年間以来党禍がさかんに起こり、その間は、小人も君子を推薦しなかったわけではなく、君子もまた小人を引き立てることがあった。かつ彼は高宗に認められており、外柔内剛の性格で、いいかげんな振る舞いはせず、人品の上で非難すべき所はない。

簡単に言えば、夏敬観が陳与義の詩に対する評価は次の２点にまとめることができる。１つは彼が詩芸の上でたしかに黄・陳を継ぐ大家であるということであり、また、靖康の難に遭って苦しんだ心理が杜甫に似ており、独自の表現を打ち立てたということである。但し、杜甫をまねた側面が多すぎるのはその欠点であった。２つ目は、その人品に対する評価である。北宋という時代の制約があった上に、かつ徽宗が凡庸な皇帝であり、加えて読書人は本来的に出仕を望むものである以上、どうして権勢を誇る宰相の推薦を受けずにいられるだろう。しかし南宋に入ってからは、高宗皇帝の知遇を受け、応接は謙譲でありながら、剛毅で侵しがたい風格を備えていた。そこには彼本来の性情の厳格さ、重々しさを見て

取ることができる。夏敬観は彼の詩170余首を選び、それによって陳与義の苦悩の心情を表し、その感情や志向の在りかを示そうとした。その意図は誠に深いと言うべきである。

(2) 異代の心：『元好問詩選註』に見られる思いの移りかわり

　夏敬観は元好問の詩を選注するにあたり、翁方綱と施国祁と凌廷堪の3人の年譜を参照し、その摘要を記し、いくらか訂正を施している。詩歌については189首を選び、元好問の詩の長所を明らかにしようとした。詩人の感情や志向を叙述し、且つ、詩の注釈を通じて己自身の志をも示そうとしたのである。

　夏氏は、元好問の詩が、杜甫詩の研究に力を注ぎ、その源流の探索において独自の見解を有し、詩の評論においてはとりわけ精細かつ妥当であるものの、杜詩を学んだ実作は陳腐さを免れず、技巧が見識に追いついていないと指摘している。そのため、夏氏は元詩の優秀作品だけを選び、杜甫のスタイルをまねた作品は採用していない。また、元好問の「論詩絶句」が、魏・晋・劉宋においては曹植・劉楨・阮籍・劉琨・陶潜・謝霊運らを採り、唐詩においては陳子昂・杜甫・元結・韓愈・柳宗元・李商隠らを採り、宋詩においては欧陽脩・梅堯臣・王安石・蘇軾らを採っていて、特に晩年になると、陶淵明・謝霊運・杜甫・柳宗元・韋応物を激賞し、そこに優れた見識が表れている点を指摘している。また同じく「論詩絶句」の「一語天然万古新、豪華落尽見真淳。南窓白日義皇上、未害淵明是晋人。」という詩を根拠に、元好問が陶潜の詩風の真の後継者としては、韋応物よりも白居易が優れていると見なしていたとし、彼が晩年白居易の詩の研究に力を注いだ事を指摘している。

　次に、彼は、元好問が、詩作にあたっては新鮮な意味や言葉を生み出すことが必要で、かつ、それらを練り上げねばならず、そのようにして洗練された詩としては、杜甫が最上の例であること、さらに、杜甫の詩が陶潜の研究から多くを得ていたこと、杜甫の後には孟郊が出て、その詩風をより発展させ輝かしいものにしたこと、宋人の中では陳師道もまた彼らの詩風から影響を受けていたこと等を論じている点を指摘している。しかし総体として夏氏は、元好問は、杜甫を学んだことでは得たものよりも害のほうが大きく、むしろ白居易の方に透徹した理解を示していると考えており、これは夏氏が独自の慧眼を備えていた証である。

　夏氏が元好問の詩の選注を作った目的はどこにあったのだろうか。1つは、元好問の詩の長所をじっくりと会得するためである。2つめは、自分も同じように時代が変化する時期に生きているだけに、特に理解できる部分があり、一方を通して他方を見れば、よりいっそう、自分が王朝時代から民国時代へと移り変わる中で抱いた心中の思いとその変化を映し出すことができるからである。

6. 事業と著述：孟郊と王安石に見られる対照性と異色の詩風・経歴への共鳴

　夏敬観は孟郊と王安石の詩歌の選註に対しては、梅堯臣について論述する際とは異なった態度を見せている。梅の詩を論じる際には、詩風の闡明に重点が置かれ、奥深い味わいを明らかにし、前人が発見していなかった点を指摘して、梅の詩を永遠に伝えようという姿勢で臨んでいる。しかし、孟郊と王安石に対しては、また別の理解があって、後人に従来とは異なる見識を持たせようと試みている。ここでは、彼の一般とは異なる着眼点を注視してみることにしよう。

　(1)「事功の学」を重んじる：詩を以て人を明らかにした『王安石詩選注』

　夏敬観の理解によれば、王安石の年譜を編むには、詹大和のようにあまりに簡略なのも、かといって顧棟高のように詳細すぎるのも、どちらも不適当であり、編集の目的は「事実を明記し、是非が自ずと表れるようにし」、且つ、選び出した詩と照合できるようにすることでなければならない。しかも、王安石の詩に対しては、既に李壁の注と劉辰翁の評点があり、さらに明の嘉靖全集本があって、みな詩のスタイルによって配列がされている。そこで、夏氏が選集を作るにあたっても詩体によって分類する旧来の方法にならい、年譜を見れば梗概がわかるようにしている。王安石の詩歌の選注を作ったのは、夏氏が王安石の人格を尊敬し、またその新政の主張に共鳴していたからにほかならない。理学家は「義理の学」を重んじて「事功の学」を一方的に軽んじていたため、王安石に対しても総じて評価が低かったが、夏氏は王安石を尊崇し、「事功の学」にも採るべき点はあり、且つ、その詩歌には彼の性情が表れていると考えていた。「詩を通して人を明らかにする」ことこそ、彼が王安石の詩の選注を作った意図であった。王安石が提唱した新政に対しては歴代多くの非難が寄せられてきたが、夏氏だけは特に彼が「事功の学」を創唱し、実際の政治を通じてそれを実現しようとした点を賞賛していて、彼の詩歌に彼の思いが表れている点を利用して、王安石が、世に役立てたいという思いの切なるがためにかえって世人の理解を得られず、公のために尽くすことに熱心すぎて功を焦り、長く世の指弾を受ける結果となった典型的人物であることを明らかにしようとしたのである。

　全体を観察してわかることは、夏敬観が王安石を論じその詩に選註を作った目的は、「詩を通して人を明らかにする」とともに、世俗が新政の失敗を理由に王安石を非難する傾向を正す点にあったということである。彼は「王安石詩・導言」の中で次のように指摘している。秦漢以来の中国で政治上に新機軸が出現したのは、王安石の新政が唯一の事例で、それさえも同時代人による政策への攻撃と、彼自身の品行に対する中傷にさらされた。もしも彼の詩文が千載に不滅の価値を持っていなかったなら、その人となりは依然として誹謗中傷を受け続けていたに

違いない。彼の選集を編み、彼の生きた時代、困難な経歴、平生の志を、詩を通して叙述し、詩を読む者たちにそれを引証してみせよう、と[18]。夏氏が王安石をかくも高く評価した意図はどこにあるのか。主として、道学家たちが義理を重んじて事功を論じず、国家の理財を謀るにあたって利益の追求を抹殺した点を批判しようとしたのである。王安石は孟子が農桑を論じ、民のために産業を興し、土地の境界を説いたことを推賞していた。そして、司馬光の『資治通鑑』が治人を説きながら治法を説かないのとは対照的に、王安石の政見はもっぱら治法に主眼を置いたもので、それらの平生の見解はみな詩の中に表れており、事功の思想と相表裏するものであると論じている。これらのことから見ると、夏氏は、そのような入念な心遣いをもって王安石の詩歌に選注を作ったのであり、彼の詩歌を通して、彼の施政上の貢献がもっぱら治法に注がれ、治人にはなかったことを理解させ、道学家たちが義理を重んじて事功を軽んじる態度に疑問を呈しようとしたのである。彼は、次のような「読史詩」1首を以て王安石の生涯を評論してみせている。

　　　自古功名亦苦辛、行蔵終欲付何人。当時黮闇猶承誤、末俗紛紜更乱真。
　　　糟粕所伝非粋美、丹青難写是精神。区区豈尽高賢意、独守千秋紙上塵。

「絵に写しがたいものは精神である（丹青難写是精神）」という詩句には、夏氏があらためて王安石詩の選注を作った作意が明確に表されている。それは長きにわたってその新政を批判されてきた王安石に対し、新たな観察の視点を提供することであり、事功の学の見地から彼の功績を評価し直し、詩歌を通して彼の真意と卓見を明らかにしようとすることであった。

　(2) 誤解された孟郊の詩風の評価を正し、その異色の経歴に共鳴する：『孟郊選註』

　夏敬観の孟郊論は次の2点を明らかにすることにある。1つには、人とその性格、2つめは、詩歌面での業績である。1つめについては、彼の詩歌が「行き詰まっていっそう巧みさを増す」という境地に至り得たのは、彼の性行と生涯の経歴の中にその原因があることを明らかにしている。彼の生涯の事蹟は元徳秀とよく似ていて、そのため「弔元魯山」という詩を作っているほどである。南方に郷里のあった孟郊は、母の供をして嵩山に移住した。科挙には何度も失敗してついに受験の意志をなくしたものの、45歳の老母の懇願により再度受験して漸く登第した。このような「慈親誠志就、賤子帰情急」（「上座主呂侍郎」）という心情は、内心では科挙に熱心でなかったことを示すものである。母に孝心厚い孟郊は、母を長安に迎えたが、思いがけなく溧陽尉の職に任じられてしまい、母と南北に別れて暮らすはめに陥ってしまった。彼はそのことに不満であったし、さらに、3

人の子供を幼いうちに次々に失った。時代はちょうど代宗と徳宗の治世で、知遇も功業も期待することはできなかった。そこで「君子不自蹇、魯山蹇有因。」(「弔元魯山」)という詩を作って元徳秀を詠んだが、実のところ孟郊にはこれによって自らの境遇を悲しむ心があったのである。これは正道に拠ったもので、偏狭な心から出たものではない。そして夏敬観は、孟郊を通して元徳秀を弔い、かつ自らを悲しんでいるのであって、そのように何層もの敷衍を行い、めぐりめぐって己の思いをあらわにしている。また、古今の詩人の中で孟郊の人と詩を正しく捉えていた人物としてはただ1人韓愈があるのみだと指摘している。すなわち、「孟生江海士、古貌又古心。嘗読古人書、謂言古猶今。作詩三百首、窅黙咸池音。」(「孟生詩」) この詩には孟郊の人柄と行為、詩歌において成し遂げた功績が描き出されている。詩歌における成就について言えば、彼の詩には1語として来歴のないものはなく、1字として古人の用例に基づかないものはない。「目に触れるものみな心を驚かす、難解な詩句を編む」行き方で独創的な境地を作り出していて、宋人の黄庭堅は、孟郊の詩が決して韓愈の潤色しうるものではないと確かに認めている。宋人の費袞もまた、「東野だけがあまたの陋習を一掃し、巧みでしかも簡素な、漢魏の詩人の作品に迫る詩を書き上げた」(『梁谿漫志』)と言っており、それが六朝時代の習俗を矯正する役割を果たしたことを認めているのだ、という。

　夏氏の孟郊に対する評価をまとめれば、次のようになろう。すなわち、孟郊の人格の長所は行動と自制のバランスがとれていたところにあり、詩における功績は漢魏の作風を追慕しただけでなく、六朝時代の陋習から脱した所に存する。元好問が「東野窮愁死不休、高天厚地一詩囚。江山万古潮陽筆、合在元竜百尺楼。」と詠んだのは、韓愈を褒め称えて孟郊を批判するためであったが、孟郊詩の良さに対する理解が浅いゆえの誤解である。故に、孟郊の詩の選注を行ったのであり、それは変わった経歴や誤解されている詩風について、世間の誤りを正す目的があったのである。

　ここまでの議論を通して、夏敬観は孟郊と王安石の人格や詩学面での成就について特に悟るところがあり、そのため孟郊と王安石の詩歌に注をつけたのだということがわかった。その意図するところは、詩を理解することで彼らの性格や感情を知り、前人の残した不当な論議に惑わされないようにすることであった。夏氏が孟郊と王安石の感情や志向を解明した作業は、同時に自身が王朝・民国・共和国が次々交代する社会にあってその胸中に去来した思いを確認する作業でもあったのである。

7. 結論

　夏敬観は清末から民国にかけて生きた学者であり詩人であり芸術家であった。彼の一生は伝奇的色彩に満ちており、各種の文人結社を結成し、涵芬楼を主管し、また復旦公学や中国公学の監督に就任し、合わせて浙江省教育庁の長官を務めもした。晩年は上海に居を構えて絵画を売って生計をたてた。社会的活動に富んだ前半生と、上海に隠棲して著述に志した後半生を対照すると、そこに夏敬観が王朝時代と民国時代が交代する時期に直面して、伝統的詩歌や詩話の形式を用いた著述と各家の詩歌の校注をもって自身の論述と発言の基盤としたことが見てとれる。それは彼が伝統文化と現代文化の衝撃にたちむかう手段であったのだ。
　ここまでの論をまとめてみる。
　（1）生涯の事業：夏敬観は生涯を通じて士人と学者の間を揺れ動いていた。若年期は経書の学習に励み、のちに事功すなわち政治上の行為に転向し、更に転じて著述を任務とする生活に帰着した。つまり、学術・政治・芸術・社会に対する関心の間を流転していたのである。
　（2）詩話の著作には『忍古楼詩話』・『学山詩話』の２つがあり、詩を通して人を伝え、詩を通して史実を伝えることを意図したものであった。
　（3）詩集の校注の仕事は、経書を研究する方法を用いて立言する方式に基づいていた。
　①『漢短簫鐃歌注』は、言外に潜む意味を明らかにし、詩意を深めることを目的として編まれている。
　②『梅宛陵詩校注』は、独創的な着眼点を有し、梅氏の「淡永清臒」な詩風を闡明することを意図して作られている。
　③『陳与義詩選註』は、靖康の難に遭遇した陳氏の苦難の心情が杜甫に似ており、その詩も杜甫の詩風を踏襲するところが多いが、それがかえって欠点となっていること、その性情は厳格・剛毅でたやすく人に屈さないところがあったことを明らかにしている。
　④『元好問詩選註』は、元氏が杜甫に学んだ点では成功を収め得ずかえってそれに煩わされているが、白居易に学んだ点ではかえって透徹した境地に至っていることを明らかにしている。
　⑤『王安石詩選注』は、王氏の政治上の業績は全て治法にあり、治人にはなかったこと、かつ、詩歌においても独自の境地を打ち立てていることを主張している。
　⑥『孟郊選註』は、孟郊の異色の経歴が実は自らを傷む詩として結実していることを明らかにし、かつ、後世誤解を受けているその詩風に対し正しい解釈を加えようとして編まれたものである。

夏敬観は、新文学運動に向き合いながら、なお伝統的な校注や詩話の形式を堅持して自己の文学的立場を表現し続けた。このような著述は、本当に古代の詩人を哀悼するためだけに書かれたのだろうか。詩人の作品を解読するとは、己自身の意志と感情に照らして詩を解釈し、詩を注釈し、詩を論じることにほかならない。つまり、詩人がその生涯に遭遇したことがらを借りて、間接的に個人的感情や志向を託そうとする行為である。詩人が被ってきた誤解を解くことで、実は自分自身の感情や志向を訴えているのである。詩人の感情や志向を解明することを借りて自身の独自の思想・感情をその内にこめること、それが夏敬観特有の人生に対する取り組み方であった。このような見地からその生涯を回想すると、積極的に公職に就いた前半生と、著述に志した後半生の生き方から、その心の歴程がどれだけの曲折を経たかが見てとれるのである。それは時代が変化する中で「常なるもの」と「変化を欲するもの」、「保守派」と「革新派」が相反し衝突した情況の婉曲な表現であり、「直情であるようで屈折してもいる」彼の気持ちの移りかわりを映し出しているのである。つまり、詩話の著述や唐詩の解釈と評論、宋人の詩集の選校といった学術上の成果は、前人の詩作の過程を論述することで詩人の感情や志向を闡明し、ひるがえってそこに個人的な感情や平生の志向を反映させ、それを前人のそれと呼応させるところにその制作意図があったのである。

注

1) 関連の作品には更に『梅宛陵集校注』(1936)・『王安石詩選注』(1940)・『学山詩話』(1940)・『陳与義詩選注』(1940)・『梅堯臣詩選注』(1940)・『元好問詩選注』(1940)・『楊誠斎詩選注』(1940)・『孟郊詩選注』(1940)・『八代詩評』(1940)・『唐詩評』(1940)・「説杜」(1941)・「説李」(1941)・「為初学説作詩門径」(1941)・「説王孟韋柳」(1942)・『劉融斎詩概詮説』(1942)・「説韓」(1942)・「説孟」(1942)・「説元白」(1942)・「説李商隠」(1942)・「説韓偓」(1942)・「題唐百家詩選」(1942)・「唐詩概説」(1942)・「題張為表客図」(1942)・「題洪邁万首唐人絶句詩」(1942)・「呂本中江西詩社宗派図」(1942) がある。
2) 羅志田は「知識分子」という語を採用せず「読書人」の語を用いている。それは主として、読書人の社会的責任の1つとして政治に参画し政治を論じることが含まれており、それは読書・学問と矛盾するものではなく、伝統の政治と学問は切っても切れない関係があったのであって、学者が官に任じず政治を論じない傾向は民国になって初めて提唱されたものだからである。
3) 張之洞『張文襄公全集』(北京：中国書店，1990)「勧学篇・序」、第四冊、545頁
4) 桑兵は更に次のような事実を掲げている。すなわち、1920年以後各省が大学を創設し

たことにより、年長派の学者たちの一部が体制内の教育に携わる事態が生じた。例えば陳衍が北京大学と厦門大学に入り、袁嘉穀が東陸大学に入り、高歩瀛が北京師範大学に入った等の事例がある。また、他の一部の人々が体制外の教育機関を組織した。例えば唐文治が無錫国学専修館を創設し、姚永樸と姚永概がそれぞれ長宏毅学舎と正志学校を設立したのがそれである。桑兵『晩清民国的学人与学術』（北京：中華書局、2008.3）第五章「民国学界的老輩」183-203 頁。
5) 関連の結社には次のようなものがある。すなわち、1930 年には上海の詞作家たちと漚社を結成し、更に康橋画社を結成した。1935 年には上海の文人たちと声社を結成し、1939 年には同人詞社・午社を結成した。創刊した雑誌には 1936 年創刊の『芸文雑誌』があり、講学の事例としては 1936 年に龍楡生と共同で詩詞通信教育クラスを主催したことが挙げられる。
6) 張寅彭『民国詩話叢編』第三冊「編校説明」32 頁。
7) 『忍古楼詩話』。『民国詩話』（上海書店）第三冊所収、4 頁。
8) 『忍古楼詩話』。『民国詩話』（上海書店）第三冊所収、29 頁。
9) 『忍古楼詩話』。『民国詩話』（上海書店）第三冊所収、28 頁。
10) 『忍古楼詩話』。『民国詩話』（上海書店）第三冊所収、3-4 頁。
11) 『忍古楼詩話』。『民国詩話』（上海書店）第三冊所収、4 頁。
12) 『忍古楼詩話』。『民国詩話』（上海書店）第三冊所収、41 頁。
13) 巴赫金「言語体裁問題」。『文本、対話與人文』（石家荘：河北教育出版社、1998）所収、173 頁。
14) 広文書局、1970.10 初版、2-3 頁。
15) 広文書局、1970.10 初版、32 頁。
16) 広文書局、1970.10 初版、33 頁。
17) 章斗航『梅宛陵詩評注』「序」、1 頁。
18) 『王安石詩』「導言」（台北・台湾図書館、1967.7　台一版、1 頁）

附録：「夏敬観年譜及著述簡表」

西暦	年齢	主要な事跡	主要な著述
1875	1 歳	長沙に生まれる。本籍は江西。	
1893	19 歳	南昌の経訓書院に入学し、皮錫瑞に師事、今文尚書並びに詩詞古文を学ぶ。	
1894	20 歳	湖南で挙人に合格。	
1900	26 歳	庚子の乱が起こり、上海に疎開。文廷式に詞を学ぶ。	
1901	27 歳	納資して内閣中書となる。	

1902	28歳	寄付により知府となり、蘇州知府に充てられる。11月、江寧布政使に入って李菜の幕僚となり、清賦督墾局を主管。12月、両江総督張之洞の招聘により三江師範学堂の主幹を兼任、提調に任じて、鋭意改革に努めた。	
1906	32歳	直隷・順天両府の賑災において捐款保升道員となる。	
1907	33歳		『映庵詞』刊行。
1908	34歳	復旦公学・中国公学の監督に就任。	
1909	35歳	江蘇提学使の臨時代行となる。	
1911	37歳	武昌起義がおこり、上海西郊に疎開。浙江省教育庁の庁長に就任。	
1913	39歳	張謇が民国農商部部長に就任、招聘されてその秘書となる。次いで政治討論会会員に就任、程なくして辞職。	
1915	41歳	商務印書館に入社、涵芬楼撰述となる。	
1925	51歳		『詞調溯源』初版
1928	54歳		今韻析
1929	55歳	葉恭綽の提議により、清詞鈔編纂処を創設。	漢短簫鐃歌注
1930	56歳	上海の詞人と「漚社」を結成。また「康橋画社」を結成。	
1931	57歳		二晏詞選注
1933	59歳		忍古楼詞話 鄭康成詩譜評議 詩細
1935	61歳	上海の詞人と「声社」を結成。	忍古楼詩話
1936	62歳	『芸文』雑誌を創刊。「国学を発揚し、民族の栄誉を高める」ことをその主旨とする。同年、龍楡生と共同で詩詞の通信教育班を主催。	
			忍古楼詩十五巻
1939	65歳	4月、霞飛路フランス租界静村に居を移す。6月1日自宅で同人詞社「午社」を結成。	

年	年齢	事跡	著作
1940	66歳		王安石詩選注 学山詩話 陳与義詩選注 梅堯臣詩選注 元好問詩選注 楊誠斎詩選註 孟郊詩選注 『忍古楼詩』出版 八代詩評 唐詩評
1941	67歳		家譜序 論古楽音節与西楽音節之比例 説杜 説李 為初学説作詩門径 詞律拾遺補
1942	68歳		説王孟韋柳 劉融斎詩概詮説 説韓 説孟 説元白 詞調索引 説李商隠 説韓偓 題唐百家詩選 唐詩概説 題張為主客図 題洪邁万首唐人絶句詩
1943	69歳		呂本中江西詩社宗派図考
1947	73歳	南京国史館纂修に就任、編年体長編の編集主幹及び上海資料の収集責任者となる。	
1953	79歳	逝去。	

第11章　歌曲と風俗
　―台湾「日本語世代」の端午と子供の日の記憶探究―
　　　林仁昱　　阿部泰記　訳

1. 前言―「日本語世代」と彼らの歴史記憶に対面して

　台湾の「日本語世代」とは、一般に1920-30年代に台湾に生まれ、少なくとも完全な日本語の小学教育（公学校、小学校あるいは国民学校）を受け、自然で流暢な日本語で会話ができる世代である。この世代が生まれた時、台湾は日本に統治されてすでに30年がたち、教育の普及（学校と社会教育を含む）により日本語は台湾人自身の閩南語、客家語、原住民語を凌駕して第一の「公用語」となっていた[1]。彼らの記憶中の「子供」あるいは「青少年」が対面していた時代環境は、日本統治が最も安定していた1926-1937年を含めて、この時期の近代化建設が次第に整備し、各ランクの学校制度が次第に完成し、政治統治も武力統治から法律統治に移行し、これが基礎条件を提供して、この世代の台湾人とその父祖の世代との間に相当大きな認識の差異をもたらした[2]。しかし戦争に突入した1937-1945年を含めて、この時の日本政府は「皇民化運動」を強く推進し、台湾人は必ず信仰、言語、姓氏、生活方式において「日本化」を受け入れなければならなかった。このようにして、この世代の人は、「日本語」が「国語」であり、自分は「日本人」であり、『教育勅語』は修身の基本であり、「天皇に忠を尽くす」ことは当然のことだという子供の頃の記憶があったのである[3]。とりわけ戦争末期に至ると、この世代のやや年長の者は多く徴用されて東南アジアへ行き、兵士や看護婦、あるいは神奈川県等の地の武器工場で、兵器や軍用機の製造人員となった[4]。やや幼少の者は台湾で軍事教練を受けて、すぐに「神風特攻隊」として宜蘭、新竹等の飛行場から出発し[5]、地方長官が駅から殉難した戦士の遺骨を迎える「無言の凱旋」儀式に参与し[6]、後にはまた米軍の爆撃を避けるため防禦工事を製作したことを子供の頃を思い出すはっきりしたシンボルとしている。しかし、1945年8月に戦争が終結すると、多くの変化は大多数の人々が思いもしなかったものであり[7]、突然「祖国に回帰する」喜びを得たが、実は長くは続かず、急速に日本語を禁じる政令が下った後、彼らは自分が必ずもともと慣れていた言語と文字や、それに付随する言葉の教育資産を放棄しなければならないことに驚いた[8]。多くの人々は新社会にあってほとんど文盲に変わり、苦労して中国語を学習して初めて学業を続け、あるいはもとの社会で認められた職業や身分であることができた[9]。しかし大多数の人は、実際には困難に遭遇して差別を被り、

1949年に台湾に来た「外省人」よりも、就学や就業の機会を失うことが多かった[10]。このほか、八年間抗日戦争を戦った「国民政府」の統治下で、日本を敵視する教育と政令が大量に出回り、こうした局面と圧力の下で、彼らは自分と仲間の過去に対して絶対の沈黙を守ることを強いられた[11]。さらには対外原語と文字表記の上で、不断に自分の過去の習慣と内心の真の感受性を否定し、自分の人生十年、二十年の人間関係の認識と情感を抑えて、自己の血液にはすでに「奴隷化」した雑駁なものはないことを示さなければならなかった。特に多くの公務員や教員は、さらに自分の子弟（次世代）に対して、自分の過去と完全に矛盾する認識を注入しなければならなかった。

いま、あの数多の戦争が鼓舞され発動された時間を顧みると、どれだけの過ちと歪曲を含み、多くの庶民の生命の価値がアリのように蔑まれてきたことであろう。しかしたとえそうだとしても、かつて認識と情感があり、個人の生命の記憶の刻印があれば、やはり本当に消滅させるのは難しいのではないか。人々は出身の仲間や時代の環境に対して選択の権利はなく、環境の変化に対して、特別の身分、言語の「新たな認識」には反抗したかも知れないが、多くの人は黙って受け入れるしかなかった。台湾の「日本語世代」が特殊な時代の変転を経験したことは、生命の経験の中の「歴史記憶」から見れば、必然的にその間に人と人との生活から来る自然に生まれた切り捨てがたい情感があり、これらは戦後に「原罪」とみなされ、後の「二・二八事件」等の惨劇を発生させる原因ともなったが、1987年に戒厳令が解除され、二十年あまりの民主主義が深化する過程を経て、台湾の「日本語世代」の「歴史記憶」は重要な文化資産に変じている。特に文化の衝突と融合を観察する意味で、彼らの「故事」は非常に珍しく、分析・探究に供することができるテキストとなっている。特に近年来、「記憶」（メモリー、個人が人事物を聴聞したり親しく経験したりしたことの回想）によって「歴史」の概念に挑戦することが顕著に影響力を発揮する新しい思考の脈絡となっており、特定の時空の局面において、大衆の集団と個人の記憶は歴史記録に補足を提供し、完璧で精確な事件記述あるいは実況描写の材料を提供している。フランスの社会学者モーリス・アルブヴァクス（1877-1945）が強調した「集合的記憶」（collective memory）の概念では、個人の回想に対する討論には必ず各項の社会集団の層面の影響を考慮すべきだと認め、人が集団の中にいる限り、その記憶は必然的に相当部分が集団意識、すなわち特定の時空、グループが構成する社会の枠の下での集団経験と感受性に呼応していると言う[12]。しかしどのような集団意識が集団の「記憶」になりうるのか。この集団の記憶がまたどのように伝播するのか。またどのような影響を生じえるのか。これらが重要な探究と思弁の問題と

なっている。すなわち「集団記憶」の姿を探究するには、必ず記憶を呼び起こす媒介、たとえば図像あるいは儀式を要するということである[13]。そこで筆者は過去に「日本語世代」の人々と接触した経験を通じて、「歌曲」と「風俗」が彼らの「集団歴史記憶」を呼び起こす媒介になると考えたが、実際の探索を経たのち、範囲が広すぎるとわかったため、まず伝統的な「端午の節句」を選択し、新しい意義が賦与された後の「こどもの日」と関連する歌曲と風俗を焦点とした。そして実際に訪問して、老人たちの節句の活動と関連する「歴史記憶」を呼び起こし、彼らの記憶するところに基づいて、この節句の活動を通じて「男の子の気概」を育てる事柄や影響について探究した。その間には中華（閩南と客家）、日本、さらには西方の多元文化伝統の遭遇、衝突、容認の姿を包含することもあった。また当時の関係文献（『台湾日日新報』『民俗台湾』など）、および当世代の作家の部分的な作品内容も探究、論述の補助参考資料とした。

2.「鯉のぼり」をあげる―節句行事の新伝統を建てる

「端午の節句」は中国で生まれたが、日本・韓国・ベトナム等の東アジア地域にも相当深い影響を与えており、各種不同の伝統文化の風貌に発展している。十六世紀以後、福建・広東の移民が大量に台湾に到達し、この麗しい島の人口組成が次第に漢人を主とするようになると、漢文化伝統の節句もこの土地に根を下ろして生長し、特殊に発展した風貌を持つこととなった。そして1895年に台湾が日本に譲渡された後、台日双方の「端午の節句」という基本的に多くの類似点があり、また多種の相異ある姿を持つ節句の習俗も、遭遇・融合の機会を持つこととなった。ここでまず注意を引くのは「陽暦」（新暦）への移行と「男の子の節句の習俗」という大きな相異である。これは畢竟特殊な文化環境と現象を分析する上での重要な指標であり、その環境を経験した世代が究極的にどんな特殊な「歴史記憶」を持ったのかを観察する上での大切な事柄でもある。その中で「陽暦」への移行の事は、明治6年（1873年）に近代化を促進するための措置であり、陽暦に移行した後、伝統的な上巳（ひな祭り）、端午、七夕、重陽の節句の日時が合わなくなり、廃止したこともあったが、千年の長い間伝承した文化は、決して西洋化の潮流が簡単に滅ぼすことができるものでもなく、およそ1887年前後にはこれらの節句は回復し、陽暦によって活動を行うこととなった[14]。日本が台湾を統治した後にもたらされた「端午の節句」は陽暦であり、これは当然台湾社会の農暦（旧暦）を採用する伝統的な習慣とは合致しようがなかったが、こうした差異に対して、筆者が「日本語世代」の老人たちへの訪問によって得た回答は大同小異であり、新暦と旧暦どちらも活動し、節句を過ごすということであっ

た。簡単に言うと、学校あるいは役所が主催する活動は多く新暦で行い、公開性が比較的明らかで、日本的な特色も比較的濃厚であった。それは『台湾日日新報』等の新聞報道の中でも検証できる。たとえば子供の日（役所では直接「子供の日」あるいは「児童の日」と呼んで男女を分けなかった）を名目とする慶祝活動（優良児童を表彰し [15]、乳児保護を指導し [16]、児童の音楽演劇と映画上演 [17]、旗行列、遊戯会等 [18]）は、まだ一部分の地方（基隆など）で役所が主催するドラゴンボートは、新暦の五月五日に改められた [19]。家庭の伝統的な活動、たとえば粽を食べ、門口に魔除け（菖蒲、よもぎ、ガジュマル、稲等）を懸げ、正午の水、雄黄（orpiment）の酒を飲み、菖蒲で沐浴する等は依然として旧暦に行った。1937年以後の「皇民化運動」の時期には、必ず日本移民に従って新暦五月五日に粽（あるいは柏餅）を食べ、鯉のぼりを掲げ、武者人形や鎧兜などの武士の器物を飾るという圧力もあった（一部分の台湾人の家庭は確かに変化があった）が、しかし大多数の家庭では農暦行事を維持していた。

　よって新暦旧暦の区別は、実際の節句活動の表現においては決して大きな衝突は生ぜず [20]、節句が一つ増えたに過ぎないようなものであったとも言える。しかし端午の節句に「子供の日」の意義が賦与されたのは畢竟日本から発展したものであり、江戸時代に武士と商人の文化を結合した新意義と新形態であって、もともと中国・韓国等の地域には見られず [21]、中華（閩南と客家）文化を踏襲する台湾にとっても初めてのことであった。しかし、植民地政府の同化政策の下に強調された新内容の意義と象徴物は、新聞、刊行物などのメディア、学校教育を通じて、台湾の民衆生活に溶け込もうとする新しい節句の元素となった。この概念と関連する習俗は、すぐに大多数の家庭に受け入れられはしなかったが、多くの「日本語世代」の老人たちが指摘するように、学校は特定の節句のために特別の設定や活動を設け、端午（「子供の日」）には祭壇を設置し、上に神武天皇・楠木正成公・鍾馗様・桃太郎・金太郎のような武者人形・甲と鎧・太刀・弓矢・陣太鼓・扇・軍馬・菖蒲酒（尚武と同音）・ちまき・法螺貝などを置き、配列する位置は校門を入ってはじめの教室の通り抜けができる広間など分かりやすい所で [22]、ひな祭りにひな人形を飾り、七夕に各クラスで願い事を書いた竹を飾り、お盆に盆踊りを踊るようになった [23]。節句を通じた活動内容は「日本化」を拡大した概念設計であったのである。そしてメディアもこうした飾り方とその意義について説明し、努めてこの観念を迅速に普及させようとした [24]。ゆえに多くの中国出自の伝統的な節句は、台湾と日本で共有されようとも、台湾が植民地になった以上は日本の習慣に近づくように導かれざるをえず、学校とメディアは習俗伝播の重要な媒介であり、成長過程の子供にとって、このように新文化に染

まる記憶は主として学校からであったのである。特に男子だけの学校では、子供の日にちなんだ飾りや活動で「尚武」精神を示すことは[25]、男子の立身・友誼・同朋意識に影響を与える重要な概念であった。

事実、筆者が「端午の節句」あるいは「子供の日」の台湾の「日本語世代」に対する特殊意義に注目したのは、宜蘭市の「旭国民学校」第42回生と「北国民学校」第2回生の同窓会活動を通してであった[26]。彼らは1943年3月に小学校を卒業して、1970年の年末に池田・鶴田二人の日本の先生が台湾に帰って旅行する機会を借りて、全回生を召集して母校に帰って同窓会を挙行し、同時に宜蘭市長にもなった黄樹雲先生など台湾籍の先生にも参加を求め、さらに聯誼会を組織して毎年集まっていた。これは非常に典型的な台湾の「日本語世代」の集まりであり、「旭国民学校」(現在の「中山国小」)は、1996年に男女共学制度に改める前にはおよそ百年の間ずっと男子生徒だけを受け入れて台湾で最後にこの伝統を改めた学校であり、「男子精神」はこの学校で自負した伝統であって、多くの男子に関連した観念と文化は、何かの活動を決定する際の基準となっていた。このことは後の卒業生の活動に影響を与え、彼らの同窓会は早期には新年の休暇に行われていたが、皆が次第に退職の年齢に至ると五月五日の「子供の日」に改められた。毎年この日の集まりでは、彼らは小型の鯉のぼりを手に持ち、当時の日本語の校歌や子供のころ習った歌曲(五月節句〔男の節句〕)を歌って活動を開始した。

　　五月節句は 鯉のぼり 夕べの小雨は もう止んで ひらひら泳ぐは 朝日かげ
　　矢車サラサラ 竿の先
　　かくてこの歌が媒介となって、「鯉のぼり」が雨後に翻る絵を導き出し、竿の

図1　台南烏山頭ダム職員宿舎
(1920年頃創建、2011年修築)

図2　日本統治時代の子供の日の飾り
(1940年頃 嘉義・玉山旅社收藏)

第11章　歌曲と風俗　193

「矢車」が回る情景と響きを含めて、彼らの中に改めて集団に共有する「意義の枠」をもたらし、この枠によって彼らは集団的回想に入る[27]。続いて彼らはこの記憶の枠の中で共有する媒体を捜しだして、多くの当時のでき事を話題とし、多くの学校、先生・先輩、活動の映像をはっきりと目に浮かべるのである。かくて子供の日の回想が一種の儀式となり、その儀式の中で子供の頃の単純で元気に溢れた闘志や、かつて持った集団の共同精神を思いだし、そうした気分の中に浸って、さらに多くの歌曲を続けざまに歌うのである。もちろん当時の二首の「鯉のぼり」の歌も含んでおり、その中で、「いらかの波と雲の波　かさなる波の中空を」という歌詞は、旋律に向上精神が充満しており、台湾の公学校（後に国民学校と改称）五年生の「唱歌」の教科書中の歌曲として[28]、当時の日本の尋常小学校の唱歌の時間と同じく、国民性格を塑造する重要な標識であったと言える。そして彼らが最後の一段：

　　百瀬の滝を　登りなば　忽ち竜に　なりぬべき　わが身に似よや　男子（おのこご）と　空に躍るや　鯉のぼり

を歌う時、力の限りに声を響かせ、むかし教室で先生の教えを聴き、激励された感覚を取り戻すのである。そして鯉のぼりが男児の上流に泳ごうとする意義を象徴したことは多くの老人の成長記憶の重要な部分となっており、ほとんどすべての老人は鯉のぼりの数が家族の男児の数に応じて決められることを知っていた。ある老人は、女児に対して期待する家庭が女児を数の中に入れ、赤あるいは朱色の鯉のぼりであったと言っていたが[29]、それが誤解であるという老人もいた。また当時の児童歌曲に印象の深い老人は、別の「鯉のぼり」（近藤宮子作詞）の歌詞：

　　やねより　たかい　こいのぼり　おおきい　まごいは　おとうさん　ちいさい　ひごいは　こどもたち　おもしろそうに　およいでる

によって、鯉のぼりの中にお父さん（真鯉）と子供たち（緋鯉）を含んでいると指摘したが、お母さん（緋鯉）であるという説もある[30]。またある老人は日本では各地方で違った解釈と仕方があって、いろいろな所から来た日本人がそれぞれの習慣を台湾にもたらしで多種多様な様子を織りなし、子供の数の増加とともに緑・紫・橙の鯉があったと言った[31]。

　「矢車」の意義については大多数の老人は分からず、「弓矢」を組み合わせた輪の様式から「尚武」と「壮健」の意義を象徴すると推測しており[32]、また鯉のぼりの「吹き流し」の部分は、老人たちは多く旗竿全体を美しくする装飾だと考えており、同じように風にひるがえると言う[33]。また当時台湾で発行された教科書や教師の参考書、あるいは作文教学手本にも、みな鯉のぼりが端午の節句で

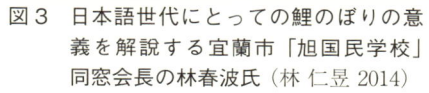

図3　日本語世代にとっての鯉のぼりの意義を解説する宜蘭市「旭国民学校」同窓会長の林春波氏（林 仁昱 2014）

図4　南投鯉魚国民小学における鯉のぼり制作（李 美英 2014）

あり、あるいは子供の日の最も重要な代表物で、この節句の精神を象徴していると言っている。たとえば1905年一年生用『公民学校国語教本』は、鯉のぼりの画像で「五月暦」の単元を開いており[34]、1935年『新国語教本教授書』巻三「子供の日」の本文教学設計には「元気のよい魚」を通して学生が男児にあるべき精神を体得するよう導くことを指示している[35]。

1939年の『新竹第一公学校国語研究部公学校本科一年　国語指導細目』には、「端午の節句」本文の活動設計において、特に武者人形と鯉のぼりの実際の観察を通じて生活指導の効果を増大させることを強調している[36]。1940年『綴方教本（六年生）』の作文範例では、一人の子供の端午の節句の経験を模擬的に想定しており、朝の自習時間に先生が手に菖蒲を持って生徒に「おお今日は節句だ」と語りかけることから始まり、鯉のぼりが国旗掲揚台のあたりで翻っているのを見て、校長が朝礼で次のように話す。

> 今日は端午の節句です。私共は鯉のやうに元気になって偉い人にならなければなりません…ほんとうに、鯉といふ魚は元気があるな、私も鯉に負けないぞ、うんと元気を出してしっかり勉強してりっぱな人になるのだ…

この話を聴くと作者は深く考える。そして帰宅すると思わぬことに鯉のぼりが立てられており、作者は弟とともに非常に喜び、朝聴いた校長の話を思い出して、自分も鯉の精神を学習して国家に貢献したいと思う[37]。これは相当制度化した作文指導ではあるが、「鯉のぼり」が端午の節において教育意義、特に生徒の立身出世を奨励する効果があったことが分かるのである。このほか、「日本語世代」の命の記憶の中で、「太平洋（大東亜）戦争」は絶対に削除できない部分であり、

鯉のぼりがこの雰囲気の中でスローガンを伝播する媒介に変じていることは、『台湾日日新報』の報道において見出すことができる。たとえば鯉のぼりを掲げることは、「皇軍の武運の長久」の長い幟とともに「興亜」の理想を象徴していた[38]。田舎や村落の至るところで鯉のぼりがあがることは、「皇民化運動」の成功を象徴しており、多くの地方では年中行事が次第に「内地化」していった[39]。鯉のぼりは象徴性・教育性のほか、神聖性、さらには儀式実用性（神を招く）を含んでいた問題をどうしても想起させる[40]。実際、皇民化の過程で、重要な事は「神道化」であり、台湾人にもともと信仰していた神を「昇天」させるという名のもとに日本の神道を受け入れさせたのであった。だが鯉のぼりの意義を「神聖化」させ、特に日本の「神道」を承認させて、窃かに神の加護の概念を伝播し、それが心に入り、信仰に入るという期待は、明らかに短期間では無理であり、ほとんど強制的な方式を採用して変えたのであった。大多数の人が鯉のぼりを受け入れることができたのは、やはり争って上流に上るという概念に基づいていたのである。

　大多数の家庭が子供に期待して、彼らが健康に成長し、鯉のように精神が溢れて上流を目指し、さらには「鯉の滝登り」のように家族に栄光をもたらすことを願っていたため、少なからぬ台湾人は鯉のぼりを受け入れた。それは本来「歴史記憶」に過ぎなかったものが、ある機会に後の世代に影響して新伝統となったことを意味する。今日（2014年）、台湾では確かに少数の家庭や店舗で鯉のぼりを懸けており、鯉のぼりを子供の日の意義を越えて、自動車、ボート、漁船のアンテナの装飾などに拡大運用し、順風に事が運ぶことを象徴している。このほかにも筆者は嘉義市の公園の壁画にも鯉のぼりと凧、紙飛行機を並べて飛揚のイメージを表現しているのを見た。さらには基隆市政府と陽明海運公司が長期にわたっ

図 5,6　花蓮慶修院の「端午親子鯉祭り」
（王　淑華、林　美蘭 2015）

て支援している「魚のぼり彩色絵画に眼を入れて福を祈る」祭典のような特に大きな行事においては、毎年四月末から五月初めにかけて基隆市の「海洋広場」の波止場周辺で、数え切れないほどの様々な彩色絵画の魚のぼりが風に舞う。それは市内の各小中学校の子供たちの傑作であり、主催者は看板にも、「魚幟を懸けて全市の児童を祝福し、代表して一年に一度の子供の日を祝い、あらゆる子供が無事健康に育ち、福に余りあり、魚が龍門を飛び越えることを祝福する」と強調している。もちろんこれは鯉のぼりの原義を応用したものであるが、近年主催者は台湾の特色を強調して、魚のぼりの主役を「国宝魚」という別称がある「桜花鉤吻鮭」に変えた[41]。しかし大多数の人は依然としてもとの呼称を変えることはなく、製作に参加した生徒もおおむね「鯉」をデザインの基礎としている[42]。このほか、最近何年かで、もとは日本統治時代の「日本移民村」の信仰の中心である花蓮県吉安郷（原名「吉野」）の真言宗「吉野布教所」（戦後「慶修院」と改称）では、毎年五月五日に花蓮県文化局が「端午親子鯉祭り」を主催している。これは「古蹟活性化」活動に呼応した行事であり、彩色絵画の鯉のぼりのほかに、「紙製武士帽と甲冑」等、親子の創意活動も行われている。これらは「鯉のぼり」のイメージが六七十年経ってもなお台湾で健在しており、子供の向上心を奨励する意義を強調する以外に、学校の創意設計、家庭の共同参画の方式で、思考想像を刺激し、レジャー娯楽を充実させる効果を持っていることを示している。

　鯉のぼりのほかの子供の節句習俗、たとえば武者人形、刀剣などを飾る習俗は、畢竟日本文化の意味が濃厚で、戦後台湾の学校では飾られることはなく、家庭でも見ることはできないが、「日本語世代」の記憶となっている。特に武者人形の中の「桃太郎」と「金太郎」は[43]、民間童話に関わっており、また童謡でも歌

図7　基隆市海洋広場で4月から5月に掲揚市内の各小学校で制作された彩色鯉のぼり（2013）

図8　花蓮吉安慶修院の鯉のぼり祭の記念スタンプ（林 仁昱 2014）

第11章　歌曲と風俗　197

われて、その影響力はかなり大きい。その中で「金太郎」の歌詞は、金太郎が動物と友となって熊と相撲をとることを歌い、ちょうど当時の小学校（公学校）で通常子供の日に「相撲会」の活動を行うことにも呼応していた[44]。歌曲「桃太郎」については、台湾では「日本語世代」がいつも口ずさんでいたばかりでなく[45]、新生の世代も中国語の訳詞がない状況下において多くの人が旋律を熟知しており、自然にリズムを口ずさむことができる世代を超えた共通の「音声記憶」と言えよう。なお桃太郎の故事は、台湾では民間で広く伝わっている。多くの故事の伝承者は口を突いて話すことができるため、多くの県市の民間故事の中で採集・記録され[46]、胡万川が編纂した『台湾民間故事類型』（編号索引 AT301）でも[47]、当地で口伝された特徴を持つ英雄故事となっている。その他、桃太郎が犬・雉・猿を率いて鬼ヶ島を攻撃する故事は、ちょうど台湾の民間で信奉する「田都元帥」（民間の演劇の神）が「金雉玉犬」を率いて異民族を征伐する人物特徴とストーリーが部分的に類似しており、潜在的にこの故事の普遍的な受け入れ度を高めている[48]。その上、桃太郎の事蹟は「尚武」の特徴を持つばかりでなく、動物との団結協力の態度が、長い間学校教育において「艱難を畏れず」、「団結協力する」等の概念を宣伝する重要な補充教材となっており、それが戦後になっても変わらないことは[49]、桃太郎の故事と歌曲が台湾で広く伝わっている原因ではないかと思われる。

　このほか、毎年学校で行われる運動会も通常子供の日の前後になされ、「尚武」精神を顕現する多くの競技は、「日本語世代」の忘れがたい回想となっているばかりでなく、戦後に持続しているものもあり、学校の伝統となっているものさえある。たとえば「騎馬戦」は、ある老人は当時の規則が相手を完全に落として初めて勝ちと見なされ、現在のように相手の主将の帽子を落とせば勝負がつくのとは違って、激しさがあったと言っている[50]。また「組み体操」は、高難度の身体能力・技巧や、団体の精神を表現するものであり、実際に当時の運動会の目玉だったと言う[51]。日本統治時代に国民学校の低学年を担当した老人は、「鈴割り」が長年の競技だった情況を述べ、これらのおもしろい競技が初めて入学した子供にとって腕力を鍛え、責任感を育てるものであったこと、「祈願の垂れ幕」が内容とともに変化し、子供が球をめがけて砂袋を投げ、球が割れて出現する標語が、日本統治時代には「武運長久を願う」類の言葉であったのに、1950年以後は「大陸に反撃し、同朋を救う」に変わり、近年では吉祥祝福の言葉になったこと、子供たちは自主的に地面に落ちた砂袋を全部片付けたことなどを述べた[52]。このほか、運動会には綱引きが不可欠で、基礎剣道や拳法体操も運動会の重要な競技で[53]、ある老人は中学校に進学した後、市区の「武徳殿」で一歩進んだ剣道

の技巧を練習する機会を得たと言った[54]。しかし、男児だけ受け入れる学校でも、女性的で日本文化の性格をもつ舞踏、たとえば花笠踊りなどを上演していたと言う[55]。ただ戦争

図 9,10　日本統治時期宜蘭旭国民学校の「騎馬戦」と「組体操」昭和 18 年（1943）

の雰囲気が次第に濃厚になるにつれて、いくつかの学校の運動会では飛行機や大砲の演習などの軍事訓練を始め、国防技能が民間と融合する時代的必要性を示した[56]。台湾が五十一年間の日本統治時代を経験して西洋の「近代化教育」制度を模倣したことは実際にはこの時代の産物である。国民教育の普及を借りて、新たな思惟、習慣と認識が次第に街から郷村、山地・海辺へとおよんだのであり、多くの学校が建学と発展の歴史を遡る時、こうした因縁を否定できないのである。

3. にぎやかなドラゴンボートレース―古い伝統の踏襲と新たな意義

　学校教育と社会政策が推進され、多くの日本の子供の日の文化伝統は戦後においても持続された。しかし多くの伝統的「単語」がそれによって消失したわけではなく、特に日本と雷同する部分は、日本統治時代に禁止されなかったばかりでなく、強化されたり新たな意義が賦与されたりもした。それは実は伊沢修二以来の植民地教育政策に呼応したものであり、伊沢は日本統治の初年（1895 年）に総督府学務部長を務め、「同化」を教育の最終目標として、教育によって台湾人の精神を征服し、台湾の日本化を必ず成功させると決意したのであった[57]。だがこの「同化」策略が直面した現象は、日本と台湾には言語文化の上で本来高度な近似性と重複性があって[58]、多くの便利さを提供し、台湾の旧言語と旧習慣の調整を借りてある種の文化の過渡と連結を形成し、変転の目標に到達することができることであり[59]、「近代化」はその中で転化を促成する最もよい手段であった。台湾統治の初め、伊沢は台湾人が中国北方官話に習熟せず、閩南語・客家語を使用しており、閩南・客家の間は漢文で意思疎通ができることを知り、日本人が漢字で台湾人と意思疎通ができるようになるためにも、すぐには漢文を排除せず、漢文学習を新式教育の中に取り入れて、台湾民衆の国語（日本語）学習

の補助言語として、混合並行する方式で言語習慣を徐々に変化させたのであった。伝統的書房（家廟・私塾）が役所の国語伝習所・公学校に取って代わられた後も、新世代の台湾人は部分的に漢文を学習することができた者もおり、公学校教育系統と文化思惟の下で学習した漢文は、日本語を主体とする文化生活の中で商業貿易に有利な技術と変わっていった[60]。このほか、国語教学の題材方面では、「実学」と「郷土」を重視する方針が採用され、日本語が実際の生活の中に入り込んで表現の媒介となった。故に大量の「台湾事物」を教材として編纂することを避けず、周婉窈が大正12年（1923年）に出版した第3期『公学校用国語読本』全十二巻の本文によって分析すれば、台湾事物に属するものは、実学知識（近代化）の68篇に次いで、67篇の多きに達し、日本事物の57篇、道徳教育の46篇よりも多く、中国事物は5篇に過ぎなかった[61]。かくて一年生は、オオチウ（烏秋）、リユウガン（龍眼）、あひる（鴨）などの閩南語の多くの事物を日本語で読み、二年生からは、私ドモノ庄（我們的庄）、水牛、西瓜、おまつり（廟会、祭典）、榕樹の物がたり（榕樹的故事）、牛車、台車、台東だより（台東来郵）、台北、台湾の果物、茶、米、農家の秋、石屋さん（石屋工人）、いもほり（掘番薯）、呉鳳、神木、魚塭、埤圳の話（埤圳的故事）、樟脳、台北から屏東（従台北到屏東）、鄭成功、阿里山鉄道、鵝鑾鼻、次高登山（登次高山）、台湾の木材、製糖工場を見る（参観製糖工廠）、児玉大將、六氏先生等の台湾の事物を日本語文で読んだ。同様の状況は『公学校唱歌』にも現れた。こうすれば同族認識の上で矛盾が生じないはずであった。だが実際は決してそうではなく、畢竟日本の事物が相当近接した比率を占め、実学の新たな事物と生活道徳教育の掲示が日台双方に併存していたため、台湾占領以前の台湾の歴史を切除して日本の歴史と関連する題材に改め、教材には「眼前」の台湾を現し、「眼前」と「過去」を接近させず[62]、「眼前」と日本を接近させたのである。言い換えれば、台湾人の現実生活を離れず、日本と類似した文化を否定しない前提の下で、教育思惟の上での連携を形成したのであった。かくて鄭成功のような台湾人の英雄も長崎平戸に生まれて、母親が田川氏という「母系」の由縁で聯繫する格好の題材となり、台南の鄭成功廟「延平郡王祠」を神道系統の「開山神社」に改めたばかりか、国語教材でその事を述べ、『公学校唱歌』の歌曲「鄭成功」でその平生を讃美した[63]。特に最後の一段：

　　志業はつひにならざれど　明治の御代の御光に　君がいさをはあらはれて
　　開山社頭月きよし

は「開山神社」の明るい月明かりを借りて明治の御代の鄭成功の偉業をたたえたものである。彼の「志業」は完成しなかったと言えようか。さらにこの聯繫を日本統治時代の雰囲気と背景を借りて情を説く歌唱に寄託したものに「赤崁城」歌

一首があり、赤榕・木陰・城壁の暗さ・虫の悲鳴を安平古城の画材として配置し、当年の鄭成功とオランダの戦役を悼んでいる[64]。日本統治時代の度重なる「旧慣調査」の目的は、「近代化」に合わない旧慣（人を傷つける恐れのある「端午の石合戦」など）を除くことの外に[65]、多くの聯繋を掌握し、旧来の習俗を改造しようとしたのであった[66]。「端午の節句」の行事は一個の重要な指標であった。片岡巌『台湾風俗誌』（1921年）・伊能嘉矩『台湾文化誌』（1928年）から鈴木清一郎『台湾旧慣冠婚葬祭と年中行事』（1934年）には、当時の台湾の旧暦五月五日「端午節」「端陽節」「天中節」あるいは「五月（日）節」の行事を特に掲載しており、家々では紅紙の菖蒲・ヨモギ・ガジュマル枝（所によっては稲穂を加える）を縛って門口に掛け、特に菖蒲の形状は刀剣に似て魔除けの作用があり、菖蒲・ヨモギで沐浴して身を強くし、万病を除き、とりわけ婦人の纏足には悪臭がせず、子供は腫れ物ができないという[67]。ことわざに「ガジュマルを挿せば強壮になり、ヨモギを挿せば強健になる」と言い、家庭によっては「菖蒲の剣が天に沖すれば皇斗が現れ、ヨモギの旗を地に坤すれば鬼神が驚く」という魔除けの対句を貼って邪気を払う効果を表示している[68]。さらにこの日の正午に家廟では粽、お供え、雄黄酒を準備して祭り、爆竹を放って粽を食べ酒を飲んで健康を祈り、壁や垣根に雄黄酒をまいて毒虫毒蛇を防いだ[69]。

　「午時水」の由来は古く、鈴木清一郎は『瑣砕録』（宋温革）と『歳時雑記』（宋呂原明）を引用して解釈し、この水は腐らず、暗所に置いて夏に発病した時に飲むと快癒すると言う[70]。このほか、「鹹茶」を飲む習俗があり、紫蘇と柘榴の葉を塩漬けし、後日薬草茶として飲むと、体内の毒気を清め、この日摘んだ葉は後に良薬となるという者もいる

図11　台湾の一般家庭に飾られた菖蒲　　　図12　菖蒲の浴湯（林　陞昱 2015）

[71]。邪気や悪臭を除去し消毒作用のあるヒュウバン[72]でも粽や鶏心、虎頭、茄子、鯉、鳥、麒麟等の造型を作り、香料を詰めた小袋は女性や子供が五月に身体に飾り[73]、長命縷の意味の五色の糸は屋内で魔除けやお香の装飾品となる[74]。

　実際、上述した端午の旧慣習俗は、みな夏季に入る季節の雰囲気と関係があり、特に毒虫が増える環境において、必ず魔除けと消毒の方法あるいは象徴的儀式によって実際の効果や心の慰めを求めた。このほか、この節句と三月三日を対応させて、三月の節句は死者への思いを重視して台湾では多くの老人が旧暦「三月三日」を「古清明」と呼んでいるが[75]、五月の節句は生きている者に対するもので、現世で厄災を消し、邪気を避け、幸福を祈願する節句だという人もいる[76]。そして多くの魔除けの習俗は日本の七世紀に次第に形成された端午の習俗と類似している。『日本書紀』には推古天皇十九年（611年）に「夏五月の五日に、菟田野（うだの）に薬猟す」の事を記載しているが[77]、「薬猟」の習俗とは、櫻井龍彦の指摘では、山野に馬を走らせて薬材になる鹿角や薬草を採集する宮廷活動であり[78]、『続日本紀』には聖武天皇が天平19年（747年）五月に行った皇族活動の記録に菖蒲の魔除けの作用について述べているという。

　　庚辰、天皇御南苑、観騎射、走馬。是日、太上天皇詔曰：「昔者、五月
　　之節、常用菖蒲為縵。比来、已停此事。従今而後、非菖蒲縵者、勿入宮
　　中。」[79]

　そしてこの菖蒲を主体とする魔除けの伝統は、異なる時代をへて様々な形態に発展し、その中には菖蒲酒を飲む、菖蒲枕で寝る、菖蒲湯で沐浴する、菖蒲縵で物を飾るなど、中国の習俗と対応するものもある。特に菖蒲鋪を屋根に置く（あるいは屋根に投げる）、軒下に菖蒲を挿す習俗などは、汚染を避け、身を清める意味を持っている。これも日本と台湾の端午の節句の旧慣習俗が明らかに交叉する所であり、「皇民化時期」に至って「精神総動員」の号令がかかっても、台湾人民に遵守する行事として示された。

　　端午の節供には一般に軒端に菖蒲、蓬を葺き、柏餅等を製し、菖蒲酒を
　　祝ひ、又菖蒲湯に浴するの風があった…端午の節供に菖蒲を用ふるのは
　　菖蒲が薬草で、長生と一切の邪悪を除くといはれることによるものである
　　…[80]

　『祝祭日等の解説』などの指導書には、祝祭日の由来と発展に対してはっきりと説明しており、端午の節句の風俗の変化に関しては、平安時代から概略を説明して、そのとき行うべきことをしっかり提示しており、上述の菖蒲を主とする魔除けの行事のほか、武運を称揚する旗や鯉のぼりを立てるとともに、甲冑・人形・菖蒲刀等の「尚武」精神を象徴する物を飾り、平安時代以来の儀礼を継承す

べきことを強調している。だがこうした習俗行事の中国との因縁については何も言及していない。たとえば鯉のぼりが鯉の精神を称揚する背景については、ただ「古諺」によるとしか言わない[81]。このほか、中国で屈原が川に身を投げて殉死したことを記念して粽を食べる習俗は、本島人（台湾の漢人）と内地人（日本移民）が共有する習俗であるが、その淵源も忠君の概念に取って代わられ、粽の外形は明らかに内地と台湾では差異があり、本島人は竹の葉で三角形の四面体に包むが、内地人は茅の葉で円錐形の茅巻に包み、別の内地人が端午で食べる食物は「柏餅」で、前述の皇民化指導冊子でも紹介していた。筆者が訪問した「日本語世代」の老人は、みな見たことがあり、食べたこともあると言ったが、本島人の家庭ではおやつではあっても、端午の節句に必要な食物ではないという[82]。また家庭外の公共活動方面では、多くの老人の回想では、「ドラゴンボートレース」は印象深い端午の活動であり[83]、役所も支持する伝統活動の中で代表的なものであったという。その主要な理由は「ドラゴンボートレース」が日本統治初期に総統府が長崎等の「ペーロン」と同一視して禁止しなかったからである。総督府の初期の官員佐倉孫三が漢文で書いて発行した『台風雑記』は特に台湾と日本の端午のボートレースの類似点を指摘している。

　　台島亦有端午之事、称曰祭屈原之霊云。此日作粽、児童懸香玉於胸、詣神廟；大人則称門船、壮夫八九人、乗軽舸、試競漕、宛然我短艇競走者也。而其挙動最究劇烈、或翻旗幟、或鳴鼓鑼、観者歓呼、声如雷霆、可謂壮挙矣。評曰、我邦端午節…与台風稍異趣、唯至其軽舸競走之事、則亦「尚武」之一端矣。

佐倉は漢文に造詣があって、日本の端午の特色が「尚武」精神の顕現にあると考えており、台湾の「小舟競争」であるドラゴンボートレースも「尚武」の風に帰属するように思えたのであった[84]。後に総督府は一歩進んで日本風のボートレースを取り入れて内地化し、春秋二季の「ボートレース大会」を盛大に行った[85]。『台湾日日新報』等の新聞資料によれば、大正年間に至ると、旧暦の端午を維持してボートレースを行う地方では、南方澳や山峡等では新暦の六月十七日の「始政記念日」（日本が台湾を統治した記念日）と融合させた[86]。当時のドラゴンボートレースに関する習俗と実際のレースの形態等については、佐倉孫三以後にも、竹内貞義『台湾』（1914年）、片岡巌『台湾風俗誌』（1921年）、山根勇蔵『台湾民族性百談』（1930年）、鈴木清一郎『台湾旧慣冠婚葬祭と年中行事』（1934年）、潘酒禎「士林歳時記」（1941年）、中村哲「競渡考」（1941年）、直分国一（黄旭初・張上卿共著）「村の歴史と生活―中壢台地と「湖口」を中心として―」（1944年）等の著作に、屈原と溺死者を祭ること、二三隻のレースで一隻

第11章　歌曲と風俗　203

図13 『アイデア寫眞館高雄州行啓記念寫真帖』に掲載されたドラゴンボートレース 大正13年（1924）

図14 『高雄港勢展覽會誌』に掲載されたドラゴンボートレース 昭和6年（1931）

に六人、十五人から三十人など様々な形態があること、船の外貌（船端に龍形を描く）、レース前に焼香して爆竹を放つこと、粽で祭る等の習俗に関するおおむね似通った解説をしている。その中で最も詳細なのは潘迺禎「士林歳時記」で、士林洲美地区のドラゴンボートレース活動について、龍船の構造・色彩・道具・乗組員を含めて、レースの流れと儀礼（龍船を拝し、龍船を迎え、龍船に接し、龍船をこぎ、おやつを食べ、大戯を演じる）等各方面の周辺事情を明確に記録している[87]。このほか、二種の歌謡を付記している。その一首は台湾の「四句聯」の賛歌「頂港下港に龍船をこぎ、青蒲紫蓼は中洲に満つ。波は渺々、水は悠々、長く君王を奉じ万々秋」であり、もう一首は端午の習俗を述べながら友人を呼んでレースを見ることを歌う以下の童謡である。

　　　龍船龍船本当に長い。白糖つけて粽を食べると、糖は甘く、粽は粳混じる。粽を食べると、庭は広々、沐浴をして午時水飲むと、体は香ばしく、香芳を掛け、皆さん一緒に扒龍見ましょう。

潘氏のこの文にはまた、昭和天皇が皇太子の時、1923年に台湾に「行幸」し、台北の「明治橋」を通過した時、士林洲美地区のボートレースを御覧になったが、当時の新聞はこれに関する報道を行わなかったという[88]。だが、行幸の時間は新暦五月五日に近接しており、『台湾日日新報』には、高雄地区で「ドラゴンボートレース」を奉迎活動の一つとする報道があり、白・赤・青三色のドラゴンボートがそれぞれ本島の学童三十六人の選手によって、太鼓・銅鑼等の鳴り物の鼓舞の下、旗の後ろの「萩原造船所」の前の海辺で勝負をしたと記している[89]。数ヶ月後、大阪で出版された『台湾の文化』には社末生「東宮殿下南国御巡啓記」を収録しており、皇太子が水雷艇を改造した「御召艇」に乗って高雄港を巡視したときに、「網打」（百隻の筏で網を打ち、隊形を変化させる演出）および龍船のレー

ス活動が準備されていたと言う。『台湾日日新報』には、参加した学童は御前で上演できて非常に光栄に思い、「渾身に勇気を奮い」、積極的に勝利をめざし、優勝した船の選手はみな櫂を立てて皇太子に敬意を表し、声高に万歳を三唱したと言う[90]。よって皇太子の面前でレースをしたことは事実であるが、場所は高雄港内であって、士林洲美ではなかったのである。この文集の最後には当時のレースの写真を掲載しており、それは当時の盛況を留めた珍しい影像である[91]。このほか、『アイデア写真館高雄州行啓記念写真帖』にも当時皇太子が高雄港で活動した多くの写真を収録しており、ドラゴンボートレースも含んでいる[92]。そこでは皇太子のほか多くの親王の旅程にもボートレース観覧が組まれており、黄麗雲はこうした活動が「意識共鳴」と「民族緩和」の歴史意義を提供したと考えた[93]。だが筆者の調査によれば、東方孝義『台湾習俗』にはドラゴンボートは内地のボートレースと似ていて、目的と形式にやや差異があるものの[94]、台日文化の従属関係を示す上で相当重要な役割を演じていたと言う。

　事実、日本統治時代のレースに関する報道は多い。黄麗雲「『台湾日日新報』のドラゴンボート記事」は、『台湾日日新報』の明治時代以来の記事や写真について詳細な記録と分析を行って官署主催と民間主催のレースの実況を伝えており、このような盛んなレースの気風が、生活が安定し、経済生活に余裕があることと関係があること、後にレースが新暦・旧暦の端午に限らず行われ、工商会・自動車会社・青年団・街庄社区組織がみな商業競技会（開幕・宣伝）・祝賀競技会・友誼競技会・訓練競技会など各種の競技会を催したこと、趣味性のある芸者レースがこの類の活動の性格を多元化させ、河・クリーク・港湾・海浜も挙行する場所となったことを指摘している[95]。

　しかしながら端午に行われる催しが代表的であって、特に各種の風俗旧慣に融合して、老人たちにとっては忘れがたい記憶となっている。筆者が訪問した宜蘭の老人たちは、礁溪の「淇武蘭」と「洲仔尾」地区（今の「二龍村」）の村落の対抗試合を印象深く覚えている。それは清朝の開拓時期に存在していた伝統的活動である。二つの村落の住民は毎年の端午に必ず地方色の濃いドラゴンボートレースを行った。二村のすべての住民が河辺に出て、選手は裸でそれぞれ赤・緑のオールを手に持ち、立ったままの姿勢で、判定が下りなければ何度も試合を繰り返し、片方が納得するまでやめなかった[96]。そしてこうした活動は当地の人によれば、皇民化運動の最中、大東亜戦争期に多くの青年が戦場に徴兵され、アメリカ軍に爆撃されるかも知れない環境下でも続けられたと言う[97]。「淇武蘭」と「洲仔尾」から遠くない宜蘭市でも、毎年五月五日には役所主導のレースがあり[98]、演劇（「歌仔戯」と思われる）・楽曲（「北管」類の曲芸）等の上演があり、

第11章　歌曲と風俗　205

図15,16　現代の台南市におけるドラゴンボートレース（林 仁昱 2015）

高襟の台湾服を着た若い女性が笑みを浮かべてその間を往来し（レースの余興か）、加えて片側の高地（堤防）では賑やかな球技の試合が行われた。それは呉氏嫦娥「扒龍船」の描写に見られる。

> 滔々と水声を立てて流れる豊かな宜蘭河には、三四艘の大きな舟で仕立てられた、台湾芝居の舞台が出来上がります。贅をつくしてきらびやかに飾った舟には、藝者や役者の演藝と共に、賑やかな笛太鼓の音が入りみだれて、さながら百花撩亂の有様です。その間を、衿の高い台湾服を着た賑やかな娘達が、晴れやかに笑顔で舟に乗って縫って行きます。岡では、走標蹉球が賑やかに行われます[99]。

これを見れば、ボートレースが当地の端午の節句の公共活動の重要な象徴であったことがわかる[100]、その概念は当地の男子学校に融合した。「旭国民学校」の運動会では「ボート漕ぎ体操」が今に至るまで八十年の重要な伝統となっている。筆者が訪問した当時学生あるいは教員であった老人もごく自然に「ボート漕ぎ体操」の歌に合わせて動作を行った[101]。

> （1）潮みちぬ　こぎだせよ　いざともに　こげやこげ　風たつも　浪たつも　海国一の　男児なり　（2）いさましや　ここちよや　こえそろえ　こぐわれら　さわぐ波　走る魚　とびかける　舟は鳥　（3）かいの羽　かじの爪　こぎにこげ　かきにかけ　万里の海も　なんのその　東洋一の　海国児

この歌は「ボート」という名で、作者は不詳である。明治35年に坊間で出版された『唱歌教科書』第二集に掲載されているが[102]、台湾総督府が歴代編集した『公学校唱歌集』には見られない。この学校では内地人の教師が小竿（後に棍棒あるいはビニール管）を手に取ってオールとみなした「ボート漕ぎ体操」に合わせて歌い、学童を指導した。オールは紙で紅白色をまじえた。運動会は多く新暦五月の初め、すなわち子供の日の前後に行われた。「ボート漕ぎ体操」の隊形

や動作が端午のドラゴンボートレースを連想させることから、ドラゴンボートレースの陸上版と考える老人もいた[103]。この歌曲の内容は主として「海国精神」を強調しており、ドラゴンボートレースが多く河川で行われる状況と異なるが、台湾は四方を海に囲まれており、大多数の城鎮が海からあまり離れていない。海浜の自然環境と決して矛盾しておらず、基隆・高雄・屏東東港・宜蘭蘇澳などではドラゴンボートレースを港湾あるは海辺で行っている。こうした大海に向かうレースの場面は清朝時代からすでに存在し、台湾のレースが河海両方に適しているという特色を代表している[104]。故に「海国精神」を模擬レースの「ボート漕ぎ体操」に注ぐのも合理的であった。さらにこの世代の老人たちの記憶印象が強い「我は海の子」、「軍艦行進曲」[105]や「海行かば」[106]等の歌曲に対応させれば、風に乗り波を破り、風波を恐れずに万里を進む気概は、彼らが子供の時に戦争に直面した環境・雰囲気の中で必然的に注入され、塑造された認知の特質であることが理解できよう。そして「ボート漕ぎ体操」以外にも、運動会では「マストリレー」があり、生徒が一本の竿を立てて船のマストに見立て、四人の生徒が順番に上端まで登って、地上から上端に連結した縄を引いて竿をマストのように安定させ、五番目の生徒が上端に上って国旗を挿して試合を終わらせた。こうした活動も今に至るまで引き継がれ、学校の伝統精神を継続させる「世代を超えた記憶」となっている。当然、伝統的活動は異なる時代環境の下では必然的に変化が発生する。たとえば当時の子供がレースで歌った「ボート」という歌は、戦後には学校の教師によって中国語の歌詞に変えられている。

　（1）白浪滔滔、努力向前搖、用力用力搖、一齊向前搖！大家心一條、不怕風浪高、中華男兒志氣高。（2）青空万里、努力向前搖、用力用力搖、一起向前搖！不怕路途遙、不怕船身小、中華男兒大英豪！（3）前途遙遙、努力向前搖、用力用力搖、一齊向前搖！不怕浪頭高、不怕同伴少、中華男兒把国保[107]！

しかし両者は同じく「大海に向かう」概念を共有し、同じく全力で前進する精神を奨励している。言語環境が変化しても、同じリズムの中でこの活動とその包含する意義が伝播したのであり、これも「日本語世代」とその子孫に互いの意思を疎通させる媒介となっていると言えよう[108]。

4. 結論

　本論は「日本語世代」の「端午の節句」と「子供の日」の記憶を観察と探究の対象とし、「歌曲」と「習俗」を実際の採録の導火線とし、さらに当時の『台湾日日新報』のような新聞、『台湾民俗』のような雑誌、佐倉孫三以来の諸家の記

図17　ボート漕ぎ体操（旭国民学校）
1940年頃

図18　ボート漕ぎ体操（中山国民小学）
1980年頃

録と論述を通じて補充と証明を行って、中華（閩南・客家）文化を伝承する台湾民衆が、日本統治時代に強い影響があった日本文化や新時代の文化（新暦の採用、新教育と伝播媒体の運用など）に接した際に見せた選択の傾向と摂取の態度を観察した。また日本の役所がこのような文化の近い植民地をどのように伝統文化で連結させ、「同化」工作を行い、特にその統治後期に「皇民化運動」の措置をどのように推進したかについて考察した。近くて異なる外来の強勢文化が地元の文化伝統と葛藤・融合を生じた時空環境において、双方の「端午」という共通部分は、継承という基本態勢の下で、その他の意義を牽連しながら拡大し転変した。たとえば菖蒲の魔除け、ドラゴンボートレースが最も顕著な例であり、特にレースがその他の節句と事件に関連して挙行の範囲を拡大し、「海国精神」の概念と関連して、新たな文化伝承を創出したことは特に注意すべきであろう。相違部分については、石合戦のような部分的に危険性を伴うものが役所で禁止されたほか、午時水や雄黄酒のような台湾本来のものが大多数旧暦によって継承された。日本特有の部分については、家庭が子女に期待し、子供に向上精神を奨励する鯉のぼりが最も受け入れやすい部分であり、老人の「歌曲記憶」中にその象徴意義と実際影響力を証明することができた。「尚武」精神を象徴する武者人形と器物は、専属性が顕著であることから、学校が新暦によって展示し提唱したが、普遍的に家庭に入り込むことはなかった。日本の粽・柏餅は少数の台湾人の家庭に入ったが、「端午」の食物としての属性から、伝統的台湾の粽あるいは端午の供物と並列されることはなかった。このほか、戦後に日本統治時代が終わると、日本固有の文化の力は強勢の影響力を持つことはなかったが、特に排除された時でも、レースと「海国精神」との連結など、習俗が同じく展開した部分や、鯉のぼりなど、習俗が異なっても受け入れられやすかった部分は、関係する歌曲を中国

図19　ボート漕ぎ体操の意義を解説する李英茂氏

図20　ボート歌曲を演唱する謝鏈益・林鐶氏夫婦

語の歌詞に改めるなど、違った方式あるいは外貌で伝承され、同族認識意義を持つ新文化伝統となったものもあった。

　老人たちの「歴史記憶」を採集・記録し、現象を探究する材料としたのは、表面的に見れば、多くの「個人的な」見聞と観点を組み合わせたとしか思われず、案例をこれ以上多く集めても、結局は絶対的全面的な観察の標準には到達するすべがないと思われがちである。しかし、特定時代の社会風俗と文化様相の研究から考えると、貴重な意義と価値を持つ材料であることは間違いないのである。特に各種の歴史記録（史料、役所の記録、メディアの記載あるいはその他の文献）は主流の論述に重点を置く偏向があり、多くの同族認識意識と文化価値観の干渉を受けるという情況下で、個人ないしグループにおける身近な経験と実際の情感、感受性は、常に無視され、あるいは抑圧と歪曲を経て、往々にして正確に評価・観察されることがないのである。しかしそれでも真実の存在は否定できず、その普遍的存在の影響力は顕著なのである。かくて「歴史記憶」を追跡することで導かれた種々の陳述、とりわけその中の個人的生命経験と情感は、特に注意に値するのである。

　筆者は本論における「端午」を例として展開した探究結果を通じて、多くの個人経験と記憶の出現を明らかにした。また同時期の新聞・雑誌・書籍等の文献資料を通じて対照・証明あるいは修正することによって時代情況を構築し、文化の様相をその中に再現した。そしてそれによって習俗の伝統の持続、あるいは改変の由来、グループの文化同一視の種々の変化、ないし最も平常の人間関係の情感の種々の様相、これらを完璧に再現し、ひいては多くの価値観、文化現象の背景となる要素を解釈して、未来の関連する研究にさらに多くの手がかりと多元思考の方向性を提供することができたと考える。

注

1) 経典雑誌編著『台湾人文四百年』（台北：経典雑誌、2006）、頁154。
2) 嶺月（丁淑卿、1934年生）の自伝式の児童小説『聡明的爸爸』（台北：文経社、1993）、頁48における父親の言葉：「…私の心中には大きな秘密がある。それは私が本当は自分が日本国民であると認めたことがないということだ。しかしそれを口にはできない。口にすれば非常に厄介なことになる。お前たちは私たち老人とは違う。お前たちが出生したときには国籍は日本国民であり、日本政府も台湾を進歩的に建設し、衛生もよく、学校も多く、…」は世代の差異と近代化の下での「やむを得ない」承認と感情を説明している。
3) 林恵玉編『宜蘭耆老談日治下的軍事与教育』（宜蘭：宜蘭県立文化中心、1996）、頁176には老人林洪焔（1912年生まれ、小学校長、羅東鎮長経験者）の取材で、『教育勅語』の人格形成への影響が大きく、節句ごとに学校が学生を招集して朗誦させたという。筆者も2013-14年の取材で、老人が『教育勅語』を家の客間に掛けているのを見た。
4) 八千余名の台湾少年工が神奈川県高座の「海軍航空技術廠」で飛行機を製造した事蹟は、郭亮吟監督『緑的海平線記録片』（遠流智慧藏製片、2006）が詳細にその事を記録し、戦後に少年工が台湾に帰り、各県市で「台湾高座協会」が連絡交流している様子を描いている。また周姚萍『台湾小兵造飛機』（台北：小魯文化、2005）は少年工の事蹟を児童小説に改編している。
5) 林恵玉編『宜蘭耆老談日治下的軍事与教育』（版本同前注）、頁139-172は、地方の老人が「神風特攻隊」が宜蘭で活動し、ここの飛行場から大海へ飛び立った事蹟の記憶を記録し、当時「宜蘭中学校」でも三人の「內地人」（日本人）が特攻隊に入選したことを指摘している。
6) 同上書、頁12は、戦争末期に宜蘭羅東街長陳純精が政府人員と学生を率いて、羅東駅で海外で戦死した者の遺骨を迎えた写真を掲載している。
7) 台湾1930年代に出生した作家、鄭清文（1932年生まれ）、林文月（1933年生まれ）、嶺月（1934年生まれ）、黄春明（1935年生まれ）等はみな作品中で、子供の時に終戦の知らせが突然来た様子を描いている。
8) 台湾1920年代に出生した作家の多くは、終戦の時に日本語での著作に従事しており、作品を発表していたが、中国語に書き直すためさらに学習を必要とした。たとえば陳千武（1922年生まれ）、林亨泰（1924年生まれ）、葉石濤（1925年生まれ）、鍾肇政（1925年生まれ）等。
9) 筆者の祖父は1905年に生まれで、本文に述べる「日本語世代」の父親時代であり、幼時に短期間漢文教育を受けたが、後にまた公学校に入学して日本語教育を受けなければならなかった。戦時には「宜蘭市役所」課員となったが、戦後に短期間で日本語で中国語の文書に注音・標註し、中国語を学習することによって元の職掌を維持することができた。
10) 鄭清文「偶然与必然—文学的形成」、『鄭清文短篇小説全集別巻：鄭清文和他的文学』（台北：麦田出版社、1998）収録、頁1-18。鄭清文（1932年生まれ）は中学時代に必

ず日本語を中国語に変える学習を受けた経歴や作文が「外省」の同級生に及ばなかった過去を述べている。
11) 周婉窈「『世代』概念和日本殖民統治時期台湾史的研究」、『海行兮的年代—日本殖民統治末期台湾史論集』（台北：允晨文化、2003）代序、頁 11-13。
12) モーリス・アルブヴァクス（Maurice Halbwachs）著；畢然、郭金華訳『論集体記憶（On Collective Memory）』（上海：上海人民出版社、2002）、頁 71。
13) 同上書、頁 68。
14) 櫻井龍彦著、陳愛国訳「年中行事的意義与民俗的重建—以端午節為例」、『国文天地』第 27 巻第 1 期、2011 年 6 月、頁 24-25。
15) 『台湾日日新報』昭和 17 年（1942）5 月 5 日夕刊には、当日「模範児童十六名あす基隆で表彰」のニュースを掲載している。このほか、各地では経常的にこの日健康乳幼児の推奨活動が行われ、「昭和の桃太郎」（あるいは「興亜の子宝」）などと美名をつけていた。たとえば『台湾日日新報』昭和 18 年（1943 年）4 月 13 日には「"昭和の桃太郎" 選奨 臺中乳幼児保護協会子供の日の多彩な催し」のニュースを掲載している。
16) たとえば『台湾日日新報』（漢文版）昭和 5 年（1930）5 月 4 日には「五月五日児童日 全島一起為児童保護運動」のニュースを載せている。
17) たとえば『台湾日日新報』昭和 12 年（1937）5 月 4 日には「子供の夕を 新公園で開催」と題して、台北市新公園音楽台の児童日前夕音楽、戯劇上演と映画活動を報じ、戯劇の部分には「海軍生活の一日」、「幽霊船探検」、「貓のをぢさん」等劇目がある。
18) たとえば『台湾日日新報』昭和 12 年（1937）5 月 2 日には「幼稚園児が 旗行列と遊戯会 五日の「子供の日」に新公園で」のニュースを報じ、当時 1300 名の児童の参加が予定されていた。
19) たとえば『台湾日日新報』明治 42 年（1909）5 月 2、4、8 日に連続して、基隆工事支部、関税支署、商船会社支店、台湾銀行支店、郵船会社出張所等が主催する「端艇競漕會」活動のニュースを報じており、当時の盛況を知ることができる。
20) 老人を取材した際に、仕事上日本にいつも往来する林春波氏、1930 年生まれ、市役所高階土木測量技師退職のような老人から、日本の田舎（特に新暦五月五日がまだ寒い東北地方）では、まだ旧暦で活動を行う習俗があると聞いた（2014.08.24 第二次訪問記録）。
21) 櫻井龍彦「中日端午習俗的嬗変」、陳勤建『民俗視野：中日文化的融合和衝突』（上海：華東師範大学出版社、2005）、「附録一」、関連の叙述は該書頁 160 に見える。
22 『台湾日日新報』昭和 10 年（1935）4 月 24 日に、「人形の飾り方 神式天皇を中心に」一篇を載せて、「五月人形」の内容と形式について述べている。
23) 許佩賢『太陽旗下的魔法学校』（台北：東村出版、遠足文化発行、2012）、頁 135。
24) 『台湾日日新報』昭和 10 年（1935）4 月 24 日に、「近づいた端午の節句 御存知ですか 五月人形の由来」一篇を載せて、「五月人形」の由来、特に天応元年に神風の力を借りて蒙古軍を撃退した事蹟に言及し、「童心ゆたかな人形がアメリカ訪問 尚武の精神を強調して」一篇を載せて、アメリカの記者に回答して「五月人形」が「尚武」精神を象徴することを説明する。
25) 林鑛女士、1923 年生まれ、小学校教員退職。1942 年から男子児童だけを受け入れた宜

蘭公学校（後に「旭国民学校」と改称）に勤務。林女士は特に学校の当時の配置と意義について指摘した（2014.08.26 第二次訪問記録）。
26）「旭国民学校」は1896年に成立、もと「宜蘭公学校」、今日の「中山国民小学」。「北国民学校」は1941年に成立、今日の「力行国民小学」。「北国民学校」が成立した時、「旭国民学校」はすでに四十年あまり歴史があり、各学年を二班に分けて移籍したため、両校の同期生は同窓会を結成している。
27）アライダ・アスマン（Aleida Assmann）、ヤン・アスマン（Jan Assmann）「昨日重現——媒介与社会記憶」、余伝玲等訳、馮亜琳・アストリート・アール（Erll, A.）主編『文化記憶理論読本』、北京：北京大学出版社、2012、頁23-24）には、「回憶」とは社会記憶が再構築した「意義構造」の中に依附していると指摘する。
28）『公学校唱歌』「第五学年用」（台北：台湾総督府、1935）、頁8-9。
29）林鑲女士第二次訪問記録、2014.08.26。
30）櫻井龍彦「中日端午習俗的嬗変」（版本同前注、頁160）には、明治時代からこうした「三匹の鯉を基礎とする」規範が始まり、家中の男児の数を見てさらに緑・紫の鯉等を加えると指摘する。
31）李英茂氏は、1929年生まれで、小学教務主任を退職し、1992年から宜蘭県史館で日本語文献編訳を担当し、歌詞によって鯉のぼりの意味を解釈した（2014.08.22 第二次取材記録）。
32）林春波氏第一次取材記録、2013.8.1。
33）櫻井龍彦「中日端午習俗的嬗変」（版本同前注、頁154）には、多くの鯉のぼりの上方には五彩布で作った「五色彩糸」があり、中国伝統の端句で「長命縷」を配して疫病・厄運を避ける習俗と関係があろうと指摘する。
34）『公民学校国語教本』（原書は刊記を欠いているが、表紙の台湾総書府図書館の登録印章には、昭和14年（1939）収蔵とある。該館（今の国立台湾図書館）の登録出版時間は1905年であるが、何によったか不詳）、頁17。
35）台湾教育会編（代表人：三屋 静）『新国語教本教授書』（台北：台湾教育会、1935）、頁41-47。
36）『新竹第一公学校国語研究部公学校本科一年 国語指導細目』（新竹：新竹第一公学校国語研究部、1939）、頁115-117。
37）綴方研究皐月会編『綴方教本（第六学年）』（台南：啓南社、1940）、頁10-12。
38）『台湾日日新報』昭和16年（1941）5月5日報導臺湾各地男童節活動、就下了如是的標題「けふ端午の節句興亞の空に鯉のぼり躍る」。
39）『台湾日日新報』1938年5月2日には「田舎に鯉のぼり東石各部落に林立」という標題で、嘉義東石地区で鯉のぼりが盛況で、それが「皇民化運動の徹底に邁進しつつある東石郡では年中行事の內地化」だと強調している。
40）櫻井龍彦「中日端午習俗的嬗変」（版本同前注、頁163）には、もし鯉のぼりの前身の武者のぼりに一族の守護神を象徴する意義があるとすれば、鯉のぼりには神の概念に近いことが理解でき、天空に面する旗竿には本来「招神物」の性質があり、鯉のぼりの先端には風車を除いて、杉の樹の葉と眼を付けた竹細工があり、迎神の作用があることを表していると指摘している。

41) これは台湾高山に特有の品種で、1919年に大島正満が日本文で当時の『台湾農事報』と『台湾博物学報』に発表し、Salmo saramao Jordan and Oshima、日本語名「サラマオ鱒」（Saramao masu）と命名している。泰雅族「サラマオ」部落で発見されたためであり、戦後台湾では「桜花鈎吻鮭」と改名された。正式学名は Oncorhynchus masou formosanus。
42) このように別の魚類を主人公にするやり方として、現在日本の高知・鹿児島・沖縄等の地に「鰹のぼり」があり、宮崎市佐土原町には「鯨のぼり」がある。
43) 宜蘭市「旭国民学校」第42期と「北国民学校」第2期の同窓会が使用する「手持式鯉のぼり」には「金太郎」の図案が施されている。
44) 『新竹第一公学校国語研究部公学校本科一年 国語指導細目』（新竹：新竹第一公学校国語研究部、1939、頁116-117）には、特に「相撲会」を端午の節句の重要活動として挙げている。
45) 歌曲「桃太郎」は『公学校唱歌』「第五学年用」（台北：台湾総督府、1935、頁30-31）に見える。故事は『公学校用国語読本』巻三（第二学年用）に見え、三課に分けて述べ終えている。
46) たとえば金栄華整理『台湾桃竹苗地区民間故事集』（台北：中国口伝文学学会、2000、頁226-227）、陳麗娜整理『屏東後堆客家民間故事』（台北：中国口伝文学学会、2006）、頁87-88及び頁88-90。
47) 胡万川編『台湾民間故事類型』（台北：里仁書局、2008）、頁39-41。
48) 邱坤良『南方澳大戯院興亡史』（台北：新新聞文化、1999、頁221）には、子供のころの桃太郎と田都元帥に似た事蹟や、田都元帥に「契子」（神に収養して平安を保つよう求める）として養ってもらう往事を思い出しいている。
49) 林美月女士（1932年生まれ、市役所課員として退職、1950年代には小学校教員）は、日本統治時代の歌曲教材の作用について語った（2014.9.2 第一次取材記録）。
50) 郭啓東氏、1929生まれ、小学校教師退職（2014.8.26 第一次取材記録）。
51) 『宜蘭市旭国民学校卒業記念写真帖』（宜蘭：旭国民学校、1943）、写真頁参考。
52) 林鐶女士第二次取材記録、2014.08.26。
53) 『宜蘭市旭国民学校卒業記念写真帖』（宜蘭：旭国民学校、1943）、写真頁参考。
54) 李英茂氏第一次取材記録、2013.07.31。
55) 『宜蘭公学校卒業記念写真帖』（宜蘭：宜蘭公学校、1936）、写真頁、林恵玉編『宜蘭耆老談日治下的軍事与教育』（版本同前注）、頁189。
56) 『宜蘭公学校卒業記念写真帖』（宜蘭：宜蘭公学校、1936）、写真頁、林恵玉編『宜蘭耆老談日治下的軍事与教育』（版本同前注）、頁191。
57) 陳培豊『「同化」の同床異夢』（台北：麦田出版、2006、頁73-74）は、「彌補『一視同仁』与単一民族論破綻的国語教育」を論述する時、伊沢修二「国家教育社第六回定会演説」（『伊沢修二選集』、長野：信濃教育会、1958、頁595）を参照して伊沢修二の演説内容を詮釈している。
58) 陳培豊『「同化」の同床異夢』（版本同前注）、頁88。
59) 林茂生著、林詠梅訳『日本統治下台湾的学校教育―其発展及有関文化之歴史分析与探討』（台北：新自然主義、2000、訳者は林茂生が1929年に米国コロンビア大学

（Columbia University）卒業の博士論文を翻訳、頁 70）では、日本政府が明らかに文化共通性を通じて教育に影響させたことの重要性を指摘している。

60) 陳培豊『「同化」の同床異夢』（版本同前注）、頁 100。
61) 周婉窈「実学教育、郷土愛与国家認同」（『海行兮的年代―日本殖民統治末期台湾史論集』、版本同前注）、頁 226。
62) 周婉窈「実学教育、郷土愛与国家認同」（版本同前注）、頁 262。
63) 『公学校唱歌』「第五学年用」（台北：台湾総督府、1935）、頁 24-27。
64) 『公学校唱歌』「第五学年用」（台北：台湾総督府、1935）、頁 30-31。
65) 温宗翰『台湾端午節慶典儀式与信仰習俗研究』（台中：静宜大学台湾文学研究所碩士論文、2011）、頁 43-44。
66) 日本が台湾を統治して間もなく、総督府及び法院官員が「台湾慣習研究会」（1900 年）及び「臨時台湾旧慣調査会」（1901 年）を組織して『台湾慣習記事』を発刊し、台湾の歴史・風俗・週刊を深く普遍的に調査した。数十年来の重要な調査事蹟と出版は、片岡巌著・陳金田訳『台湾風俗誌（中訳版）』（台北：衆文図書公司、1996 二版）の「代序」である黄得時「光復前之台湾研究」参照。
67) 片岡巌『台湾風俗誌』（台北：台湾日日新報社、1921）、頁 58。
68) 鈴木清一郎『台湾旧慣冠婚葬祭と年中行事』（台北：台湾日日新報社、1934）、頁 392。
69) 片岡巌『台湾風俗誌』（版本同前注）、頁 58。
70) 鈴木清一郎『台湾旧慣冠婚葬祭と年中行事』（版本同前注）、頁 393。
71) 同上書、頁 392。
72) 「香香」の造型特色と日本の御守は類似しているものもあるが、関係があるかどうかは探究を待つ。
73) 鈴木清一郎『台湾旧慣冠婚葬祭と年中行事』（版本同前注）、頁 392-393。
74) 陳氏董霞の「香香」（『民俗台湾』第三巻第八号通巻第 26 号、昭和 18 年 1943.8.5、頁 29-31）は、「香香」を五月の節句に使用するいわれと作用を説明して、新妻が手芸を見せる物であることを指摘し、文章の後段で各種形状の「香香」の作り方と図解を紹介している。
75) 簡阿源氏は、1927 年生まれ、鉄道運転手退職。林阿丹女士は、1931 年生まれ、家庭主婦。林秀美女士は、1943 年生まれ、小学教師退職。第一次取材記録、2013.07.31
76) 海島洋人「五月節」（『民俗台湾』第三巻第九号通巻第 27 号、昭和 18 年 1943.9.5、頁 23-24。
77) 舍人親王『日本書紀』巻第二十二。黒板勝美編「新訂増補国史大系（普及版）」（東京：吉川弘文館、2000）。
78) 櫻井龍彦「中日端午習俗的嬗変」（版本同前注）、頁 151。
79) 菅野真道等奉敕撰『続日本紀』巻第二、文武紀二。黒板勝美編「新訂増補国史大系（普及版）」（東京：吉川弘文館、2009 年 28 刷）。
80) 『皇民生活資料其一―祝祭日等の解説』（台北：台湾総督府国民精神動員本部、1941）、頁 47-49。
81) 同上書、頁 48。
82) 李英茂氏第二次取材記録、2014.8.22；林鐷女士第二次取材記録、2014.8.26。

83) 李英茂氏第二次取材記録、2014.8.22；林春波氏第二次取材記録、2014.8.24；林鐶女士第二次取材記録、2014.8.26；林美月女士第一次取材記録、2014.9.2。
84) 佐倉孫三『台風雑記』（東京：株式会社国光社、1903）、頁 12-13。
85) 黄麗雲「日治時期的扒龍船—「地方」与「官方」、「主流」与「非主流」」、『近代龍神信仰—龍、船、水与競渡』（台北：博楊文化、2012）収録。論述は頁 101 に見える。
86) 温宗翰『台湾端午節慶典儀式与信仰習俗研究』（版本同前注）、頁 84。
87) 潘迺禎「士林歳時記」、『民俗台湾』第一巻第六号（通巻第 6 号）、1941（昭和 16 年）、12.5、頁 11-14。
88) 社末生「東宮殿下南国御巡啓記」、景山義郎主編『台湾之文化』（大阪：内外評論社、1923）収録、頁 147。太子殿下には大正 12 年（1923）4 月 25 日に草山に向かう途中、明治橋で橋下の基隆川に一万萬二千羽の「家鴨群の放養」を観覧したと述べているが、競漕を観覧したかどうかには言及していない。
89) 『台湾日日新報』大正 12 年（1923）4 月 21 日の見出しは「只管に御著を待ち奉る—高雄の奉迎施設」で、標題は「高雄街の数々の催物」。その下の小標題は「扒龍船競漕」と網打、提灯松明行列、奉迎船、舢舨天下行列が挙げられ、ともに奉迎の重要活動となっている。
90) 社末生「東宮殿下南国御巡啓記」、景山義郎主編『台湾之文化』（版本同前注）収録、頁 143。
91) 社末生「東宮殿下南国御巡啓記」、同上書、頁 166。
92) 『アイデア写真館高雄州行啓記念写真帖』（高雄：アイデア写真館、1924）、頁 15-16。
93) 黄麗雲「『台湾日日新報』扒龍船記事」、『近代龍神信仰—龍、船、水与競渡』（版本同前注）収録。論述は頁 169 に見える。
94) 東方孝義『台湾習俗』（台北：古亭書屋、1942）、頁 356-357。
95) 黄麗雲「『台湾日日新報』扒龍船記事」、『近代龍神信仰—龍、船、水与競渡』（版本同前注）頁 123-169。『台湾日日新報』によった詳細な分析説明と関連写真がある。
96) 郭啓東氏第一次取材記録、2014.8.26。郭氏は二龍村の扒龍船が当地の全員参加の活動で、村中の住民の情緒と恩怨を巻き起こしたと述べた。
97) 黄麗雲「『台湾日日新報』扒龍船記事」、『近代龍神信仰—龍、船、水与競渡』（版本同前注）頁 155。中村哲「競渡考」（『民俗台湾』第四巻第五号通巻第 35 号、昭和 19 年 1944.5.1、頁 40-46）を引いて、この活動が戦時中は中止されたと指摘しているが、そうすると当地の村長の話と矛盾する。
98) 林春波氏第二次取材記録、2014.8.24；林美月女士第一次取材記録、2014.9.2。いずれも宜蘭川（河）の扒龍船が官署（市役所）の主催だと述べている。
99) 呉氏嫦娥「扒龍船」、『民俗台湾』第四巻第五号（通巻第 35 号）、昭和 19 年 1944.5.1、頁 47。
100) 『台湾日日新報』には宜蘭河（川）における龍船競漕活動の報道はないが、昭和五年（1930）6 月 5 日に宜蘭凱旋川（今の蘭陽渓）の競槽大會に関する報道があり、主催者は蘭陽自動車会社である。
101) 簡阿源氏第一次取材記録、2013.7.31；李英茂氏第一次訪問記録、2013.7.31；林鐶女士、謝鏈益氏第一次訪問記録、2013.9.5；郭啓東氏第一次取材記録、2014.8.26。

102) 共益商社楽器店編『唱歌教科書教師用』巻2（東京：共益商社楽器店、1907）、頁4-5。
103) 林春波氏第二次訪問紀録、2014年8月24日。林氏はこのような推測を提示している。
104) 蔣毓英『台湾府志』巻五：風俗（1685年）。台湾史料集成編輯委員会編輯『清代台湾方志彙刊第一冊』（台北：文建会、2004）。頁202に海での端午競渡の事を記しており（「所在競渡、船不過杉板、小艇、大海狂瀾、難以擊楫、僅存遺意」）、海での競渡の様子がうかがえる。
105) 周婉窈『海行兮的年代―日本殖民統治末期台湾史論集』（版本同前注）、代序頁14-17。コロムビア株式会社製作のCDには八巻の明彦の解説を収録しており、戦争末期の戦況がよいときにはラジオは「軍艦行進曲」の歌声を伝え、戦況が悪いときには「海行かば」を放送したという。
106) 林阿丹女士第一次取材記録、2013.7.31。林女士は1944年に宜蘭市向陽国民学校（今の宜蘭国小）を卒業した。当時学校は「仰げば尊し」が武勇気概に欠け、中国の典故であったため、皇民化教育に利あらずと考えて、卒業式には「海行かば」を歌わせたという。
107) 『宜蘭市中山国民小学100周年校慶特刊』（宜蘭：中山国小、1998）、頁108参照。
108) 台湾には多くの童謡あるいは式日歌曲があり、それらは戦後に日本語を中国語に改められたが、歌曲の旋律は同じであった。たとえば多くの学校の卒業式には「仰げば尊し」を歌うが、歌詞は「青青校樹、萋萋庭草、欣沾化雨如膏。筆硯相親、晨昏歡笑、奈何離別今朝…」と改められている。

参考文献

片岡巌『台湾風俗誌』、台北：台湾日日新報社、1921。
佐倉孫三『台風雑記』、東京：株式会社国光社、1903。
社末生「東宮殿下南国御巡啓記」、景山義郎主編『台湾之文化』（大阪：内外評論社、1923）収録。
東方孝義『台湾習俗』、台北：古亭書屋、1942。
岡部芳広『植民地台湾における公学校唱歌教育』、東京：明石書店、2007。
林恵玉編『宜蘭耆老談日治下的軍事与教育』、宜蘭：宜蘭県立文化中心、1996。
林茂生著、林詠梅訳『日本統治下台湾的学校教育―其発展及有関文化之歴史分析与探討』、台北：新自然主義、2000、訳者は林茂生が1929年に米国コロンビア大学（Columbia University）卒業の博士論文を翻訳している。
周婉窈『海行兮的年代―日本殖民統治末期台湾史論集』、台北：允晨文化、2003。
呉氏嫦娥「扒龍船」、『民俗台湾』第四巻第五号（通巻第35号）、1941（昭和19年).5.1、頁47。
海島洋人「五月節」、『民俗台湾』第三巻第九号（通巻第27号）、1943（昭和18年).9.5、頁23-24。
許佩賢『太陽旗下的魔法学校―日治台湾新式教育的誕生』、新北市：東村出版、遠足文化発行、2012。

陳培豊『「同化」の同床異夢』、台北：麦田出版、2006。

陳氏菫霞「香香」、『民俗台湾』第三巻第八号（通巻第 26 号）、1943（昭和 18 年）.8.5、頁 2-31。

モーリス・アルブヴァクス（Maurice Halbwachs）著、畢然、郭金華訳『論集体記憶（On Collective Memory)』、上海：上海人民出版社、2002。

馮亜琳、アストリート・アール（Erll, A.)主編、余伝玲等訳『文化記憶理論読本』、北京：北京大学出版社、2012。

黄英哲『「去日本化」「再中国化」：戦後台湾文化重建（1945-1947)』、台北：麦田出版、2007。

黄麗雲『近代龍神信仰—龍、船、水与競渡』、台北：博楊文化、2012。

鈴木清一郎『台湾旧慣冠婚葬祭と年中行事』、台北：台湾日日新報社、1934。

温宗翰『台湾端午節慶典儀式与信仰習俗研究』、台中：静宜大学台湾文学研究所碩士論文、2011。

劉麟玉『植民地下の台湾における学校唱歌教育の成立と展開』、東京：雄山閣、2005。

台湾総督府国民精神動員本部編『皇民生活資料其一—祝祭日等の解説』、台北：編者発行、1941。

潘迺禎「士林歳時記」、『民俗台湾』第一巻第六号（通巻第 6 号）、1941（昭和 16 年).12.5、頁 11-14。

櫻井龍彦著、陳愛国訳「年中行事的意義与民俗的重建—以端午節為例」、『国文天地』第 27 巻第 1 期、2011 年 6 月、頁 21-26。

櫻井龍彦「中日端午習俗的嬗変」、陳勤建『民俗視野：中日文化的融合和衝突』（上海：華東師範大学出版社、2005）収録、「附録一」、頁 151-169。

第 12 章　分かち合う文化の日本事情
―〈お裾分け文化〉と〈プレゼント文化〉を考える―
林伸一

概要：まず「お裾分け」を中心に「お福分け」「福渡し」「食べ助け」などの認知度と区分、共通点を調べてみた。日本と中国の「お裾分け」に対する評価の相違について考察し、農村部に残る伝統的な助け合いの習慣が都市部では希薄になってきていることに着目した。

日本の高コンテクスト文化の中での「お中元」「お歳暮」などを含めた〈お裾分け文化〉と欧米の低コンテクスト文化の影響を受けた「バレンタインデー」「ホワイトデー」「クリスマス」「誕生日」などの〈プレゼント文化〉の贈答習慣についてアンケート調査結果を見ながら、対比的に考えた。日本式のサービス精神と相互扶助が関係する〈お土産文化〉と西洋的な〈プレゼント文化〉などの特徴を見ながら、日本式の平等主義に着目した。分かち合う文化としてのシェアリング（sharing）についても事例をあげながら検討した。また「お裾分け」や「お福分け」「福渡し」と商業主義の関連などについても触れた。

1. はじめに

日本では、旅行などのお土産としていただいたお菓子などを知人や身の回りの人に分けて食べる「お裾分け」の習慣がある。大学では来客からの「お土産」としていただいたものをゼミ生やクラスの学生に配って食べることがよくある。ある時、中国の留学生から「食べ残しをくれるなんて先生はケチだ」とネット上に書き込まれたことがあった。

確かに来客からの「お土産」であって、自腹を切ってのプレゼントではないから、「ケチ」と言われても仕方ない。しかし、日本人の意識としては来客からの「お土産」を独り占めして全部食べるよりは、周りの人と分け合った方が「ケチ」ではないように思う。自分では口をつけずにそのまま他人に渡すのも「お土産」をくださった方に悪いから、まず自分が封を開けて、食してみて「おいしいから、どうぞ」と周りに勧めるのが、「お裾分け」の流儀であると思われる。個人から個人へのプレゼントを重視する中国人は、どうやら「お土産」を箱ごとそのままもらうのはいいが、封を開けて回ってきた小分けのお菓子を1つか2つずつもらうのは、ケチな人から施しを受けたように思うのであろう。

2.「借花献佛」(jiè huā xiàn fó)

　中国人の留学生にその点を聞いてみたところ、中国には四字熟語として誰でも知っている「借花献佛」（花を借りて仏に供える）という成句があるとのことであった。つまり、「他人の物で義理を果たす」ことで、日本の成句「他人のふんどしで相撲を取る」に相当するマイナスの意味を持っている言い方であり、他人からいただいた「お土産」をさも自分からの贈り物のようにして配るのは好ましくないとの見方があるとのことであった。他人からもらったお金でお賽銭をあげてもご利益がないというようなものであろうか。本来、仏様にあげる花は自分で準備すべきもので、もらった花で献花するのは、よろしくないとの価値観を表現しているようである。

　それも一理あるが、そもそも「お裾分け」の習慣は、自分のところで収穫した野菜や獲った魚などを隣近所に配る相互扶助が原点にある。これも天からの恵みとしていただいたものを人々が分け合うという発想である。中国の農村部では、今もなおそのような「お裾分け」に相当する習慣が残っているという。都市部の富裕層の中国人は「お裾分け」をケチな行為と思うかもしれないが、貧しい時代が続いた日本では、お互いに助け合う「お裾分け」の習慣が好ましいとされてきた。

　現代の日本でも「夏野菜がたくさんとれたのでお裾分けに職場に持っていきます」などと隣近所だけでなく職場での「お裾分け」が行われている。お盆の時期の墓参りでも、自家の墓だけでなく、縁者の墓へ「お花のお裾分け」の例も見られる。

3.「お裾分け」に関するアンケート調査

　「お裾分け」がどの程度行われているか質問紙法（別添資料1参照）で聞いてみた。

　質問文は「あなたは、人からもらったお土産などを他の人に分けてやることがありますか？」で、日本人学生（134名）と日本人の社会人（108名）の結果は次の表1のようになった。さらに日本に滞在している中国人・台湾人（52名）の結果も表1に付記する。

表1　「お裾分け」調査（2015）

	a. よくある	b. ときどきある	c. たまにある	a+b+c= ある	d. ない
日本人大学生	21.6%	29.9%	30.6%	82.1%	17.9%
日本人社会人	32.1%	45.9%	19.3%	97.3%	2.7%
中国人・台湾人	40.4%	40.4%	15.4%	96.2%	3.8%

上記のように日本人学生は、「よくある・ときどきある・たまにある」（以下ある系）を合計すると 82.1％ となり、社会人の「ある系」の合計 97.3％ には及ばないものの高率を占めている。「お裾分け」に関しては、学生と社会人を問わず広く行われていることが確認できる。設問文の「人からもらったお土産などを他の人に分けてやる」のところは、辞書類の記述をそのまま用いたのであるが、「やる」を「あげる」に訂正して回答した人が 5 名あった。「やる」は上位から下位へのイメージであるが、「あげる」は対等で平等なイメージであることから、「お裾分け」は対等な横の関係で用いられることがわかる。

　同様に日本に滞在している中国人・台湾人に関しても「ある系」の合計が、96.2％ と日本人社会人とほぼ同率である。「借花献佛」と考える人ばかりではないと言える。

　さらに「お裾分け」の是非に関するアンケート調査も実施してみた。質問文は「せっかく人からもらったお土産などを他の人に分けることをどう思いますか？」で、質問文に「せっかく」というモダリティ副詞を入れてしまったために、調査者の心的態度が含まれ、回答結果に影響が出ることが懸念されたが、結果は以下の表 2 のようになった。

　「よい・とてもよい」（以下「肯定論」）の合計が前掲の表 1 の「ある系」と同等の値になると予測したが、以下の表 2 では、各群で「肯定論」が、「よくない・あまりよくない」（以下「否定論」）を上回ったものの「ある系」と同等の値には達しなかった。

表 2 「お裾分け」の是非についての調査（2015）

	a. よくない	b. あまりよくない	a+b= 否定論	c. よい	d. とてもよい	c+d= 肯定論
日本人大学生	5.2％	30.6％	35.8％	60.4％	3.7％	64.1％
日本人社会人	1.8％	19.3％	21.1％	67.9％	11.0％	78.9％
中国人・台湾人	3.8％	9.6％	13.4％	65.4％	21.2％	84.8％

　上記のように日本人学生は、「否定論」を合計すると 35.8％ となり、「肯定論」の合計 64.1％ には及ばない。同じく社会人の「否定論」は合計 21.1％ で、「肯定論」の合計 78.9％ には遠く及ばない。つまり、学生と社会人を問わず広く「お裾分け」の習慣が支持されていることが確認できる。同様に日本に滞在している中国人・台湾人に関しても「否定論」の合計が、13.4％ にすぎず、上記三群の中での比率が一番低い。「肯定論」の合計は 84.8％ で、三群の中での比率が一番高い。中国人（37 名）の中には、日本での滞在歴がすでに 15 年以上の中国人 3 名が含まれ

ていることから、「郷に入っては郷に従え」と日本式の価値観に慣れ親しんでいるのかもしれない。ただし、その他は日本での滞在歴が短い留学生である。中国人留学生であるM（男性）は次のように述べている。

「私は、帰国するたびに、日中間の文化的な差を実感させられています。『ケチ』と言えば、日本に来て初めて帰省した時に、博多のお土産を買って実家に帰りましたが、母は、ずばりと『ケチやなあ』と言いました。なぜなら、家族の人数が多いから、一人一個ではなく、少なくとも一人ワンパック用意しておかねばならないと思っていたからです」。

「お裾分け」の習慣に関して、日本人男子大学生K（2年生）も次のように述べている。

「日本のお裾分けなどの文化は日本人らしさが出ていて、すごく良いと感じた。日本の文化を大事にしていきたい」。

また、「とてもよい」を選択した30代の日本人女性は「一人占めする方はがめつい、欲深いと思います」とコメントしている。

4. お裾分けと割り勘

最近は、日本でも都市部のマンションなどでは隣近所との個人的な付き合いが希薄となり、「お裾分け」の習慣も徐々にみられなくなってきている。しかし、居住地域ではなく、職場などで「お裾分け」の習慣が続いている。つまり、出張した者が職場の同僚に出張先の名産品などをお土産として買って帰り、職場で同僚に配って食べるというのが習慣化している場合が見受けられる。

それは、業務として出張したのだが、ついでに観光もしてきたような場合に、特に自分ひとりが観光までして、よい思いをして帰るのは申し訳ないというような気持ちもあって、せめて名産品などをお土産として買って帰ろうという気持ちになるからであろう。

ところが、中国では、出張した者が職場の同僚に出張先の名産品などをお土産として買って帰り、職場で同僚に配って食べるという習慣があまり見られないとのことである。職場のお世話になっている人にお土産を買ってくることはあるが、みなが見ている前では渡さずに、むしろ人目につかぬようなところで渡すことが多いとのことである。

日本で職場の人にお土産のお裾分けを配る場合には、できるだけ平等に均一に不平等が生じないように配慮するが、それは一緒に食事した場合に「割り勘」にする習慣に通じるものがある。ケータイの電卓機能にも金額を人数と何割払いかを計算する「割り勘」の機能が入っていたりする。

中村 (1994) は、次のような投稿文を紹介して、日本と中国の違いを説明している。

「日本人はたとえ少額でも、きっちり割り勘にするほうが、キチンとしている、律儀であるという好印象を受けるようです。しかし中国では、逆に細かい奴という悪印象を与えかねません。中国では、食事も割り勘にすることはまれです」。（中田美和子さんの投稿）

韓国でも、食事も割り勘にすることは少ない。金山 (1983) によると韓国では「人におごらせまいとして、勘定書きを奪いあうことが多い」とのことである。

5. 旅の土産とネタミよけ・ネタミ受け

業務上の出張ではなく、純粋に観光としての旅に関しても「お土産」の問題がある。

金山 (1989) は、「旅の土産」について以下のように述べている。

「日本人のなかには、旅の最初から最後まで土産のことばかり気にしているという人がいる。たいへんな労力をかけたうえに見栄をはるということもある」。

確かに落ち着いて心から観光を楽しめないのではないかと思うほど、「○○さんには何がいい」「△△さんには何がいい」といろいろ気にかけて算段している人がいる。

金山 (1989) によると「これには見栄とともにネタミよけという人情の機微もうかがえる。

『あの人だけが旅行に行ったり何やで、いい思いばかりして』と人から思われてはならないのである。もっとも、相手が『いつももらってばかりで負担になる』とか『旅行に出かけるのを鼻にかけている』などと感じても逆効果になることもある」。

技能実習制度を利用して日本に来ている中国からの企業研修生たちも日帰り旅行に行った際、行かなかった人たちに一切お土産を買って帰らなかった。買って帰るとかえって旅行に出かけたのを鼻にかけているようで、ネタミ受けになるからということであった。

いずれにせよ、お土産配りには、「物を通して交流が促進され関係が強化されるという現象が見られる」（金山、1989）。つまり、お土産という物を媒介にした非言語コミュニケーションの要素が含まれている。もちろん、旅の思い出や土産話など言語的なコミュニケーションのきっかけをつくることにもなる。

お土産配りには、「自己を保存し事態を支配する範囲を広げようという人間の根深い欲求（慢性的な権力衝動といってもよい）があり、その達成手段として物

が用いられる」と金山（1989）は指摘している。お土産だけでなく周りの人にいろいろな物を配る「プレゼントおばさん」「プレゼントおじさん」と言われるような人がいる。本人は、ただ単に自分が好きな人、愛している人を喜ばせたいというつもりでプレゼント配りをするのであろうが、心理学的に見ると自分の影響力の及ぶ支配範囲を拡大したいという無意識の欲求があると解釈できる。
　そのような意味を根源に秘めながら、消費社会の中では、伝統的な「お裾分け」の文化や習慣が公然と商品化されてきている。

6.「お裾分け」「お福分け」「福渡し」「食べ助け」

　「お裾分け」と類似の概念を示す「お福分け」「福渡し」「食べ助け」に関する区分と用例を見ておきたい。

6.1「お裾分け」

　『日本国語大辞典』（第二版）第二巻によると「おすそわけ（御裾分）」については、次のように記述されている。
　「人からもらった品物や利益の一部を他の人にわけてやること。また、そのもの」。用例としては、滑稽本『浮世風呂』（1809-1813）前・下「それもおすそわけはどうだの」や人情本『明烏後正夢』（1821-1824）四・一九回「そん時にゃァ、御ほうびのおすそ分（ワケ）を」が挙げられており、19世紀には盛んに使われていたことがわかる。また、語源説としては、
　「衣服の末端であるスソが、僅少の意に転じたもの」（前田勇『上方語源辞典』より）が紹介されている。
　『日本語語源辞典』によると「お裾分け」の語義は「もらった品物の一部を、ほかの人にわけあたえること」とあり、その語源として次のように記載している。
　「『裾』は衣服の下端部分。そこから、襟（えり）でも袖（そで）でもなく主要でない末端のものの意を表した。『つまらないものですが…』と言って贈り物をする、日本人的発想から生まれた言葉か。」
　また、インターネット上の『語源由来辞典』に次のように記載されている。
　おすそ分けは、「裾分け」に接頭辞の「お（御）」が付いた語。
　「裾分け」の形では、1603年の『日葡辞書』に見られるのが古く、「お裾分け」は近世後期から見られる。
　「すそ（裾）」は、衣服の下端の部分から転じて、主要ではない末端の部分も表す。そこから、品物の一部を下位の者に分配することを「裾分け」というようになり、下位の者に限らず、他の人に一部を分け与えることを「おすそ分け」

というようになった。
『邦訳 日葡辞書』には、次のように記載されている。
　「Susouaqe. スソワケ（裾分け）　人が手に入れたり、他人から貰ったりした物のうちのほんの少し．たとえば、聖者の遺物など．Susouaqeuo suru, l, itasu.（裾分けをする，または，致す）自分が貰った物を他人にも分配する．」
つまり、17世紀以前から「裾分け」は用いられていて、のちに「お裾分け」という接頭辞の「お（御）」が付いた形で広く使われるようになったのだろう。

6.2「福分け」
『日本国語大辞典』（第二版）第二巻によると「おふくわけ（御福分）」については、「もらい物などを他人に分けてやること。おすそわけ」と記述されている。
用例としては、歌舞伎『裏表柳団画（柳沢騒動）』（1875）五幕「何れかの御進物かお福分けに一反づつ頂戴したいものでござんす」。『大道無門』（1926）〈里美〉反射・一「思ひがけない金がはいったから、君にもお福分け（フクワケ）する、といふやうな文言で」が挙げられている。
上記の用例としては、いずれも食べ物ではなく織物や金銭が挙げられている。柳田国男（1999）は、「妖怪談義」の中で「運は生まれる時から一人々々に、定まったものがあって動かせない。もしくは善心の男に授かるべき福分は、どんなに真似ようにも横着者には横取りが出来ない」という教訓を含む昔話を紹介している。正直な爺様が金銀一ぱいの大きな袋を得て長者になったが、欲張り爺が真似をすると松脂が背一面についたという話である。この場合の「福分」は、正直な爺様が金銀を周りの人に分け与えたわけではないので、お裾分けに相当する「おふくわけ」ではなく、意味と用法が今とは異なる。
同様に柳田国男（1995）は、「口承文藝とは何か」を論ずる中で、次のような説話の笑いの例を紹介している。
「正直な爺が神霊の援護によって福分を授けられる。それをいい気になって粗末にして失敗する。或いは又隣の爺が資格もない癖に、そっくり其通りを真似しようとして真似そこなふ」。
具体的に「福分」が何を指すのか不明であるが、「正直な爺」を資格もない癖に真似しようとした「隣の爺」と対比しているところを見ると「福を受ける身分や能力（分際）」または「福としての取り分、分け前」というような意味で用いられているとも考えられる。
『デジタル大辞泉』には、「福分け」に関して次のように語義と用例が記されている。
「［名］（スル）祝いの品や人からもらったものを他の人に分けてやること。

また、そのもの。福渡し、お裾分け、おふくわけ。『いただいた柿をお福分けする』」
　現代の「お裾分け」と「お福分け」の区別は、学研教育出版（2010）『暮らしの実用シリーズ／決定版／大人の常識とマナー』に次のように解説されている。
　「たくさんいただいたものを、また別の人に分けるのがおすそ分けです。親しい隣近でも、何度でもいただくと『お返しをしなければ』と気になってしまいがち。おすそ分をするときは、相手が負担に思わない量と回数で。また、容器は返す必要のないものに入れて渡すとよいでしょう。また、目上の人に差し上げる場合は『おすそ分け』とは言わず、『お福分け』と言います。『裾』は着るものの一番下の部分でもあり失礼なので、と言われています。」
　大島清（2002）は、「お裾分け」と「お福分け」の区別について次のように述べている。
　「いただきものの一部を誰かに分けてあげるときに、『お裾分け』という言葉を使うのは間違いなのだそうだ。そういう場合は、『お福分け』を使う。『お裾分け』は、分けてもらった人が使う言葉で、『○○さんからのお裾分けのお菓子です』という。いただきものの配分でも『福』と『裾』を使い分ける日本語の折り目正しさに思わず納得。」
　上記大島清氏の解釈では、与え手の方が「お福分け」で、受け手の方が「お裾分け」となるが、果たして多く人の「納得」が得られるかは疑問である。

6.3「福渡し」

　ただし、小学館『デジタル大辞泉』には、「福渡し」の見出し語では登録されていない。
　インターネットで「福渡し」の検索を試みると次のようなオンラインショップの「福渡せんべい」がヒットした。
　「さっくりやさしいおいしさが福を運びます。福渡せんべい（ふくわたしせんべい）。波形に焼き上げた洋風せんべいに、やさしい甘さのクリームを挟みました。さっくりとした歯ざわりが心地よい香ばしいせんべいと、口どけよいクリームが、まろやかに調和します」。
　「宗家 源吉兆庵」の定番菓子とのことで、「福渡せんべい」は、商品として日本最大級のインターネット通販サイトで以下のような価格で販売されている。
　　福渡せんべい抹茶7枚入　　1,232円（税込）
　　福渡せんべい抹茶21枚入　　3,694円（税込）
　　福渡せんべい詰合せ14枚入…

なぜか7を基本として7の倍数の詰め合わせセットが販売されているようである。7がラッキーナンバーとのことで「福渡せんべい」を縁起のいい数で詰め合わせしているのであろう。もしかすると「7枚入」は家族用、「14枚入」「21枚入」は職場用と渡しやすいように小分けされている可能性がある。
　かつては、「いただいた柿をお福分けする」こともあったし、今もその習慣と言い方は残っていると考えられるが、「福渡し」の方は辞書に見出し語すらない状態で、近年の商業活動のための用語のような印象を受ける。

6.4 「食べ助け」

　「食べ助け」に関しても辞書類には記述が見られず、ネット検索を試みると以下のような生まれも育ちも兵庫県東播磨の人のブログの中に語義と用例の記述が見られた。

> たべだすけ：食べ助け「いっぱい作りすぎて（いっぱいいただいて）食べ切れなくて困っているから助けると思ってもらってください」の意。おすそ分けよりも切実な気分が込められている。（我が家限定の言い回しだろうか？）
> おいしそうだけどこんなにたくさんどうするの？
> 「〇〇さんにおすそ分けすんの」「"たべだすけ"と言ってネ」
> 　　　　　　　　　　　　　　　　　　Copyright（C）2015/ 田舎のおっとしぃ

　上記のブログでも、「我が家限定の言い回しだろうか？」とあり、「食べ助け」があまり広く用いられていないとの認識があるようである。筆者の兵庫県東播磨地区では、年配の方はほとんど「食べ助け」が分かるが、30代の人となると半分ぐらいしか分からないとのことである。

　　大阪府河内長野市：後藤幸子さんの〈心に響いた「たった一言」〉

> 『良かったら、食べ助けしてくれへん？』〈「たった一言で」エピソード〉
> 　私の隣に住む奥さんが言いました。畑で採れた野菜をくれました。その時の言葉です。
> 　良かったら、食べ助けしてくれへん？」奥さんが言うには、野菜が育ち過ぎて大豊作だったので、食べるのを手伝ってくれませんかと言うのです。
> 　「食べ助けしてくれへん？」も嬉しかったのですが、それよりも「良かったら」という言葉が素敵でした。
> 　こちらに気持の負担をかけさせないように気配りをしてくれた配慮が伝わってきます。
> 　ふだん、誰かから品物などをもらったら、借りをつくったなあという気持になりがちです。
> 　お返しを考えとかなくっちゃあと思ったりします。（以下省略）

(http://www.giveandgive.com/iihanashi_top/hitokoto/vol_0726.html より)

　上記の後藤幸子さんの見解に賛同する日本人女子学生Ｈ（２年生）は「『食べ助け』という言葉は『お裾分け』よりも同等な立場のような感じがして、良いと思った。『食べ助け』という言葉が広がるといいなと思った」と述べている。
　一方、日本人女子学生Ｉ（２年生）は、「食べ助け」に関して次のように述べている。

> 私の住む地域は農村部で、「食べ助け」はよく行われる。そのため後藤幸子さんのエピソードのような気持ちにはならない。「タケノコ」「梨」「ぶどう」「さつまいも」「スイカ」等は買うものではなく、"もらうもの"という考えが強く、毎年のことなので、あまり有り難がったりはしない。本当にできすぎて、食べきれないことが分かりきってあるからであろうか。（もちろん、お礼はきちんと言う。しかし、品物を買って返したりはしない。）

　また、「食べ助け」に関して日本人女子学生Ｓ（２年生）は次のように述べている。

> 「食べ助け」という言葉は初めて聞きましたが、他の似た言葉より、直接的な言い方だから、「食べ助け」よりも「お裾分け」、「お福分け」の方が広まったのではないかと思いました。私は一人暮らしをするようになって、何度か「作りすぎたからもらって」というふうに「お裾分け」をしてもらったこともあって、そのときは素直に嬉しかったので、その文化はいいなと思いました。

　「お裾分け」や「お福分け」の方が広まったのは、「食べる」という直接的なイメージを衣で包んだり、抽象的な語の「福」で言い換えたりして、間接的に表現したからだとする説で、お土産の品を何重にも「包装する文化」に適合していると言えるかもしれない。
　比喩が適切か分からないが、西洋流のバーベキューが野外で人目につくのを気にせず食事を楽しむのに対して、日本の戦国時代には敵から見られないようにとの配慮もあって野外に幕を張り、幕の内で目立たぬように食事をした文化的背景にも関係する可能性がある。
　1603年の『日葡辞書』（イエズス会）に「裾分け」は掲載されているが、「お福分け」「福渡し」「食べ助け」は収録されていない。17世紀以前には用いられなかったか、ごく狭い範囲でしか用いられなかったのであろう。

6.5 「お裾分け」「お福分け」「福渡し」「食べ助け」の共通項

言語学的には、「お裾分け」「お福分け」「福渡し」「食べ助け」の四語ともに動詞からの転成名詞であり、「～する」を付ければ動詞として用いられる。

「お裾分け」に関しては「裾の方に分ける」（上位⇒下位）なのか「裾の部分をまわりに分ける」横の関係なのか、前述のように解釈が分かれるところである。

「お福分け」「福渡し」に関しては、「福を分ける」「福を渡す」を一語化したプラスイメージの合成語である。

「食べ助け」に関しては、「食べるのを助ける」の意で、「食べる」という動詞成分と「助ける」という動詞成分を一語化した合成語である。「人を助ける」意の「人助け」や「人の仕事を手伝う」意の「手助け」と同様に「助け」の部分は濁音化される。

食べ物の場合には、「お裾分け」「お福分け」「福渡し」「食べ助け」の四語ともに飲食を共にする「共食」の範疇に入る。必ずしもその場で一緒に食べるとは限らないが、日本式には「同じ釜の飯を食う」ことによる連帯感を確認する習慣につながる要素が含まれていると考えられる。

上記の四語が辞書に掲載されていたり、掲載されていなかったりするため、どの程度一般に知られているかという認知率をアンケート形式で聞いてみた。

日本人学生（135名）と日本人の社会人（108名）の結果は次の表3ようになった。

表3　お裾分け・お福分け・福渡し・食べ助けの認知率

	お裾分け	お福分け	福渡し	食べ助け
日本人大学生	99.3%	11.2%	11.9%	2.2%
日本人社会人	99.1%	21.3%	4.6%	16.7%

表3に示したように、日本人大学生も社会人も「お裾分け」に関しては、99％以上の認知率であり、「お福分け」に関しては社会人2割に対して大学生が1割ほどしか認知していない。逆に「福渡し」に関しては、大学生が1割の認知率を超えているのに対して、社会人がわずか4.6％に留まっている。それとは対照的に「食べ助け」に関しては、社会人の方が、1割の認知率を超えているのに対して、大学生は2.2％の認知率に留まっている。

いずれにしろ、「お裾分け」に関しては9割以上の認知率があり、広く知られている語であり、日本人の生活習慣の中に根付いていることがわかる。それに対して、「お福分け」に関しては、1～2割程度の認知率であり、地域差もあるであろうが、広く受け入れられている言い方というわけではない。「福渡し」「食べ助

け」に関しては、1割前後の認知率であり、一部の使用範囲に限られた言い方ということになる。

　社会人108名の中で「お福分け」を認知しているのは、23名（21.3％）で、その内訳は、山口県18名（20代1名、30代3名、40代5名、50代6名、60代3名）、広島県（40代1名、60代1名）、岡山県（50代1名）、福岡県（40代1名）、長崎県（60代1名）であった。その内、男性は山口県50代1名だけで、ほか22名は全員女性であった。

　「福渡し」を認知しているのは、社会人108名の中でわずか5名（4.6％）で、その内訳は、山口県（40代1名、50代2名、60代1名）、長崎県（60代1名）であった。その内、男性は山口県60代1名だけで、ほか4名は女性であった。

　「食べ助け」を認知しているのは、社会人108名中の18名（16.7％）で、山口県14名（40代1名、50代6名、60代6名、不明1名）、長崎県（60代1名、70代以上1名）、岡山県（50代1名）、福岡県（40代1名）であった。その内、男性は山口県60代1名と福岡県40代1名の2名だけで、ほか16名は女性であった。前掲ブログの例も入れると兵庫県も入る。

　日本人女子大学生Y（2年生）は「食べ助け」に関して次のように述べている。
　「『食べ助け』があまり使われてない話ですが、『お裾分け』は何を分けるときにも使いますが、『食べ助け』は食べ物でしか使えないことや『お裾分け』ならいつかこちらから返すことができたら、貰いっぱなしのような借りを返せないことは起こらないからではないかなと思いました」。

　「食べ助け」に関しては、貰いっぱなしでもよく、借りを返さなければいけないという負担を感じさせないための表現であろうが、上記の女子大学生Y（2年生）のように、やはりお返しをしなければいけないと考える「お返し文化」の日本では広がらない表現かもしれない。

　中国語では、「お裾分け」に該当する言葉はないが、あえて翻訳するなら「分享（fēnxiǎng）」が考えられる。『現代漢語規範詞典』での語釈は「和他人共同享受」（他人とともに享受すること）」となっており、英語のsharing（シェアリング）の対訳語に相当する。

7. なぜ「お裾分け」を「お福分け」や「福渡し」というようになったか

　「親戚が多く集まったときに『お福分け』といって餅やらなんやらを交換しあっていた覚えがある」（日本人男子大学生）との証言があり、餅などを福と言い換えるようになったことが推測できる。

「福渡し」に関する大学4年生男子も次のように述べている。

「『福渡し』として家が建った時にもちをまくことがあるが、私の地元で10年以上前に近所で、家が建った際に袋に入れたチョコをまいていることがあった。集まっていたのが子連れの人が多かったので、もちではなく、チョコにしたのではないかと今になると思う」。

抽象的な「福」が、具体的な「餅」などを示すのは、上位語が下位語を示す場合で、シネクドキ（synecdoche: 提喩）の例と考えられるが、その関連性を辞書類で調べてみた。

『日本国語大辞典』（第二版）第二巻によると「おふく（御福）」については、「神仏から授かる幸い。特に毘沙門天（多聞天）から授かる福」とあるが、特に「餅」の意になるとの記述はない。ただし、愛媛県の方言として「うるちを入れてついた餅（もち）」で「おふくさん」「おふくもち（餅）」という用い方があることが示されている。ちなみに「うるち」とは、「粘り気の少ない、普通の飯にする米」である。

また、同辞典には、「おふくのゆ（御福湯）」を見出し語として次のように示されている。「江戸時代、正月三日に上野東叡山の護国院で、大黒天に備えた餅を湯にひたして参詣人に与えたもの。普通、御福（ごふく）の湯といわれた」。俳諧の世界では新年の季語とされ、『俳諧歳時記』（1803）上・正月に「東叡山の大黒の湯 三日武江東叡山中護国院に大黒天あり、正月三日、餅を湯に浸し参詣の人に飲しむ〈略〉或いはこれをお福の湯ともいふ也」。

南方熊楠（1924）は、『日本土俗資料』に「餅を福と称うること」として次のような根拠を挙げて論じている。

山東京伝の『骨董集』（1814-1815）上編上巻に「むかし目黒不動尊の門前にて、ごふくの餅というを売る。もとはお福の餅なるを、呉服の餅と謬まれり、とある物に記せるは僻事ならん」とある。ちなみに僻事とは、道理や事実に合わないこと、間違っていることである。

南方熊楠（1924）も「果たして呉服が御福に転じたものかは判らねど、京伝より前に餅を買うて福を得るという俗信が行なわれたことは確かだ」と述べている。

室町（足利）時代末期の天文元年（1532年）の『塵添壒嚢抄』（じんてんあいのしょう：室町時代の百科事典、20巻、著者未詳）三に次のような記述がある。

「年始には人ごと餅を賞翫するは、何の心ある。餅は福の物なれば、祝い用うるか。（中略）餅は福のなれば、福神去りけるゆえに衰えけるにこそ。福の体なれば年始にもてなすべし。二人対いて餅を引き割るをば福引と言い習わせる故な

きにあらざるか。また内裏には餅の名を福生菓といえる、と言えり」。
　『デジタル大辞泉』にも「福引」の由来として「昔、正月に二人で1つの餅を引っ張り合い、取り分の多少でその年の吉凶を占ったこと」と記載されている。
　現代でも正月の商店の売り出しなどで、くじを引かせ、当たった人に景品を出すことを「福引」というが、もともとは餅と関係していたという認識は、次第に薄れてきている。
　南方熊楠（1924）も大福餅に関して次のように述べている。
　「腹太が大腹、それより大福と改称したとはさるもあるべし。だが、物の名は必ずしももっぱら一源に出ずるに限らない。大福は大腹より移ったと同時に、大なる福を得るという延喜を祝うてつけた称えだろう」。
　古い時代だけでなく、2015年現在でも大阪の住吉大社で縁起物の「福餅まき」が行われており、その様子がインターネット上の動画でも紹介されている。
　住吉大社では、1月4日に五穀豊穣を祈る踏歌神事が行われる。言吹と袋持が声を掛け合い歩み寄り、神前に福の餅を捧げる。その後、神楽女による白拍子舞と熊野舞が奉納される。最後に福の餅撒きが行われる。福の餅を授かると幸運が得られるとされ、当日大勢の参拝客でにぎわう。福の餅とは、朱色で「福」と刻印された餅のことで、紅白そろって配られる。土地の精霊を鎮め、厄を祓うために、春の始めに大地を踏み、福を招く神に祈る行事とされ、現在は、主に熱田神宮（愛知県名古屋市）と住吉大社で行われている。
　（住吉大社ホームページ http://www.sumiyoshitaisha.net/calender/no01.html 参照）
　満一歳の誕生を祝う行事を「初誕生」というが、「餅誕生」とも呼ばれ、餅をついたり、子どもについた餅を背負わせたりする。このときの餅は、一升の餅米でつくるのが一般的で、それは「一升」と「一生」をかけているためと言われている。「一生、食べ物に困らないように」という周囲の願いが込められているとのこと。（高田真弓、2015参照）
　高田（2015）に示された「初誕生」あるいは「餅誕生」として、一升の餅をついたり、子どもについた餅を背負わせたりする行事が、どの程度現代においても実行されているかは、不明であるが、一升の餅をついたら、それを周りに「お裾分け」「お福分け」することになるであろうと考えると興味深い。「餅」がめでたい「福」（happiness）に通ずる例でもある。
　「餅」が福の意味を帯びるのは日本だけでなく、韓国・中国（台湾）でも見られ、さまざまな場合に餅を食べる。韓国語で餅は「떡」（ドッ）と言い、中国語で餅は「糕」（gāo）と言う。また、日本と同じ作り方をしているつき餅は、韓国では「친

떡」（チンドッ）と言い、친（チン）は「打つ」を意味する。日本の女房言葉では、餅のことをカチンというが、朝鮮語の친（チン）が含まれているとも考えられる。江戸時代から昭和の時代まで、「賃餅屋（ちんもちや）」という商売があった。お客さんの家を回って搗く形もあったし、搗いた餅を届ける店もあった（Web日本語、小学館参照）。当時の看板の絵には「ちんもち」と平仮名書きされていることから、「賃餅」の意とも「つき餅」の意とも考えられる。

中国では、つき餅を「打糕」（dǎgāo）と言う。このように、食文化としての餅文化の共通点と差異を検討することは、東アジア研究の立場から大変興味深い。

8. 〈お裾分け文化〉の日本と〈プレゼント文化〉の中国

孔健（1999）は、中国社会の潤滑油としてのプレゼントの役割を次のように述べている。

「中国人は、プレゼントが好きだ。相手がプレゼントをくれなくても、自分のほうはなにかしらプレゼントを用意する。もちろん、この場合はワイロと違い、相手への尊敬の気持ちを形で表しただけのことである。最初はなにげないもののプレゼントから始まり、付き合いが深くなれば高価なものも十分にあり得る。初めはラジオ、次がテープレコーダー、そしてテレビといった具合だ。段階が進めば、現金でもいっこうに構わない」。

孔健（1999）のあげた例は、一時代前のもので、今では電気炊飯器や高級時計、便座、マッサージチェアなど日本に観光に来た中国人が爆買いしている様子がよく報道されている。

孔健（1999）は「高ければ高いほど、尊敬の気持ちが強いことを表している」と解説している。確かに、中国人留学生は、春休みや夏休みの一時帰国から帰ってくると指導教員のために、お茶やお菓子、記念品など二箱も三箱もお土産を持ってくる。日本人は一人一箱で十分に満足するから、もう一箱はアパートの大家さんに、もう一箱はいつもお世話になっている人にあげたらと言っても、それはすでに用意してあるからとの返答で返品は受け付けない。一村一品運動の大分県ではないが、一人一箱運動のキャンペーンを展開しなければ、中国人のプレゼント攻勢は収まらないような気がする。一人一箱ではなくても、日本の「お裾分け」の精神からすれば、一人一切れであってもコミュニケーションの潤滑油としての役割は十分に果たしうると考えられる。

孔健（1999）は、学生の頃、日本語を教えている日本人の先生が、病気で入院していた同僚の中国人の先生を見舞いに行き、卵とトマトを持っていったエピソードを紹介している。「中国人ならこんなお粗末なお見舞いは絶対にしない」

とのことである。学生たちは、「あれほどケチな日本人はいない」と陰で笑ったとのことであるが、日本人としては、理解に苦しむケースであり、むしろ日本人の先生を弁護したいところである。中国人の先生の病気がどんな病気だったかはわからないが、おそらく健康にいいとされる卵とトマトを食べて早く元気になってほしいという日本人の先生の温かい心配りがあったと容易に推測できるからである。もっとも日本の病院でのお見舞いは、果物かお花ぐらいが一般的であり、高価なものも用意できるが、あくまで金額よりもどれだけ心がこもっているかが問われる。

　あまり高価なものを見舞いとして持っていくと受け取った側が病気全快の際に「快気祝い」と称して、病中に見舞ってくれた人にお返しの贈り物をして、お礼の気持ちを表すこととなる。それではかえって病気になった人に負担がかかるために、あまり高価なものを持っていかないというのも日本人のやさしさと配慮の表れだと考えられる。

　孔健（1999）は、「なにがほしいですか？」と、直接聞くのはいかにも失礼だとしている。

　日本文化としても、相手に直接ほしいものを聞かずに一方的に「お茶が入りました」と自動詞的に表現するのが特徴とされてきた。しかし、現代の日本では「コーヒーがいいですか？紅茶がいいですか？」と選択疑問文で聞いたり、さらに可能な選択肢を示して客に選ばせたりする西洋式のサービス（hospitality）が一般化してきている。日本も言葉に出して表現せずに相手の気持ちを推測して対処する高コンテクスト文化から徐々にあえて言葉に出して相手の意向を聞く低コンテクスト文化へ移行してきていると考えられる。（林、2007・2008・2009・2014a・2014b 参照）

　莫邦富（1998）との対談で中国『信息與電脳』誌編集長の暁蓉氏は次のように述べている。

　「会社の利益について日本人はたしかによく考えています。しかし、細かいところまでけちけちしているという印象があります。（中略）日本人は外見にばかりこだわります。過剰包装で、一番外側に包装紙があって、それをとると箱がある。箱を開けるとまたなにか包装がある。やっと品物にたどりついたが、それはボールペン一本とか電卓だったりします。人を馬鹿にするのもいい加減にしてよと思ってしまいます。（中略）日本人はやはり本当にけちくさい、冗談じゃない、といわれてしまうのです」。

　暁蓉氏は日本の会社が客に配る「粗品」のことを言っているのだが、ほとんどタオルやボールペン、電卓などで価値の問題だけでなく、工夫や個性が感じられ

ないとも述べている。

9. お中元・お歳暮

　高田真弓（2015）は、「お中元」や「お歳暮」について次のように説明している。「お中元やお歳暮は、お世話になっている人への季節の贈り物…。じつはこれはちょっと間違い。私たち日本人は、一年に2回、お盆とお正月にご先祖様を家に迎えています。そのご先祖様への感謝のお供え物を、親族や日ごろお世話になっている人へおすそ分けするのが、本来の『お中元』や『お歳暮』の意味です」。

　高田（2015）によると「お中元」や「お歳暮」も「お裾分け」の中に分類されることになる。

　孔健（1999）は、「中国には日本のように、お中元やお歳暮といった習慣はない」としている。日本では、「こんにちは」「こんばんは」といった挨拶表現が定式化し、固定化しているのと同様に「お中元」や「お歳暮」といった非言語コミュニケーションの習慣が定式化し、固定化している。現代の日本では、「お中元」や「お歳暮」がデパートや通販のカタログなどに象徴される商業主義に組み込まれていて、さも「お中元」や「お歳暮」が日本の古来の伝統文化であるかのように印象づけられている。

　そもそも中国では、陰暦の正月十五日を上元、七月十五日を中元、十月十五日を下元、合わせて三元と称して、道教の教えから出た贖罪の日であった。日本では、この中元がお盆（盂蘭盆会）と結びついて、仏に物を供え冥福を祈るようになり、それがさらに縁故や取引関係の間で贈答をするようになった。もともと中国起源の中元が、日本に入ってきて贖罪の日から冥福を祈る日へと変質し、さらには季節のご挨拶へと意味拡張されてきた。

　「お中元」がどの程度行われているかアンケート形式で聞いてみた。

　質問文は「あなたはお中元（7月15日前後）にお世話になった人に何かプレゼントすることがありますか？」で、結果は次の表4のようになった。

表4　お中元の贈り物

	a. よくある	b. ときどきある	c. たまにある	a+b+c= ある	d. ない
日本人大学生	3.0%	6.0%	6.0%	15.0%	85.0%
日本人社会人	45.4%	25.0%	12.0%	82.4%	17.6%
中国人・台湾人	7.7%	9.6%	15.4%	32.7%	67.3%

　表4に示したように日本人学生は「よくある・ときどきある・たまにある」（以

下ある系）を合計しても15％しかなく、日本人社会人の「ある系」の合計82.4％と大きな差がある。主として、お中元としての贈答は、社会人となってからの儀礼となっていることが確認できる。中国人・台湾人（52名）の結果も留学生が多いためか、日本人学生の比率に近い。

　上記の質問に「よくある」と回答した30代の日本人女性（社会人）は「お世話になった人」のところに「親族のみ」と書き込んでいる。

　同様に、「お歳暮」に関しても聞いてみた。質問文は「あなたはお歳暮としてお世話になった人に何かプレゼントすることがありますか？」で、結果は次の表5のようになった。

表5　お歳暮の贈り物

	a. よくある	b. ときどきある	c. たまにある	a+b+c= ある	d. ない
日本人大学生	3.7％	5.2％	9.0％	17.9％	82.1％
日本人社会人	50.0％	23.1％	12.0％	85.1％	14.8％
中国人・台湾人	30.8％	17.3％	19.2％	67.3％	32.7％

　表5に示したように日本人学生は、「ある系」を合計しても17.9％しかなく、日本人社会人の「ある系」の合計85.1％と大きな差がある。お中元同様、お歳暮としての贈答は、社会人となってからの儀礼となっていることが確認できる。中国人・台湾人（52名）の結果は、ほぼ日本人学生と社会人の中間的な値を示している。

　孔健（1999）も、「お中元やお歳暮は、日頃お世話になっている方へのお礼という、まことに礼儀正しい動機から出発している」と肯定的に評価している。

10.　バレンタインデーとチョコレート

　孔健（1999）は、プレゼントの授受と恋愛関係に関して次のように述べている。「日本では、若い女性が高価なプレゼントを喜んで受け取るということは、求愛を受け入れたと同義であるかもしれない。ところが中国ではそうではない。プレゼントは親しさの表現であり、恋人以外でもよく行われる。相手を尊敬すればするほど高価なものを贈る習慣が中国にはある。敬意の表現であるわけだ」。

　2月14日のバレンタインデーのプレゼントに関して調べてみた。

　質問文は「あなたはバレンタインデーにチョコレートをプレゼントすることがありますか？」で、日本人学生（134名）と日本人の社会人（108名）および中国人・台湾人（52名）の結果は次の表6のようになった。

表6　バレンタインデーのチョコレート

	a. よくある	b. ときどきある	c. たまにある	a+b+c= ある	d. ない
日本人大学生	48.5%	17.9%	12.7%	79.1%	20.9%
日本人社会人	42.6%	14.8%	13.0%	70.4%	29.6%
中国人・台湾人	11.5%	13.5%	32.7%	57.7%	42.3%

　世代差のある日本人の学生と社会人の結果は、相当異なることが予想されたが、表6に示したようにアンケート結果には10ポイント以上の大きな差異は見られなかった。
　日本に滞在している中国人・台湾人（52名）の結果は、「よくある」が日本人の四分の一程度であり、その分「ない」の比率が日本人学生の倍以上となっている。バレンタインデーにチョコレートをプレゼントする習慣が、日本独特の広がりを示してきたことと関係するであろう。そもそも、バレンタインデーに関しては、次のように言い伝えられている。

　ローマ皇帝クラウディウス（在位268-270）は強い軍隊を作るため兵士の結婚を禁じていたが、バレンティヌスはそれを無視して兵士の結婚式を執り行ってやった。これをとがめられてバレンティヌス（バレンタイン）は逮捕され処刑されることになったが、このときアステリオという判事の手で取り調べを受けた。このアステリオには目の見えない娘がいたが、この娘が取調中のバレンティヌスと密かに心を通じ合わせるようになり、その愛の力で彼女の目が奇跡的に治った。
　それを知ったアステリオはバレンティヌスに感謝し、一家そろってキリスト教に改宗した。それから、バレンティヌス（バレンタイン）が愛の守護神とみなされるようになり、14世紀頃からこの日に恋人たちが贈り物やカードを交換するという風習などができた。
　これが第一次世界大戦後にアメリカで急速に「恋人達の日」として普及し、日本でも昭和50年代前後から「女性が男性にチョコレートを贈って愛を告白する日」として広まった。　（http://homepage2.nifty.com/osiete/s438.htm 参照）

　昭和50年代前後というと1970年代であり、すでに半世紀近くを経ており、今では若者だけの文化とも言えないほどの広がりを見せている。日本では「恋人達の日」としての域を超えてチョコレートを贈ったり贈られたりする日となっている。「自分チョコ」という言い方もあり、チョコレート好きの人にとっては、た

くさん食べられる日なのであろう。

　浜本隆志（2015）によると、これまで「バレンタインデー」に関する学術的な研究はほとんど見当たらなく、「バレンタインデーに関しては、成立当時はキリスト教と深く結びついていたが、ローマ・カトリックは1969年に聖バレンタインの信憑性に疑問が残るので、公式にこれを教会行事から排除している」とのことである。

　日本人女子大学生Y（2年生）は次のように述べている。

　「バレンタインデーの話ですが、男性から女性に渡す場合には『逆チョコ』というのですが、外国ではそちらのほうが当たり前なんだということが皮肉的だなと思いました」。

11. 中国におけるバレンタインデー

　西洋文化が広まるにつれ、キリスト教国ではない中国にもバレンタインデーが少しずつ浸透してきていると言われる。バレンタインデーは、中国語で「情人節」（qíngrénjié）といい、「情人」は恋人または愛人を意味する。北京・上海・香港などの大都市を中心に広がっているが、西洋の正統的な習慣を受け継ぎ、男性から女性へ贈り物をする日となっている。その点、日本や韓国が西洋や中国とは逆に女性から男性へチョコレートを贈る日とされている。中国では、男性からの贈り物としては花束が一般的で、1番人気はバラとのことである。そのためバレンタインの時期にはバラの値段が普段の数百倍まで高騰することがあるそうである。バレンタイン当日に、恋人に会えない男性は、彼女の自宅や職場に花を届けさせることもある。香港などのオフィスでは、バレンタインデーに花束が次々と届き、花束が届かなかった女性は肩身の狭い思いをするそうである。（佐藤ら、2015参照）

　恋人に会うことができる男性は、バラだけでなく食事や映画とプレゼントを組み合わせることが定着していて、これを絶好のビジネスチャンスとして、花屋・菓子業界・アクセサリー業界・レストラン業界などは、何週間も前から準備に余念がない。デパートなどでは、様々なコーナーが設けられ、バレンタインの雰囲気を盛り上げようとしている。営業用の雰囲気づくりは、日本に似ている。（佐藤ら、2015参照）

　日本と中国のバレンタインデーに対する取り組みの相違点は、日本ではこの半世紀余りチョコレート業界が主導し、牽引してきたイベントであったのに対して、中国では必ずしもチョコレート業界に特化されることなくサービス業界が雰囲気を盛り上げようとしている点であろう。また、日本ではバレンタインデーに

女性が男性に愛を告白する数少ないチャンスの日であり、チョコレートに愛のメッセージを添えて伝えるというセレモニーの日であるのに対して、中国ではすでに恋人となっているカップルが互いの愛を確かめ合う日と位置づけているようである。

12. 韓国におけるバレンタインデー

佐藤ら（2015）によると、韓国のバレンタインデーは、日本の習慣にとてもよく似ていて、女性から男性にチョコレートをプレゼントする日となっている。日本と同様に、韓国でも、本命の男性以外に、会社の上司や同僚、男友だちにもチョコレートを配ることがある。

日本で職場の上司や同僚に渡すチョコレートは「義理チョコ」というが、韓国では、それを「礼儀上チョコ」（または「記念チョコ」）というらしい。このようなチョコレートは、日本と同じようにコンビニやスーパーなどで簡単に買うことができるそうである。

日本と韓国が似ているのは、本命の男性のために作ったり、買ったりしたチョコレートを本命だけでなく、その周りの男性にも配ることがある点である。

韓国人大学院生Ｓ（女性）によると、韓国人はなんだかんだ記念日を作って楽しむことが好きで、ほぼ毎月14日はいろんな記念日があるとのこと。バレンタインデーとかホワイトデーの他にも、4月14日はブラックデーといって、バレンタインデーとかホワイトデーに何も渡してない人（ソロ）がジャージャー麺を食べる日、5月14日はローズデー（バラをプレゼントする）、11月11日はポッキーデー（韓国ではペペロデー）などがあるとのことである。さらに、恋人同士の場合は付き合って100日経ったら記念パーティーもするらしい。

日本では女性同士でも「友チョコ」を配ったりするが、「韓国では絶対ない」とのこと。韓国では、女性同士で手を繋いで歩いたりもするのに、バレンタインデーに女性同士でチョコレートを配ったりはしないのは、異性に渡すものだという認識が強いからだとされる。

13. バレンタインデーのチョコレートの「お裾分け」とホワイトデー

そこで、バレンタインデーのチョコレートの「お裾分け」に関しても調べた。

質問文は、「あなたはバレンタインのチョコレートをたくさんもらって食べきれないという人からいくつかチョコレートを分けてもらって食べたことがありますか？」

日本人学生（134名）と日本人の社会人（108名）および中国人・台湾人（52

名）の結果は次の表7のようになった。

表7　バレンタインデーのチョコレートのお裾分け

	a.よくある	b.ときどきある	c.たまにある	a+b+c=ある	d.ない
日本人大学生	3.0%	20.1%	20.9%	44.0%	56.0%
日本人社会人	13.0%	18.5%	32.4%	63.9%	36.1%
中国人・台湾人	5.8%	9.6%	28.8%	44.2%	55.8%

　ホワイトデーに関するアンケートも実施した。
　質問文は、「あなたはホワイトデーにバレンタインのチョコレートをもらった人にお返しにプレゼントをすることがありますか？」
　日本人学生（134名）と日本人の社会人（108名）および中国人・台湾人（52名）の結果は次の表8のようになった。

表8　ホワイトデーに関するアンケート

	a.よくある	b.ときどきある	c.たまにある	a+b+c=ある	ない・無記入
日本人大学生	47.0%	20.9%	18.7%	86.6%	13.4%
日本人社会人	37.0%	15.7%	13.0%	65.7%	34.3%
中国人・台湾人	7.7%	11.5%	15.4%	34.6%	65.4%

　表8に示したように、ホワイトデーにお返しのプレゼントをする人の割合は、日本人学生（86.6％）、日本人社会人（65.7％）、中国人・台湾人（34.6％）の順で少なくなっている。
　ホワイトデーについて日本人男子大学生K（2年生）も次のように述べている。
　「バレンタインの話では、日本のお返しの文化がホワイトデーを作り上げ、これらも日本人らしさが出ていると感じた」。
　この設問に「よくある」と回答した60代の日本人男性は、「義理返し」と書き込んでいる。「義理チョコ」をもらったお返しなので「義理返し」と言ったのであろう。

14. 女性からのホワイトデー・プレゼント

　日本では「友チョコ」と称して、女性が女友だちにもチョコレートを配ることがある。これも作りすぎた料理を周りの人に分ける「お裾分け」や「食べ助け」に相当すると思われる。日本人大学生のうち、女性（108名）のホワイトデーに

第12章　分かち合う文化の日本事情　239

プレゼントするか否かに関してのアンケート結果は、次の表9の通りであった。

表9　女性からのホワイトデーのプレゼントについて

	a.よくある	b.ときどきある	c.たまにある	a+b+c=ある	d.ない
女子大学生	44.4%	20.4%	21.3%	86.1%	13.9%

　3月14日のホワイトデーは、バレンタインデーにチョコレートやプレゼントをもらった男性が、お返しの贈り物をする日とされてきたが、表9に示したように、近頃では女性から贈り物をすることも86.1％と多くなっている。キャンディやマシュマロ、クッキー、ホワイトチョコレートなどのお菓子やプレゼントを男性が女性に贈るとされてきたが、どうやら女性から女性または女性から男性に贈り物がなされるようである。

　ホワイトデーの歴史は意外に浅く、昭和50年（1975年）代頃にお菓子業界の広告によってはじまったと言われる。その当時、日本でもバレンタインデーが定着しつつあり、自然にお返しの風潮も生まれていた。これをお菓子業界が新たな記念日にしようと提案したとされる。「いただきものにはお返しをする」という互酬性の強い贈答習慣がある日本では受け入れやすかったようで、バレンタインデーのアンサーデーとして浸透していった。

　しかし、ホワイトデーの習慣があるのは日本と韓国、台湾、中国の一部など東アジア圏だけで、欧米ではこのような習慣はあまり見られないとのことである。
　「本命チョコ」「友チョコ」に関する日本人女子大学生（3年生）の次のような見方もある。

> 　昔の日本では、告白などは男性から女性にするもので、女性からということはあまりないイメージなので、バレンタインデーは一年で女性が男性に告白できる大きなイベントだったのではないかと思いました。しかし、最近では女性から男性に告白することも多い気がするので、そのような文化の変化も関係して、最近では「本命チョコ」より「友チョコ」などが流行っているのではないかなと少し思いました。

　また、日本人男子学生A（3年生）は「最近はバレンタインやホワイトデーの意味が曖昧になっているように思いました。ホワイトデーのお返しには、感覚的に食べ物より小物とかの方が多いように思います」との見方を示している。
　さらに別の日本人男子学生M（3年生）は「バレンタインは日本と外国では意

味が違ったような気がする。ホワイトデーは日本独自の文化だったと思う」と述べている。

クリスマスと誕生日のプレゼントに関するアンケート項目も用意し、調査を実施したが、紙幅の都合上、その結果の分析については本論では省略する。

ただ、10代の日本人女子大学生は、「クリスマスにケーキをプレゼントするというより、自分がつくって誰かと一緒に食べたりする」と述べている。これも「共食」の例である。

15. まとめと今後の課題

以上、「お裾分け」を中心に「お福分け」「福渡し」「食べ助け」など分かち合う文化について検討した。さらに「お裾分け」の別形態としての「お中元」や「お歳暮」についても見てきた。さらにはイベント化している「バレンタインデー」「ホワイトデー」「クリスマス」「誕生日」での贈答習慣などについてもアンケート調査を実施した。ここでは、概括的に〈お裾分け文化〉と〈プレゼント文化〉に大別して、次の表10にまとめておきたい。

表10 〈お裾分け文化〉と〈プレゼント文化〉の関係

お裾分け文化	プレゼント文化
置かれている「場」の関係を重視	「個」と「個」の関係を重視
平衡状態の維持（小分け）	不均衡状態も起こる（個から個へ）
日本式行動様式・サービス精神	中国・欧米式行動様式
旅などの土産（シェアリング）	プレゼント（個と個の交換も有）
平等・均等分け（割り勘：和の文化）	親交・敬意の度合いによる違い（差の文化）
高コンテクスト文化（非言語的）	低コンテクスト文化（言語化）
お返し文化（期待を暗示）	お返し不要・受取拒否も可
暗示する文化・省略する文化	明示する文化（メッセージカード付など）
お中元・お歳暮・お土産 餅まき・豆まき・粗品など	バレンタインデー・ホワイトデー・ クリスマス・お誕生日など

「お裾分け」「お福分け」「福渡し」「食べ助け」などは日本の伝統的な文化と見なされることもあるが、「お福分け」「福渡し」「食べ助け」などは必ずしも起源が明確とは言えない面もあり、広く一般化しているとも言えない。さらに「お中元」や「お歳暮」は、商業主義の影響で、年中行事化している。

〈お裾分け文化〉の特徴は、平等・均等分けする点であり、日本の〈割り勘文化〉と同根の要素があると考えられる。

一方では西洋文化の影響でイベント化している「バレンタインデー」「ホワイトデー」「クリスマス」「誕生日」などでの贈答習慣は、個から個への〈プレゼント文化〉を元にしているが、日本式のサービス精神と相互扶助の関係が日本の〈プレゼント文化〉にも影響している。「バレンタインデー」のお返しの機会としての「ホワイトデー」の設定なども日本事情としての特徴と言える。その互酬性の強い贈答習慣に関しては、伊藤幹治（2011）が詳しく検討を加えている。〈お裾分け文化〉と〈プレゼント文化〉が同居しているのが日本事情の特徴である。その日本文化・日本事情の特徴を際立たせるためにも中国文化や韓国文化などと対照させながら検討した。ただ韓国や近隣のアジアの文化圏との比較は、聞き取り調査、質問紙調査ともに不十分であった。

　さらに、当初は「形見分け」なども「お裾分け」と基底のところで分かち合う文化の中のシェアリング（sharing）の要素をもっていると思われるが、そこまでは考察が至らなかったので今後の課題としたい。

【参考辞書類】
『語源由来辞典』©2003-2015 Lookvise.inc（http://gogen-allguide.com/）
『日本国語大辞典』（第二版）第二巻、小学館（2001）
『日本語語源辞典』（第二版）学研教育出版（2014）
『デジタル大辞泉』小学館（2013）
『邦訳 日葡辞書』（土井忠生・森田武・長南実編訳）岩波書店（1980）
『Web 日本語』小学館 ©2001-2015（http://www.web-nihongo.com/wn/edo/56.html/）

【参考文献】
伊藤幹治（2011）『贈答の日本文化』筑摩書房
大島清（2002）『思い出して使ってみたい美しい日本語』新講社
金山宣夫（1983）『日本・韓国・台湾　比較生活文化事典⑤』大修館書店
金山宣夫（1989）『国際感覚と日本人』NHKブックス
学研教育出版（2010）『暮らしの実用シリーズ／決定版／大人の常識とマナー』
孔健（1999）『日本人は永遠に中国人を理解できない』講談社＋α文庫
佐藤貢悦・斎藤智文・嚴錫仁（2015）『日中韓マナー・慣習基本事典』勉誠出版
高田真弓（2015）『マンガと絵でみる日本のしきたり便利帳』日本能率協会マネジメント協会 p.126
中村治（1994）『日本と中国、ここが違う』徳間書店
浜本隆志（2015）『バレンタインデーの秘密―愛の宗教文化史―』平凡社
林伸一（2007）「場の倫理と個の倫理―日本事情論としての考察―」山口大學文學會発行『山口大學文學會志』57巻 pp.1-15

林伸一（2008）「『和』の文化と『差』の文化―日本事情論としての考察―」日本比較文化学会発行『比較文化研究』82 号 pp.81-92

林伸一（2009）「『和』の文化と『差』の文化再考―新日本事情論―」山口大学人文学部異文化交流研究施設発行『異文研究』3 巻 pp.88-104

林伸一（2014a）「『省略する言語文化』と『明示する言語文化』―暗黙知、明示知、『見える化』についての考察―」山口大学人文学部異文化交流研究施設発行『異文化研究』8 巻 pp.1-13

林伸一（2014b）「『省略する文化』と『明示する文化』―日本事情論としての考察―」山口大學文學會発行『山口大學文學會志』64 巻 pp.123-136

南方熊楠（1924）「餅を福と称うること」『日本土俗資料』二、四輯（『南方熊楠全集』第三巻 雑誌論考 pp.557-565 所収）

莫邦富（1998）『中国人は落日の日本をどう見ているか』草思社

莫邦富（2010）『中国ことわざ玉手箱―異文化を知り、ビジネスに勝つ―』時事通信社

柳田国男（1995）「口承文藝大意」岩波講座『日本文学』（『定本柳田国男集』第六巻、筑摩書房、「口承文藝史考」に収録）

柳田国男（1999）「妖怪談義」『日本評論』11 巻 3 号（『定本柳田国男集』第四巻、筑摩書房、収録）

謝辞：本論を作成するにあたり、アンケートに協力してくださった方々と校正に協力してくださった方々にこの場を借りてお礼申しあげたい。

【別添資料1】

生活・習慣に関するアンケート
次の各質問にお答えください。

1. あなたは次のような言葉を以前から知っていましたか？知っていた言葉の記号に○印をつけてください。
    a. お裾分け　　b. お福分け　　　　c. 福渡し　　　　d. 食べ助け
2. あなたは、人からもらったお土産などを他の人に分けてやることがありますか？
    a. よくある　　b. ときどきある　　c. たまにある　　d. ない
3. せっかく人からもらったお土産などを他の人に分けることをどう思いますか？
    a. よくない　　b. あまりよくない　　c. よい　　　　d. とてもよい
4. あなたはバレンタインデーにチョコレートをプレゼントすることがありますか？
    a. よくある　　b. ときどきある　　c. たまにある　　d. ない
5. あなたはバレンタインのチョコレートをたくさんもらって食べきれないという人からいくつかチョコレートを分けてもらって食べたことがありますか？
    a. よくある　　b. ときどきある　　c. たまにある　　d. ない
6. あなたはホワイトデーにバレンタインのチョコレートをもらった人にお返しにプレゼントすることがありますか？
    a. よくある　　b. ときどきある　　c. たまにある　　d. ない
7. あなたはお中元（7月15日前後）にお世話になった人に何かプレゼントすることがありますか？
    a. よくある　　b. ときどきある　　c. たまにある　　d. ない
8. あなたは年末のお歳暮としてお世話になった人に何かプレゼントすることがありますか？
    a. よくある　　b. ときどきある　　c. たまにある　　d. ない
9. あなたはクリスマスにケーキなどを誰かにプレゼントすることがありますか？
    a. よくある　　b. ときどきある　　c. たまにある　　d. ない
10. あなたは知り合いの誕生日に何かにプレゼントすることがありますか？
    a. よくある　　b. ときどきある　　c. たまにある　　d. ない

国籍（　　　　　）出身地（　　　　　）都道府県／省　　性別（男・女）
年齢（10代・20代・30代・40代・50代・60代・70代以上）　職業（学生・社会人）

以上、ご協力ありがとうございました。

第13章　『元朝秘史』の音訳漢字の声調について

更科慎一

1. はじめに

『元朝秘史』（『モンゴル秘史』『蒙古秘史』などとも呼ばれる。以下、『秘史』と略すことがある）は、チンギスハーンによって創始されたモンゴル帝国の宮廷に秘蔵されていた歴史資料をもとに、明の朝廷において編纂された、モンゴル帝国の歴史書の名である。本文はモンゴル語で書かれているが、原本は伝わらず、現在我々が見ることができるのは

①原文を漢字音写し、その各単語の右側に漢語逐語訳（"傍訳"）を施した本文テキスト、

②原文のまとまった内容ごとに、その大意を口語体の漢文で記した漢訳テキスト（"総訳"）、

の二種のテキストである。今、音訳漢字の大まかな体裁の理解のため、①の一部分（巻11 第14葉 6-7行目、§252）を示す。

　成吉思中合罕　河西務-宜　保兀阿傷　中都-因　失舌剌客額舌児　保兀罷［原作罷］

　（ローマ字転写）Činggis_qahan Qosivu-yi bawu=at, jungdu-yin Šira_ke'er bawu=ba.[1]

　（日本語訳文）「チンギス・カハンは河西務に下馬され、中都のシラ・ケエルに下馬し給うた」[2]

よく知られているように、現行の『秘史』には、四部叢刊本（12巻）、葉徳輝本（12巻）、『永楽大典』抄出本（15巻）などがあり、それらはこの2種のテキストを含む。このほか、総訳部分だけの『秘史』の版本も存在するが、詳細は省く。

筆者はこれまで、漢語音韻史研究の立場から、明代に編纂された『華夷訳語』と呼ばれる一連の異民族諸言語の学習書について研究してきた。『華夷訳語』の大きな特徴は、『元朝秘史』と同様、記述対象言語の発音を漢字音写していることである。それらの中で、最も早く成立し、研究者によって「甲種本」と呼びならわされている漢蒙対訳語彙集（"雑字"）及び文例集（"来文"）は、音訳方式や、漢字音写のわきに傍訳を附す体裁が、『秘史』と著しく似通っている。

明太祖実録の洪武十五年春正月丙戌の条に、翰林院侍講火原潔、編修馬沙亦黒らに命じて『華夷訳語』を作らせたとする記事があって、その中に「復取元秘史

参考、紐切其字以諧其声音」（また、元秘史を参考にしてその語音を分析し、モンゴル語音を漢字音に適合させた）の文字が見えることから、『元朝秘史』と甲種本『華夷訳語』の音訳漢字の関係、特にその成立の先後の問題について、多くの議論がなされ、今なお完全な解決を見ていない部分もある[3]が、両書にきわめて密接な関係が存在することに議論の余地はない。『華夷訳語』の音訳漢字に興味を持つ筆者にとって、『元朝秘史』は何よりも重要な関連文献である。四部叢刊本で全12巻、610葉に及ぶ膨大な資料である『秘史』の音訳漢字の詳細な分析は容易なことではなく、筆者の能力の及ぶところでは到底なかったが、2009年に、栗林均教授によって、『秘史』に出現する全ての漢字表記モンゴル語単語について、ローマ字転写形によって検索することのできる『「元朝秘史」モンゴル語 漢字音訳・傍訳漢語対照語彙』（東北アジア研究センター叢書 第33号、東北大学東北アジア研究センター、仙台）が、紙媒体及びインターネットからアクセス可能な形で提供されたことにより、音訳漢字の検索が非常に容易になった。本論全体が栗林教授の労作から絶大の便宜を得ていることをまず記して、感謝の意を表したい。

2. 問題のありか

先行する漢蒙語彙[4]や、同時期あるいはより後の編纂になる『華夷訳語』と比べた場合に、『元朝秘史』の音訳漢字には、次の特徴がある。

①モンゴル語の同じ音は、同じ1つの漢字を以って表記しようとする傾向が強い。

『元朝秘史』の漢字音写部分に用いられた漢字の異なり字数は、服部四郎（1946）の掲げる「音訳漢字順位表」によれば、563である。この数は、『秘史』の分量の多さを考えれば極めて少ない数であり、同一のモンゴル語音を表す漢字が1〜4字か、最多でも10を超えない数[5]に抑えられていることの反映である。また、同一のモンゴル語音を表す漢字が複数存在する場合、ある1つの漢字の用例が、他を圧倒して多い、という状況が多く見られ、ある1つの音訳漢字が特に好んで使用される傾向を見て取ることができる。ある同じ音に対して一定の漢字を用いようとする傾向は、音訳漢字表記が純粋な表音化の方向に近づくことを意味している。

②モンゴル語の意味と関連のある字をしばしば用いる。例えば müren "河" を表記するのに、わざわざさんずいの字を用いて「沐㖇連」と表記するなどである。これは陳垣（1934）によって指摘され詳細に検討された有名な事実で、『秘史』の音訳漢字の一大特色を成している。①とは逆に、音訳漢字の表音的性質を弱め

るものであり、また同一のモンゴル語音を表す漢字の種類を増やす方向に作用する。例えば、ši音を表す8種の漢字のうちの4種は、それが表記しようとするモンゴル語単語の意味と何らかの形で関連した漢字である。その手法は、モンゴル語の意味と関連のある義符を持つ漢字や、全体としてモンゴル語の意味と何らかの関係のある漢字を用いるなどであり、時には僻字や、諸字書に見えない文字を新造して採用する場合もある。

　上記の①、②の2つの原理は、相反するものの、音訳にあたってある漢字を選択する方針としてどちらも明確なものであると言え、実用の観点から理解しやすいものである。もし①が徹底されれば、同じモンゴル語音の表示には常にただ1つの漢字が用いられ、漢字表記は完全に機械的なものとなったはずであるが、実際には、②の傾向があり、同じ音を表記する複数の漢字が存在する結果となっている。しかし、同じ音を表す複数の漢字の中には、②の要因によっても説明できないものが多くあり、用字の選択に当たって別の原理が働いていることを示している。実際のところ、①の傾向にもかかわらず、『元朝秘史』の音訳漢字では、同一の音を表すのに複数の文字が使われる場合が少なくない。栗林（2006）は、「モンゴル語の同じ音を表すのに2つ以上の漢字が使われているのには、何か理由があるのだろうか？」（79頁）と疑問を投げかけているが、この疑問は、『元朝秘史』の音訳漢字を研究する者が共通して抱くものであると思う。

　この問題については、服部四郎（1946）が5つの状況を指摘している（服部（1946）、128-131頁）。前に述べたところと重複する部分もあるが、要約すれば以下のようになる：

　1）一般的状況としては、あるモンゴル語音を表すためには一定の漢字1つを用いようとする傾向が著しいが、ある幾つかの音（če：扯／徹；do：多／朶；ko：可／闊；ši：失／石；tu：土／禿の五対が挙げられている）については、2つの漢字が同様の頻度で頻繁に用いられる。

　2）一方は語頭・語中に用いられるが語末あるいは語尾には用いられず、一方は語末または語尾に用いられる、という傾向の顕著な字が何対かある（ba：巴／罷；bi：必／畢；du：都／突；i：亦／宜；ni：你／泥；tu：土禿／途圖；ui委／為；ye也／耶の八例の対立が挙げられている。この引用部分内において、／の左側は語頭・語中に用いられる字、右側は語末・語尾に用いられる字である）。

　3）モンゴル語の意義と関連のある漢字が用いられる例がある。

　4）意義上の関連がなくても、ある種の単語を表わすのに特定の漢字が用いられる著しい傾向のある例がある。ここで服部氏は、モンゴル語の同じ音を表す多（do）／朶（do）が用いられたdörben「朶兒邊」"四"、edö'e「額朶額」"今"、

ködöl=jü「歌多勒周」"動着"について、「多兒邊」「額多額」「歌朶勒周」と書いた例が1つもないなどの事例を指摘している。

5）モンゴル語音を一層よく写すために用いられた音訳漢字が存在する：韻母がoあるいはu[6]の字は、モンゴル語のo öあるいはu üのいずれをも表わすのが普通であるが、ある特定の字の韻母で特にモンゴル語のöあるいはüを表そうとした例がある。ここで服部氏は、「忽」の韻母uがモンゴル語のu, üのいずれをも表わすのに対して「許」のそれは常にüを表す、といった対を八つ挙げている。

服部氏の5つの指摘はそれぞれに重要であり、個別に更に検討する必要があるが、本論では、紙幅の関係上、特に2）に焦点を当てて、同じ音を表す漢字が複数存在している現象の背景を考察してみたい。

3.『元朝秘史』音訳漢字の声調について
3.1 音訳漢字の語内での出現位置と声調調値の関係

すでに述べたように、服部（1946）は、『秘史』に語頭・語末などに限って現れる音訳漢字が存在することを指摘した。服部（1946）は、『秘史』に出現した全ての音訳漢字についてその出現頻度を示した表（服部（1946）、117-127頁）の中で、ある種の音訳漢字の上側に、「語頭のみに現れる字」「語頭には現れない字」などの記号を書き入れている。

拙稿（更科（2000a, b））は、『華夷訳語』の一種でウイグル語学習書の『高昌館訳語』の語彙集の部分（"雑字"）の音訳漢字の声調選択の傾向について指摘した。『高昌館訳語』にも、同じ対音上の価値を有する2～3の音訳漢字が存在しているが、拙稿はこれらの音訳漢字の声調に着目して、語頭音節や語末音節によく現れる音訳漢字が特定の声調調類を取るという声調選択の傾向を明らかにした。筆者は、やはり『華夷訳語』の一種で、ペルシャ語を記した『回回館訳語』や、モンゴル語を記した『華夷訳語』（甲種本）及び明末の漢蒙語彙集の音訳漢字についても、『高昌館訳語』とよく似た声調選択傾向の存在することを指摘したことがある[7]。

『秘史』の音訳漢字にも、一見して、同様の声調選択傾向があるように思われる。もとより、『秘史』と関係のきわめて深い『華夷訳語』（甲種本）に既にその傾向が見出されている以上、『秘史』にも見出される公算は大きい。

3.2 調査手順（1）：語内の位置の決定

本論では、前節で触れた筆者の研究を踏まえながら、『元朝秘史』の音訳漢字の語内での出現位置と声調調類の関係に対して調査を行う。具体的には、『秘史』

に出現する音訳漢字（但し、漢語から借用された固有名詞の漢字と、音節末の単子音を表記するための文字[8]を除く）を声調調類によって分類しておいた上で、栗林（2009）を利用してその用例を一つ一つ確認し、モンゴル語の単独・語頭・語中・語末のどの位置に現れるかを調査する。

「単独」とは、単音節語における用例である。モンゴル語の音節構造は［子音＋母音＋子音］であり、音節の頭位及び末位に2つ以上の子音が置かれることは基本的にない[9]。従って、この種の用例は次の3種の類型のいずれかである。

①開音節（-i, -u 韻尾字を含む）の漢字1字。例：bi 必 "我"[10] の「必」。
②閉音節の漢字1字。例：qan 中罕[11] "皇帝" の「罕」。
③開音節字＋単子音表記用文字。例：jük 竹克 "處" の「竹」。

「語頭」は、多音節語の第一音節における用例である。例：tenggeri 騰格舌理 "天" の「騰」。

「語中」は、3音節以上の語の第一音節及び末音節を除いた残りの音節における用例である。例：jaya'an 札牙安 "命" の「牙」。

「語末」は、多音節語の末音節における用例である。例：de'ere 迭額舌列 "上" の「列」。

以上における音節の数え方はモンゴル語に基づき、基本的に、区別符号（注11参照）と音節末単子音表記用字を除いた漢字の字数をそのまま音節数として数えているが、次の場合には問題を生じる：

①漢字二字をもってモンゴル語の一つの音節を表記した場合。後述するように、songqu=ju 莎汪中忽＝周 "選揀着" の「莎汪」：song など、例が二、三ある。モンゴル語の音節区分に従えば、「莎汪」2字が語頭音節に属し、「中忽」は語幹の語末音節に属する。本論では、統計の都合上、「汪」を語中音節として処理したが、異なる処理もありうる。

②半母音 -y-, -w- を母音間に含む音連続の場合。3.6.3 に後述するように、同一語に対して、乃 nai～納亦 nayi～乃亦 nayyi、あるいは倒 dau～荅兀 da'u～倒兀 dawwu のような異表記が見られる。本論では、やはり便宜上の理由から、音訳漢字による音節区分に従い、乃を1音節に、納亦、乃亦を2音節に数える。

名詞と動詞はしばしば変化語尾を伴って現れる。『秘史』においては、子音で終わる語幹に母音で始まる語尾が付くと、音訳漢字の構造上の原因により、その語幹末子音が属することになる音節が変わるので、音訳漢字表記が変わる。例えば（説明の便宜のため、服部（1946）の第三種転写を音訳漢字の後ろに（ ）に入れて示した）：

qan 中罕（qan）"皇帝" に対して、qan-iyan 中合你顏（qa-ni-yan）"皇帝-自的行"。

第13章 『元朝秘史』の音訳漢字の声調について　249

qan の語幹末子音 -n は、第一音節末から第二音節初頭に変更される。
　bos=ču 孛思＝抽（bo-s-ču）"起着"に対して、bos=u=ai 孛速＝埃（bo-su-ai）"起"、bos=u=n 孛孫（bo-sun）"起"。bos= の語幹末子音 -s は、第一音節末から第二音節初頭に変更される。
　また、母音で終わる動詞語幹に副動詞語尾 -n が付いた時も、語幹末の漢字表記が変わる。例えば：
　　qari=ba 中合舌里＝罷（qa-ri-ba）"回＝了"に対して、qari=n 中合舌鄰（qa-rin）"回"
　　上記以外の場合は、語幹末の漢字表記に変化はないのが普通である。例えば：
　　yabu= 迓步（ya-bu）"行"に対して、yabu=ju 迓步＝周（ya-bu-ju）"行着"
　　eje 額者（e-je）"主"に対して、eje-t 額者-傷（e-je-t）"主毎"
　　uruq 兀舌魯黑（u-ru-q）"子孫"に対して、uruq-tur 兀舌魯黑-途舌児（u-ru-q-tu-r）"子孫 - 行"
　以上に鑑み、語尾が付いた場合の音訳漢字の位置については次のように処理する。
　1）語尾の付加によって語幹末の音訳漢字が変化した場合は、語尾部分を含めて一続きの語形とし、語幹末の音訳漢字は「語頭」または「語中」として処理する。
　2）語尾の付加によっても語幹末の漢字表記が変わらない場合は、語尾が付いていない形と同じ扱いとし、語幹末の漢字表記は「語末」として処理する。

3.3 調査手順（2）：声調の枠組み

　次に、『秘史』に用いられた音訳漢字一つ一つの声調の調類を明確にしなければならない。本論では、古代漢語の声母及び声調の枠組みを利用することにする。平上去入の四声それぞれについて、清・次濁・全濁に三分するが、『秘史』の音訳漢字の漢語基礎方言の音韻体系が大筋で近代北方漢語に属するという見通しのもとに、次のように調類の統合を行う：
　①陰平声（清平声を含む）
　②陽平声（次濁平声、全濁平声を含む）
　③上声（清上声、次濁上声を含む）
　④去声（全濁上声、清去声、次濁去声、全濁去声を含む）
　入声については、統合や他声への派入はしない。
　⑤清入声
　⑥次濁入声
　⑦全濁入声
　次の12字は、『広韻』『集韻』などの韻書によって中古の音韻地位を確認する

ことができず、調類不明とした。この中には、諸字書に登録されず、『秘史』の音訳に当たって新たに作られたと考えられる字[12]が含まれる。

阿馦哈那歹俺咭狴驪鵁鸇䴊

次の 10 字は、比較的常用される調類が複数あり（多音字）、一つに決められないので、調類未確定とした。

拿黶挑探當興泩散別咥

次の 2 字は、特に考慮の上、『広韻』等の中古の韻書から帰納される調類ではなく、現代語から類推される調類や、『中原音韻』などの近世の韻書に記載された調類に従った。

盾。『広韻』には食尹切（上声準韻）、徒損切（上声混韻）の 2 音がある。現代語の dùn に合うのは後者だが、『秘史』では Erdiš-ün 額舌児的盾 "水名 - 的" に現れ、前者の音が合う。前者は『広韻』から規則通りに発展すれば去声になるが、『中原音韻』の真文韻（細音）上声欄 /šiuən/ に出ているので、上声と見做した。

統。『広韻』では去声だが、『古今韻会挙要』上声「孔」韻の吐孔切「侗」字小韻に「統」が見え、その注に "毛氏曰：統字，諸家皆去声，唯《玉篇》：音桶，…" とある。『中原音韻』では東鍾韻上声に収録され、去声の欄には見えない。現代普通話でも上声に読む。以上により、上声と見做した。

3.4 音訳漢字の総字数と調類別の内訳

統計の対象となる音訳漢字の総字数は、484 である。服部（1946）が「音訳漢字順位表」に列した 563 よりもずっと少ないのは、すでに述べたように漢語借用語の漢字と単子音表記のための文字が対象外であること、及び、服部（1946）は区別符号 "中" "舌" のついた音訳漢字を、ついていない漢字とは別々に数えているのに対して、本論の統計では両者を合わせて 1 個として数えていることによる。

音訳漢字の調類別の内訳を表 1 に示す。

表 1：『元朝秘史』音訳漢字の調類別内訳

調類	字数	百分比（%）
陰平	107	22.1
陽平	113	23.3
上声	92	19.0
去声	27	5.6
清入	69	14.3
次濁入	36	7.4
全濁入	18	3.7
調類不明	12	2.5
調類未確定	10	2.1

3.5 音訳漢字の語内での出現位置と調類の関係

図1〜7は、各調類の音訳漢字について、単独、語頭、語中、語末の各位置での使用例のある漢字が何字あるかを示したグラフである。図中、「単」、「頭」、「中」、「末」はそれぞれ、単独、語頭、語中、語末のみに用いられる音訳漢字の数であり、「単頭」など複数の位置が表示されたものは、それら複数の位置での使用例がある音訳漢字の数である。例えば「単頭中末」とあるのは、単独、語頭、語中、語末の全ての位置での使用例のある漢字の数である。多くの位置に用いられる漢字ほど汎用的であり、逆に語頭や語末などのある一つの位置にしか用いられない漢字は、語内での位置に関して特徴的な分布をしていることになる[13]。

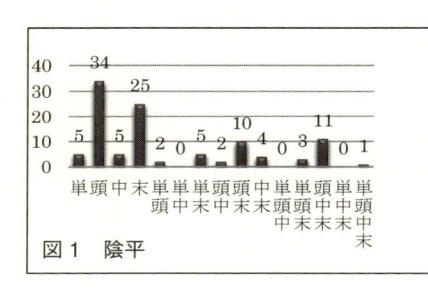

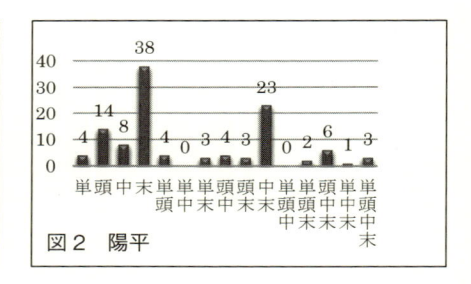

図1 陰平

図2 陽平

3.5.1. 平声字。 図1に陰平字の、図2に陽平字の分布を示す。陰平字のうち、1つの位置にのみ用いられた漢字は69、2つの位置に用いられた漢字は23、3つの位置に用いられた漢字は14、4つの位置に用いられた漢字は1である。一方陽平字は、1つの位置が64字、2つの位置が37字、3つの位置は9字、4つの位置は3字である。陰平・陽平とも、語頭にのみ用いられる字と語末にのみ用いられる字が共に多くあり、平声字が語頭にも語末にも比較的多く用いられていることがわかる。陽平字は語末音節に用いられる場合が非常に多く、語中音節と語末音節の二つの位置に用いられる字も多い。

3.5.2. 上声字。 図3は上声字の分布である。1つの位置にのみ用いられた漢字は63、2つの位置に用いられた漢字は10、3つの位置に用いられた漢字は12、4つの位置に用いられた漢字は5である。

上声字は一つの位置、特に語頭のみに用いられた字が際立って多い。この傾向は韻尾のある字ではさらに顕著であり、中でも -m, -n, -ng の三種の鼻音韻母字38字に限ると、33字が語頭のみに用いられ、語頭以外の位置に用いられた例のある字は5字に過ぎない。

図3　上声

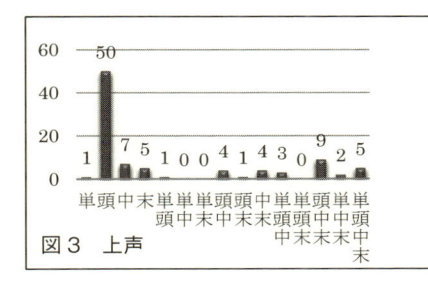

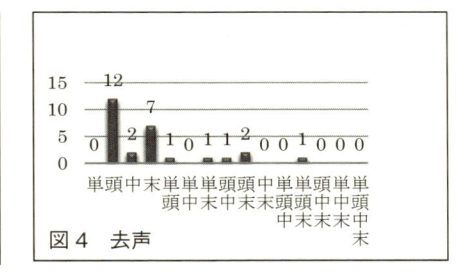

図4　去声

3.5.3. 去声字。図4は去声字の分布である。1つの位置にのみ用いられた漢字は19、2つの位置に用いられた漢字は5、3つの位置に用いられた漢字は1、4つの位置に用いられた漢字は0である。語頭と語末のどちらにも用いられている。

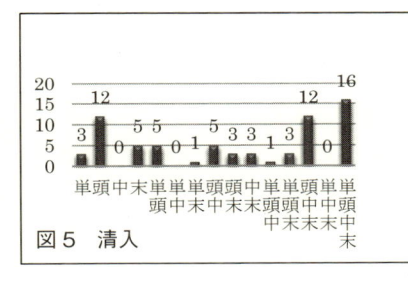

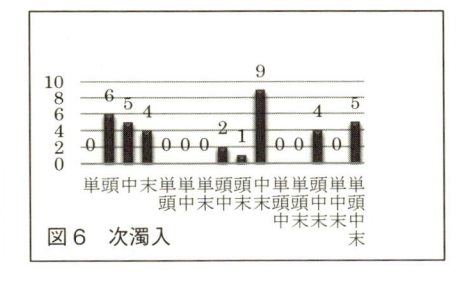

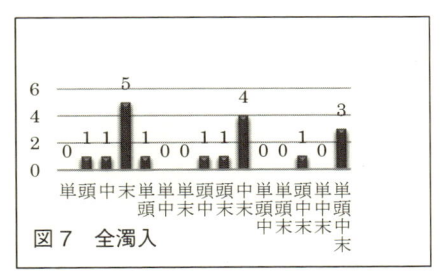

図5　清入

図6　次濁入

図7　全濁入

3.5.4. 入声字。図5から図7は、それぞれ清・次濁・全濁の入声字の分布である。3種の入声調類の字を、それが何種の位置に用いられたかの別によって分け、それぞれの字数を統計したものを表2にまとめた：

表2：入声字が用いられた語内の位置の数

位置の数	1	2	3	4	合計
清入声	20	17	16	16	69
次濁入声	15	12	4	5	36
全濁入声	7	7	1	3	19

　表2からわかるように、入声字は、平声字や上声字と比べ、2つ以上の位置に用いられた字が多く、語内の位置に関わらず汎用的に用いられる傾向があることを物語っている。ゆえに、語内での入声字の分布傾向を発見することは困難である。

　図7を見ると、全濁入声字においては、語末のみに用いられる字と語中・語末の2つの位置に用いられる字が目立ち、分布特徴が陽平声と類似している。あるいは、音訳漢字の漢語の基礎方言において、全濁入声が陽平声と合流していたことを示すものかもしれないが、全濁入声字は母体数そのものが少ないので、偶然の可能性もある。

　3.5.5. 特定の位置に用いられた音訳漢字のとる声調調類。以上、ある調類の字が語内のどの位置に用いられる傾向があるかを見てきたが、声調調類と語内の位置の関係をより明確に把握するため、逆の観点からの統計、すなわち、単独、語頭、語中、語末それぞれの語内の位置にどの調類の漢字がいくつ用いられているかを見ておきたい。但し、すでに見たように、音訳漢字の中には、語内の位置を問わず汎用されるものがあるので、ここでは1つの位置に限って用いられた音訳漢字の状況のみを示す（表3）。なお、この統計には、『秘史』新造字、諸字書に記載無き字、複数の調類の読みを持つ字など、声調調類不詳あるいは未確定の字の数も「その他」として列してある。

表3：語内の一つの位置に限って用いられた音訳漢字の声調調類別統計
（斜体数字は、語内の各位置において最も多い値）

	陰平	陽平	上声	去声	清入	次濁入	全濁入	その他
単	*5*	4	1	0	3	0	0	0
頭	34	14	*50*	12	12	6	1	8
中	5	*8*	7	2	0	5	1	1
末	25	*38*	5	7	5	4	5	4

　表3から、語頭音節に上声字が多く用いられ、語末音節では平声字が多く用いられる傾向が改めて確認できる。単音節語と中間音節は例があまり多くないので

目立った傾向は現れない。ただ、単音節語については、上声よりは平声の字が多く用いられていると言うことができる。

3.5.6. まとめ。 音訳漢字の声調とその語中での出現位置との関係は、『秘史』と密接な関係にある『華夷訳語』甲種本にも見られる。そしてさらに、ペルシャ語やウイグル語など、モンゴル語以外を記した『華夷訳語』にも同様の関係が見られ、更に明末に『華夷訳語』とは個別に編纂された漢蒙語彙集にも見られる。これらの資料においても、『秘史』と同様に、語頭音節に上声字が用いられる傾向が見られるほか、語末音節に平声字が用いられる傾向が『秘史』よりもいっそうはっきりしている。このような、上声で始まり平声で閉じるという一定の音調パタンは、モンゴル語・ウイグル語・ペルシャ語の単語をそれぞれのネイティブスピーカーが読み上げたときの習慣的音調の反映である可能性もあるが、これらの言語が漢語を媒介に学ばれた際の音調[14]の反映であることも考えられる。いずれにせよ、モンゴル語やペルシャ語などに、音韻的に意味を有する声調や高さアクセントの現象が知られていない以上、音訳漢字の声調を利用してこれらの言語の音調をわざわざ知らしめる必要性があるとは考え難い。音訳漢字の声調の分布傾向は、小字によって単子音を表したり、"中""舌"などの符号を漢字の左側に付してモンゴル語特有の子音を表すなどの意識的な表音上の工夫ではなく、最初に『秘史』を漢字音訳した人物（たち）のモンゴル語の音形に対する認識が自然に表れたものであると考えられる。そうであればこそ、声調調類の分布傾向は「傾向」に留まり、厳密な規則にはなっていないのである。また、『秘史』においては、語内の位置に関わりなく用いられる汎用字が少なくなく、中には「巴」「罕」「豁」「撒」のような、用例数の非常に多いものもある。音訳漢字の表音性を高めるためには、同じ音連続の表記にはできるだけ1種の漢字を用いるようにしたほうがよいのであるから、例えば『秘史』の校正者が、語内の位置などによって異なる音訳漢字が用いられるのは不統一であると感じて、用字を統一した結果、汎用字が増えた、というような状況も想像できる。

3.6 去声字の検討

3.6.1. 去声字の少なさ。 表1を見てわかるように、平声、上声、入声に比して、去声字の数は極端に低い。筆者は、甲種本華夷訳語の音訳漢字についてすでに同様の特徴を指摘し、『秘史』についても、「音訳漢字順位表」をもとに、去声字の割合が極端に低いようだと印象を述べたことがある（更科（2003））が、今回の統計数値によって、この印象が裏付けられたと言いうる。『秘史』においても、甲種本華夷訳語と同様、去声字が避けられていると考えてよい。漢字音訳においてある声調の字の使用をあらかじめ避けることに実用的な意味があるとは考えら

れないので、何らかの音声的理由によって、去声字がモンゴル語音声を写すのにふさわしくないと判断されたのに違いない。

3.6.2. 去声字用例の実態。『秘史』において去声字が避けられていると仮定した場合、その原則に違反して 27 字が用いられているのはなぜか、という疑問が生じる。そこで、煩瑣になるが、これらの去声字の用例を一つ一つ検討してみると、次のことが言い得る。

1）ある 1 語にのみ用いられる語が多い。これらの中には、モンゴル語の意味と関連して用いられた漢字（以下、表意的用字法と呼ぶ）が少なくなく、また固有名詞が目立つ。

表意的用字法が認められるもの：

迓：yabu= 迓歩 ＝ "行" の表記のみに用いる。

歩：yabu= 迓歩 ＝ "行" の表記のみに用いる。

闒：e'üṭen 額閦闒 "門" とその関連語のみに用いる。

舌路：niru'ut 你舌路矴傷 "嶺毎" の表記のみに用いる。

媵：inǰes 媵哲思 "從嫁" の表記のみに用いる。

嘯：sewürel=bi 嘯兀舌列勒 ＝ 畢 "嘆息 ＝ 子［了］" の表記のみに用いる。

罷：動詞の過去形の語尾 ba/be/bai/bei の表記のみに用いる。

令：kilingla= 乞令剌 ＝ "怒" の 1 例のみ。この語は「乞靈剌」「乞零剌」とも書かれる。

舌論：ügüle=rün 嗚詁列 ＝舌論 "説" など、副動詞語尾 ＝run/rün が「話す」類の動詞についた時に用いる（この語尾が「話す」類以外の動詞に付く場合は「舌侖」と表記される）。用例数 317。

捕：Buyur_na'ur 捕魚児 ＿ 納浯児 "水名 ＿ 海子" の表記のみに用いる。固有名詞。

また「洩」は、Güse'ür_na'ur 古洩兀舌児 ＿ 納浯舌剌 "水名 ＿ 海子 - 行" と Qara_se'ül 中合舌剌 ＿ 洩兀勒 "（水名）" の 2 例に用いられる。さんずいによって河川名を表す表意的用字法が認められる。2 例とも固有名詞。

固有名詞に現れるもの：

拜：Baidaraq_belčir-e 拜荅舌剌黒 ＿ 別勒赤舌列 "地名 ＿ 處" のみに用いる。

率：jungšoi 冢率 "人名" の一語のみに用いる。出現度数は 1。

給：Taičar 給察舌児 "人名" の一語のみに用いる。用例数は 4 で、異表記「台察舌児」の例が 1 ある。

畏：Uyyiqud-un 畏亦中忽敦 "種 - 的" の一語のみに用いる。用例数は 1。

遂：Yesüi 也遂 "名" の一語のみに用いる。出現度数自体は 11 あり異表記はない。

杷：Barim_Ši'iratu_Qabiči 杷╴林 _ 失亦［舌］刺秃 _ ╴合必赤"児名"のみに用いる。服部（1946）は「音訳漢字順位表」にこの字を列しているが、栗林（2009）は「把」の誤字と見做して「把」に校訂している。

2）次の例は、表意的用字法でなく、固有名詞でもないが、用例数は1例のみで、且つ同じ語に対して去声字以外を用いた用例が別に存在している。

奥：auqa 奥╴合"氣"の1例のみ。この語は「阿兀╴合」とも書かれる。

塞：ayis=ai 阿亦塞"来=也"の一例のみ。この語形式は『秘史』中に8例あり、他の7例においては「阿亦賽」と書かれている。

對：tedüi 帖對"隨"のみ。この語は『秘史』中に41例あり、本例を除く40例においては「帖堆」（堆は平声。蟹摂取一等合口・端母灰韻平声）と書かれている。

3）次の例は、用例の数が比較的多い（語源的に関連のない2語以上に見られる）ものである。固有名詞の表記例もあるが一般語彙の表記例の方が多い。また、表意的用字法は認められない。

備：Buiru'ut 備╴魯兀╴"種姓"、büi 備"有"、abui babui 阿備巴備"（缺傍訳）"、burbui 不╴児備"脚後根"など数例に見られ、語内の位置も語頭、単独、語末など変化に富んでいる。

奈：nai 奈"好生"（1例、異表記なし）、nayyida=ba 奈亦荅=罷"妒了"の2例に見える。後者は『秘史』において naida=ju 乃荅=周"疾惡着"、naita=mu 乃塔=木"嫉妒"、nayyida=ju 乃亦荅=周"嫉妒着"、nayyita=ju 乃亦塔=周"嫉妒着"など色々に書かれる。

賽：ayis=ai 阿亦賽"来也"（7例、上述「塞」を参照）、jungsai 種賽"人名"の2語に見える。後者は『秘史』において jungso 種索"人名"、jungšoi 冢率"人名"と表記されている人物と同一と見られる[15]。

泰：Taiči'ut 泰赤兀╴〜Tayyiči'ut 泰亦赤兀╴"種名"、Taiču 泰出"人名"、Tayyiči'udai 泰亦赤兀歹"人名"、Tayyiči'utai 泰亦赤兀台"種"に見える。全て固有名詞。出現度数は多く、「台」に作る異表記が少数見える。

站：A'ujam_Boro'ul 阿兀站_孛╴羅温╴"名"（用例数2）、jam 站"站"（用例数4）の2語に見える。前者は固有名詞で、後者は音訳漢字と傍訳の漢字が等しい特殊な例。

嫩：nunji 嫩只"不動的"（3例）、nuntuq 嫩秃黒"營盤"とその関連語（42例）に見える。

耨：newü= 耨兀="起"とその関連語に見える。用例数35。1語にしか用いられないが、異表記がなく、安定的に用いられているので、3）に準ずるものと言

第13章 『元朝秘史』の音訳漢字の声調について　257

い得る。

　以上の中には、「嫩」「耨」のように、常用される平声・上声・入声の同音字がないためにやむを得ず去声字を用いたと考えられる事例があり、また1）の表意的用字法の場合、音訳漢字を選ぶ基準として音のほかに「意味の関連」があるため、たとえ去声字であっても意味の基準に適合した字が選ばれたものと理解できる。また固有名詞については、先行する漢文文献においてある程度確立した漢字表記がすでに行われていた可能性もあり、そのために『秘史』の音訳の慣例を破って去声字が用いられたことも考えられる。

　以上のように、去声字は単に異なり字数が少ないだけでなく、各字が異なる語に用いられた語数も少ない（多くは１語のみ）。また、表意的用字法が多い。こうしたことから見て、去声字の使用は、趨勢としてはやはり避けられていると見てよいと思う。

3.6.3. 去声字と -i, -u 韻尾。固有名詞の用例も含め、表意的用字以外の去声字を一瞥すると、-i 及び -u 韻尾を持つ字、特に前者が多いことに気づかされる。

	-i 韻尾字	-u 韻尾字	その他
表意字		嘯	罷迂洩捕步舌路闖舌論令滕
表意字以外	拝給泰奈塞賽率備對遂畏	奧耨	杷站嫩

　さらに興味深いのは、『華夷訳語』（甲種本）の状況との比較である。筆者は更科（2003）において甲種本の音訳漢字の声調調類を調査し、去声字の用例が極端に少なく、かつそれらの多くが -i, -u 韻尾字であることを報告した。その際、甲種本における去声字の全ての用例を挙げたが、ここに改めて掲げる。

【語彙の部】
　愛：愛亦舌剌黑 ayyiraq[16] "駝奶"
　備：備 büi "有"

【文例の部】
　拜：拜舌里孩 bairiqai "基址"
　愛：愛麻中昆 aimag-un "部落的"
　奧：奧兀惕乞中忽因 awutki=qu-yin "広的"、奧兀魯黑三突兒 awul=u=qsan-ṭur "教住了時分"
　備：備 büi "有"
　嫩：嫩禿都舌里顏 nuntuq-dur-iyan "営盤自的行"、嫩禿黑剌中忽宜 nuntuqla=qu-yi "営盤做的行"

　これらのうち「備」"有"、「嫩禿黑」"営盤"、「嫩禿黑剌」"営盤做" の例は『秘

史』にも見られるが、他の語例は『秘史』には見えないものであり、また「愛」は音訳漢字として『秘史』に見当たらない。愛麻ᴗ昆"部落的"という語形式は『秘史』にも見えるが、音訳漢字が異なり、「阿亦馬ᴗ渾」"部落 - 的"となっている。

全体としては去声字が忌避され、しかし -i 韻母字（及び -u 韻尾字）のみに例外が見られる状況が『秘史』と『華夷訳語（甲種本）』の双方の音訳漢字に見られるとなると、これは到底偶然とは思えない。何らかの音声的理由があったと思われるが、更科（2003）では、「全くなぞ」と言うにとどまる。

この問題を考えるには、『秘史』において -i, -u 韻尾字が関係しているモンゴル語の音連続全体について、異表記を検討する必要がある。

問題の音連続は、概略的には、ある母音の直後に高母音 i または u/ü[17] が続くものと説明できる。『秘史』のモンゴル語においては、二重母音であるとも、母音連続であるとも解しうる。現代モンゴル語（ハルハ方言）では、多くの場合、[母音 +i] は後半に音節副音的 i を含んだ二重母音に対応し、[母音 + u/ü] は u/ü の長母音に対応する。ウイグル式モンゴル文字表記の蒙古文語では、この種の音連続は次のように表記される（V は母音を表す）。

a) Vi, Vu/ü。例：n*ai*man "八"、üg*ei* "…ない"；t*au*lai "兎"、ke*ü*ken "女の子"。
b) Vyi, Vγu/gü。例：s*ayi*qan "美しい"、*uyi*la-qu "泣く"；m*aγu* "悪い"、s*egü*l "尾"。

Vi と Vyi の書き分けについては、naiman "八" のようなわずかな例外を除いて、語幹末では方式 a, それ以外では方式 b が用いられる。一方、Vu/ü と Vγu/gü については、そのどちらを綴るかが語によって決まっている。

『秘史』では、これらの音連続を次の三通りのやり方で音訳している[18]。

α) Vi, Vu/ü（即ち、-i, -u 韻尾字）。例：n*ai*man 乃蠻 "八箇"、üg*ei* 兀該 "無"；t*au*lai 討来 "兎"、n*iu*ča 紐察（傍訳を欠く、「元朝秘史」の「秘」に当たる語として巻一冒頭に見える）

β) Vyi, V'u/ü（韻尾ゼロの字 + i, u に始まる音連続を表記するための字）。例：s*ayi*n 撒因 "好"、n*eyi*le= 捏亦列 "相合"；q*a'u*čin ᴗ合兀陳 "舊"、k*ö'ü* 可兀 "兒"。

γ) Vyyi, Vwwu/ü（-i, -u 韻尾字 + i, u に始まる音連続を表記するための字）。例：d*ayyi*sun 歹亦孫 "敵"、küy*yi*če-jü 恢亦徹 = 周 "趕上 = 着"；d*awwu* 擣兀 "聲"；keč*ewwü*-ber-iyen 客潮兀 - 別ᶜ里顏 "剛 - 教 - 自的"

『秘史』において、方式 α, β, γ がどのように使い分けられているか、その条理を導き出すことは困難であるが、一定の傾向性も認めることができる。

母音＋ i。語頭と単音節語（仮に問題の音連続が、二つではなく一つの音節を

構成すると仮定するならば）の場合には、三種の表記法が全て用いられ、中には同一語が二通り以上に表記される場合もある。例えば：

naitaqda=n 乃塔黒丹 "嫉妬" …方式 α
nayita=ju 納亦塔＝周 "嫉妬＝着" …方式 β
nayyida=ju 乃亦荅＝周〜nayyita=ju 乃亦塔＝周 "嫉妬＝着" …方式 γ

即ち、同じ "嫉妬" を意味する語の語幹（語根）が、naita, nayita, nayyit (/d) a の三通りに書かれている。また "立つ" を意味する動詞は bai=ju'ui 擺＝主為 "立＝着有"（方式α）、bayyi=ju'ui 擺亦＝主為 "立＝有"（方式γ）のように書かれる[19]。このような例は、ほかにも多数ある。

語幹末及び語尾の場合、母音＋iは方式α、即ち-i韻尾を持つ漢字一字によって表記される。これはウイグル式モンゴル文字表記とも通ずる様相である。例えば：

dal*ai* 荅来 "海"
gür=k*üi* 古児＝恢 "到＝的"

母音＋u。語頭と単音節語において α, β, γ 三種の方式が用いられることは母音＋iの場合と同じである。同じ語が複数の方式によって書かれた例がある点も同様で、例えば上に方式αの例として挙げた taulai 討来 "兎" は、方式βを用いて ta'ulai 「塔兀来」とも書かれる。また "移動する" を意味する動詞は、ふつう newwü 耨兀＝と表記される（方式γ）が、ne'ü= 揑兀＝と書いた例（方式β）も1つ存在する。

語末での様相は母音＋iの場合とは大きく異なり、もっぱら方式βとγが用いられて方式αは用いられない[20]。

方式β：

duta'u 都塔兀 "缺少"
küče'ü 客扯兀 "剛"

方式γ：

huntawu 渾討兀 "禍"
budawu 不倒兀 "弱"

以上に見たように、『秘史』における［母音＋i］［母音＋u（ü）］の表記様相は、大変複雑である。このような状況が出来した原因としては、ウイグル式モンゴル文字を朗読した場合の音声形式の反映[21]、モンゴル語の実際の口語音の反映、また漢語の音韻体系の制約により方式αではうまく表記できない場合がありうることなど、様々な側面が予想されるが、大事なことは、同一の語の表記において3つの方式間の選択が可能であるという点である。先に挙げた "嫉妬" の例な

どがその例である。また『華夷訳語（甲種本）』と『秘史』とで異なる方式が取られた語の例もある：

『秘史』：se'üder 薛兀迭舌児 "影児" …方式β

『甲種本』：sewwüder 小兀迭児 "影" …方式γ

　同一の音連続を表記する方式が3種類もあるのはなぜであろうか。一般に『秘史』の漢字音訳においては、モンゴル語の音節数と音訳漢字の音節数が一致しないことは極めてまれである。音節を構成しない音を漢字1字で表記する場合に（r：児〜舌児とs：思を除き）小字を用いるようになっていることは、音訳者が、蒙漢両言語の音節構造とその違いについて、極めて正確な認識を持っていたことの何よりの表れであって、この音訳上の工夫が、より後の成立になる『華夷訳語』の乙種本と丙種本には受け継がれなかったことを見ても、この正確な認識が実に容易ならざるものであることがわかる。『秘史』において、「1つの大字がモンゴル語の1つの音節に対応する」という原則がr、sの場合以外に破られるのは、管見の限り、次の3例においてのみである：

① song：莎汪。例、songquǰu 莎汪中忽 = 周 "選揀着" など2形式3例。

② dong：多汪。例、dongqot=ba 多汪中豁ba = 巴 "作聲" の1形式1例。

③ dim：的音。例、Kesdim 客思的音 "種" の1形式1例。

　いずれも、1音節に対して2字を用いた理由は明らかで、中村雅之（2003）も指摘するように、漢語にない音節を正確に表記しようとした試みである。このようなごく特殊な場合を除いてモンゴル語の1音節を正確に漢字1字に置き換えているのが『秘史』の一般的状況であり、［母音＋i］［母音＋u（ü）］の表記の複雑さは、それを1音節（漢字1字…方式α）で表記するか、2音節（漢字2字）で表記するか、更に後者であればi, u（ü）の要素を専ら後字に担わせるか（方式β）、あるいは前字と後字をまたぐようにするか（方式γ）について統一された方針を立てることが、特に語頭において困難であったことを物語るかのようである。これは、『秘史』に書き留められたモンゴル語において、これらの音連続が1音節であるのか2音節であるのかを聞き取ることが実際に難しいような音声であったか、あるいは1音節と2音節のいずれにも発音されて「ゆれ」があったのか、など、いくつかの想像をしてみることができる。

　ここで、［母音＋i］［母音＋u（ü）］を表記する方式α, γに去声字が特異的に見られる問題を再び考えてみたい。モンゴル語の音連続［母音＋i］［母音＋u（ü）］は、『秘史』において、1字と2字のいずれにも音訳されている。もしモンゴル語としての実際の音声が2音節であるのに、それを漢字1字で音訳した（つまり、方式α）と仮定すると、その音訳漢字は、モンゴル語の2音節分の音調を

担うことになる。『秘史』において、1音節に2字を当てた例については、すでに3つの例を挙げたが、2音節に1字を当てたことは他に例がなく、その1字が他に例を見ない声調調値を取っても不思議ではない。去声字はモンゴル語の2音節分の音調の縮約として現れたものであると考えれば、去声字が -i, -u 韻尾字に集中して現れていることが説明できる。2字を用いる方式γの1字目に現れた去声も、縮約された2音節分の音調が1字目に反映されたものと考えることができる。もちろん、これは仮説にすぎない。また、縮約された音調なるものが実際にどのようなピッチパタンであったかなどは、『秘史』の音訳漢字基礎方言の声調調値が判明しない限り、依然として不明であるとしなければならない。

4. 結びと余論

　『元朝秘史』に用いられた漢字音訳の手法と言えば、区別符号"中""舌"、音節末の単子音を表記するための小字、表意的用字法などの特色がすぐに思い浮かぶが、これらは、言ってみれば、音訳漢字に対する改良の部分であり、これらの改良が加えられる土台としての音訳漢字そのものの特色に対しては、服部（1946）以降、必ずしも十分な注意が払われているとは言えない。本論では、音訳漢字の声調に着目して、明初においてモンゴル語の音韻体系が漢語のそれに変換されていく方式がどのようなものであったか、一端を示すことを試みた。

　『元朝秘史』で用いられている漢字音訳の特質を知るためには、同時代に漢字を用いて他の言語を音訳した資料とも結びつけて研究する必要がある。例えば『回回薬方』は、アラビア語及びペルシャ語の薬学用語の音訳漢字表記を大量に含む資料であり、漢語音韻史の立場からの研究としては蔣冀騁（2013）がある。蔣（2013）によれば、『回回薬方』は成立は明初であるが、音訳漢字が反映するのは元代の北方話であるという[22]。蔣（2013）は、音訳漢字の声調の問題や『元朝秘史』との関係については特に論じていない。しかし、『回回薬方』の音訳漢字が『元朝秘史』のそれと類似していることは、両者に共通する漢字が目立つ点から見ても明らかである。特に目を引くのは音訳漢字の声調である。蔣（2013）の巻末に付された「『回回薬方』阿漢対音材料索引」をもとに、各調類の音訳漢字の異なり字数を統計してみると次の通りになる。

　　　音訳漢字総数（異なり字数）　　359[23]
　　　陰平　　　　　　　　　　　　78（21.7%）
　　　陽平　　　　　　　　　　　　89（24.8%）
　　　上声　　　　　　　　　　　　66（18.4%）
　　　去声　　　　　　　　　　　　19（5.3%）

清入声	53 （14.8%）
次濁入声	24 （6.7%）
全濁入声	16 （4.5%）
調類不明／未確定	14 （3.9%）

音訳漢字の各調類の百分比を『元朝秘史』のそれ（表1参照）と比べると、両者がいかに類似しているかがわかる。『回回薬方』が音訳している言語はアラビア語、ペルシャ語など（元明時代のユーラシア世界の情勢から見て、本資料のアラビア語は、いったんペルシャ語に借用語として入ったものであろう）であり、モンゴル語とは音韻体系が異なるにもかかわらず、用いられた音訳漢字の声調の割合が酷似し、特に、去声字の使用が全体の約5%強というような特徴的な点まで一致するのは、おそらく偶然ではあるまい。筆者は、『回回薬方』の音訳漢字の声調と語内の位置との関係についてまだ研究していないが、『回回薬方』と『元朝秘史』の音訳漢字の共通性は、『秘史』の漢字音写方式が、明初において様々な言語に広く適用されていた方式に基づいたものである可能性をうかがわせるものとして注目される。

注

1) ローマ字転写は、栗林均（2009）記載のものに従う。
2) 日本語訳は、村上正二（1970-1976）によった。但し、注番号及び〔 〕内に補われた語句は省略してある。
3) 両書の成立の先後と関連する音訳漢字上の諸問題については、村山七郎（1961）、小澤重男（1994）、栗林均（2002）などを参照。
4) 『事林広記』所載の『至元訳語』がよく知られている。
5) 実際には、ši 音を表す漢字が8種用いられているのが、最も多い例である。
6) ここで o, u は「第三種転写」である、と服部氏自身による言及がある。第三種転写とは、「支那語音と蒙古語音と両方を参照し、同じ漢字はいつも同じ音素文字で表はす簡略転写」であると定義されている（服部（1946）、28頁）。
7) 『回回館訳語』については更科（2002）として、『華夷訳語』（甲種本）及び明末の漢蒙語彙集については更科（2003）として、それぞれ発表した。
8) 即ち、勒（-l）、黒（-q）、惕（-t）、克（-k）、卜（-b）、失（-š）などの字。これらは小さな字で書かれる。以上のほかに思（-s）、児〜舌児（-r）があり、前者は大半が、後者は全てが、一般の音訳漢字と同じ大きさに書かれる。
9) bars 巴舌児思 "虎児" など、音節末に2つの子音が連続する場合がごくまれにある。
10) 本論での『秘史』の用例の示し方は、まず栗林（2009）のローマ字転写を示し、次いで音訳漢字を、次に" "に入れて「傍訳」を示す。音訳漢字は「 」に入れて示し

11)「罕」字の左肩についている"中"は、『秘史』において、口蓋垂(閉鎖)音を表すためにつけられた区別符号である。同様のものに、r音を表すためにつけられた"舌"がある。
12) 陳 (1934) は、この種の字を「秘史新造字」と呼んでいる。
13) この統計は、それぞれの漢字がいくつの異なった語に使用されたかに関しては考慮に入れていない。従って、例えば異なる20語に用いられてその全てが語頭の用例である漢字も、唯一の使用例が語頭用例である漢字も、等しく「頭」に統計される。資料中に1度しか出現しない漢字の位置分布が「特徴的」であるか「汎用的」であるかを論じることは、本来不可能である。こうした問題を抱えた初歩的な統計ではあるが、各調類の漢字と位置による分布との関連を考察する上での目安にはなるであろう。
14)「これらの言語が漢語を媒介に学ばれた際の音調」とは、日本語に即して説明するならば、例えば英語から日本語への借用語において原語のアクセントとはあまり関係なく自然に定まる語アクセントの型であるとか、あるいは日本語を母語とする中国語学習者が目標言語の声調を不完全に習得した段階で共通して発出しがちな音調型のようなものを想定している。
15) 村上 (1970-1976) 第一冊239頁の巻三・§120のための注三一を参照。なおこの注において、村上氏はこの人名を「ジュスク jusuɣ ?」としているが、対音上はそのように読むにはやや無理がある。按ずるに、服部 (1946) が「音訳漢字順位表」の第一種転写の欄に賽 sai³、索 ṣai⁻²、率 ṣuai³ と表示しているように、この三字は全て -ai タイプの二重母音を示しており、『中原音韻』では3字とも皆来韻に置かれている。率の合口性は、服部氏が第三種転写を šoi としているようにモンゴル語の oi のような二重母音を記したとも考えられるが、Buqa 不花 "名" や、『元史』などに見える daruɣači 「達魯花赤」(この語は、『秘史』では「苔ˢ魯ᶜʰ合臣」と表記されている)などの qa:「花」という対音を参考にすると、モンゴル語において、母音 u の後ろに軟口蓋〜口蓋垂子音があるとき、u の口の円めが後ろの音節まで及んだのか、漢字音訳においても、後続音節に「花」/xua/ のような合口字が用いられる傾向が認められ、これを踏まえると、-ung の直後で šai がいささかの合口性を伴った変種を写した結果としても説明が可能であり、よって冢率を jungšai の音写と解釈することも不可能ではない。いずれにせよ、「種賽」などの音訳漢字は、jungsai〜jungšai (〜jungšoi) のような音形を写したものであろう。
16) 甲種本のローマ字転写は、ここでは栗林 (2003) に従う。以下同じ。
17) u はいわゆる男性母音、ü はいわゆる女性母音。母音調和の法則にしたがって、どちらかが現れる。
18) 斎藤 (1989) によると、Levitski は1949年に、[母音 + i] の漢字音写に現れるこの3種の方式についてすでに言及し、うち本論に言う方式 β, γ について、ウイグル式モンゴル文字正書法の影響を示唆している。
19) このほか、方式 β の表記として bayi=tala 巴亦 = 塔剌 "堆般" も見られる。
20) 唯一の例外と思しきものは jeü͡tau 招討 "官" であるが、これは漢語からの借用語である。招討については、村上 (1970-1976) 第一冊295頁、巻四 §130〜135 のための注

一六を参照。
21) 斎藤（1989）はこの現象を、特に方式γに見られる［-i 韻尾＋i］に焦点を当て、「子音の重複」という観点から議論しながら、考えられる要因を探っている。その中で、「ウイグル字正書法によって書かれたものを音訳者が読み上げながら漢字音訳を行ったとした場合、音声的な切れ目がないのに文法的な切れ目を意識した結果、前後に音節にまたがっている子音が割れて二重になる」として、モンゴル語の文語の特別な音読法が存在した可能性を提示している。
22) 蒋氏は蒋（2013）の8頁に、『回回薬方』の音訳漢字が元代北方漢語に基づいているとする理由として、①濁音清化、②章知荘三系の合一、③疑母字のŋ声母が一部保たれていること、④ -m 韻尾の消失が始まっていること、⑤入声韻尾の消失、の5つの語音方面の論拠を挙げているが、按ずるに、この中に、明初ではなく元代の音韻体系であることを積極的に支持するものはない。したがって、蒋氏の議論にもかかわらず、音訳も明初に行われた、と考えることもできるのではないだろうか。
23) 蒋氏自身は、音訳漢字の総数を368としている。按ずるに、蒋氏の索引はいくつかの字が二重に掲げられているほか、筆者が音訳漢字ではないと判断したものも二、三掲げられており、あるいはこの原因によって数が一致しないのかもしれない。

参考文献

栗林均（2002）「『元朝秘史』と『華夷訳語』における与位格接尾辞の書き分け規則について」。『言語研究』121：1-18。

栗林均（2003）『『華夷訳語』（甲種本）モンゴル語 全単語・語尾索引』。東北アジア研究センター叢書 第10号、東北大学東北アジア研究センター。

栗林均（2006）「『元朝秘史』におけるモンゴル語音訳漢字書き分けの原則—u/üを表す漢字を事例として」。『東北アジア研究』10：75-92。

栗林均（2009）『『元朝秘史』モンゴル語 漢字音訳・傍訳漢語対照語彙』。東北アジア研究センター叢書 第33号、東北大学東北アジア研究センター。

斎藤純男（1989）：「中期モンゴル語漢字音訳文献における子音重複現象」。『日本モンゴル学会紀要』20：1-16。斎藤（2003）53-84頁に加筆修正の上再録。

斎藤純男（2003）：『中期モンゴル語の文字と音声』。中西印刷株式会社出版部　松香堂、2003年2月。

更科慎一（2000a）「『高昌館訳語』音訳漢字における声調選択の傾向」。『人文学報』311：35-51。

更科慎一（2000b）「高昌館訳語音訳漢字の声調体系」。『中国語学』247：71-88。

更科慎一（2002）「『回回館訳語』音訳漢字の声調体系」。『慶谷壽信教授記念中国語学論集』145-155頁、好文出版。

更科慎一（2003）「漢字音訳によってモンゴル語を記した明代のいくつかの資料について―研究序説―」。財団法人霞山会『中国研究論叢』3：53-68。

蒋冀騁（2013）《阿汉对音与元代汉语语音》。中华书局。

陳垣（1934）『元秘史譯音用字攷』。中央研究院歴史語言研究所専刊之十。1992年、中央研究院歴史語言研究所影印。
中村雅之（2003）「mongyol（モンゴル）の漢字転写「忙中豁勒」をめぐって」。『KOTONOHA』7（2003年5月15日）：1-4。
服部四郎（1946）『元朝秘史の蒙古語を表はす漢字の研究』。龍文書局。
村上正二（1970-1976）『モンゴル秘史』1-3。平凡社東洋文庫。
村山七郎（1961）「華夷訳語と元朝秘史の成立の先後に関する問題の解決」。『東方学』22：115-130。

第14章 「切字釋疑」に見える音韻観について

富平美波

1. はじめに

　本論に言う「切字釋疑」とは、方以智の子の方中履が著した『古今釋疑』という著作の巻十七の部分を指す。この巻には著者の音韻学に関する考証がまとめられており、後に張潮が『昭代叢書』を編むに際し、この巻十七のみを独立させて「切字釋疑」と題し、上記叢書に収録した。筆者はそれに倣い、2009 年以来の一連の拙稿において『古今釋疑』巻十七を「切字釋疑」と呼んできた。本論においてもそれを踏襲するのでご了解頂きたい。

　この「切字釋疑」は、偉大な父親方以智の業績のかげに隠れているとはいえ、また、後に述べるように方以智の学説を継承する部分が多いとはいえ、相当にまとまった内容を有する音韻学の著作であり、明末から清初に至る時期の音韻学史を辿る上で、無視すべきではない文献だと思われるのだが、もっぱらこれを取り上げて論じた先行研究は少ない。筆者の管見によれば、『古今釋疑』の巻十七を専門に取り上げ、詳細に評論した論文としては、徐従権 2005「≪古今释疑≫音韵学部分述评」1 作があるだけで、この状況には長いあいだ変化が見られない。

　上記のような研究文献の少なさは、あるいは、「切字釋疑」の内容が「切韻聲原」をはじめとする方以智の研究業績を基本的に継承したもので、方以智の音韻学を研究すれば足りると一般に見なされている故かもしれない。たしかに、本論次章に述べる如く、「切字釋疑」には方以智の「切韻聲原」等に見られる学説を敷き写しにしたような内容や、あるいはその注解を作ったと言うべき内容の部分が広範囲に見られるのであるが、「切字釋疑」の文言を子細に読んでみると、現存の「切韻聲原」等とは微妙に異なる口吻が感じられたり、本文献にしかない内容が含まれていることも確かであって、なお単独で論じるに足る側面が備わっていると考えられる。

　さて、上掲の徐従権論文「≪古今释疑≫音韵学部分述评」は、『古今釋疑』巻十七を構成する 10 個の節を 1 つ 1 つ順番に取り上げ、当該の節にどのような内容の学説が開陳されているかを解説し、最後に全体の評論を加えたものである。『古今釋疑』の巻十七はそれぞれ次のような表題を有する 10 個の節から成っている。

　　第 1 節「等母配位」　第 2 節「切韻當主音和」　第 3 節「門法之非」　第 4 節「字母增減」　第 5 節「眞庚能備各母異狀」　第 6 節「喑噁上去入」　第 7 節「發送收」

第8節「叶韻」　第9節「沈韻」　第10節「方言」

　徐従権氏の論文は、これらの1つ1つを表題として掲げた章を立て、その中に、当該節に見られる学説の要点や性格を箇条書きにまとめている。そして最後に、方中履の学説を今日の科学的視点に照らして見た場合、4つの長所と2つの不足点が見られると指摘している。総じて徐氏の論文は、「切字釋疑」の構成と内容を具体的に知るためには格好の著作であるが、節ごとの個別解説の部分が長いため、結論部分が簡潔で十分委曲を尽くした論述ができていない嫌いがあるように感じられる。また、最終章で述べられる結論も穏当なものであるが、今日の視点からの評価になっていて、その時代の1つの思潮を代表すると思われる「切字釋疑」の特徴を虚心に描出するようにはなっていない。本論ではそれを補うためにも、「切字釋疑」の個々の節の論述の中に共通して表れる考え方や、音韻の捉え方の特徴とでもいうべきものにもう少し細やかにアプローチしてゆきたい。

2. 父の学説の継承

　『古今釋疑』は『欽定四庫全書總目』の巻一百二十六「子部」の「雜家類存目三、雜家類雜考之屬」に著録されている。その提要は至極簡潔であるので、今、全文を引用すると次のようである。「國朝方中履撰。中履、字素北、桐城人、方以智之子也。此書皆考證之文。一卷至三卷皆論經籍。四卷至九卷皆論禮制。十卷論氏族姓名。十一卷論樂。十二十三卷論天文推步。十四卷論地理。十五卷論醫藥。十六至十八卷論小學算術。各標題而爲之說。中履名父之子、學有淵源、故持論皆不弇陋。然鎔鑄舊說以成文、皆不標其所出。其體例乃如策略。不及其父通雅之精核也。」ここでは、旧説を溶かし合わせて考証の文を作っていながら、その典拠を全く記していないことが特に非難されているかのように感じられる。だが、音韻学を論じている巻十七を読んだ限りでは、「某々に曰く」と書名を明記して引用している事例も多くあり、それが広い紙幅を占めていることは伝統中国の学者の考証文献に特有の体裁であって、極端にプライオリティを偽っているという感触は受けなかった。しかし、それらの引用を含む記述がそっくり「履聞之老父曰」等の文言で始まる父の説の紹介の中に入れ子になっていて、つまり引用主体が方中履ではなく方以智であるということが明らかにわかる箇所がいくつも見られることも事実であった。

　そのことと考え合わせると、上掲の『四庫提要』が、『古今釋疑』の内容を評して、「名父」方以智の子であればこそ、その持論も凡庸ではない、と指摘している点は見過ごせない。「四庫提要」は、方中履が「鎔鑄」した「旧説」には父から継承した知識やアイディアが多く含まれており、『古今釋疑』の考証の中核

部分、最も高い水準を示す部分を構成するのは、父説に基づく論述であると見なしているのではなかろうか。

　それでは、筆者が扱う巻十七すなわち「切字釋疑」を構成する諸節は、どの程度が父方以智の学問を継承してそれに基づいて執筆されているのだろうか。筆者が今までに行った「切字釋疑」の読解作業を振り返ると、方以智の「切韻聲原」や『通雅』巻首に収録された小学関係の文章、あるいはその他の方以智の著述の中に、「切字釋疑」とほぼ同一の文言を持つ記述がかなりまとまった長さで存在することを見いだした経験が、何回もあった。特に方以智の説であるとは書かれていない場合もあったし、「切韻聲原」あるいは『通雅』では斯く斯くであると述べたり、「履聞之老父曰」のように父の説であると断って記述している場合もあった。筆者が気づくことができた範囲で、「切字釋疑」の各節が方以智の著述をどの程度引用しているかをまとめてみたのが下記である（但し具体的な詳細については、紙数の関係でここでは述べない）。A～Dの記号の意味は次の通りである。

　A：文言がほぼ一致する例。
　B：文言までは一致しないが、ほぼ同内容の記述が存在する例。
　C：術語などの使用例から、その学説を踏襲していることがわかる例。
　D：「切韻聲原曰」等の書名を挙げて引いているにもかかわらず、現行本の「切韻聲原」等の書には一致する文言、あるいは内容的に明確に該当する叙述がない例。

・第1節「等母配位」
　「切韻聲原」（A2カ所　B2カ所）：Aの1つは「履聞之老父曰」で始まる記述。
　※本節のおよそ4割程度については「切韻聲原」に同内容の記述が存在することとなる。

・「等母配位圖」（第1節と第2節の間に掲載の図）
　「切韻聲原」（A）：図の全文がほぼ一致。但し反切用字に数カ所の相違がある。

・第2節「切韻當主音和」
　「切韻聲原」（A1カ所　D2カ所）：Aは「切韻聲原」の「論古皆音和說」。Dの1つは「履聞之老父曰」で始まる記述。
　※論述の続き具合からして、本節大半が方以智説に由来すると疑うこともできる。

・「舊譜作甲乙丙丁新格圖」（第2節と第3節の間に掲載の図）

※この図については該当する著述が見出せなかった。
・第3節「門法之非」
　「切韻聲原」（C）：「狀」、「粗・細」、「喀噔」等の術語と概念の使用。
・第4節「字母増減」
　「切韻聲原」（A1カ所　B1カ所）：Aは「切韻聲原」の「簡法二十字」。
　※本節が紹介する元・明代の字母説のほとんどは「切韻聲原」にも見える。
・「切母各狀」（第4節と第5節との間に掲載の図）
　「切韻聲原」（A）：図の全文が一致。
・第5節「眞庚能備各母異狀」
　「切韻聲原」（A2カ所　B1カ所　C1カ所　D1カ所）Aは「論古皆音和説」。
　Bは「旋韻圖」。Cは「狀」という術語と概念の使用。Dは「切韻聲原曰」
　で始まる記述で、「切韻聲原」の「十二開合説」と類似のテーマを扱うが、
　内容が不一致。
・第6節「喀噔上去入」
　「切韻聲原」（C1カ所）：本節の声調説は「切韻聲原」の説と術語を継承。
・「發送收新譜」（第6節と第7節の間に掲載の図）
　「切韻聲原」の二十字母図（A）：全文が一致。
・第7節「發送收」
　「切韻聲原」（A3カ所　B2カ所　C）：Aは二十字母図の附注と韻図「新譜」
　の附注。Bは二十字母図の附注と「新譜」。Cは「發送收」という分類法と
　術語の使用。
・第8節「叶韻」
　『通雅』巻首「音韻通別不紊説」（B）：古音の考証資料（異文例や音注例等）
　6件が一致。
　『通雅』「一、疑始　專論古篆古音」（B）：古音考証資料2件が一致。
・第9節「沈韻」
　「切韻聲原」の「字韻論」（A2カ所）
　『浮山文集後編』巻之一「等切聲原序」（B2カ所）：一部の文言が一致。
　『通雅』巻首一「音義雜論」の「漢晉變古音沈韻塡漢晉音説」（B1カ所）：一
　部の文言が一致。
・第10節「方言」
　『通雅』巻首一「音義雜論」の「方言説」（A1カ所）：「音義襍説曰」で始まる。
　文言に若干の異同がある。
　『通雅』巻四十九「諺原」（B1カ所）：「老父故作諺原」で始まる。

※上記2件の引用が本節の約85％を占める。本節の考証の資料はほぼ全て方以智に由来し、それに「履按」で始まる評論部分が加えられている。
　如上の引用状況及び学説の継承状況を総合すると、「切字釋疑」は、次のような点において、父の学説の影響を強く受けていると考えることができる。
　（1）標準音及びその分析の枠組は、「切韻聲原」の韻図に端的に表現された音韻体系と音韻上の諸単位（字母とその排列順、分韻、「状」、「粗細」、「発送収」等の類別、「喑噁上去入」の声調説など）を踏襲しているらしいこと。
　（2）字母説の歴史的推移や、彼が「沈韻」と呼ぶ切韻系の韻書の成立の経緯等については、方以智の考証の結果を受け継いでいるらしいこと。
　（3）切韻系韻書の音系を呉方言の影響が色濃いものとみなし、全国的な標準音とはなり得ないと主張する立場においても、方以智の意見を継承し、それに関する叙述の文言も、方以智の著述を踏襲している部分が見られること。
　（4）門法を廃し、反切は本来全て音和切であるべきだとする考え方や、そのような側面から西洋文化に由来する『西儒耳目資』の表音法を高く評価する点などにおいても父の学説に賛同する立場に立っていること。
　（5）さまざまな古籍に見える古訓・通仮・異文・音注等や、当時の方言に見られる事象など、個々の音韻資料の蓄積は、父の学識から得ている部分が多いらしいこと。このことは、第2節「切韻當主音和」・第5節「眞庚能備各母異狀」・第8節「叶韻」・第10節「方言」の諸節に「切字釋疑」の中でも特に上記のような音韻資料を多く含む段落があり、かつその来源が、全部ではないまでも『通雅』の「切韻聲原」や「音義雜論」・「諺言」などに見いだすことができるという事実から判定することができると思う。逆に、方以智の著作にその来源が見いだされなかった部分は、先行の音韻学文献を引用しつつ理論的な考察を展開した叙述である場合が多い。
　（6）上古音から漢晋音に変化し、沈韻の時代を経て今日の音に至る、という音韻史の時代区分も、ほぼ父の説を引き継いでいるらしいこと。
　（7）中国語の音韻体系を、仏典の字母説が反映している梵語や『西儒耳目資』が反映する西洋語の音韻体系と対照して、言語音としての共通性を見いだし、方氏の家学として知られる易学の理念によって、そこに表れる原理を解明しようとする態度は、父の学説から引き継いでいるらしいこと。
　他に、方以智の現存著作の中に類似した文章が発見できないが、同じように方以智の所説に由来するのではないかという疑いが捨てきれない部分もあった。たとえば、第9節「沈韻」は、方以智の現存の著述と部分的にしか一致せず、かつ父の「漢晋變古音沈韻壩漢晋音說」に類似する内容でありながら、表現が微妙に

異なっていて、両者に幾分の考え方の違いがあるように思われた。しかし、本文に割注の形式で付されている注釈の１つに「履按」という語が冠されている事実から見ると、その割注部分を除いて、本文はそっくり他の出典、すなわち方以智の説いた言葉に由来する可能性もないとは言えないのである。第３節の「門法之非」もそうである。現行の「切韻聲原」等の著作には同節と類似の文章が見当たらない。しかし同節には、ひょっとすると方以智の所説に基づくのではないかと疑わせる表現が登場している。それは本節の末尾近くに登場する「余襍論論之矣。」という表現である。これは『字彙』「韻法直圖」に附載されている「射標法」（「射標切韻法」）の内容について批評している部分の中間に現れるが、ここで「余の雜論」と称されている著作は何であろうか。『古今釋疑』には「雜論」という節はないし、方中履の文集である『汗青閣文集』にも「雜論」という標題の文章は収録されていない。逆に、方以智の『通雅』巻首には「音義雜論」という文章が収録されている。更に、方以智の文集『浮山文集』「前編」巻五「曼寓艸中」には「此藏軒音義襍說引」という一文が収録されており、末尾に附された日付は「崇禎辛巳」すなわち明の崇禎十四年（1641）であって、恐らくその年に「此藏軒音義襍說」という著述ができていたことが推定出来る。この「此藏軒音義襍說」と『通雅』巻首の「音義雜論」との関係について、侯外廬主編『方以智全書』第一冊「通雅」の前言「方以智的生平與學術貢獻―方以智全書前言」は、"此引（「此藏軒音義襍說引」を指す：筆者注）作于崇禎十四年辛巳，通雅自序也作于辛巳夏日。此外，通雅卷首之一爲音義雜論，音義雜論之前言亦作于辛巳涂月（十二月），其內容則與此藏軒音義雜說引不同。今此藏軒音義雜說不見，估計可能已併入通雅卷首之一的音義雜論中。究竟如何，尚待今後證明。"（p.54）と述べ、『通雅』巻首の「音義雜論」は、その「前言」（同論の冒頭に見える「辛巳涂月、浮山愚者密之記。」という日付・署名を持つ文章のことであろう）の内容こそ『浮山文集』所収の「此藏軒音義襍說引」と一致しないけれども、「此藏軒音義襍說」の本文自体は、『通雅』巻首の「音義雜論」の中に後に吸収されているのであろうと推定している。ちなみに、「釋疑」の第10節にあたる「方言」の条には「音義襍說曰」で始まる長い引用が存在しているが、そこでは「雜論」と言わず「襍說」と呼んでいて、名称からすれば「此藏軒音義襍說」からの引用である可能性が考えられる。そしてその内容は、『通雅』巻首の「音義雜論」の中に見える「方言說」の「愚者曰」以下の記述に、文言の若干の異同を除けば、ほぼ一致している。だから、「此藏軒音義襍說」の内容が後に『通雅』巻首の「音義雜論」に吸収されたという『方以智全書』「前言」の推定は正しいのではないかと思われる。従ってここで言及されている「余襍論」とは、もしかすると、「音義雜論」が『通雅』

に採録される前段階の著作（あるいは「此藏軒音義襍說」かもしれない）である可能性がないとは言えず、だとすれば本節もまた方以智の所説と関連があることとなる。また、この少し後の部分には「余按」という言葉も見えている。この「余」も同じく方以智の自称かもしれない。そうすると結局、本節の門法論がとりもなおさず方以智の見解を伝えているという推定も可能である。だが、現行の「切韻聲原」や『通雅』巻首の「音義雜論」、あるいは『浮山文集』には、門法を詳しく論じた文章が入っていない。また、本作「切字釋疑」が掲げる図表の類はほとんどが「切韻聲原」所掲の図と同内容であるにもかかわらず、門法と関連すると思われる「舊譜作甲乙丙丁新格圖」だけは「切韻聲原」に類似のものが見られないこともそれと平行する。そのようなわけで、本節に見える所論がどの程度まで方以智の学識に負っているかを確実に検証することは困難である。

　「切韻聲原」の成書時期については、李葆嘉の「方以智撰刊≪通雅≫年代考述」が、『浮山文集』「後編」巻一に収録されている「等切聲原序」に「始于甲戌、成于壬辰」と記されていることを根拠に、"动笔于1634年，完成于1652年"、すなわち崇禎七年（1634）甲戌に執筆を始め、清の順知九年（1652）壬辰に完成したと考証している。この序文末尾の署名から、当時方以智は広西の梧州の氷舍（梧州雲蓋寺の庵の名）に居たことがわかるが、それは順知八年（1651）から翌九年（1652）のことであるから、上記の推定年代とは合っている。また、張小英「≪切韵声原≫研究」は、方以智の次男方中通作の「陪詩　哀述」が"乱里著书还策杖"と言い、その注に"《物理》、《声原》皆乱中所著。"と記されていることから、この著作が、明清交替の動乱の、「憂患流離」している時期に著述されたとしている。「方以智的生平與學術貢獻―方以智全書前言」が"在兩廣著有等切聲原，修訂了通雅、物理小識等書"と言うのも、これと同様の意味であろう。方以智は北京陥落の後、南京の南明の朝廷からも追われて、両広地方で逃竄・流浪の生活を送ったが、その時期を指したものと思われる。なお、上掲の李葆嘉「方以智撰刊≪通雅≫年代考述」は、「等切聲原」が完成して『通雅』末尾に巻五十（すなわち「切韻聲原」）として附された順知九年（1652）こそが『通雅』の定稿期であると推定しているが、「崇禎癸未夏」すなわち崇禎十六年（1643）の日付を持つ『通雅』の「凡例」には既に「天地歲時推移，而人隨之，聲音亦隨之，方言可不察乎？古人名物，本係方言，訓詁相傳，遂爲典實。智考古今之聲，大概五變，此事無可明證；惟以經傳諸子、歌謠韻語徵古音，漢注漢語徵漢音。叔然以後，有反切、等韻矣。宋之方言與韻異者，時或見之，至德清而一改。終當以正韻爲主，而合編其下爲一書。」という叙述があって、音韻学に関する著作を『通雅』の巻末に収録する計画がこの時点で決定していたことをうかがわせている。

方以智が両広地方に流浪した時期は、彼の３男である方中履が10代の頃の時期にあたるが、中履は当時父と郷里の家族の間を往復して父に仕えたと言われている。方以智は広西の梧州で清軍の桂林攻略に遭遇し、いったん捕らえられたが、釈放されて出家し、上掲の梧州雲蓋寺氷舎に閉居した。その後、順知九年の八月に漸く北帰して廬山に至り、冬には故郷の桐城に帰って、父や家族と団らんの時を得た。そして順知十年には南京の寺に隠棲、順知十二年（1655）から十五年（1658）にかけては、父方孔炤が逝去して桐城において服喪している。この時期は、方中履の年令が14、5歳から20歳頃にかけての時期である。いったんの平和を得て、父から学問を授かる機会も多かったであろう。そして『古今釋疑』はその自序に「方余之始集古今釋疑、甫弱冠耳。」と記されているように、中履が20歳の頃にいったん成書を見ている如くであるから、「切韻聲原」が作られ、修訂され、やがて定稿となるその期間に、著者自身を通じてその内容が、息子の方中履に傾注されたことも、十分あり得ることのように思われる。

　以上のように見てくると、「切字釋疑」すなわち『古今釋疑』巻十七が掲載する音韻学説を、方中履の学説と呼ぶべきか、方中履の解釈を通して見る方以智の学説と呼ぶべきか、判断に迷う。あるいはその両者が混在しているのかもしれないが、両者を明確に区分するに足る十分な手立てがない。父の説を明瞭にそれと指摘して引用し、それに対する解説には「履按」等の言葉が冠されている場合もあるが、そうでない部分についてはどのように受け取ったらよいのであろうか。それらの言葉の向こうに想像すべきものは、方中履の顔であろうか、それとも方以智の顔であろうか。方中履ははっきりと父の説を批判するような言葉を発していない。方以智の著作と「切字釋疑」の間に見解の相違が見られたり、もしくは「切字釋疑」の所説が互いに自家撞着を起こしているような状況があるならば、そこに、方以智の学説に対する方中履の批判や彼独自の主張が見られるのかもしれないが、方以智自身の学説が時とともに変化している可能性もあり、立証することは困難である。したがって、以下の諸章において、「切字釋疑」（以下「釋疑」と略称する）に見られる音韻観を論じるにあたっては、あえて「方中履の音韻観」と呼ぶことを保留し、「『釋疑』の音韻観」と呼んで、記述をすすめることとしたい。

3.「釋疑」の音韻観

（1）「『今日』の音」を標準音とすること

　「釋疑」は反切や韻図によって表現されるべき音系として、「切韻聲原」が採用するような標準音を最適なものと認めている。それは、『廣韻』等が反映する中

古音の体系を、更に時代をさかのぼる上古音の研究や、時代の下った近世音の研究の座標として扱う、清朝以来の通時的音韻研究の方法とは一線を画しており、あくまでも著者当時の人々の言語理解・言語運用に資する、同時代の人々のための音韻学をめざすものである。

　第2節「切韻當主音和」は、父から聞いた説だと断りつつ、「切韻聲原」が提唱する反切法（「新法」と呼ばれている）を紹介し、それを肯定的に評価しているが、この反切法によって表される音について、次のように述べている部分がある。「新法畫一。而又易簡。欲切一字。隨便取二字順口。即合自然之定格。而此二字所切之音則四海千年。確確乎不可絲毫變易。斯眞天地間自然之極。本于呼吸。合于易律。豈非理之至乎。」（新法は画一的であるし、かつ簡単である。1字の音を反切で表す場合、口になじむような音を持った2字を自由に選べば、自然の定格に適合するのである。しかもその2字によって表される発音は、中国全土に、千年にわたり、確乎としてあり、微塵も動かすことのできないものである。誠に天地の間における自然の極致と言うべきで、人の呼吸に基づき、易理や音律にぴったりと合っている。至高の理でなくて何であろうか）。

　さらに、「釋疑」は、第4節「字母増減」や第7節「發送收」において三十六字母以後の字母の変遷史を辿っているが、字母説が最後に行き着く姿として「切韻聲原」の二十字母説を挙げ、「可謂省易矣。」（簡略で平易と言うべきである。）（第4節「字母増減」）という評価を示す。従って、「若今之泥孃疑喩影。豈有分乎。」（今の発音では、「泥」母と「孃」母、「疑」母・「喩」母と「影」母の間に区別があろうはずはない。）、「知徹澄既與照穿床類。」（「知・徹・澄」は「照・穿・床」に類する。）と言い（第4節「字母増減」）、全濁音声母は既に消失しているから、「依如眞合清與從。心與邪。則齒僅三字。安有五乎。再幷溪與羣。透與廷。滂與平。曉與匣。影與喩。膀舌唇喉。亦無四字矣。」（李登［号如眞］の方法にならって、「清」母と「從」母、「心」母と「邪」母を合併してしまえば、歯音の字母はわずかに3字だけとなり、5つの字母などありはしない。更に、「溪」母と「羣」母、「透」母と「廷」母、「滂」母と「平」母、「曉」母と「匣」母、「影」母と「喩」母も併合してしまえば、膀音・舌音・唇音・喉音にも4字は無いことになる。）（第7節「發送收」）と言い、また声調についても、「咑喤上去入」（「咑」は陰平、「喤」は陽平にあたる）の五声説を採って、「何如咑喤上去入之自然不移也。」（「咑・喤・上・去・入」のほうがずっと自然で安定している。）、「人之咑喤上去入。乃自然之宮商角徵羽。」（人の言葉に見られる「咑・喤・上・去・入」もまた、自然の音に「宮・商・角・徵・羽」があるのと同じことなのだ。）と言っている（第6節「咑喤上去入」）。

「釋疑」は先に掲げた第2節「切韻當主音和」中の一文で、「切韻聲原」の反切法を「斯眞天地間自然之極。本于呼吸。合于易律。」、すなわち、易理にも合致し、人間の生理に基づく、天地自然のあり方の極致であると形容しているが、「釋疑」は、反切法のみならず、上記のような標準音の中にも、方氏の家学である易理にその根拠を求めつつ、言語音における普遍的な不易の現象をとらえようとする姿勢を見せる。20個の声母が区別されたり、5つの声調があることなどは、中国語の音韻史や方言音についての知識に照らして見れば、所詮は「一時一地の音」であることを免れないが、「釋疑」はそこに易理に符合する姿を見出す。たとえば、上に引用したように、第6節「喹喤上去入」において、5つの声調があることは音階が「宮・商・角・徴・羽」の五音（これはまた五行の理と符合しているという含みがあるはずである）から成るのと同じように自然なことだ、と述べているのもその例である。また、初期の韻図の三十六字母から「切韻聲原」の二十字母に至る間には、音節頭子音の数と種類に大きな変化が生じているわけであるが、たとえば、舌上音声母と正歯音声母の合流など舌音と歯音の声母が通じ合う現象については「所以然者。劉長民胡雙湖。謂河圖變洛書。惟金火互位。而徴商適位金火。故舌齒相通也。」（そのようになる理由はといえば、劉牧〔字長民〕と胡一桂〔双湖居士〕が、「河図」が「洛書」に変じる際に「金」と「火」の位置が入れ替わると言っているが、「徴」・「商」はそれぞれ「金」と「火」に適応するので、そのために、「舌」と「歯」とは通じ合うのである。）（第4節「字母増減」）と説明し、影母と疑母が合流した現象（「切韻聲原」の二十字母では、三十六字母の影母と喩母は疑母に併合されている）について、「而宮尤與角通。角之收。即爲宮之發。故疑與影同母。以五音生自宮而終于角也。」（そして「宮」はとりわけ「角」と通じやすい。「角」の収声は、すなわち「宮」の発声である。だから、「疑」母と「影」母は同母なのである。五音は「宮」から生まれて「角」に終わるからである。）（第7節「發送收」）と説明していることなども、そのようなものの見方の表れである。

　方以智の『浮山文集後編』巻之一に収録されている「等切聲原序」は、先にも述べたように、『通雅』所収の「切韻聲原」の元になった著作に附された序と考えられるが、その中に次のような叙述が見える。「義理聲音。則人所自有。今人具五官。發諸心。出諸口。與無量聲音王之五官無異也。與伏羲神農之五官無異也。」（義理と音声とは人が自ずから有するところのものである。今の人が五官をそなえ、（言葉を）心から発し、口から音声として出すそのありさまは、無量声音王の五官と同じであるし、伏羲や神農の五官とも変わりは無いのである。）ここでは、人の言語音を作り出す発音器官とその働きにおいては、太古の聖人も当代の

人間も違いがないことが述べられている。そして、その働きを通して現出する言語音のありさまを理解するためには、科挙の試験によって固定的に踏襲されてきた沈約の韻書のような「後世之典要」に拘泥していてはそのさまたげになると言う。そして次のような方法を提唱する。「廢典要而後能言聲原。通聲原。然後能言世之何以爲典要耳。必且盡讀世間之書。盡察世間之言。然後能旁引曲證。以明各代各方之所沿變。故先立一近法。近法明。乃能以近推遠。以今推古也。」（ひとまずしきたりを廃してこそ音の源を論じることができる。音の源に通じてこそ、世の中が何を以て決まりとするのかを論じることができる。そのためには、まず世の中の書を読み尽くし、世の中の言葉を観察し尽くすことが必要だ。その後に、その他の資料を引用して詳細に証拠立て、それぞれの時代やそれぞれの地方の音の、変化の有様を解明することができる。だからまず、身近な方法を一つ打ち立てよう。身近な方法が明らかになってようやく、身近なところから類推して、古代の音を推定することが可能になるのだ。）この「近法」というものこそ、「切韻聲原」に掲載されているような音系であり、それを表す反切法なのであろう。それは当時の人たちが、自らの身に顧みて具体的に理解でき、だからこそ人間が音声を発する原理に肉薄できる手立てとして有効なのである。その「近法」について「等切聲原序」は次のような言い方をしている。「近法者先就天下之大。取其近者。折衷爲一法。猶西儒入中國。而忽創字父字母之説。未嘗不相通也。」（身近な方法とは、まず、広い世界の中から近いものを採用し、折衷して一法とするものである。西洋の学者が中国に来てたちまちに字父・字母の説をこしらえあげたが、それとも通じるところがある。）方以智の言う「近」という語の含意について、「身近」、「親しんでいる」という意味に解したが、果たしてそれでよいのか、それとも「標準に近いとみなすことができる」の意味に解すべきか、迷うところであるが、いずれにせよ、書物にのみ書き残されて、当代の社会にその音声が響いていないような過去の記憶のことではなく、正に「今日」（「釋疑」第9節「沈韻」等に見える用語である。後の（3）を参照。）の音を指すことは間違いなかろうと思われる。「等切聲原序」は更に、この「近法」をマスターすれば、後は文献資料をたよりに、宋元から唐へ、唐から晋へ、晋から漢へ、そして三代以前へと、過去の音を究明することも可能になるし、さらには空間を外へ広げて、たとえば梵語やモンゴル語の文字などが表すところを理解することも可能になると述べている。

「釋疑」も方以智のこのような考え方を受け継いで書かれているとするならば、この「今日の音」の音韻史上における価値もかなり相対的なものであることになるが、先に見た第2節「切韻當主音和」中の「四海千年。確確乎不可絲毫變易。

第14章　「切字釋疑」に見える音韻観について　277

斯眞天地間自然之極。」という表現には、この音の標準としての資格について、時と共に変転し続ける言語音のある一時の姿という以上の、いっそう普遍に近いものであるとみなす響きが含まれている。もしかすると、父方以智の音韻学説の中にそのような２つの矛盾する内容が含まれていて、それが方中履に引き継がれていると想像することもできる。「釋疑」に見える音変化の捉え方については、後の（3）で詳しく見てゆくこととしたい。

　（2）　反切のあるべきすがた

　上の（1）で見たように、「釋疑」の音韻観に照らせば、反切もまた当代の人々が口と耳とで知っている音に拠って被切字の読音を抵抗なく理解できる道具でなければならず、そのような実地に即した体験を経てこそ、古伝の反切が表す音の真の姿も考証できるようになるのである。そのためには、旧来の反切は、いわば歴史的価値しかないのであるから、当代に使用するにおいては、伝来の用字を墨守する必要などなく、どしどし改めてかまわない。第３節「門法之非」の中では、十三「内外」門の門法はたとえば「薑」（陽韻開口牙音三等）字の音を表す反切が「居霜切」（「霜」は陽韻開口正歯音二等）であるような例を解釈するためにわざわざ設けられたものであるが、「韻必在齒乙取字乎？」（反切下字は必ず歯音の二等から取らなければならないというのであろうか。）とそれに疑問を呈している。これは、伝来の反切を墨守してその解釈に手間をかけるよりも、容易に理解出来る用字に取り替えてしまえばよいという意志の表れであろう。

　反切の本来のあり方について、第２節「切韻當主音和」では、父方以智の所説だとして、次のような叙述を載せている。「反切者。爲不知其字。而以此二字求之。其事原淺。後人旣增門法。則鉤棘膠纏。其事反僻矣。此天地生人自然之響應。惟以同類召之。有呼必合。古十三門。豈出音和哉。」（反切とは、その字を知らない場合に、反切の２字からそれを求めるものだ。もともと深遠なものではない。ところが後代の人が門法を増やしたために、表現は晦渋になり、細かいことがやかましく言われ、かえって近づきがたいものになった。もともと反切は、人が天地の間に生まれた時から備わっている自然がこだまするもので、類が同じものを用いて呼び招けば、必ず発音は合うはずである。だから、古くから言われている13条の門法の対象である反切にしたところで、音和の範囲の外に出るものであるはずはない。）旧来の反切もまた、最初はこのように作られたものであって、それが理解しにくくなったのは、時代が変わって、そこに表された前代の方音に対し読み手が無知になった故である。従って第２節ではまた言う。「如經傳史漢之註疏。藏經翻譯之音釋。與說文沈孫之韻注。皆屬音和。但於粗細異狀。不甚詳審。而用舌齒之間常借。脣之輕重常混耳。此乃前人各塡其方言。又或各代之口吻

然也。」(経書とその伝や『史記』・『漢書』に加えられた注疏、大蔵経に見られる翻訳語の音釈、『説文解字』や沈約・孫愐の韻書の音注などは、みな音和の反切を用いていて、ただ、「粗細」の区別や「状」の区別が十分に精細でなく、舌音と歯音の間で常に借用が行われ、唇音の軽と重とがしばしば混同されているのみである。これは、前人が各自の方言音をはめ込んだためか、各時代の実際の発音がそうであったことに由来するのである。)新しい反切法では、音和の反切を作る上に、更にもう1つの工夫が付加される。「以同類召之」と言われているのがそれで、この表現は、「切韻聲原」に示された方以智の「新法」反切における新たな工夫、すなわち、反切上字には被切字と声母を同じくするのみならず、4種類の「状」の区別(後により一般的になった術語で言えば「四呼」の区別)をも等しくする字を選んで、いっそう自然に音が求められるようにしていることを指して言ったものかと思われる。先の引用部分において、前代の反切が「皆屬音和。但於粗細異狀。不甚詳審。」であると言い、第5節「眞庚能備各母異狀」で「蓋論親切音和。則前人實近于粗也。」(思うに、ぴったりした音和の反切かどうかという観点から論じるならば、前人の反切は実際のところ粗漏に近い。)と言っているのは、その意味ではあるまいか。同じ第5節の中で、声母の発音は続く韻母に制約されて「状」が異なってくる、だから、「孔」の音を表すのに「康董切」でもかまわないのだけれども、「孔」と「康」は同じ声母であるが「状」が異なるので、初学の人には理解できない。「坤董切」とするほうがよいとも述べている(「聲爲韻迮。其狀卽異。如康董切孔。孔與康皆見母。而初學不解。則何不以坤董切之。」)が、これはそのような点から旧来の音和切を批判したものである。このような立場から見れば、『西儒耳目資』がアルファベット文字の知識を背景に字父と字母による表音法を創出したのは、反切改良の最優秀な例とも言うべきであって、「釋疑」が第2節「切韻當主音和」や第3節「門法之非」において、『西儒耳目資』の表音法を紹介し、高い評価を下しているのは、当然のなりゆきである。また『西儒耳目資』は陰平・陽平・上・去・入声の5声調説を採っており、「切韻聲原」の声調説と一致するので、その点からも肯定的に評価できる対象なのであった(第6節「啌嗻上去入」)。

　このような立場から見れば、旧い反切と韻図から読音を求めるために旧来の学者が苦心を重ねてきた「門法」諸条は、むしろ学ぶ者の理解を妨げる障害としてしか働かない。第3節「門法之非」では次のように言う。「詳其所以立門法者。乃見孫愐等切脚不合。而不敢議之。故強爲此遷就之說耳。是以趙宧光作門法表。譏其支離襍出亂人耳目。而吳元滿呂坤。皆廢門法。」(何故にこのような門法が立てられたかといえば、孫愐の『唐韻』などに見える反切の用字が実際の音と合わ

ないのを、勇気を持って批判することもできず、強いてつじつま合わせの方法を考え出しただけのことにすぎない。そのため、趙宧光は『門法表』を著し、門法というものは、雑多なものの集まりで筋道が立っておらず、いたずらに人の耳目をかき乱すだけだと、非難したのであり、呉元満や呂坤はみな、門法を廃したのである）。この第3節は、20カ条の門法の各門についていちいちその誤りを証拠立てたものであり、そのため「釋疑」の中で最も長い節となっている。しかも「釋疑」は、それらを反切という視点から批判するので、反切と読音との接点に韻図が介在している門法の批評としては、いささか的外れ、あるいは敢えて逆ねじを食わせた感のある批評になっている面もある。それはあるいは意識的になされたことであるかもしれない。

　たとえば、20条の門法の第九、「喩下憑切」門は、韻図において喩母の音節が三等と四等に分かち置かれていて、韻書ではそれぞれ反切上字を異にしており、三等と四等は別の音（別の声母）であることから、設けられざるを得なくなった門法である。すなわち、反切上字が喩母三等であって、反切下字が四等字（三等韻所属の小韻であっても声母の違いや重紐の現象によって四等に置かれている例があるため）であった場合は、被切字は喩母三等の音を持ち、反対に反切上字が喩母四等であるなら、反切下字が三等の字であろうとも、被切字は喩母四等の位置に求められねばならないという法則を立てているのが、「喩下憑切」門である。なお「釋疑」は、真空の『新編篇韻貫珠集』等の先行文献に見られる記述を継承したと思われる門法の本文と反切の例を最初に掲げ、それに注釈と反駁を加えるという形式で、叙述を進めているが、この「喩下憑切」門の反切例は、「釋疑」の表記に従えば「遙：余朝切」と「颶：于筆切」である。2例目の「于筆切」の反切下字「筆」は質韻の幫母三等字で、「于」（喩母三等）と同じ等であるから、わざわざ門法を立てるに及ばず、「直指玉鑰匙門法」に見える用字に従って下字を「聿」（術韻喩母四等字）に改めるのが適当である（もっとも『廣韻』では「颶」小韻の反切は「釋疑」の記載と同じ「于筆切」である）。このような表記の不正確さは、「釋疑」の韻図に対する無頓着さが露呈した結果であるのかもしれない。しかし「釋疑」が門法本文に続けて掲載する割注形式の解説部分を見てみると、そこではこの門法の表す意味が、明確に韻図上の問題として解釈されている。つまり、「喩下憑切覆門。謂于喉丙之四出切。于丁横格行韻也。仰門于喉丁之四出切。丙横格行韻也。」（「喩下憑切覆」門は、喉音の「丙」の第四が反切上字で、「丁」の横格から反切下字が出ている場合を言い、「仰」門は、喉音の「丁」の第四が反切上字で、「丙」の横格から反切下字が出ているものを言う。）と記されていて、この門法が韻図の等位を問題にしたものであることがきちんとわきまえられてい

るのである。ここに見える「出切」・「行韻」という術語は、明の袁子譲（字仔肩、湖南の郴州の人）著『字學元元』（万暦三十一年［1603］成書）巻之四の「格子門法」や清の『續通志』巻九十四「七音略二」の「門法圖」にも見られるもので、「出切」とはその等の字を反切上字として用いること、「行韻」とは同じく反切下字として用いることを言う。そして「甲・乙・丙・丁」の4つの格とは韻図の一等・二等・三等・四等を指している。従って、たとえば上の「喩下憑切覆門」の解説に見える「于喉丙之四出切」とは、喉音の4番目の字母「喩」母の「丙」すなわち三等から反切上字が出ているということ、「于丁横格行韻」とは、「丁」すなわち四等のいずれかの格子（韻図上で音節がはめこまれる所）から反切下字が選ばれているということを意味する。「仰門」は「出切」と「行韻」の「丙・丁」がちょうど逆のケースを言う。これは、韻図の配置に基づいた極めて図式的な説明である。ところが「釋疑」は、この門法を批判するくだりに入ると、そのような韻図上の都合を無視してしまう。旧来の韻図を使用することを考慮に入れないかのようである。そこでこの門法に対する反駁は次のようになる。「余朝切遙。于筆切颸。此皆説文唐韻切也。本是音和。何爲而立門乎。但余與遙。以韻迕而異狀。今作衣喬切遙。卽明矣。影喩相同。自李士龍皆合之。」（「余朝切」が「遙」、「于筆切」が「颸」であるのは、いずれも『説文』や『唐韻』に見える反切で、もとから音和切である。どうしてわざわざ門法を立てる必要があるのだろうか。但し、「余」と「遙」とは、韻の違いによって「狀」を異にしているので、今、「衣喬切」で「遙」を表すことにすれば、いっそう明確になる。「影」と「喩」の2つの声母は同一である。李登［士龍］以来既にこれを合併している。）反切の上下字を見て被切字の読音がすなおに合成できるならば、それこそが本来の反切の姿やその効用を体現する例であって、余計な解釈などは不要なのである。しかも、「釋疑」はここで、「切韻聲原」が採用するような「今日の音」に従って、影母と喩母の区別を認めず、この音系に基づいた反切に改訂してしまう。「釋疑」にとって、反切とは、まずそのように用いるものなのである。

　但し、「釋疑」はそのような立場から門法を見るために、その批判においていささか奇怪な解釈を示すことがある。たとえば、第三の「窠切」門は、三等韻の小韻を韻図上に配置するにあたり、声母に歯頭音（精・清・従・心・邪）や四等の喩母を持つ音節を韻図の四等の位置に置いてしまった事実から派生した門法であり、その点、上の「喩下憑切」門と似ている。「釋疑」の掲げる門法の本文には「謂知徹澄孃第二爲切。（原割注：謂知等第二。卽四等中第三也。）韻從精清從心邪曉匣影喩第四並切第三。」（知・徹・澄・孃の第二が反切上字であって［知等の第二と言っているのは、四等のうちの三等を指す］、反切下字が精・清・従・

第14章 「切字釋疑」に見える音韻観について　281

心・邪・暁・匣・影・喩の四等に従っている場合、いずれも三等の音を表す。）とあり、それに「窠切專爲舌丙出切。于齒丁喉丁行韻也。」（「窠切」門は、もっぱら、舌音の「丙」すなわち三等が反切上字となり、歯音と喉音の「丁」すなわち四等が反切下字となっているものの為にある。）という解説が付されている。反切例は「朝：陟遙切」と「儔：直猶切」の２つである。被切字は「朝」（平声宵韻知母）・「儔」（平声尤韻澄母）ともに舌上音三等、反切上字は「陟」（入声職韻開口知母）・「直」（入声職韻開口澄母）ともにやはり舌上音三等の字だが、反切下字のほうは「遙」（平声宵韻以母）・「猶」（平声尤韻以母）であって、どちらにも喩母四等（以母）の字が用いられている。だから、反切下字と被切字の等位が合わず、被切字の音は反切上字と同じ等位に求められねばならないという断りが必要なのである。ところが、これに対する「釋疑」の批判は次のようなものである。「知遙切朝字。知朝本同母。可曰音和。而曰窠者。因知照通也。直猶切儔。以當時讀直爲澄母。效韻會儔字。陳留切。最確。朝字當作知超切。」（「知遙切」が「朝」字の反切であるのは、「知」と「朝」とは同じ字母であるから、「音和」といってかまわないはずなのに、「窠」と言われているのは、知母と照母が通じる故であろう。「直猶切」が「儔」を表すのも、当時、「直」を澄母に読んでいたからである。『韻会』を調べてみると「儔」字が「陳留切」とされているのが、最も確かな証拠である。なお、「朝」字の反切は「知超切」とされるべきであろう［筆者注：そうすれば、反切下字と被切字がともに「咥」すなわち陰平になって、声調が明確に区別される］。）何故ここで舌上音と正歯音の合流現象を取り上げなければならないのか理解に苦しむ。むしろ何の問題もなさそうに見える反切に解釈の必要性を見いだそうとして、韻書の音と「今日の音」との間の違いに話が及んでいるものでもあろうか。「釋疑」にあっては、「直」の字音は正歯音と認識されているようだからである。ここでも、全ての批判が、韻図を問題とせず、あくまでも挙例の反切を中心に展開されていることだけは確かである。

　三等韻に属する正歯音二等字の韻図上の配置に関して設けられた第六の「正音憑切」門、すなわち、反切上字に正歯音二等字、反切下字に三等の字が用いられている場合には、被切字は正歯音二等の字となることを説明した門法についても、「釋疑」の解説は、その挙例反切の表す音の実態をめぐってさまざまな推測をめぐらせ、ひいては、正歯音二等の音節に関して、「唐韻二十八山。所間切。二十七刪。所姦切。今何分乎。彼必讀姦爲班韻。讀間近堅。如今度曲之讀間字。可証。」（『唐韻』の二十八「山」韻の「所間切」と二十七「刪」韻の「所姦切」の２音を、今どうやって区別できようか。おそらく当時は、「姦」を「班」韻の音に読み、「間」は「堅」に近く読んでいたのであろう。今の曲韻における「間」

字の発音の仕方がこれと同じで、証拠とすることができる。）と述べて、中古音における二等重韻の区別の問題にまで話題を及ぼしている。これなども、当該門法の解釈としては何か核心をはずれている感があるものの、「釋疑」の門法批判の特徴を示す例と言うことができると思われる。

　このように、「釋疑」は、なぜ門法が生まれたか、なぜ今それが不要になったのかを論じるにあたっては、それを韻図上の技術的な問題に帰せず、過去になぜそのような反切が作られ、今日なぜその反切が読めなくなったのか、という点に的を絞って考えようとする。そのために、特殊な反切例については、そのような特殊な読音が過去に存在した事実が文献資料から確かめられるならば、そこで問題は解決したと見なされる。たとえば、第八の「寄韻憑切」門は、「犉：昌來切」（平声咍韻昌母）や「茝：昌紿切」（上声海韻昌母）、「栘：成攜切」（平声斉韻開口禅母。「釋疑」は「移」に作る。）のような、去声祭韻に対応する平声あるいは上声の音節と考えられる音が、隣接する一等韻や四等韻に併合されている例について、それが三等韻であることを認識させるために設けられた門法であるが、「釋疑」は「栘：成攜切」について古籍の音注に関連する事例を探り、「或古人口齒有讀持者。」（あるいは、古人の発音の中に「持」音に発音するものがあったのかもしれない。）というところに、その起源を求めている。第十四の「麻韻不定之切」門に現れる「爹：陟邪切」についても、「古人有呼爹爲奢者。有呼爹爲多者。有呼爹爲朶者。」（古人に「爹」を「奢」と発音する者、「爹」を「多」と発音するもの、「爹」を「朶」と発音するものがいた。）として、古籍の中にその反映を探り、「若今則中原讀丁遮切。吳下讀丁家切。」（現在では、中原では「丁遮切」と発音し、呉下では「丁家切」と発音する。）と、当代の方言にその末流を見いだし、「前此陟邪切。乃羌音別一語耳。」（これに先立つ「陟邪切」の音は、羌人の音だが、別の一語から来ている。）とするなど、過去の反切は、過去の具体の音に肉薄する手立てとして利用すべきだと考える姿勢が明らかである。同条ではそれらを受けて「吾故曰不多讀書。曲證出往古各代之方言。則無以知聲音轉變之故。」（従って私は、書を多く読み、つぶさに証拠を古の諸々の時代の方言に求めないと、音韻が変転する所以がわからない、と言うのである。）と結んでいる。門法のような持って回った手数をかけて、過去の反切を苦労して当代の音で読むよりも、過去の反切には過去の音を求め、当代の読音は当代の反切を用いて苦労せずに理解しようとする立場の現れである。

　反対に、このような考証癖がわざわいして、かえって音韻の体系的変化をとらえきれていない部分も見られる。いわゆる類隔切にあたる、舌頭音声母と舌上音声母が混同されている反切（第二「類隔」門）、重唇音声母と軽唇音声母が区別

されていない反切(第四「軽重交互」門)などに関する場合がそれで、過去にそのような発音があったと推定するところは評価できるが、それが特殊な方言音の反映であると見たり、反切上字として用いられている個別字の読音の変化に原因を求めて、音節頭子音の体系的変化を想定し切れていない。このことについては、次の(3)節でも触れたいと思う。

(3) 音韻変化について

過去の音声言語は保存されていない。録音機器が整った現代においてならともかく、方以智・方中履らの生きた明末清初において、それは絶対的な事実であって、過去の音韻を知るための資料は、ゆいいつ、文字で書き残された記録が手がかりになるばかりである。広大な国土に多くの方言を有する中国では、各地の方言のうちに過去に行われていた字音と同じものが存在している事例が見つかる場合も多く、旧時の学者も、現実の方言の観察に総じて熱心であった。しかしそれも、文字記録があってこそ過去との異同が判別できるわけである。

「釋疑」に見える叙述から音韻史に関連する部分を拾ってゆくと、「釋疑」には明らかに時と共に音韻が変化してきたという認識があることが見て取れる。殊に、叶韻説に反対する主張を展開している第8節「叶韻」や、切韻系韻書の音系について論じる第9節「沈韻」、また、第10節「方言」等の諸節に関連する叙述が多い。

たとえば第9節「沈韻」では次のように言う。「蓋聲音語言。本隨世轉。天地推移。而人隨之。自然之勢。今日之變沈孫。卽沈孫之變上古也。學者猶欲是古非今。總由學問未深。無定識耳。」(そもそも発音や言語は、本質的に、世と共に変転するものである。天地が推移すれば人もまたそれに従って変わることは自然の趨勢だ。今日の音が沈約や孫愐から変化しているのは、沈約や孫愐の音が上古の音から変化しているのと同じことである。それなのに学者はなお古を正しいとし今のすがたを間違いだとしている。それはすべて学問が浅く、定見を持ち得ないことによるのである。)ちなみにこの叙述は「切韻聲原」中の「字韻論」という文章に現れる「音韻之變與籀楷同, 天地推移而人隨之。今日之變沈, 卽沈之變上古也。」という叙述とよく似ており、明らかに父説に基づくものであるが、ともかくもそのような理由によって、先秦時代に成立した『詩経』や『楚辞』の押韻が『禮部韻略』等の韻書の分韻に沿わないのは当然のことである。第8節「叶韻」では次のように言う。「詩騒古逸。不協沈韻。則爲古叶音。此不知古自有音。後以世改。反覺古爲異耳。」(『詩経』や『楚辞』や古逸詩などが沈約の韻に合わないと、古の叶音であるとみなすのは、古にもそれ自身の音があったことを知らないからである。後に時代が変わって音が改まったために、かえって古の音が異様

に見え始めただけなのである。）ではどうすればよいのか。人は自身生きている時代の言葉を使用するよりほかに最上の方法などないのであって、無理をして保守的な規範に従う必要はないと「釋疑」は言う。「後人漸變。止安其日習聞稱者。亦如今世之便周德清。卽詩遵沈孫。烏能語言謳歌從之耶。」（後人は発音がだんだんに変化して、ただ日ごとに耳にしてなれているものに安んじていった。今の世の人も、周德清の韻書こそ便利だと思っている。詩は沈約や孫愐の韻書に従っていても、じっさいの話言葉や歌などにおいてそれに従えるわけはないのである。）（第8節「叶韻」）。だから、全濁上声字を去声に読まず、わざわざ上声に発音しなおす行為など、「自然不近情矣。」（人情にかけ離れた話だ。）（第8節「叶韻」）とされるのである。

　標準音や韻律の規範だけではない。言語は地域の違いによっても方言としてさまざまな変異を見せるが、方言そのものが時とともに変化してゆく。第10節「方言」では、（方以智の）「音義雜説」を引いてそれを次のように説明する。「音義襍説曰。古今方言亦變矣。……」（「音義襍説」は言う。古今の時代の違いによって、方言もまた変化している。……。）そして、漢代の伝注や『方言』・『世説新語』等の諸書からさまざまな方言語・俗語・異民族語の例を引用しつつ、「今皆無此鄉語。」（今ではもはやそのような地方語は存在していない。）、「揚雄方言所載。十半與今不合。」（揚雄の『方言』が掲載するところの語も、10あれば半分は今の言葉と合わない。）、「俱無此聲於江南。」（江南でこのような発音はもはや聞かれなくなっている。）等とたたみかけ、それらの語が後代にもはや残存していない事実を強調していく。そこから次のような結論が導き出される。「可知鄉談隨世變而改矣。不攷世變之言。豈能通古今之詁。而是正名物乎。」（これらの事実からも、地方の言葉が世の変転につれて改まることが見て取れるのである。時代とともに変化する言葉を考証しないで、どうして古今語の訓詁に通じ、名と事物の関係を正しくすることができようか。）更に次のようにも言っている。「聲音之道。與天地轉。歲差自東而西。地氣自南而北。方言之變。猶之草木移接之變也。歷代訓詁識緯。歌謠小説。卽具各時之聲稱。惟留心者察焉。」（言語音は天地と共に転じてゆく。歳差は東から西に向かい、地気は南から北に向かう。方言の変化は、さながら、草木が移植されて変じるようである。歴代の訓詁や識緯、歌謡や小説には、各時代の発音がつぶさに記録されている。ただ注意深く見るものだけが理解するのである。）ここでは、言語音の空間による変異と時間による変化が同時に論じられているように感じられるけれども、言われていることは避けがたく窮まりない変転の容認であると思われる。ちなみに第10節においては、ここまでの叙述がそっくり出典の「音義襍説」に基づくものであるらしく、『通雅』巻首

に「音義雑論」という題名で収録されている文章の中の「方言説」の後半部分と内容がほぼ一致している。従って方以智説に基づくことが明らかであり、ここに引用した叙述はまた、『通雅』「凡例」に見られる「天地歳時推移，而人隨之，聲音亦隨之，方言可不察乎？」という叙述とも呼応しあうものである。

更に見てゆくと、「釋疑」において「方言」とは、標準から距離のある地域的な変異（音や語）というだけの意味ではなく、各時代の社会に生きて飛び交っている口語、実際に使用されている言葉である点が重視され、そのような意味でこの語が使用されている側面があることがわかる。たとえばこの第10節「方言」において、「方音乃自然而轉者。上古之變爲漢晉。漢晉之變爲宋元。勢也。」（方言の音は自ずから転じてゆくものである。上古の音が変じて漢代・晋代の音となり、漢・晋の音が変じて宋代・元代の音になるのは、抗しがたい勢いというものだ。）と言われているのは、文献資料から考証できる上古以来の音韻の変遷は、まず、口語の音変化がそれを推進してきたのだ、という認識を表したものではなかろうか。また、第9節「沈韻」の中で、上古や漢晋時期の音韻について、「皆隨自然之氣。其韻多通。」（それらはみな自然の気にしたがっているので、押韻には通用が多い。）と述べているのも、未だ韻書がなかった時代の詩歌が、実際に話され使用されている言語の発音に従って歌われたことを言っているのだと思われる。第10節「方言」においてはまた、孫炎による反切の制作についても、民間の俗語で「孔」が「窟籠」に変化する等の二合音の現象から発想されたものだという主張がなされている。これなども、音韻の学はほんらい現実の言語活動と不離であり、またそうでなければならないという考えかたの現れではあるまいか。

「釋疑」は諸処でそのような認識を示しているわけであるから、その認識の下に、上古から当時までの音韻史を文献資料に基づいて考証する研究が可能になり、必要にもなる。「釋疑」の叙述からうかがわれる音韻史の時代区分は、第9節「沈韻」に見える用語から推測するに、おおよそ次のようなものである。

「上古之音」　─経伝・諸子に見える。
「漢晋之音」　─鄭玄・応劭・服虔・許慎らの論注に見える。
「沈韻」　　　─東晋の謝安が徐広兄弟に委嘱して音釈を作らせたことに始まる、江左の韻である。沈約が四声に区分のうえ増訂し、孫愐が更に細分した。科挙の規範とされたことで歴代墨守されるに至った。
「今日」の音─周德清の『中原音韻』によって始めて表された。さらに『洪武正韻』が入声を補った。

これは、『通雅』巻首所収「音義雜論」中の「漢晉變古音沈韻墳漢晉音說」の

言うところと大筋は似ているが、その表現を比べてみると、微妙に異なるところもある。『通雅』の説は、まず漢晋の時代に至って古音は変化し、「沈韻」は漢晋の音を「塡入」しつつ当時の状況を反映して江東地方の方言の影響を受けたので、ますます古音から遠ざかってしまったのが、ようやく『中原音韻』によって中原の音に還り、『洪武正韻』が入声を補って完成した、という論旨である。「釋疑」の叙述は、切韻系の韻書が始めて書物という形式で字音や韻律を束縛するにいたったという点を重く見て、そこに漢晋の音韻との乖離を見ているように思われる。また、それが江東の方言（呉音）を色濃く反映しているとする点も、『通雅』の文章よりいっそう強調されているようである。
　さて、「釋疑」が言語音の変化を必然と見る立場は、その理念においては極めて卓見なのであるが、実際に起こった語音の変遷をどのようにとらえているのであろうか。そのような視点から見てゆくと、今日の我々とは少し異なった感覚が見え隠れしていることに気づく。
　まず、「釋疑」が認める「今日の音」と一致しない現象が存在した場合、これを方言音であると指摘する叙述があちらこちらに見られる。たとえば、第4節「字母增減」の中で、等韻の三十六字母について「蓋等韻之來。初由譯成。所譯之字。必有方言。與今異讀耳。若今之泥孃疑喩影。豈有分乎。」（等韻学の来源は、初めは翻訳によって出来上がったのだろう。訳された文字には必ず方言が関わっていて、今の音とは読み方が異なっていたに違いない。たとえば、今の発音では、「泥」母・「孃」母、「疑」母・「喩」母・「影」母の間に区別があろうはずはない。）と述べているのがそうである。第3節「門法之非」にも、類隔の反切の由来について、同じような論法を採用する部分がいくつも現れている。たとえば、反切上字において舌頭音と舌上音が混同されている状況を示す第二「類隔」門の反切、たとえば「椿：都江切」（「椿」は舌上音知母、「都」は舌頭音端母）という例について、「夫安知都之于椿。其方語。非字訛乎。」（実際のところは、「都」で「椿」の声母が表せるのは、方言なのであって、字が誤ったのではないのだ。）と述べているのはそれにあたるであろう。同じ条で、孫愐の『唐韻』の反切が「中：陟弓切」であることに触れ、「而陟之于中。乃前人依沈約口齒。如今吳語讀中近宗是也。」（「中」の反切上字に「陟」を使っているのは、前人が沈約の訛りを踏襲したのである。現在の呉語の発音で「中」の読音が「宗」に近いのはこれと同じ現象である。）と言っているのも、やはり沈約の音を方音の反映と見る立場である。この反切は反切上字と被切字が共に知母であるから類隔切ではないのであるが、「釋疑」はむしろこの反切が類隔ではなく、つまり上の「椿：都江切」のような反切例と比べて発音が異なるように思われることの原因を問題にしたもので

あろうか。第七「精照互用」門の解説にも同じような論法が見られる。この門法は、反切上字と被切字の間で、歯頭音と正歯音二等の区別がなされていない反切を扱う。たとえば「斬：則減切」のような反切がそれにあたるのだが、そこで「釋疑」は次のようなことを言っている。「則減切斬。今用砧減切。嘗論東晉以來。用吳音。故子紙多混。至今猶然。」（「則減切」で「斬」の音を表す例については、今、「砧減切」を用いる。以前に、東晉よりこのかた呉音を用いていたために、「子」と「紙」が混同されることが多かったことを論じたことがあるが、今に至るまで同じ現象が見られる。）ここに見える「紙」字は『廣韻』では斉韻開口端母（「都奚切」）の音を持っているので、「紙」（上聲紙韻開口章母）の誤りではないかと思うが、ここでも、反切が表す音をありのままに読み、それが特殊な音と思われる場合は、その原因を方言に求めるという行き方を取っている。「斬」字の音を表す反切の上字が歯頭音であるなら、表された音が事実その通りだったのであって、当代の方言にその痕跡を捜すと、呉方言に同じ現象が見られる。これは呉音を表示したものなのだ、という考え方である。

　このような発想は、第9節「沈韻」で述べられている所の、切韻系韻書は南朝時代にその淵源を持ち、その音系には当時の呉方言が色濃く影響しているという見解とも関連するものであろう。同節では次のように言われている。「東晉謝安。乃屬徐廣兄弟作音釋。因取江左之方言。而梁沈約增定之。始分四聲。號曰類譜。江左既多用吳音。而休文又加武康之語。故今惟吳越牙吻。與沈韻合。」（東晋の謝安は、徐広兄弟に委嘱して音釈を作らせた。そのため江左の方言が採用され、それを梁の沈約が増訂して、初めて四声を区分し、『類譜』と名付けた。江左では呉音を多く用いる上に、沈約がさらに武康の語を加えた。故に今ではただ、呉越地方の発音だけが、沈韻と合致する状況となった）。ここで「釋疑」は、当代の方言では呉越の音が沈約の韻書の音系と一致する面を多く持つという観察を行い、その原因はもともと沈韻が呉音に基づいて作られたところにある、と述べている。ちなみに、上記引用部分の前半に現れる「東晉謝安。乃屬徐廣兄弟作音釋。因取江左之方言。而梁沈約增定之。」という表現は「切韻聲原」の「字韻論」中に見える一節と文言が全く同一であり、沈約の韻が呉越の音だという主張は他に「漢晉變古音沈韻墳漢晉音說」や「等切聲原序」にも見えているから、これらも父方以智から受け継いだ説である。さて、「釋疑」はこれに続く叙述で、この音系が唐宋の韻書に引き継がれたことを述べる。すなわち、「孫愐作唐韻。于沈所分。全不敢合。而不安者。又細分之。丁度司馬光黃公紹毛晃等皆依之。」（孫愐が『唐韻』を作った際も、沈約が区分した箇所は、全体に合併することを敢えてせず、なお不安な箇所は、さらに細分した。丁度・司馬光・黃公紹・毛晃らはみな

それに依拠した。）そしてこの韻書の音系が長く拘束力を持つに至ったのは、科挙との関係がもたらした結果だと見る。すなわち第9節の冒頭で次のように言っている。「世守沈約之韻者。因唐以詩賦設科。頒于禮部。易名曰禮部韻略。歷代沿習。遂莫敢違背。自沈韻行而古音盡泯矣。」（世が沈約の韻を墨守しているわけは、唐代に詩賦を試験科目とし、礼部において頒布して、名を『礼部韻略』と改め、歴代これを踏襲して、敢えて違背しようとするものがなかったからである。こうして沈韻が流行してついに古音がことごとく滅びるに至った。）しかしこの規範は、いまやほとんど呉越地方の方言に等しいのであるから、「然以天下之大。獨從數郡鼓脣。於宇内當百之四五耳。天地鍾人之氣。遂偏至此。豈通論乎。」（しかし天下の広大さを考えれば、わずか数郡の発音など100のうちの4か5にしかあたらない。人の気は天地からさずかるものである以上、地域がこれほど偏ったのでは、どうして通論になり得ようか。）という結論が出てくるのである。なお、この「然以天下之大。」以下の引用部分については、「等切聲原序」の中にこれとよく似た叙述が存在し、やはり父の説から引き継がれたものと思われる。

　それでは、上古音から中古音に至り、更にそれが『中原音韻』が示すような近世音の体系に変わってきたことの実態を、「釋疑」はどのように見ているのであろうか。それは、標準音の基礎方言が、中原地方の音から呉越地方の音へと交替し、そして再び中原地方の音に戻ってきた、という空間的な移動に等しいものだと見なされているのであろうか。たとえば、第9節「沈韻」において「沈寧菴謂浮字不宜入模韻。豈知浮从孚。古本讀夫。挺齋闇合上古。而寧菴所辨。仍屬呉音。」（沈璟［寧菴］が「浮」字は「模」韻に入れるべきではないと言っているが、彼は「浮」字が「孚」を声符とし古にはもともと「夫」と発音されていたのを知らないのだ。周德清［挺齋］の音のほうが暗黙のうちに上古の音と符合しているので、寧菴の弁じるところは実は呉音に属するのである。）と言っているのなどは、そのような見解を反映しているのであろうか。ここでは『中原音韻』に反映している近世音のほうが、切韻系韻書の代表するような中古音の体系よりも、よりいっそう上古音に共通する特徴を備えていることがあるという点が指摘されているのであるが、例に取られている「浮」字の音は、上古音では声符の「孚」とともに幽部の所属だったものである。それが中古音では流摂尤韻に入って、虞韻所属の「孚」といったん袂を分かち、後に軽唇音化するとともに遇摂模韻に合流、『中原音韻』では再び「孚」と同じく魚模韻に入ったのである。大きく弧を描くようなこの動きは、実は標準音の基礎方言が異なる地域へと移動したことによってひきおこされた表面上の変化にすぎず、中原地方の「浮」字の読音は一貫して変わることなく「孚」でありつづけていたのだと「釋疑」は言いたいのであろう

か。『中原音韻』の編者周德清の音が上古音と一致する特徴を持っていることについて、「闇合」という表現を用いたところには、確実にそうだとは断定しがたい口吻が読み取れるようにも感じられる。上古音から中古音、中古音から近世音への音変化には、時代的な音変と基礎方言の地域的移動の二つの面が作用していて、従って、当代の中原の音には上古音と一致する特徴が、当代の呉方言には中古音と一致する特徴が、それぞれ部分的に保存されている、と考えられているのであれば、いっそう穏健な解釈がなされていることになる。しかしたとえそうであるとしても、やはり「釋疑」には、「切韻聲原」が示すような音系について、地域的にも時代的にも高い普遍性を持つものと評価し、その中に言語音の原理が宿っていることを信頼しすぎる傾向があり、そのためか、清の錢大昕がその古無軽唇音説や古無舌上音説において音韻の体系的な変化を考証している例などと比較すると、「釋疑」の音変化に対する見方は、ともすれば個別的で不徹底なものになっていることは否定できない。

たとえば、第3節「門法之非」では、第十一「通廣」門に関係する「篇：方連切」・「頻：符眞切」という重唇音と軽唇音の類隔切について、その誕生の原因を次のように説いている。「說文唐韻。篇方連切。頻符眞切。蓋古方爲傍字。故有傍音。符因苻訛。本有蒲音。」(『説文』や『唐韻』では、「篇」は「方連切」、「頻」は「符眞切」である。恐らく、旧時、「方」を「傍」字として使う用法があって、そのため「方」に「傍」の読音があったのだろう。「符」は「苻」から字が誤ったもので、元は「蒲」の音があったのである。）ここで「苻」字にはもともと「蒲」という読音があったと言っているのは、『廣韻』平声虞韻の「苻」字（奉母「防無切」）の義注に「苻鬼目草。又姓。晉有苻洪、武都氐人。本姓蒲氏。因其孫堅背文有草付之祥、改姓苻氏。洪子健以晉穆帝永和七年僭号於長安稱秦。」と述べられているように、後秦を建てた苻氏は初め姓を蒲氏と称したが、やがて苻氏に改めたという伝承があることが根拠になっているものと思われる。この事に関しては『晉書』巻一百十二「載記第十二」の苻洪伝により詳しい記述が見られるが、それによれば、もと苻洪の家の池中に蒲が生えていて、長さが5丈、節が5つあって竹のような形だったので、「蒲家」と呼ばれ、それで「蒲」を姓とし、後に、孫の苻堅の背中に「艸付」の文様があったので、「蒲」氏から「苻」氏に改めたという。『集韻』はこれを受けて「苻」字に「蒲」の音を増補している。「釋疑」は、「苻」には重唇音の読音があり、それが反切上字として使用され、その反切上字がやがて「符」という字形に変わってしまったために（「符」には重唇音の読みはないから）、見かけ上の類隔切ができあがったのだ、と解釈しているらしい。これは、「釋疑」も認めているように、明の趙宧光の門法解釈に見られる先例を

踏襲したものだが（趙宧光撰『説文長箋』の巻五十二「上聲二十」「艸」部の「蒲」字の条に同じ内容の叙述が見えている）、いずれにせよ、このような考証のしかたでは、重唇音から軽唇音が派生したという大きな問題が、個別字の読音の問題に縮小されてしまい、唇音声母に重唇音と軽唇音の類別があるという状況は古来一貫して変化がなかったということになってしまう。

　また、声調については「咽喧上去入」の五声説を固定的にとらえる傾向がいっそう著しいように思われる。そのためか、ともすれば古人の審音がじゅうぶんに精密でなかったという指摘が登場する。たとえば第2節「切韻當主音和」において「前人未推明咽喧。隨意任取。如德紅切東。則紅喧矣。豈可切東咽。」（前人は「咽喧」の区別をわきまえておらず、随意に反切用字を選んでいた。たとえば、「東」の反切を「德紅切」としているが、反切下字の「紅」は「喧」だから、「咽」である「東」の発音を表すことはできないはずである。）と言うなどはその例である。ここでは『廣韻』にも見える「東：德紅切」のような、被切字と反切下字の「咽喧」すなわち陰平と陽平の別が食い違っている反切について、その発生の原因を反切作成者の無知（「未推明」）に帰し、声調体系に変化があったとは考えていない。更に、第6節「咽喧上去入」において「古人平仄互通。但龘叶耳。沈約始定平上去入四聲。而周德淸中原音韻。始分平聲爲陰陽。以空喉高聲爲陰。堂喉下聲爲陽。此前所未發。」（古人の韻では平と仄とが互いに通押していた。ただ大まかに調和させるだけだったからである。沈約が始めて「平・上・去・入」の四声を定め、周德清の『中原音韻』が始めて平声を「陰」と「陽」に分けた。「空喉」の「高声」を「陰」とし「堂喉」の「下声」を「陽」としたのである。これはそれ以前には発見されていないことであった。）と述べているのはどうであろうか。古人→沈約→周德清の順に進展してゆく声調の細分化を、言語現象の分析の深化が反映した結果ととらえているのではないだろうか。第7節「發送收」において「前人未明咽聲喧聲。」（前代の人々はまだ「咽声」と「喧声」の道理がわかっていなかった。）、「舊譜横列咽喧襍呼。直列平上去入。仄無咽喧。不更重複耶。」（旧譜では横に「咽」と「喧」をまぜこぜに配列し、縦には「平・上・去・入」を配列している。しかし仄声には「咽・喧」の別が存在しないのだから、このやり方は重複ではないだろうか。）と述べていることから見ても、「釋疑」は韻書や韻図において平声が陰陽調に分岐した現象を、韻書・韻図の編集方法の改変であると見なし、音韻学者の研究が進展した結果だと考えているように思われる。そのような音韻分析の精密化について、第3節「門法之非」では次のように述べている。「說文舖字。普胡切。（…中略…）。至于胡喧舖咽。此前人未知分提。而但言輕重淸濁耳。天下之事。愈經講求而愈明。後人明于前代者。本不可勝數。

余襮論論之矣。」(『説文解字』では「舖」字の反切が「普胡切」であるが、(…中略…)。「胡」が喧なのに「舖」が哐であるのは、前人がまだその区別を知らずに、ただ「軽・重」「清・濁」だけをあげつらったためだ。天下の事は、講求がすすむほどに事情がいっそう明らかになってゆくものだ。後世の人が前代の人より明瞭な知識を持っている例は、数えつくすことができないほど多い)。これは『説文解字』の附載する反切(「舖：普胡切」)が、陰平声の被切字「舖」に対し陽平声の反切下字「胡」を使用していることについて、前人にまだ陰陽平の区別ができなかったことに原因があるとし、時とともに講究が進んでようやくその区別が認識されてきたのであると説いているものである。

　実は、「釋疑」は第6節「哐喧上去入」において、現実の声調調値について細密な観察を行っている。たとえば、平上去入四声すべてを陰陽に分かつ韻書の登場について紹介した一節では、「近見翻刻中原韻者。強分上去入亦有陰陽。彼謂有送氣用力之別。(近年『中原韻』を翻刻した者があって、強いて「上・去・入」にもそれぞれ「陰・陽」の区別があるとしている。彼の言うところでは呼気の送り方や力の入れ方に違いがあるのだという。)と述べて、陰陽調の音声的差異を具体的に確認することに重きを置いている。また、方言に見られる声調に関して、次のような記述もしている。「履按喧平復有二聲。如逢長來茶之類。今中州吳下及敝郷之音。皆高于哐平。(原割注：兒生下地之聲爲哇。其音實高于哐平。萬國皆然。不獨中州吳下敝郷之土音也。)但有音無字、其字卽喧。猶入之起聲無字。其字即抑。是三平上去二入共七聲。」(私中履が思うに、「喧平」には更に2つの声調があるようだ。たとえば「逢・長・来・茶」の類は、現在の中州・呉下や私の故郷の音ではみな「哐平」よりも高い。[原注：子供が生まれた時に泣くおぎゃあという声は、その音が実際に「哐平」よりも高い。これは万国共通の現象であり、たんに中州・呉下や私の故郷の方言音がそうであるだけではない。]それらは音だけがあって文字に書き表されない。文字になると「喧」に発音される。ちょうど、入声の「起声」が字を持たず、文字になれば「抑入」であるのと同じことである。従って、3種類の「平」と「上」と「去」と2種類の「入」を合わせて全部で7種類の声調があるのだ。)これは、文字の有無によって調値が変化するというのであるから、口語中で使用される場合と単字を読む場合で発音が異なる事実を指摘しているように思われる。従って文白異読あるいは連読変調が存在したことを示すものかもしれない。しかし「釋疑」がこれに続けて「用止用五。」と言っていることに注目すべきである。今この表現の意味するところを「その作用においては5種類の区別を用いているのみである」と解釈するならば、発現する音声は異なるが、意味を区別する弁別機能はない、と述べていることになる。

方言の声調を標準的な「咥嗟上去入」の5声調体系に引きつけて解釈し、その間の矛盾を解消しようという意向が介在しているのかもしれないが、このようなすぐれた視点をも備えた「釋疑」が、古今の声調体系の変化を、弁別機能を負わない音声的差異が弁別機能を担う差異へと変化する過程として解釈することができなかったのであろうか。
　それでは「釋疑」は、韻書や韻図に表れる音韻体系の変化を、音韻分析の細密化の結果であると認識する傾向が強いのであろうか。第2節「切韻當主音和」では、反切法の改定について次のような比喩を用いて説明している。「推步歲月。以天爲準。尚數百年一改。起古人於今。知必如我之變今法也。」(天体の歩みをもとにして作られる暦は、ほかならぬ天を規準としているにもかかわらず、なお、数百年たつと改定される。古人を今の時代におけば、きっと私のように現在の状況に合った新しい方法に変更するであろう)。暦の改定が天体観測の進歩の結果ととらえられているのであれば、上記のような意味になるであろう。しかし、古人も今の時代に生きていたならば同じようにしたに違いないという想定は、音そのものの時代的変化を認めた場合でも成り立つ考えである。この第2節は、どこまでが方以智の所説を引いているのか検証が困難な節であるが、もしこの部分についても方以智の所説が下敷きになっているとすれば、先の(1)の末尾にも述べたように、父の音韻学説の中に、「切韻聲原」が反映するような音系の普遍性を主張する立場からの立言と、音が時代につれて移り変わってゆく事実を認める立場からの立言との間に、説明不足の点や、解消されない矛盾が含まれていて、それが子の中履の音韻観の中でも解決されずに残っている、ということであるのかもしれない。
　上古音を論じた第8節「叶韻」には、二つの相矛盾する表現が登場する。後半では古籍上に表れる言語現象を数多く取りあげつつ、「此魚麻之通証也。」・「此支麻之通証也。」・「此歌麻之通証也。」・「此東陽之通証也。」(「陽」は一本に「江」に作る)・「此陽庚之通証也。」あるいは「他如眞先之通。寒山之通。皆支之通。蕭尤之通。無不皆然。」等のように、古韻に見られる特徴を、中古音の韻が相互に「通」じる関係と捉えているかのような記述をしていて、真の古本音説に比べると表現上なお懸隔があると感じられる。しかし先にも引用した同節の冒頭部分では「詩騷古逸。不協沈韻。則爲古叶音。此不知古自有音。後以世改。反覺古爲異耳。如麻韻多入魚韻。不卹入歌韻。此其最較也。下戸戸。馬音門甫切。(筆者注：以下挙例多数)」『詩経』や『楚辞』や古逸詩などが沈約の韻に合わないと、古の叶音であるとみなすのは、古にもそれ自身の音があったことを知らないからである。後に時代が変わって音が改まったために、かえって古の音が異様に見え

始めただけなのである。たとえば麻韻の字は多く魚韻に入っていて、歌韻には入っていないなどは、最も確かな例である。たとえば「下」字は音が「戸」であり、「馬」字は音が「門甫切」であった。…）等と述べており、上古音から中古音の字音の変化を明瞭に認める表現を採っている。この「通」という術語は『通雅』巻首「音義雑論」の「音韻通別不紊説」でも使用されているので、そこに見える父説とも対照した上で、なお検討することが必要である。

　ところで、方中履には、「釋疑」の他に音韻変化を論じた著作が存在する。それは『汗青閣文集』巻下に収録されている「詩韻尤雅序」である。これは『古今釋疑』の序文の作者の一人である潘江の著述に序を寄せたものであって、「戊午冬十月二十五日」という日付がついている。この「戊午」とは康熙十七年（1678）であろう。『古今釋疑』に付された自序の日付が「己未仲夏」で、康熙十八年（1679）の作と考えられるから、ほぼ同じ時期に執筆された文章であり、『古今釋疑』が刊行時期こそ遅いものの、原稿自体は方中履が20歳の頃（順知十四年［1657］頃）にいったん形になっていた事と比べると、かなり後のものである。この文章が反映する音韻観はどのようなものであろうか。たとえば冒頭部分では次のように言っている。「韻何昉乎。此人生自然之聲、蓋出於方言也。三百篇類多小民賤隷之所作。豈待有韻書、習而成之哉。第天地推移、而人隨之。聲音語言輒與世轉。」（韻は何から始まったのだろうか。これは人が生まれた時から自然に身に付いた発音による。つまり方言に基づいているのだ。『詩経』は収録の詩編の多くが卑賤な庶民や下僕の作ったものである。どうして韻書が出来るのを待ってそれを習って詩を作ったりしただろうか。ただ天地が推移するとともに人もそれに従ったのみである。発音も言語も世とともに転じたのだ。）ここでいう「韻」は詩歌の韻律に反映する音韻の枠組のことであるが、それはほんらい一般社会の口語に基礎を置き、言語とともに変化するのを常態とするものであって、それを韻書によって拘束することは正常なありかたではないという考えが表出されている。しかし、言語音には時間的変化とともに地域的な差異もある。そのことについて「詩韻尤雅序」はたとえば次のように言っている。「履常論之、以爲書能同文、必不能同音。音不能同、則韻不能畫一。勢使然也。其故凡二。有宙變焉、有宇變焉。三代之音變於漢晉、漢晉之音變於唐宋元明。如古無家麻、而今有車遮、此之謂宙變。揚雄方言、同時卽已異讀。秦猗楚些、自不相同。如張衡西京賦、十三元及庚青通。班固兩都賦、則門分與淵千竝押。此之謂宇變。雖洪武正韻、名爲雅音、然東西南北之人、卒難一讀。宋文憲所云、秦隴去聲爲入、梁益平聲似去、足以推矣。苟似吳棫韻補、隨意妄叶、其紛亂可勝道哉。故不若姑守承襲之沈韻、猶爲愈也。」（私が常々論じていることだが、文字は統一することができても、その読音

を統一することはできない。読音が統一できないのだから、画一の韻を用いることもできないのは、必然である。その理由には２つある。つまり、時間的な変化と空間的な変異があるからである。三代の音が漢代・晋代になると変化し、漢代・晋代の音も唐代・宋代・元代・明代と時が経つにつれて変化を見せてきた。そのため、たとえば古の音には家麻韻がなかったが、今ではそのほかに車遮韻が生まれている。このようなものが時間的変化である。他方、揚雄の『方言』は、同じ時代においてもすでに異読が存在したことを教えてくれる。秦で「猗」と言った助辞を楚では「些」と言ったように、自ずと相違があった。また、張衡の「西京賦」では元韻が庚・青韻と押韻しており、班固の「兩都賦」では「門」・「分」が「淵」・「千」と押韻している。このようなものを空間的変異というのである。だから、『洪武正韻』がいくら「雅音」であると言ったところで、東西南北すべての地域の人が同じ読音を使用することは結局不可能である。宋濂［文憲公］が「秦・隴では去声が入声になり、梁益では平声が去声に似ている」と言っている一事を以てしてもその状況が類推できようというものである。呉棫の『韻補』のように思うままに通韻を許していては、混乱が窮まるばかりである。だから、むしろずっと踏襲され続けてきた沈約の韻を守っているほうがまだしもましということになるのだ。）ここでは（もしかすると潘江の著作の内容から制約を受けた面があるかもしれないが）「釋疑」に比べてずっと明瞭に、言語の通時的変化と共時的変異の説明がなされている。また音韻の基礎であるべき方言は地域的に非常に多様であって、それを統一することそのものが不可能であるという認識も表されている。従って、全国的に統一された規範によって詩歌の韻律を整えるとすれば、結局人為的な学習によるしか手立てはなく、長年学習され続けて定着している詩韻を使用するのが最も現実的だというのが、この叙述におけるいったんの結論となっており、「釋疑」の論調とはだいぶ変化していると言わざるを得ない。沈約の韻が呉音を多く採用しているという認識は、「詩韻尤雅序」においても変わっていない。また、沈韻が古韻を覆い隠してしまった上に後世の口語とも乖離しているので、識者の憂いの種ではあるものの、科挙の規範とされたために些少の違背も世間の物笑いにされる状況になったと述べているところから見ても、地域的にも偏ったこの標準が十全なものだと見なされてはいないことが明らかである。しかし、各地の言語音の現実を直視した上での著者の１つの見識がここに表れており、方中履の音韻観のこれが結論であると断定することはできないけれども、「釋疑」からここに至る間に、著者の考察はより系統的になり、それに合わせていくぶん変化を見せていることがわかるのである。

(4) 音声の観察

「釋疑」は音韻にアプローチする1つの姿勢として実際の音声の違いを観察することに熱心であるという特徴がある。下記のような叙述を例として掲げることができる。
　たとえば、第4節「字母増減」において知母と照母の発音の違いを記述した条がその1つである。そこには次のように述べられている。「或謂知照非夫終別。知以舌卷舐中腭。而照乃伸舌就上齒內。而微縮焉。今以知爲細狀。照爲粗狀。則可括一母矣。非爲外唇之最輕聲。以上齒壓下唇。而氣挨下唇出聲。出聲則唇即開。夫則始終不開唇。唇中微有縫。放聲出耳。今以非爲細狀。夫爲粗狀。則可括一母矣。然字中用非音者寔少。」（ある人々は、「知」と「照」、「非」と「夫」には最終的に区別があると言っている。「知」は舌を巻いて口蓋の中央［上顎の中部］を舐めるのであり、「照」は舌を伸ばして上の前歯の内側に着け、わずかに縮めるのだという。今は、「知」は「細狀」、「照」は「粗狀」であると位置づける。そうすれば字母としては1つに括ることができる。また、「非」は「外唇」の最も軽い声であり、上の歯で下の唇を押さえ、息が下の唇すれすれに通ることで声を出す。声が出れば、すぐに唇は開く。「夫」のほうは、終始唇は開かず、唇の間に小さな隙間があって、声はそこから放たれる。今、「非」は「細狀」、「夫」は「粗狀」であるとすれば、字母としては1つに括ることができる。しかし、字の中で「非」の音を用いるものは誠に少ない。）この叙述に従えば、「知」の声母はそり舌音であるが、「照」の声母のほうはなお、[tʃ] や [tɕ] のような音であると認められているということだろうか。更に、ここで説明されている「非」と「夫」の発音方法からすると、「非」字の頭子音は唇歯音であるが、合口呼の韻母に連続すると思われる「夫」字の音節頭子音は、両唇間の摩擦音であると観察されているように思われる。
　さらに第7節「發送收」では、様々な子音を調音する際に舌と歯とが果たす役割の大きさについて次のように述べている。「齒所以五者。舌齒同司口之中門。人用舌激齒之聲常多。故此列之字。可譜而書。他列未嘗無其音。而難于譜字耳。」（歯音だけが5個あるわけは、舌と歯とが共に口の中間の関門を司る器官であって、人が舌で歯を打って出す音は常に多いので、この列の字は韻譜の位置に従って埋めることができるからである。他の列は、別にその音が無いというわけではないのだが、譜に字を埋めるのがむずかしいのである。）また、発話において肺は発音の動力源としての役割を果たす不可欠の器官であるが、それを「肺主音。」（肺臓は音を司る。）と述べ、また、調音器官の両端が喉と唇にあることを「喉唇爲內外總關。」（喉と唇とは内側と外側の総関門である。）と表現している。
　更に、先に言及した方言における声調の観察なども例として該当するであろ

う。これらの音声観察の背後には当然、当時の学者の間に行われていた言語音声に関する理論や知識が存在したであろう。それらがどのようなものであったのか、明代までの音韻研究をどのように受け継いでいるのか、筆者はまだ殆どつまびらかにしていないので、今後の課題として追求しなければならない。

4. おわりに

　上記の所論は、筆者が7年前から続けてきた「切字釋疑」の訳注作成の作業と、「切字釋疑」執筆経緯に関する考証作業に基づき、筆者の「切字釋疑」研究の第1段階の締めくくりとして、報告するものである。今になって振り返れば、訳注にはなお不正確な点が多く見いだされ、本論における考察も周到さに欠ける部分を残しているが、それらの修正や深化の作業は、今後の筆者に課せられた課題である。この間に、貴重な所蔵文献の借覧・複写等をお許し下さった図書館・大学等、科学研究費補助金の支給を賜った日本学術振興会、日頃から暖かくお支え下さる山口大学の同僚諸氏に、深く感謝致します。

文献目録

『古今釋疑』十八巻　（清）方中履撰　康熙21年汗青閣刊本（京都大学人文科学研究所東アジア人文情報学研究センター蔵ほか）・『四庫全書存目叢書』本・『續修四庫全書』本・1988.7　江蘇廣陵古籍刻印社影印本
『古今釋疑（原題　授書随筆）』1971.5　台湾学生書局（国立中央図書館蔵旧鈔本影印）
「切字釋疑」一巻　（清）方中履撰　（清）張潮輯『昭代叢書　丙集』所収
「汗青閣文集」二巻　（清）方中履撰　『桐城方氏七代遺書　坿七代系傳』（［清］方昌翰等編光緒十六年刊　東洋文庫蔵）所収
「通雅」五十二巻　侯外廬主編『方以智全書』第一冊（1988.9　上海古籍出版社）所収
『浮山文集』前編十巻後編二巻　（明）方以智撰　『續修四庫全書』所収
『四庫全書總目』1979.12　藝文印書館
『五先堂字學元元』十巻　（明）袁子譲撰　『四庫全書存目叢書』所収
『説文長箋』一百巻　（明）趙宧光撰　京都大学人文科学研究所蔵
『續通志』卷九十三～九十六「七音略」（清）高宗勅撰　『万有文庫』二集所収
『校正宋本廣韻』（宋）陳彭年等編　1976.4　藝文印書館
『宋刻集韻』（宋）丁度等編　1989.5　中華書局
『説文解字　附音序筆畫檢字』（漢）許慎撰（宋）徐鉉校定　2013.7　中華書局
「≪古今释疑≫音韵学部分述评」徐従権著『常州工学院学報（社科版）』第23巻第3期2005.9
「方以智的生平與学術貢獻—方以智全書前言」侯外廬主編『方以智全書』第一冊「通雅」所収

「方以智撰刊≪通雅≫年代考述」李葆嘉著　『辞書研究』1991年第4期
「≪切韵声原≫研究」張小英著　山東師範大学碩士論文
「方中履『古今釋疑』の執筆と刊行について」富平美波著　『アジアの歴史と文化』第19輯 2015.3

【本研究はJSPS科研費25370480の助成を受けたものです。】

執筆者紹介（掲載順）

1 **馬彪**〔奥付参照〕

2 **何暁毅**（かぎょうき）
　山口大学大学教育機構教授。関西大学大学院博士課程単位修了退学。《主要著書》：『文学部唯野教授』、『新史太閤記』、『中国思想与宗教的奔流──宋朝』等の訳書、『食愚』等の著書。

3 **姚継中**（ようけいちゅう）
　中国・四川外国語大学大学院教授、同大学東アジア文化研究所長。中国教育部全国大学外国語・外国文学教育指導委員会日本語部会委員。中国・四川外国語学院日本語研究科日本語専攻修士修了。横浜国立大学教育学部留学（1988-1990 年）、東京大学文学部客員研究員（1998-1999 年）、神戸大学文学部客員研究員（2005-2006 年）、山口大学大学院東アジア研究科客員教授（2014 年）。専門分野は『源氏物語』の翻訳と研究、日中文化比較研究。《主要著書》：『源氏物語』（中国語全訳）、『源氏物語と中国の伝統的な文化』、『明治維新百年反省』等。

4 **桂勝**（けいしょう）
　中国・武漢大学社会学学部教授、博士生指導教授、湖北省非物質文化遺産研究センター（武漢大学）副センター長、武漢大学社会文化研究センター長、中国社会思想史専攻委員会副理事長、湖北省民間芸術家協会副主席、湖北省創新学会副会長、湖北炎黄儒学会副会長、元日本国立山口大学客員教授。歴史学博士（華中師範大学）。《主要著書》：『周秦勢論研究』等。
　劉方洲（りゅうほうしゅう）、武漢大学社会学学部大学院生。
　翻訳：瀬藤良太（山口大学大学院人文科学研究科院生）

5 **葉濤**（ようとう）
　中国社会科学院世界宗教研究所研究員。元山東大学教授。民俗学博士（北京師範大学）。専門分野は民俗学・民間文学理論、中国民間信仰、区域民俗。《主要著書》：『民俗学導論』、『中国民俗』、『泰山石敢当』、『泰山香社研究』、『中国京劇習俗』、『中国牛郎織女伝説』等。『民俗研究』雑誌編集代表者。
　翻訳：高木智見（山口大学人文学部教授）

6 **安美貞**（あんみじょん）
　韓国海洋大學校國際海洋問題研究所HK（人文韓国）研究教授。済州道の海女（潜嫂）文化研究で韓国漢陽大學校の文化人類学博士。2008年国立民族学博物館（大阪）外来研究員として日本の海女に関する研究をした。日韓海洋文化と東アジア移住者ら（華僑、在日韓人、サハリン帰国者）の生活文化に関する論文を発表する。《主要著書》：『済州潜嫂（海女）の海畑』（2008）等。
　翻訳：李文相（至誠館大学准教授）

7 李文相（いむんさん）
　至誠館大学准教授。山口大学大学院東アジア研究科博士課程単位取得。専門分野は日韓言語比較、韓国民俗芸能。《主要著書》：『サランヘヨ！　ハングル―初級から中級へ―』、関連本の『別冊練習帳』など。主な論文に、「韓・日両言語における音韻添加―サイッソリと連濁・促音化を中心に―」、日韓の言動様式の違いと精神文化についての考察、「韓国仮面劇にみられる諧謔性」、「「短いパンソリ」みられる人生観―短歌「広大歌」と「サチョルガ」を中心に―」など。

8 阿部泰記〔奥付参照〕

9 森野正弘（もりのまさひろ）
　山口大学人文学部准教授。國學院大學大学院文学研究科を修了。博士（文学）。専門分野は『源氏物語』の音楽に関する研究、及び、平安文学に表れた時間表象や時間構造に関する研究を行っている。《主要著書》：『源氏物語の音楽と時間』（新典社、2014年）がある。

10 林淑貞（りんしゅくてい）
　国立中興大学中文学部教授・学部長。文学博士（国立台湾師範大学）。中国唐代学会理事長、『興大人文学報』『興大中文学報』編集代表者。専門分野は文学、美学。《主要著書》：『詩話的別響與新調：晩清林昌彝詩論抉微』、『詩話論風格』、『中国詠物詩「託物言志」析論』、『寓莊於諧――明清笑話型寓言論詮』、『表意．示意．釋義：中国寓言詩析論』、『尚實與務虛：六朝志怪書寫範式與意蘊』、『笑看人間：中国式幽默』など。
翻訳：富平美波（山口大学人文学部教授）

11 林仁昱（りんじんいく）
　国立中興大学中文学部准教授。文学博士（国立中正大学）。専門分野は、敦煌歌辞、近現代歌謡と俗曲、民間文学と文化研究。現在、「中日戰爭時期（1931-1945）歌曲的『征婦』形象研究」、「清代民間教派俗曲唱本『以佛勸世』研究」を研究している。《主要著書》：『敦煌佛教歌曲之研究』（2001）、『廿世紀初中国俗曲唱述人物』（2011）など。最近5年の論文：「看見時髦女子―二十世紀初俗曲（時調）對「新女性」的描述與批評」、「倉石文庫藏上海俗曲唱本探究」などの10余篇。
翻訳：阿部泰記（山口大学名誉教授、梅光学院大学特任教授）

12 林伸一（はやししんいち）
　山口大学人文学部教授。専門分野は、日本語教育と教育カウンセリング。異質なもの同士のふれあいを重視する構成的グループエンカウンターをテーマとして『エンカウンター研究』を発行している。

13 更科慎一（さらしなしんいち）

　山口大学大学院東アジア研究科准教授。東京都立大学人文科学研究科博士課程を単位取得退学後、山口大学人文学部に赴任し、2012年より現職。研究分野は中国語音韻史と言語接触学。論文に『甲種本「華夷訳語」の音訳漢字の基礎方言の問題』など。

14 富平美波（とみひらみわ）

　山口大学人文学部教授。東京都立大学大学院人文科学研究科中国文学専攻（修士課程）修了。母校の助手を経て山口大学人文学部に着任し、現在に至る。専門は中国語学で、中国の音韻学史を研究しており、『郝敬の音韻研究について―『毛詩原解』の音注の分析を中心とした研究―』（科学研究費補助金〈基盤研究（C）〉研究成果報告書2008）・「清代の古音学に見られる一観点　―古音と北音―」（『山口大学文学会志』第47巻 1996）等がある。

編集責任者紹介

馬彪（まひょう）
　山口大学大学院東アジア研究科教授。歴史学博士（北京師範大学）。1995 年以来、北京師範大学歴史学部からの訪問研究者として来日（1995～1999 東京大学、1999～2001 京都大学）。2002～2014 年山口大学人文学部教授、2014 年から現職。専門分野は中国古代（秦漢）史。《主要著書》：『秦漢豪族社会研究』（中国書店 2002 年）、『秦帝国の領土経営：雲夢龍崗秦簡と始皇帝の禁苑』（京都大学学術出版会 2013 年）等。他に著書 20 余部、論文 100 余篇。

阿部泰記（あべやすき）
　山口大学名誉教授、梅光学院大学文学部特任教授、長江大学文学院講座教授。九州大学大学院文学研究科博士課程中退。比較社会文化博士（九州大学）。《主要著書》：『包公伝説の形成と展開』（汲古書院 2004 年）、『宣講による民衆教化に関する研究』（汲古書院 2016 年）等。

山口大学大学院東アジア研究科　東アジア研究叢書　3
東アジア伝統の継承と交流

2016 年 3 月 30 日　初版発行

　　　　　　　　　　　　　　　　国立大学法人
　　　　　　　　　　編著者　　　山口大学大学院
　　　　　　　　　　　　　　　　東アジア研究科
　　　　　　　　　　発行者　　　佐藤康夫
　　　　　　　　　　発行所　　　白帝社

〒171-0014　東京都豊島区池袋 2-65-1
電話 03-3986-3271
FAX 03-3986-3272
http://www.hakuteisha.co.jp/

組版・印刷　倉敷印刷　製本　カナメブックス　カバーデザイン　アイ・ビーンズ

Printed Japan〈検印省略〉6914　1SBN978-4-86398-220-8
落丁乱丁の際はお取り替えいたします。